DAS GROSSE BUCH
der Anekdoten
von A – Z

Herausgegeben von
Ferdinand von Liebenau und
Margit Schönberger

Orbis Verlag

© 1991 Orbis Verlag für Publizistik GmbH, München
und litera-team, München
Satz: Filmsatz Schröter GmbH, München
Druck und Einband: Mohndruck Graphische
Betriebe GmbH, Gütersloh
Printed in Germany · Alle Rechte vorbehalten
ISBN 3-572-01649-5

Inhalt

Statt eines Vorworts	11
Abraham a Santa Clara	13
Hans Albers	15
Hans Christian Andersen	17
Kurfürst August der Starke	19
Johann Sebastian Bach	21
Hermann Bahr	23
Honoré de Balzac	25
Brigitte Bardot	28
Ludwig van Beethoven	30
Emil Adolph von Behring	33
Sarah Bernhardt	34
Theodor Billroth	37
Otto von Bismarck	39
Arnold Böcklin	42
Johannes Brahms	44
Willy Brandt	47
Bertolt Brecht	49
Max Brod	51
Anton Bruckner	52
Wilhelm Busch	54
George Gordon Noël Lord Byron	55
Alexander Cagliostro	56
Enrico Caruso	58
Giacomo Casanova	60
Charles Chaplin	62
Nikita Chruschtschow	65
Sir Winston Spencer Churchill	67
Jean Cocteau	69

Oliver Cromwell	71
Edgar Degas	72
Denis Diderot	74
Gaetano Domenico Maria Donizetti	76
Sir Arthur Conan Doyle	78
Alexandre Dumas Père (der Ältere)	79
Alexandre Dumas Fils (der Jüngere)	79
Eleonora Duse	83
Thomas Alva Edison	84
Albert Einstein	86
Elisabeth I.	89
Desiderius Erasmus von Rotterdam	90
Franz Eugen Prinz von Savoyen-Carignan	91
William Faulkner	93
Werner Finck	95
Jean de la Fontaine	97
Joseph Fouché, Herzog von Otranto	99
Franz Joseph I.	100
Sigmund Freud	104
Egon Friedell	106
Friedrich II., der Große	108
Friedrich Wilhelm I.	111
Friedrich Wilhelm IV.	113
Charles André Joseph Marie de Gaulle	116
Hans-Dietrich Genscher	119
Heinrich George	120
George Gershwin	122
André Gide	123
Christoph Willibald Ritter von Gluck	125
Johann Wolfgang von Goethe	127
Curt Goetz	132
Günther Grass	134
Peggy Guggenheim	135
Georg Friedrich Händel	137

Gerhart Hauptmann	139
Joseph Haydn	142
Christian Friedrich Hebbel	144
Georg Wilhelm Friedrich Hegel	146
Heinrich Heine	148
Gustav Heinemann	150
Heinrich VIII., Tudor	151
Ernest Hemingway	152
Johann Gottfried von Herder	154
Theodor Herzl	155
Hermann Hesse	156
Theodor Heuss	158
Andreas Hofer	160
Hugo von Hofmannsthal	161
Christoph Wilhelm Hufeland	162
Victor Hugo	163
Alexander Freiherr von Humboldt	166
Henrik Ibsen	168
August Wilhelm Iffland	170
Thomas Jefferson	172
Johannes XXIII.	173
Joseph II.	175
Franz Kafka	178
Immanuel Kant	180
Kaiserin Katharina die Große	181
John F. Kennedy	183
Oskar Kokoschka	185
Fritz Kortner	187
Karl Kraus	187
Werner Krauß	191
Fritz Kreisler	193
Franz Lehár	194
Franz von Lenbach	196
Wladimir Iljitsch Lenin	198

Gotthold Ephraim Lessing 199
Max Liebermann 201
Abraham Lincoln 204
Franz Liszt 206
Ernst Lubitsch 209
Ludwig XIV. 210
Ludwig XV. 213
Martin Luther 215
Anna Magnani 217
Gustav Mahler 218
Edouard Manet 220
Thomas Mann 222
Kaiserin Maria Theresia 224
Karl Marx 229
William Somerset Maugham 230
Moses Mendelssohn 232
Adolph von Menzel 235
Klemens Fürst Metternich 237
Michelangelo Buonarotti 240
Amedeo Modigliani 242
Theodor Mommsen 244
Michel Eyquem, Seigneur de Montaigne 245
Hans Moser 246
Wolfgang Amadeus Mozart 249
Napoleon I. Bonaparte 252
Lord Horatio Nelson 257
Johann Nepomuk Nestroy 259
Peter der Große 263
Max von Pettenkofer 265
Pablo Picasso 267
Alfred Polgar 270
Jean Baptiste Racine 272
Joseph Graf Radetzky von Radetz 274
Ferdinand Raimund 276

Max Reinhardt 278
Erich Maria Remarque 280
Rembrandt Harmensz van Rijn 282
Auguste Renoir 283
Armand Jean du Plessis, Herzog von Richelieu 285
Joachim Ringelnatz 288
Auguste Rodin 290
Theodore Roosevelt 292
Gioacchino Rossini 294
Henri Rousseau 297
Jean-Jacques Rousseau 298
Peter Paul Rubens 301
Ferdinand Sauerbruch 303
Françoise Sagan 302
Sir Walter Baronet Scott 305
William Shakespeare 307
George Bernard Shaw 309
Leo Slezak 312
Jonathan Swift 315
Johann Christoph Friedrich von Schiller 317
Max Schmeling 320
Carlo Schmid 322
Arthur Schnitzler 324
Arnold Schönberg 325
Karl Schönherr 327
Arthur Schopenhauer 329
Franz Peter Schubert 331
Robert Schumann 333
Moritz von Schwind 335
Germaine Baronin von Staël-Holstein 337
Josef von Sternberg 340
Carl Sternheim 342
Johann Strauß (Sohn) 343
Richard Strauss 345

Charles Maurice de Talleyrand-Périgord,
  Prince de Benevent 348
Richard Tauber 352
Hugo Thimig 354
Ludwig Thoma 356
Graf Leo Nikolajewitsch Tolstoi 358
Arturo Toscanini 361
Lew Dawidowitsch Trotzkij 364
Mark Twain 367
Ludwig Uhland 370
Peter Ustinov 372
Karl Valentin 374
Guiseppe Verdi 376
Rudolf Virchow 378
François Marie Arouet-Voltaire 380
Richard Wagner 385
George Washington 387
Frank Wedekind 389
Franz Werfel 391
Christoph Martin Wieland 393
James MacNeill Whistler 394
Oscar Wilde 396
Kaiser Wilhelm I. 399
Tennessee Williams 401
Emile Zola 402
Stephan Zweig 404

Register 407

Statt eines Vorworts

Mit den Anekdoten und Geschichten über Voltaire – echten wie ihm zugeschriebenen – könnte man leicht ein ganzes Buch füllen. Als Philosoph und geistreicher Schriftsteller verfügte er über einen ironischen Witz und einen geschliffenen Stil, und er erzählte selbst gern Anekdoten. Der Abbé Velly fand eine dieser Anekdoten höchst merkwürdig und hielt sie eher für unwahrscheinlich, weshalb er Voltaire fragte, woher er sie habe. »Was liegt daran«, antwortete Voltaire, »ob eine Anekdote wahr oder erfunden ist? Wenn man schreibt, um die Leser zu unterhalten, kommt es da so sehr auf eine gewissenhafte Wahrheit an?«

Wir haben uns beim Sammeln und Bearbeiten der in diesem Buch enthaltenen Anekdoten natürlich streng an die Wahrheit gehalten, die wir vorgefunden haben. Allerdings wissen wir nicht, wann wer angefangen hat, zu »dichten«. Vielleicht sollten wir uns an Peter Bamm erinnern: Er sagte einmal zu seinem Lektor Fritz Bolle, als der ihn bei einer kleinen Ungenauigkeit ertappte: »Weißte Fritz, irgendwann einmal muß die Legendenbildung beginnen!«

Ferdinand von Liebenau   Margit Schönberger

Wien/München, im März 1991

Abraham a Santa Clara

Kreenheinstetten 2. 7. 1644 – Wien 1. 12. 1709

Der Augustiner-Mönch Abraham a Santa Clara hieß eigentlich Johann Ulrich Megerle und stammte aus dem Badischen. Er war der berühmteste Kanzelredner der Barockzeit und wurde 1677 Hofprediger in der Stadt Wien, von der er sagte, hier erklinge überall so viel Musik, daß man meinen könne, der Himmel habe ein Loch bekommen.

Gemeinhin jedoch fand er wenig Lobenswertes an den Wienern, und er scheute sich auch nicht, gelegentlich die Allerhöchsten Herrschaften in seine Ermahnungen und Vorwürfe einzubeziehen. Das Haus Habsburg hatte zu dieser Zeit den Gipfel seiner Macht in Europa und sein Reich die größte Ausdehnung erreicht. Doch von der Kanzel der Augustinerkirche mahnte Abraham a Santa Clara anspielungsreich: »Es ist nicht alles an der Größe gelegen, sonst würde eine dicke Heustange mehr gelten als ein Zepter!« Und: »Der Mensch ist wie eine Blume: heute vor dem Busen, morgen vor dem Besen...«

Als einen Höhepunkt der Sittenlosigkeit seiner Zeit sah er die neue Mode an, die Kleider tief ausgeschnitten zu tragen. »Weiber, die sich so entblößen, sind nicht wert, daß man ihnen ins Gesicht spucke«, donnerte er von der Kanzel. Man bedeutete ihm, er müsse diesen Ausspruch widerrufen, wenn er nicht seine Stellung als Hofprediger verlieren wolle, denn die Kaiserin selbst trage diese Kleider. So sagte er am nächsten Sonntag: »Ich habe gesagt, die Weiber, die so entblößt gehen, seien nicht wert, daß man ihnen ins Gesicht spucke. Ich widerrufe hiermit: Sie sind es wert!«

Widerrufen sollte er auch jene Behauptung, in Wien gebe es so wenig Jungfrauen, daß er sie bequem auf einem einzigen Schubkarren vor die Tore Wiens fahren wolle. Doch diesmal weigerte er sich, seine Anschuldigung zurückzunehmen: »Ich habe ja nicht gesagt, wie oft ich fahren würde.«

Wie noch heute gehörten schon damals die Weinschenken und Heurigen zu den beliebtesten Ausflugszielen der Wiener. Mehr noch, denn damals wurde in und um Wien etwa zehnmal mehr Wein angebaut als heute – und natürlich auch getrunken. Kein Wunder also, wenn Abraham a Santa Clara seinerzeit wetterte: »Der Wein sei eine Erquickung eurer Herzen, wenn ihr ihn aber ohne alle Manier sauft, ist er der Tod eurer Seele!«

Ein anderes Mal prangerte er die bis heute nicht ausgerottete Titelsucht der Wiener an: »Man hat vor Jahren etliche ungereimte Überschriften der Briefe auf der Wienerischen Hauptpost aufgefunden und aufgezeichnet, daß man sogar einem Besenbinder den Titel ›Wohledelgeboren‹ zugemessen hatte. Die Prädikate wachsen dergestalt, daß, wer nur Hans Hader heißt, sich gleich von Lumpenhofen nennen muß.«

Hans Albers
Hamburg, 22. 9. 1892 – München 24. 7. 1960

Der »blonde Hans« war seit den zwanziger Jahren auf der Bühne und vor allem im Film das deutsche Idol als Draufgänger und Held. Zeit seines Lebens blieb unverkennbar, daß seine Vaterstadt Hamburg hieß.

Vater Albers hatte dort eine gutgehende Schlachterei in der »Langen Reihe«. Eines Tages kam ein Bekannter in den Laden und verlangte ein Viertelpfund Wurst. Albers senior legte das Messer an, um seines Amtes zu walten. Da kam man auf den berühmten Filius zu sprechen. Der alte Albers strahlte und setzte das Messer auf der Wurst um fünf Zentimeter weiter. »Kürzlich hat er ja hier im Thalia-Theater gastiert. Da habe ich ihn gesehen. Ich war ganz begeistert«, fuhr der Bekannte fort. Das Messer auf der Wurst rutschte um die nächsten fünf Zentimeter weiter. »Es war ein fabelhafter Erfolg, und das Publikum hat gerast!« Wieder glitt das Messer um fünf Zentimeter voran. »Ich prophezeie Ihnen, Herr Albers, in höchstens zwei Jahren kann Ihr Hans verdienen, was er will!« – »Ihr Wort in Gottes Ohr, mein Lieber!« strahlte der Vater. »Hier, nehmen Sie die ganze Wurst!«

Seine Texte merkte sich Albers nur sehr schwer. Beim Drehen mußte man ihm an allen nur möglichen Stellen »Neger« anbringen, von denen er den jeweiligen Text der Szene ablesen konnte. Bei den Dreharbeiten zu »Der Mann, der Sherlock Holmes war« überraschte er den Stab, als er in einer Szene, die im Eisenbahnabteil spielte, den Text einwandfrei brachte. Nach wenigen Proben sollte die Szene gedreht werden, doch der Regisseur Karl Hartl hatte noch einen Einwand: »Hör zu, Hans, wenn du im Abteil Hut und Mantel ausziehst, schaust du in jedes Kleidungsstück hinein, als würdest du Flöhe suchen. Laß das lieber weg!« Darauf Albers: »Nee, das geht nicht, das kann ich nicht weglassen, da steht doch überall mein Text drin!«

Fritz Kortner war erkrankt, und Hans Albers, gerade in München, besuchte ihn. »Wie geht es Ihnen?« fragte Albers, und Kortner meinte knapp: »Gestern abend 38,8 – heute nacht 40,2 – heute morgen 40,5 –.« Da unterbrach Albers: »Bei 41 würde ich verkaufen!«

Am 7. Januar 1931 spielte Hans Albers in der Berliner Volksbühne zum ersten Mal eine seiner berühmtesten Rollen, den Liliom von Franz Molnar. Nach der Vorstellung klopfte es an seiner Garderobe, und ein kleiner Herr im dunklen Anzug mit einer Nelke im Knopfloch trat ein. Ein Engländer. Er verbeugte sich und sagte: »Mein Name ist Charlie Chaplin. Nehmen Sie meine Bewunderung an!«

In den dreißiger Jahren spielte Albers am Münchner Gärtnerplatztheater und drehte gleichzeitig den Film »F.P.I. antwortet nicht«. Eines Tages suchte man ihn im Theater, weil man ihn dringend für eine Szenenprobe benötigte.
   Der Regieassistent rannte verzweifelt durch das ganze Haus, suchte und rief nach ihm. Schließlich kehrte er atemlos zurück: »Tou-pet I antwortet nicht!«

Hans Christian Andersen
Odense 2. 4. 1805 – Kopenhagen 4. 8. 1875

Die große Begabung des dänischen Dichters, der ursprünglich Sänger werden wollte, fiel König Friedrich IV. auf, der Andersen eine gute Ausbildung ermöglichte. Hans Christian Andersens Märchen, einhundertachtundsechzig an der Zahl, wurden in fünfunddreißig Sprachen übersetzt.

Bereits ein berühmter Dichter und in die Jahre gekommen, verbrachte Andersen einige Sommer auf dem Landgut adeliger Freunde. Die beiden Töchter des Hauses im Backfischalter neckten den alten Herrn gern und trieben allerhand Schabernack mit ihm, bis es ihm eines Tages zu bunt wurde. Er beschloß, ihnen am Abend als Gespenst zu erscheinen, verkleidete sich entsprechend, schminkte sich das Gesicht weiß und schlich sich in das Zimmer der jungen Damen, wo er sich im Bett versteckte. Wenig später traten die Mädchen heiter plaudernd ins Zimmer und begannen, sich zu entkleiden. Daran hatte Andersen nicht gedacht, und plötzlich ahnte er, daß ihn sein Streich in eine höchst delikate Situation bringen würde. Fieberhaft überlegte er, wie er sich aus dieser Lage, die ihm zweifellos den Ruf eines Wüstlings eintragen würde, befreien könnte, und der Schweiß brach ihm aus, als die Mädchen begannen, auch die letzten Kleidungsstücke abzulegen. Da sprang er voller Verzweiflung aus dem Bett und schrie: »Weiter dürfen Sie nicht gehen, denn hier liege ich.« Kreischend flohen die beiden aus dem Zimmer, und im Nu lief das ganze Haus zusammen. Der peinliche Vorfall ließ sich zwar rasch aufklären, doch der Dichter war so verstört, daß er zwei Tage lang mit Fieber das Bett hüten mußte. Dabei suchten die Töchter des Hauses durch besondere Aufmerksamkeiten und rührende Pflege ihr früheres Verhalten wieder gutzumachen.

Mehrmals in seinem Leben verliebte sich der hochsensible Dichter unsterblich, doch keine dieser Lieben sollte sich erfüllen. So blieben die Beziehungen Andersens zum weiblichen Geschlecht zeit seines Lebens romantisch verschwommen. 1833/34 weilte er in Italien und machte von Neapel aus einen Ausflug zum Vesuv. Dabei notierte er in sein Tagebuch: »Der Vesuv warf große Lavaströme heraus, die in der Luft leuchteten. Es war, als wenn Feuerflammen hochschlugen. So stark habe ich das noch nie gesehen. Aber ich konnte wegen der Zuhälter nicht in Ruhe zusehen. Ein Junge von 10 bis 12 Jahren verfolgte mich die ganze Straße entlang und redete von der Donna multa bella excellenca. Ich wurde ordentlich leidenschaftlich, widerstand aber noch der Versuchung. Komme ich unschuldig nach Hause, bleibe ich es für immer.«

Mit zunehmendem Alter wurde Andersen immer wunderlicher. Zwar glaubte er an die Wiedergeburt nach dem Tode, fürchtete sich aber davor, einmal lebendig begraben zu werden. Jeden Abend, bevor er zu Bett ging, legte er einen Zettel vor die Tür, auf dem stand: »Ich bin nicht gestorben, sondern nur scheintot.« Am nächsten Morgen nahm sein Diener den Zettel und warf ihn wortlos weg. Und am Abend schrieb Andersen einen neuen.

Kurz nach Andersens Tod gingen zwei seiner Freunde miteinander spazieren, als vor ihnen eine Entenmutter mit ihren Jungen den Weg kreuzte. »Wart ein wenig, bis sie vorüber sind«, sagte der eine, »vielleicht ist dieses letzte Entlein der wiedergeborene Andersen.«

Kurfürst August der Starke
Dresden 12. 5. 1670 – Warschau 1. 2. 1733

Eine »gewichtige« Herrscherfigur war August II., Kurfürst von Sachsen, der den Beinamen »der Starke« wegen seiner gewaltigen Körperkräfte erhielt. Er baute seine Residenzstadt Dresden zur bedeutenden barocken Kunststadt aus und beschäftigte berühmte Baumeister wie Pöppelmann (»Zwinger«) und Semper (»Gemäldegalerie«). Auch sonst führte er das aufwendige Leben eines Barockfürsten, was ihn in beträchtliche finanzielle Schwierigkeiten brachte.

Berühmt waren seine großen Gelage. Da war es kein Wunder, wenn auch die Dienerschaft sich hier und da auf Kosten des Herzogs »großzügig« bediente. Wieder einmal wurde bei einer Festtafel für die vornehmen Stände nicht mit dem Champagner gespart. Einer der Diener hatte sich heimlich eine Flasche in den Rock gesteckt, doch es gelang ihm nicht, sie sogleich aus dem Saal zu schmuggeln. Immer wieder wurde er gerufen, um hier den nächsten Gang zu servieren und dort nachzulegen. Als er just den Herzog bediente, explodierte plötzlich der Korken, und der Champagner schäumte nicht nur auf die herrschaftliche Tafel, sondern näßte auch die Perücke des Kurfürsten. Der erschrockene Diener fiel auf die Knie und bat um Gnade, doch zum Amüsement der Gäste rief Herzog August: »Da sieht er, was passiert, wenn er die Flasche in seiner Tasche herumträgt. Champagner ist schließlich kein Dresdner Bier!«

Herzog Augusts Verhältnis zur protestantischen Kirche war nicht das beste, weil er im Grunde überhaupt kein religiöser Mensch war. So war es für ihn keine große Schwierigkeit, zum katholischen Glauben überzuwechseln, als er sich dadurch ausrechnen konnte, König des katholischen Polen zu werden.

Als er einmal auf der Jagd einen kapitalen Hirsch erlegt hatte, betrachtete er das ruhig daliegende, edle Tier und meinte: »So ein Hirsch hat doch ein glückliches Leben gehabt, nie hat er sich eine Messe anhören müssen.«

Nach einer erfolgreichen Jagd waren August der Starke und seine Begleitung in einem Gasthof vor den Toren Dresdens eingekehrt. Nachdem sie ausgiebig gegessen und getrunken hatten, brachte der Wirt die Rechnung, und die Herren stellten fest, daß keiner von ihnen einen Heller in der Tasche hatte. Der Wirt, der die hohen Herrschaften nicht erkannt hatte, begann sie zu beschimpfen und der Zechprellerei zu beschuldigen. Nachdem man ihn aufgeklärt hatte, wer da bei ihm eingekehrt sei, fiel er auf die Knie und begann angstvolle Entschuldigungen zu stammeln. Mit einer Handbewegung hieß ihn der Herzog schweigen und ging zur Tür. Dort drehte er sich noch einmal um und sagte: »Wenn mancher Mann wüßt', was mancher Mann wär', gäb' mancher Mann manchem Mann manchmal mehr Ehr'.«

Johann Sebastian Bach
Eisenach 21. 3. 1685 – Leipzig 28. 7. 1750

1750 starb Johann Sebastian Bach, doch erst die Musikgeschichte des 19. Jahrhunderts erkannte seine wahre Größe. Die Musik aller Generationen nach ihm ist ohne sein Werk nicht denkbar, und von Beethoven soll der Ausspruch stammen: »Meer müßte er heißen, nicht Bach.«

Die Familie der Bachs – vor Johann Sebastian und nach ihm (er hatte selbst 13 Kinder) – war ungewöhnlich zahlreich und durchweg musikalisch. Bachs Jugend war nicht gerade von Glück und Reichtum gesegnet. Als er neun Jahre alt war, starb seine Mutter, ein Jahr später der Vater. Mit fünfzehn Jahren kam Bach als Mettenschüler ans Michaeliskloster nach Lüneburg. Von hier aus wanderte er zu Fuß die 40 Kilometer nach Hamburg, um dort den berühmten greisen Organisten Reinken spielen zu hören.

Auf dem Rückweg kam er an einem Gasthaus vorbei, aus dem es verführerisch nach gebratenem Fisch duftete. Bach hatte Hunger, aber keinen einzigen Groschen, um sich etwas zu kaufen. Da öffnete sich ein Fenster, und zwei Fischköpfe flogen auf den Hof. Mit Heißhunger stürzte sich der Knabe darauf. Als er in den einen hineinbiß, spürte er etwas Hartes zwischen den Zähnen und zog einen Golddukaten aus dem Mund. Einen zweiten entdeckte er im Maul des zweiten Fischkopfes. Ein Wunder? Ein ungewöhnlicher Zufall? (Oder eine Legende??) Jedenfalls wird berichtet, daß der junge Johann Sebastian auf der Stelle kehrtmachte und zurück nach Hamburg wanderte, um den verehrten Reinken noch ein zweites Mal zu hören.

Als Bachs Frau in noch jungen Jahren starb, hatte sie ihm bereits sieben Kinder geschenkt. Kleist überliefert hierzu eine

Anekdote: »Bach, als seine Frau starb, sollte zum Begräbnis Anstalten machen. Der arme Mann war aber gewohnt, alles durch seine Frau besorgen zu lassen; dergestalt, daß, da ein alter Bedienter kam und ihm für Trauerflor, den er einkaufen wollte, Geld abforderte, er unter stillen Tränen, den Kopf auf einen Tisch gestützt, antwortete: ›Sagt's meiner Frau.‹«

Bachs Sohn Philipp Emanuel war Musiker am preußischen Hof. Auf seine Veranlassung erhielt der Vater eines Tages eine Einladung Friedrichs II. nach Potsdam. Dieser war selbst ein passionierter Amateurmusiker, spielte Flöte und komponierte gelegentlich auch selbst. Nun traf es sich, daß der König, als der Gast eintraf, gerade ein Flötenkonzert gab. Er brach ab und wandte sich an den versammelten Hof: »Meine Damen und Herren, der alte Bach ist gekommen.« Friedrich ließ dem Thomaskantor alle Ehren und Aufmerksamkeiten zukommen, zeigte ihm selbst seine Sammlung alter Tasteninstrumente und bat ihn, dieses oder jenes auszuprobieren. Bevor Bach einige Tage später wieder nach Leipzig zurückkehrte, ließ er sich vom König ein musikalisches Thema geben. Sehr geschmeichelt kam dieser gern der Bitte nach. Zu Hause setzte Bach sich hin und baute darauf sein »Musikalisches Opfer« auf, eines seiner Meisterwerke, das er Friedrich II. widmete.

Hermann Bahr

Linz 19. 7. 1863 – München 15. 1. 1934

Einer der sensibelsten literarischen Chronisten seiner Zeit war der Schriftsteller Hermann Bahr. Er lebte in Berlin, Wien, Salzburg und München, entdeckte den noch ganz jungen Hofmannsthal, war vorübergehend Regisseur unter Max Reinhardt am Deutschen Theater, Lektor des S. Fischer Verlags in Berlin und später erster Dramaturg des Wiener Burgtheaters. Er schrieb zahlreiche Essays, Kulturberichte und Theaterkritiken sowie mehrere Romane und Theaterstücke, von denen das Lustspiel »Das Konzert« am bekanntesten wurde.

Im August 1900, Bahr war seit über einem Jahr Kritiker am Neuen Wiener Tagblatt, stürzte der Redaktionsdiener in sein Zimmer und rief atemlos: »Herr von Bahr, der Herr von Pöltzl läßt Ihnen sagen, daß der Herr von Nietzsche gestorben ist. Sie sollen schreiben – aber nicht zu lobend!«

Österreich«, sagte Bahr, »ist das Land der unterschlagenen Möglichkeiten.« Und aus dieser Feststellung konnte er leicht die Folgerung schließen: »Es ist österreichisch, daß das Große, wenn es einmal geschieht, unter uns nur inkognito geduldet wird.«

In Wien hatte ein neues Stück von Franz Molnár Premiere. Der Kritiker Bahr, der mit dem Autor befreundet war, traf mit diesem eine seltsame Verabredung: Sollte das Stück ein Erfolg werden, wollte man sich hinterher zum Essen im Hotel Sacher treffen, andernfalls würde man im Café Herrenhof einen kleinen Mokka nehmen. Beide verbrachten den Abend allein, denn während Molnár im Sacher auf den Kritiker wartete, harrte Bahr vergeblich auf den Autor im Herrenhof.

Während eines Sommeraufenthaltes auf dem Lande wurde Bahr jeden Morgen durch einen stimmgewaltigen Hahn aufgeweckt. »Warum kräht denn der Hahn?« fragte schlaftrunken Bahrs kleiner Sohn. »Der kräht immer, wenn jemand eine Unwahrheit sagt«, belehrte ihn der Vater. »Aber morgens um drei? Warum kräht er da?« wollte der Filius wissen. »Weil jetzt die Morgenzeitungen gedruckt werden.«

Die folgende Geschichte ist zwar nicht verbürgt, aber sie kursiert bereits seit jenen zurückliegenden Jahren, als man ziemlich sicher hinter jedem wallenden Vollbart einen Künstler vermuten konnte. Danach wurde Bahr von einer Dame angesprochen, die ihm versicherte, wie glücklich sie sich schätze, dem verehrten Dichter Hermann Sudermann zu begegnen. »Sie irren sich, Gnädigste. Sie haben die Bärte verwechselt. Mein Name ist Johannes Brahms«, erwiderte Bahr, ohne mit der Wimper zu zucken. »Natürlich!« rief die Dame. »Verzeihen Sie. Jetzt weiß ich's wieder. Sie haben doch dieses herrliche, dicke Buch geschrieben... Wie heißt es noch? Ich habe es zu Hause...« – »Sie meinen gewiß Brahms Tierleben«, sagte Bahr und ließ sie stehen.

Honoré de Balzac
Tours 20. 5. 1799 – Paris 18. 8. 1850

Ein Schriftsteller, der von Jugend an genau wußte, was er wollte, und seine Vorstellung dann auch gegen alle äußeren Widerstände durchsetzte, war der französische Romancier Honoré de Balzac. »Was? Literat möchtest du werden!« rief sein Vater, der für Honoré den Beruf des Notars bestimmt hatte, entsetzt. »Du willst wohl verhungern? In der Literatur ist man entweder König oder gar nichts!« – »Dann werde ich eben König sein«, entschied der Sohn.

Balzac besaß viel Phantasie, und da er sich ihr mit der gleichen Intensität hingab wie seiner Schriftstellerei, war er oft sehr zerstreut, redete zwar Kluges, aber, wie es manchmal schien, ohne rechten Zusammenhang, so daß seine Mutter einmal sagte: »Aber Honoré, was du da jetzt gesagt hast, verstehst du doch ganz gewiß selber nicht!«

Über Balzac, der oft mehr in seinen Romanen als in der Wirklichkeit lebte, berichtet der Historiker Hippolyte Taine: »Es war im Jahre 1833, kurz vor dem Erscheinen der ›Eugénie Grandet‹. Da kehrte Jules Sandeau, dem George Sand ihren Namen zu verdanken hat, von einer Reise zurück, begegnete Balzac und brachte ihm Nachrichten von dessen erkrankter Schwester. ›Das alles ist sehr traurig‹, sagte der Romancier, der kaum zugehört hatte. Dann, nach einer Pause, fuhr er fort: ›Und jetzt, lieber Freund, wollen wir zur Wirklichkeit zurückkehren... Sprechen wir von Eugénie Grandet!‹«

In Paris hatte er sich für eine Reise von dem Bankier James Rothschild, mit dem er befreundet war, dreißigtausend Francs geliehen. Überdies hatte Rothschild ihm ein Empfehlungsschreiben an seinen Neffen in Wien mitgegeben. Unterwegs las Balzac den Brief, fand ihn reichlich unverbindlich und gab ihn nicht ab. Zurückgekommen, fragte ihn Rothschild, was sein Neffe gesagt habe. Balzac gestand, daß er ihn nicht aufgesucht und das Schreiben deshalb gar nicht überbracht habe. »Schade«, meinte Rothschild, »der Schnörkel hier unter meinem Namen ist nämlich ein zwischen uns verabredetes Zeichen. Darauf hätte er Ihnen einen Kredit von zehntausend Francs eingeräumt.«

Balzac war der Meinung, ein Schriftsteller müsse keusch leben, eine Theorie, der der junge Alexandre Dumas widersprach. Da erklärte Balzac: »Allein in einer Liebesnacht vergeudet man an Gedanken einen halben Band. Verstehen Sie, junger Mann, einen halben Band! Und es gibt keine Frau auf der Welt, die zwei Bände im Jahr wert wäre.«

Balzac wurde 51 Jahre alt und heiratete kurz vor seinem Tode eine polnische Gräfin. Doch die längste Zeit seines Lebens stand er unter dem Einfluß einer bedeutend älteren Geliebten. So bewies er einige Selbsterkenntnis mit der Bemerkung: »Sobald eine Frau aus einem Mann einen Esel gemacht hat, redet sie ihm ein, er sei ein Löwe mit eisernem Willen.«

Eines Tages erhielten vier Schriftsteller und Freunde Balzacs die dringende Nachricht, ihn noch am gleichen Abend zu besuchen. Als sie in seiner Wohnung eintrafen, eröffnete er ihnen: »Morgen früh soll ich einem Theaterdirektor ein neues Drama vorlesen. Hier sind Feder und Papier. Jeder schreibt einen Akt, dann sind wir in ein paar Stunden fertig!« – »Aber die Handlung?« fragte einer der Freunde. »Mon Dieu, wenn ich euch erst die Handlung erzählen soll, dann kann ich das Stück ja gleich allein schreiben.«

Das umfangreiche Werk, das er nach seinem Tode hinterließ, beweist nicht nur seinen Fleiß, sondern auch, daß Balzac seine Romane mit einer ungewöhnlichen Geschwindigkeit niederschrieb. Auf die Frage, woran Balzac gestorben sei, antwortete später der Journalist Léon Gozlan: »An sechzig Bänden.« Und Balzac selbst begründete seinen Arbeitseifer: »Ich suche in der Literatur möglichst viel Platz einzunehmen, damit möglichst wenig Platz für die Dummköpfe übrigbleibt.«

Balzac, der in seiner Bibliothek neben einer Ausgabe der »Contes drolatiques« einen Band mit der Aufschrift »Contes mélancoliques« stehen hatte, der eine genaue Aufstellung seiner Schulden enthielt, erwachte eines Nachts von einem Geräusch. Ein Einbrecher machte sich an seinem Schreibtisch zu schaffen und durchwühlte die Schubladen nach Geld. Da lachte Balzac, und der Einbrecher, über die ungewöhnliche Reaktion erstaunt, fragte: »Warum lachen Sie?« – »Weil Sie bei Nacht unter Gefahr und mit einem falschen Schlüssel dort etwas suchen, was ich selbst bei Tag und mit dem richtigen Schlüssel nicht finden kann.«

Brigitte Bardot
Paris 28. 9. 1934

Nicht nur schauspielerische Fähigkeiten, sondern auch Charme und Intelligenz unterscheiden die französische Ausgabe der in Amerika »erfundenen« Sexbombe Brigitte Bardot von vielen ihrer Kolleginnen. Und nicht zuletzt ein ungewöhnliches Engagement für den Tierschutz und die Natur: Auch auf diesem Sektor hat sie es zu internationaler Beachtung gebracht.

In jungen Jahren, als sie ihre große Karriere noch vor sich hatte, wurde sie von einem reichen Mann verehrt, der sie auf Händen zu tragen versprach und ihr von dem wunderbaren Leben vorschwärmte, das die Frau an seiner Seite erwarten würde. Natürlich müßte auch er einiges erwarten können: Sie müßte gehorchen, ein Leben lang treu sein und zur rechten Zeit zu schweigen wissen. »Gehorchen? Treu sein? Schweigen?« wunderte sich die Bardot. »Was wollen Sie denn mit einer Frau? Schaffen Sie sich lieber einen Hund an.«

Es blieb nicht aus, daß die attraktive und lebenslustige Schauspielerin mit ihrem Leben und ihren Lieben immer wieder das breite Interesse der Boulevardpresse erregte. Einem Journalisten sagte sie dazu: »Es ist möglich, daß über uninteressante Menschen geklatscht wird. Aber es ist unmöglich, daß über interessante Menschen nicht geklatscht wird.« Darauf fragte dieser boshaft: »Und zu welcher Sorte würden Sie sich zählen?« – »Das zu beurteilen«, erwiderte sie, »überlasse ich Ihrem männlichen Verstand.«

Über die Sexwelle sagte die kurvenreiche Bardot: »Wenn man den Aufklärern glaubt, dann ist sexuelle Liebe so eine Art Turnen mit innerer Anteilnahme.«

Einige Zeit war die Bardot mit dem deutschen Industriellen und Playboy Gunther Sachs verheiratet. Als beide einmal zu einer Party eingeladen waren, fragte Brigitte Bardot nach einer Weile die Gastgeberin: »Wo ist eigentlich das hübsche blonde Mädchen geblieben, das den Champagner serviert hat?« – »Oh, haben Sie nichts mehr zu trinken?« fragte die Hausherrin. »Doch, doch. Aber ich vermisse meinen Mann.«

Monate später fragte sie dann ein Journalist, wie weit es zuträfe, daß ihre Ehe mit Gunther Sachs zumindest abgekühlt sei. »Mein Mann und ich«, erklärte sie, »haben uns etwas aus den Augen verloren. Wissen Sie, er ist eine Stadtratte, und ich bin eine Feldratte.«

Ein Selbstmordversuch der Schauspielerin mit Schlaftabletten machte tagelang Schlagzeilen in der Boulevardpresse. Man machte auch dem Apotheker in Saint-Tropez Vorwürfe, daß er der als labil bekannten Diva so viele Tabletten verkauft hätte. »Was soll ich da machen?« verteidigte er sich. »Stellen Sie sich mal in der Saison hier in den Laden, und alle Augenblicke kommt eine herein, nichts an als viele Haare und einen Schmollmund. Wer soll da wissen, wann es die echte Bardot ist?!«

Welcher war der schönste Tag in Ihrem Leben?« wurde Brigitte Bardot von einem Reporter gefragt. Sie machte einen Schmollmund, schlug die Augen nieder und sagte: »Der schönste Tag war eine Nacht.«

Ludwig van Beethoven
Bonn 17. 12. 1770 (getauft) – Wien 26. 3. 1827

Beethoven entstammte einer aus Brabant eingewanderten Musikerfamilie. So war es kein Wunder, daß der Vater ihn zum Musiker bestimmte, nachdem sich herausstellte, daß der junge Ludwig in der Schule für kein Fach ein besonderes Talent zeigte. Beethovens erste »Noten« waren schlechte – die in seinen Zeugnissen.

Vater Beethoven war ein gestrenger Lehrer, der seinen Sohn ständig anhielt, nach Noten zu spielen und nicht zu improvisieren: »Mach richtige Angriffe auf die Noten, daran ist mir gelegen. Wenn du es einmal so weit gebracht hast, dann kannst und mußt du mit dem Kopf noch genug arbeiten.«

Mit 12 Jahren wurde Beethoven wie sein Vater Mitglied der Bonner Hofkapelle. Doch 1787 reiste Beethoven nach Wien, um dort für kurze Zeit Mozarts Schüler zu sein. Dabei war es gar nicht so einfach gewesen, Mozart dazu zu bewegen, den sechzehnjährigen Wunderknaben aus Bonn überhaupt anzuhören. Ständig wurden dem ehemals selbst berühmten musikalischen Wunderkind angeblich ebensolche vorgeführt. Nachdem er einige Klavierstücke vorgespielt hatte, spürte Beethoven die Skepsis bei seinem kritischen Zuhörer, und er bat Mozart, ihm ein Thema zu geben. Anschließend improvisierte er es mit einer solchen Formenfülle und musikalischen Kraft, daß Mozart schließlich ausrief: »Gebt acht auf den, der wird noch von sich reden machen!«

Endgültig nach Wien übersiedelte Beethoven jedoch erst 1792, wo er sich nun bei Haydn, Schenk, Albrechtsberger und Salieri weiterbilden ließ. Einmal hatte der kaiserliche Hofkompositeur Salieri eine Komposition seines Schülers Beethoven heftig kritisiert, um ihm dann am anderen Tag zu gestehen, die Melodie sei ihm die ganze Nacht nicht aus dem Ohr gekommen. Selbstbewußt meinte Beethoven: »Dann kann sie so schlecht nicht sein, wie Ihr sie findet!«

Beethoven war ständig in Geldnöten und verbarg dies auch niemandem gegenüber. »Alle meine Noten bringen mich nicht aus den Nöten, und ich schreibe überhaupt Noten nur aus Nöten«, war eines seiner beliebten Wortspiele. Von Bach, den er über alles bewunderte, meinte er, »er sollte eigentlich Meer heißen«, und als eine Chorphantasie seines Komponisten-Freundes Anton Halm durchfiel, schrieb er ihm: »Nicht jeder Halm kommt zu Ähren!«

Als er einige Tage lang nicht im Gasthaus »Zum Schwan«, wo er sich oft mit Freunden traf, erschienen war, fragte ihn Louis Spohr, als er dort wieder auftauchte: »Was war los mit Ihnen, waren Sie krank?« – »Nein, ich nicht«, antwortete er verdrießlich, »aber meine Stiefel. Und da ich nur ein Paar besitze, mußte ich zu Hause bleiben, bis sie repariert waren.«

Der König von Preußen wollte sich für die Widmung der Neunten Symphonie erkenntlich zeigen und ließ bei Beethoven anfragen, ob er einen hohen Orden oder 50 Dukaten in bar vorziehen würde. Beethoven nahm das Geld.

Gegen Ende des achtzehnten Jahrhunderts hallte ganz Europa wider von dem Namen eines siegreichen Generals der Französischen Revolution: Napoleon. Auch Beethoven bewunderte den Korsen, und so ließ er sich leicht vom französischen Gesandten in Wien, Bernadotte, dem späteren Schwedenkönig, überreden, für den großen Franzosen ein Musikstück zu komponieren. Die Arbeit zog sich fünf Jahre hin, dann hatte

Beethoven seine Dritte Symphonie beendet und schrieb auf die Titelseite: »Sinfonia grande, 1804 in August, geschrieben auf Bonaparte, del Signor Louis van Beethoven, Op. 55«. Da stürzte Beethovens Schüler Ferdinand Ries ins Zimmer mit der Nachricht, Napoleon Bonaparte habe sich zum Kaiser ausrufen lassen. Beethoven bekam einen Wutanfall und schrie: »Ist er auch nur ein gewöhnlicher Mensch? Nun wird er die Menschenrechte mit Füßen treten, sich über alle Sterblichen erheben und ein Tyrann werden!« Dann riß er das Titelblatt der neuen Symphonie in Fetzen, warf es zu Boden, trampelte darauf herum und stieß laute Flüche und Verwünschungen aus. Das neue Werk nannte er »Sinfonia Eroica«.

Beethoven war den sinnlich-irdischen Genüssen durchaus nicht abhold. Wie die Frauen, so liebte er auch den Wein. Die meisten seiner zahlreichen Wiener Wohnungen nahm er nicht in der Stadt selbst, sondern vor deren Toren in den verträumten Wein- und Heurigenorten Döbling und Heiligenstadt. Trotzdem muß es natürlich keineswegs am Wein gelegen haben, daß Beethoven später an Leberzirrhose starb. Andererseits wußte er schon damals – was die Wissenschaft heute längst bestätigt und bereits den Römern und im Mittelalter bekannt war –, daß der Wein auch heilsame Kräfte in sich birgt. Noch auf dem Sterbebett erhoffte er sich gesundheitliche Linderung und neue Kraft vom Wein und schrieb an seinen Verleger Schott: »... Nun komme ich mit einer sehr bedeutsamen Bitte. Mein Arzt verordnete mir, sehr guten alten Rheinwein zu trinken. Wenn ich also eine kleine Anzahl Bouteillen erhielt, so würde ich Ihnen meine Dankbarkeit bezeigen...« Die Sendung traf zwei Tage vor seinem Tod ein, und man brachte ihm sogleich zwei Flaschen »Rüdesheimer« ans Bett. Einen Moment leuchteten seine Augen auf, und dann, bevor ihm wiederum das Bewußtsein entschwand, sagte er: »Schade, schade – zu spät.«

Emil Adolph von Behring
Hansdorf/Westpreußen 15. 3. 1854 –
Marburg 31. 3. 1917

Der bedeutende Bakteriologe lehrte und forschte an der Universität Marburg. Er fand Impfstoffe gegen Diphtherie und Tetanus und das »Behringsche Gesetz«, mit dem er die Serumbehandlung begründete: Blut oder Blutserum von Individuen, die eine Infektionskrankheit überstanden haben, macht nach Übertragung auf andere Personen auch diese gegen die Krankheit immun. 1901 erhielt er dafür den Nobelpreis für Medizin.

Behring war eine stets gelassen und heiter wirkende Persönlichkeit. Er liebte das Pokerspiel, und weder Gewinne noch Verluste konnten seine gleichbleibende Gemütsverfassung beeinflussen. Als er wieder einmal kräftig verloren hatte, sagte er lachend: »Wenn ich nur immer genügend Leute treffe, die mir mehr pumpen, als ich brauche, dann bin ich auch ein reicher Mann.«

In seinem Institut empfing er eines Tages einen neuen Assistenten mit den Worten: »Wenn Sie hier etwas leisten wollen, dann vergessen Sie alles, was Sie bisher gelernt haben. Das ist alles Unsinn. Selbst die Fachliteratur können Sie weitgehend wegwerfen. Auch das ist zum größten Teil Unsinn. Wenn Sie jedoch schnell vorwärts kommen wollen, dann machen Sie den Unsinn weiter – aber nicht bei mir.«

SARAH BERNHARDT
Paris 25. 9. 1844 – Paris 26. 3. 1923

Im Zeitalter von Film und Fernsehen mag das Schiller-Wort von der Nachwelt, die den Mimen keine Kränze flicht, schon viel von seiner Klassikergültigkeit verloren haben, aber auch schon so große und bedeutende Tragödinnen wie Sarah Bernhardt oder Eleonora Duse vermochten es mit ihrem Ruhm in Frage zu stellen. Schon Ende des neunzehnten Jahrhunderts unternahmen beide zahlreiche Gastspiele und Tourneen, die jede von ihnen bis nach Amerika führten. Sie waren Konkurrentinnen, doch der Altersunterschied von vierzehn Jahren ließ sie zu Protagonistinnen verschiedener Theaterstile werden, selbst wenn die Bernhardt über den klassischen Comédie-Française-Stil und die Duse über das Raffinement des Fin de siècle dank ihrer Darstellungskraft weit hinausreichten.

Als äußerlicher Zug verband die beiden Künstlerinnen ihre ungewöhnliche Magerkeit, die insbesondere bei der Bernhardt Anlaß zu vielen Bonmots gab. So erzählte ein Kritiker des »Figaro« gern: »Gestern stand ich vor dem Theater. Da fährt ein leerer Wagen vor. Wer steigt heraus? Sarah Bernhardt!« Als einmal eine sittenstrenge Dame Sarah Bernhardt ermahnte: »Gehen Sie in sich«, soll die Tragödin geantwortet haben: »Das geht leider nicht. Es ist kein Platz da.«

Auch mit dem Film, von dem man in seinen Anfangsjahren weit mehr Wahrhaftigkeit erwartete als vom Theater, hatte sie aus diesem Grunde wenig Glück. Längst nicht mehr die Jüngste, ließ sie sich von dem Regisseur Louis Mercanton überreden, die Titelrolle in dem französischen Streifen »Königin Elisabeth von England«, mit zweitausend Meter Rollenlänge einer der ersten Großfilme, zu übernehmen. Nach der Premiere schrieb ein angesehener englischer Kritiker: »Sarah Bernhardt als Sarah Bernhardt ist natürlich göttlich. Mit Elisabeth von England hat sie allerdings so viel Ähnlichkeit wie ein modernes Torpedoboot mit einem Dreimaster von Admiral Drake.«

Während der Regierungszeit von Queen Victoria gastierte die Bernhardt als Kleopatra in London, eine Rolle, in die sie eine wilde Leidenschaft hineinlegte. Als sich unter donnerndem Applaus der Vorhang schloß, sagte im Zuschauerraum eine Dame zu ihrer Nachbarin: »Das unterscheidet sich doch sehr von dem Familienleben unserer Königin.«

Eines Tages erhielt die Bernhardt in ihrer Garderobe den Besuch des Prinzen von Wales, des späteren Königs Eduard VII., der sie sogleich mit einem Kompliment begrüßte, jedoch den Hut aufbehielt. Da sagte sie: »Die Krone, Königliche Hoheit, behält man auf dem Kopf, aber den Hut nimmt man immer ab.«

Eine kleine Schauspielerin wunderte sich sehr, als sie bemerkte, daß die berühmte und gefeierte Bernhardt noch immer Lampenfieber vor jeder Premiere hatte. »Mein Kind«, sagte Sarah, »das wirst du schon noch eines Tages merken, das Lampenfieber kommt mit dem Talent.«

Einem Triumphzug ähnelte ihre Tournee durch die großen Städte Amerikas. Bei ihrer Ankunft in New York wurde sie sogleich von einem jungen Journalisten namens Sam Davis aufgesucht, der sie für den »Examiner« in San Franzisko und den »Appeal« in Carson sowie für die »Associated Press« interviewte. Der junge charmante Mann gefiel Sarah so gut, daß sie ihn beim Abschied spontan auf beide Wangen küßte: »Das ist für den ›Examiner‹ und das für den ›Appeal‹«, sagte sie. »Und das ist für Sie ganz persönlich, junger Mann«, fuhr sie fort und drückte ihm einen dritten Kuß auf den Mund. Durch diese überraschende Sympathiekundgebung keineswegs aus dem Gleichgewicht gebracht, meinte Sam Davis: »Madame, vergessen Sie bitte nicht, daß ich auch die ›Associated Press‹ vertrete, die dreihundertachtzig Zeitungen bedient!«

Wenige Tage bevor Sarah Bernhardt in Chikago gastierte, hielt der Erzbischof von der Kanzel herab eine so vernichtend sittenstrenge Predigt gegen ihr Auftreten, daß ihr Manager sich sofort hinsetzte und ihm einen Brief schrieb: »Eminenz! Für Ihre Predigt am vergangenen Sonntag können Madame Bernhardt und ich Ihnen nicht genug danken. Wenn ich mit einer Attraktion in eine Stadt komme, gebe ich allein für die Reklame jedesmal vierhundert Dollar aus. Da Sie in diesem Fall bereits die halbe Reklame übernommen haben, erlaube ich mir, diesem Brief zweihundert Dollar für Ihre Armen beizulegen...«

Sarah Bernhardt war sechsundsiebzig Jahre alt, als sie in der Uraufführung der Komödie »Daniel« von Louis Verneuil, dem Gatten ihrer Enkelin, auftrat. Partner sollte der vorzügliche Schauspieler Tarride sein. Als sie während der Proben erfuhr, daß er fünfzig Jahre alt war, rief sie: »Das geht unmöglich! Er würde ja aussehen wie mein Vater!«

Theodor Billroth

Bergen/Rügen 26. 4. 1829 – Abbazia (Opatija) 6. 2. 1894

Weltgeltung errang in der zweiten Hälfte des 19. Jahrhunderts die Wiener Medizinische Schule. Zu ihren hervorragenden Vertretern gehörte auch der Chirurg Theodor Billroth, der allerdings seine Bekanntheit nicht allein seinen medizinischen Fähigkeiten verdankte, sondern auch seinem Humor und seinem Musikverständnis. Viele Musiker und Künstler waren in seinem Haus zu Gast, und vor allem mit Johannes Brahms verband ihn eine enge Freundschaft.

Die Gespräche und Briefe zwischen dem Komponisten und dem gebildeten Arzt drehten sich nicht selten um rein musiktheoretische Themen. Nachdem sie sich einmal über die Vorherrschaft von Dur und Moll gestritten hatten, verfertigte Brahms eine genaue Aufstellung der Werke Beethovens, Mozarts, Haydns und Clementis, um zu beweisen, daß er recht habe. Bevor er sie Billroth überreichte, schrieb er darüber: »Statistische Beiträge, Dur und Moll angehend: Motto: (Prinz Heinrich) So treiben wir Possen mit der Zeit, und die Geister der Weisen sitzen in den Wolken und spotten unser.«

Zuletzt wurde die Freundschaft getrübt, als Brahms eines Tages feststellte, daß der Freund aus der handschriftlichen Originalpartitur des a-moll-Streichquartetts, die ihm Brahms geschenkt hatte, die erste Zeile herausgeschnitten und unter Glas an die Wand gehängt hatte. Für diese Form von Prunk- und Dekorationssucht hatte Brahms kein Verständnis.

Auf einer Gesellschaft gab eine einstmals berühmte Sängerin mehrere Opernarien zum besten, obwohl man deutlich hören konnte, daß die große Zeit ihrer Karriere schon einige Jahre zurückliegen mußte. Als sie ihre brüchige Stimme für den Geschmack des Publikums bereits weit über die Zeit strapaziert hatte, flüsterte jemand Billroth zu: »Kann man denn gar nichts dagegen machen?« – »Aber natürlich«, flüsterte er zurück, »nach der nächsten Arie werde ich ihr dringend vier Wochen Bettruhe empfehlen.«

Eine Dame, die sich von ihm operieren lassen wollte, klagte über die ständigen Schmerzen: »Ich leide furchtbar, Herr Professor, ich bin völlig am Ende und möchte nur noch sterben.« Billroth: »Seien Sie ohne Sorgen, Gnädigste, ich verstehe mein Handwerk.«

Nach der erfolgreichen Operation eines Erzherzogs meldete sich bei Billroth ein Adjutant des Kaisers, der ihn fragte, ob er als huldvollen Dank seiner Majestät den Roten Adlerorden oder tausend Kronen vorziehen würde. »Sehr liebenswürdig«, meinte Professor Billroth, »aber wissen Sie, was sind Orden oder tausend Kronen. Lassen Sie mir einfach nur mein übliches Honorar von zweitausend Kronen anweisen.«

Otto von Bismarck
Schönhausen 1. 4. 1815 – Friedrichsruh 30. 7. 1898

Über kaum einen Politiker ist so viel geschrieben worden wie über Otto von Bismarck. Bereits zu seinen Lebzeiten erschienen mehr als 600 Werke über ihn, und zehn Jahre nach seinem Tode waren es beachtliche dreieinhalbtausend Bücher. Mehr noch: Jede Klein-, Mittel- und Großstadt errichtete dem »Schmied des Deutschen Reiches« und seinem ersten Kanzler ein Denkmal, heroisierend und dem Zeitgeschmack gemäß idealisierend wie das meiste, was in den Büchern stand.

Doch der Mensch Bismarck war wahrscheinlich ganz anders. Äußerlich groß war eigentlich nur seine Statur, dagegen sein Kopf zu klein, die Augen nervös und eher mißtrauisch, seine Stimme hoch und dünn und die Hände klein und zierlich. Der Mythos vom »Eisernen Kanzler«, gewachsen aus dem Boden des wilhelminischen Bürgertums, kolportierte vor allem seine Energie und Entschlossenheit, seine politische Taktik und seinen Zorn. Doch Bismarck verfügte auch über eine höchst sensible Intelligenz, besaß menschliche Klugheit und gesellschaftlichen Charme.

Als Disraeli ihn bei einem Besuch beiläufig fragte, wie er sich der gewiß vielen aufdringlichen Leute erwehre, die ihn immer wieder besuchten, um ihm ihre mehr oder weniger wichtigen Angelegenheiten anzutragen, erklärte Bismarck: »Meine Frau hat für diese Dinge ein sehr feines Gespür. Wenn sie der Ansicht ist, ein Besuch halte mich über Gebühr lange auf, schickt sie meinen Diener herein, um mir mitteilen zu lassen, der Kaiser möchte mich sprechen.« Kurz darauf öffnete sich die Tür, und der Diener meldete: »Seine Majestät erwartet Euer Durchlaucht!«

Taktlosigkeiten parierte er nicht selten mit lapidarer Direktheit. Mit 27 Jahren hatte Bismarck während einer Offiziersübung bei den Ulanen einmal seinem Reitknecht das Leben gerettet, als diesen ein scheu gewordenes Pferd abgeworfen hatte. Für diese Tat erhielt er eine Rettungsmedaille, die er mit besonderem Stolz trug, oft auch in späteren Jahren als einzige Auszeichnung. Eines Tages fragte ihn auf einem Empfang ein üppig dekorierter Diplomat, was denn dies für ein Orden sei. Gelassen antwortete Bismarck: »Ich habe die Gewohnheit, zuweilen einem Menschen das Leben zu retten.«

Weit weniger gelassen war der junge preußische Abgeordnete, als er noch im Frankfurter Bundestag saß. Der Wirt seines dortigen Hotels teilte offenbar die Abneigung der Bevölkerung gegen alles Preußische, denn als Bismarck für sein Zimmer eine Glocke erbat, um jederzeit damit seinen Diener herbeirufen zu können, erwiderte er, das Zimmer sei so gemietet worden, wie es ausgestattet sei. Bismarck kehrte an seinen Schreibtisch zurück, doch wenig später hörte man aus seinem Zimmer einen dröhnenden Schuß, so daß alles im Hause zusammenlief und der Wirt erschrocken die Tür aufriß. Bismarck saß ruhig an seinem Schreibtisch, auf dem die noch rauchende Pistole lag: »An die Knallerei werden Sie sich gewöhnen müssen, wenn ich in Zukunft nach meinem Diener rufe.« Wenig später erhielt er die verlangte Glocke.

Bismarck hatte sich so gut in Frankfurt eingelebt, daß er ungern nach Berlin zurückging, doch der Prinzregent hatte bereits Freiherrn von Usedom als seinen Nachfolger benannt. Seinem späteren Ministerpräsidenten erklärte er: »Usedom besitzt hohe diplomatische Fähigkeiten, ist andererseits wegen seiner peinlich exzentrischen Frau nicht an auswärtigen Höfen zu verwenden.« – »Dann ist es also meine Schuld«, meinte Bismarck, »ich hätte eine taktlose Frau heiraten sollen.«

Mit seiner Frau Johanna führte Fürst Bismarck eine lange und glückliche Ehe. Zum 40. Hochzeitstag schickte er ihr ein Telegramm, in dem er sich für die 14 610 Tage, 2088 Sonntage und zehn »29. Februare« bedankte, »gute und schlimme, aber doch viel mehr gute«.

Bei einem Diner unterhielt er sich angeregt mit seiner Tischdame, der Gattin eines ausländischen Diplomaten, über die Feinheiten der deutschen Sprache. »Im Deutschen«, meinte die Dame, »gibt es doch zahlreiche Worte, die im Grunde die gleiche Bedeutung haben. Nehmen Sie ›sicher‹ und ›gewiß‹.« – »Das scheint nur so, Gnädigste«, erwiderte Bismarck lächelnd, »ich kann Sie sehr wohl an einen sicheren Ort bringen, aber ich kann Sie nicht an einen gewissen Ort begleiten.«

Arnold Böcklin
Basel 16. 10. 1827 – S. Domenico di Fiesole 18. 1. 1901

Der in Basel geborene Maler Böcklin arbeitete unter anderem in Weimar, München und Florenz, doch immer wieder zog es ihn in seine Schweizer Heimat.

In Zürich besuchte er, sooft er dort weilte, regelmäßig den Stammtisch des Dichters Gottfried Keller, eine schon allein dadurch bemerkenswerte Freundesrunde, weil in ihr mehr geschwiegen als gesprochen wurde. Eines Abends brachte Böcklin einen Neffen mit, um ihn am Stammtisch einzuführen. Der schüchterne junge Mann lauschte andächtig dem Schweigen der Stammtischrunde, und wenn er sprach, dann sprach er hauptsächlich dem Wein zu. Nur hin und wieder getraute er sich, mit leiser Stimme den einen oder anderen kurzen Satz in das allgemeine Schweigen zu flechten. Als man sich zuletzt verabschiedete, nahm Keller dezent seinen Freund Böcklin zur Seite und sagte freundschaftlich: »Weißt, Böcklin, den Schwätzer da bringst besser nit wieder mit.«

Doch bei aller Wortkargheit an diesem Stammtisch war man durchaus auch zu gelegentlichen Emotionen fähig. Schlagend bewies dies Keller an einem Abend, als immer heftigere Worte vom Nebentisch in das Schweigen der Runde drangen. Dort debattierten einige junge Literaten über Wert und Unwert der großen Klassiker. »Schiller?« rief einer erregt. »Der ist doch nichts anderes als ein Alibigötze des Bürgertums, ein Schwadroneur, ein Phrasenheld der Literatur, Humanitätsträumer und Moralposaune...« Da erhob sich plötzlich Gottfried Keller, schritt zum Nebentisch und gab dem Sprecher eine schallende Ohrfeige. Dabei kamen nur zwei Worte über seine zornbebenden Lippen: »Ehrfurcht, Musjöh!« Dann ging er ruhig an seinen Tisch zurück und setzte sich, während Böcklin in sein Glas brummte: »Gut so.«

Weil es sittlich anstößig sei, hatte die Zürcher Polizei die öffentliche Ausstellung von Böcklins Bild »Spiel der Wellen« verboten. Am nächsten Abend fragte der Maler Gottfried Keller am Stammtisch, wie er diese ungewöhnliche Maßnahme beurteile. »Nun, es ist schon ein verflixtes Bild«, sagte Keller bedächtig. »Allein die nackten Hinterteile der Weiber! Allerdings, um sich dabei Schlimmes zu denken, muß man eine verdorbene Phantasie haben. Aber – die hab ich ja, Gott sei Dank!«

Während seines Aufenthalts in München ging Böcklin ungewöhnlich oft in die Pinakothek. Eigentlich müßte er längst alle Bilder auswendig kennen, meinte der Maler Hans Thoma, warum ginge er also noch immer fast Tag für Tag in das Museum. »Die Pinakothek«, belehrte Arnold Böcklin, »ist so ziemlich der einzige Ort in München, wo man nur selten einen Malerkollegen trifft.«

JOHANNES BRAHMS
Hamburg 7. 5. 1833 – Wien 3. 4. 1897

Daß Johannes Brahms Musiker werden würde, stand sozusagen von Geburt an fest, denn schon sein Vater übte den Beruf des »Musikanten« aus, zuerst als Hornist in den Hafenschänken von St. Pauli, später als Kontrabassist in nobleren Hamburger Konzertpavillons. Als sein Sohn Johannes in die Schule kam, begann er also auch Klavierspielen zu lernen und wurde mit zehn Jahren ein »Wunderkind«.

Seinen Vater liebte und verehrte Brahms über alles, wenn auch nicht gerade als Musiker, denn der alte Brahms strich den Kontrabaß mehr schlecht als recht. Aber er hatte den gleichen Dickkopf wie später sein Sohn. »Herr Kapellmeister, dat is min Kunterbaß, da kann ick so laut up spielen as ick mag!« soll der alte Brahms einmal gesagt haben. Als sein inzwischen berühmter Sohn einmal ein Konzert in Hamburg dirigieren sollte, bestand der alte Mann darauf, im Orchester den Kontrabaß zu spielen. Es war ihm nicht auszureden, und so wurden die Proben für den Sohn am Pult zum Alptraum. Schließlich klopfte er ab, wußte aber nicht recht, wie er seinem Vater sagen sollte, daß sein musikalisches Talent eben für diese Partie nicht ausreichte. Da unterbrach der alte Brahms das peinliche Schweigen: »Ick weiß, wat du sagen willst, Hannes, aber sag nischt, halt lieber deine große Klappe.«

Die gleichen Hemmungen hatte Brahms, wenn er später seinem Vater, der nicht gerade in glänzenden finanziellen Verhältnissen lebte, etwas zukommen lassen wollte, zumal der Vater selbst jedes Geldgeschenk von seinem Sohn ablehnte. Gegen Ende eines seiner Besuche in Hamburg sagte Brahms zu seinem Vater: »Glaub mir, Vater, der größte Trost, wenn es einem schlecht geht, ist immer noch die Musik. Wenn du einmal vor Schwierigkeiten nicht mehr weiterweißt, nimm diese alte Partitur von Händels ›Saul‹ und blättere ein wenig darin. Du wirst sehen, du findest, was du brauchst.« Und als der Alte ein paar Wochen darauf dies tatsächlich tat, fand er zwischen jeder Seite eine Banknote.

Brahms reiste 1862 zum ersten Mal nach Wien, wo er sich einige Jahre später endgültig niederließ. In den Wiener Musikkreisen und Salons war seine massige Gestalt bald ebenso bekannt wie seine ehrliche Direktheit, die vom witzigen Bonmot bis zur offenen Grobheit reichte. Nach einer heftigen Diskussion in seinem Stammlokal »Zum roten Igel« verabschiedete sich Brahms eines Abends mit den Worten: »Sollte ich aus Versehen heute einen der Anwesenden nicht beleidigt haben, so bitte ich sehr um Entschuldigung.«

Eine nicht sehr bedeutende Sängerin schwärmte Brahms an: »Und welche Ihrer Lieder würden Sie gern einmal von mir gesungen hören?« Brahms überlegte nicht lange: »Meine postumen.«

Brahms wollte einem jungen Musiker, dessen Kompositionen ihm ausnahmsweise besonders gut gefielen, eine Freude machen. »Rauchen Sie?« fragte er, der selbst oft mehrere Schachteln der billigen Zigarettenmarke »Sport« an einem Tag in die Luft verpaffte. »Dann sollen Sie etwas Besonderes probieren.« Und er bot ihm eine seltene ägyptische Zigarette mit Goldmundstück an. Als der junge Mann sich höflich bedankend die Zigarette einstecken wollte, fragte Brahms: »Ja, wollen Sie sie nicht gleich rauchen?« – »O nein, die hebe ich mir als Erinnerung auf. Eine Zigarette von Brahms.« – »Dann geben Sie sie nur wieder her«, sagte Brahms, »als Erinnerung genügt eine ›Sport‹ auch.«

Zu den Musikern, die Brahms völlig unvoreingenommen schätzte und verehrte, gehörte neben Antonín Dvořák vor allem Johann Strauß Sohn. Auf einem Ball bat ihn Strauß' Frau Adele um eine Widmung auf ihrem Fächer, wie es damals üblich war. Brahms schrieb die ersten Takte des Walzers »An der schönen blauen Donau« und darunter: »Leider nicht von Johannes Brahms.«

Zwischen Klassik und Romantik sah sich Brahms, wie er auch offen zugab, in der Nachfolge Beethovens. Jemand, der sich viel auf sein Musikverständnis einbildete, sagte zu Brahms: »Merkwürdig, wie in Ihrer c-moll-Symphonie das C-dur-Thema im Finale dem Freuden-Thema in Beethovens ›Neunter‹ ähnelt.« Brahms offene Antwort: »Jawohl, und noch merkwürdiger, daß das jeder Esel gleich hört.«

Immer wieder wurde er von Musiker-Kollegen um sein Urteil gebeten, wobei er sich auf seine direkte Art gern einer sachlichen negativen Kritik entzog. Als Max Bruch ihm einmal die Partitur einer neuen Komposition zu lesen gab, sagte er nur: »Sagen Sie, wo beziehen Sie denn dieses wunderschöne Notenpapier?« Zu Richard Strauss' Musik sagte er: »Ganz hübsch«, und nachdem er Mahlers c-moll-Symphonie gehört hatte: »Bisher habe ich gedacht, daß Richard Strauss der Anführer der Revolution sei, aber jetzt sehe ich, daß Mahler der König der Umstürzler ist.«

Willy Brandt
Lübeck 18. 12. 1913

Der ehemalige deutsche Bundeskanzler war bis 1933 in der sozialistischen Jugendbewegung tätig und lebte dann bis 1945 als Journalist in Schweden und Norwegen. 1949 wurde er Mitglied des Deutschen Bundestages, 1957 für neun Jahre Regierender Bürgermeister von Berlin und 1964 als Nachfolger Erich Ollenhauers 1. Vorsitzender der SPD, deren Kanzlerkandidat er seit 1961 war. 1966 wurde Brandt Außenminister und Vizekanzler der Großen Koalition unter Kiesinger, 1969 Bundeskanzler. Im Mai 1974 stürzte er über die Spionageaffäre Guillaume und mußte zurücktreten. 1971 erhielt er den Friedensnobelpreis.

Man fragte Brandt, ob er sich auch einen weiblichen Bundeskanzler in Deutschland vorstellen könne. »Warum nicht?« fragte er zurück. »Die Frauen halten sich bei uns politisch noch viel zu sehr zurück, nicht weil wir Männer sie nicht hinaufkommen ließen, sondern weil sie Angst haben, etwas Dummes zu sagen. Dabei haben die Männer schon alles Dumme auf dieser Welt gesagt.«

Während einer seiner Wahlkampfreden 1969 flog plötzlich ein Ei durch die Luft und klatschte gegen das Rednerpult. Brandt unterbrach sich und sagte: »Dieses Ei war wenigstens kein faules Ei. Aber das Ei des Kolumbus ist es auch nicht.« Die SPD gewann die Wahlen, Brandt wurde Bundeskanzler und im Fernsehen von dem Journalisten Klaus Harpprecht gefragt: »Wußten Sie vor zehn oder zwölf Jahren oder wann auch immer, daß Sie Bundeskanzler werden würden oder wollten?« – »Nein«, antwortete Brandt auf seine bedächtige Art, »ich wußte nicht, daß ich es werden würde. Aber ich wußte, daß ich, wenn ich es würde, es sein könnte.«

Brandt wurde 1972 zum zweitenmal Kanzler. Unter den zahlreichen Telegrammen nach dem Wahlsieg war eines mit poetisch-mysteriösem Inhalt: »Die Seele ist ein verschleiertes Licht. Wenn man sie vernachlässigt, verdunkelt sie sich und erlischt. Doch wenn man sie in das heilige Licht der Liebe gießt, entzündet sie sich wie eine unsterbliche Flamme.« Nachdem Brandt trotz mehrmaligen Lesens das »verschleierte Licht« nicht aufging, sagte er: »Wir werden es als Zustimmung werten, sonst wäre es das einzig negative Telegramm.«

Wie den Leuten der Schnabel gewachsen ist, lernte Brandt nicht zuletzt als Berliner Bürgermeister. Er war dort so populär, daß ihn eines Morgens auf der Straße ein Bauarbeiter mit deutlich wahrnehmbarer Alkoholfahne ansprach: »Mensch, Willy, kannste mir nich helfen? Ick komm nämlich von'n Richtfest und trau mir nich nach Hause. So spät und so blau verkloppt mir meine Olle bestimmt. Weeste wat – schreib mir 'ne Entschuldigung!« Brandt schrieb sie ihm.

Ein israelischer Politiker drückte einmal Brandt gegenüber seine Sorge aus, daß er fürchte, dieser werde sich die Freundschaft der Araber aufzwingen lassen. Erstaunt sagte Brandt: »Aber eine Freundschaft kann man sich doch nicht aufzwingen lassen! Ich lasse mir nicht einmal eine Feindschaft aufzwingen.«

Bertolt Brecht
Augsburg 10. 2. 1898 – Berlin 14. 8. 1956

Der bedeutendste deutsche Dramatiker des zwanzigsten Jahrhunderts war der Sohn eines Papierfabrikanten in Augsburg, wo Brecht auch aufwuchs. Bereits hier und später in München entwickelte er seinen eigenen dramatisch-epischen Stil.

Brecht ging 1924 nach Berlin, arbeitete zeitweilig als Dramaturg bei Max Reinhardt und beschäftigte sich intensiv mit dem Studium des Marxismus. 1928 suchte Ernst Josef Aufricht ein neues Stück, mit dem er sein Theater am Schiffbauerdamm eröffnen könnte. Er lernte Brecht kennen und beschloß, dessen Bearbeitung von John Gays »Bettleroper« herauszubringen. Unter dem Titel »Die Dreigroschenoper« und mit der Musik von Kurt Weill wurde es einer der größten Theatererfolge der zwanziger Jahre in Berlin. Der allgewaltige Kritiker-Papst Alfred Kerr beschuldigte Brecht jedoch in seiner Premieren-Kritik, ganze Passagen wörtlich bei François Villon in der Übersetzung von K. L. Ammer abgeschrieben zu haben. Brecht ließ das kalt. »Meiner Meinung nach«, sagte er, »gehört auch das Abschreiben zum Handwerk des Schriftstellers.«

Brecht saß mit Georg Lukács und der Schauspielerin Helene Weigel, die später seine Frau werden sollte, eines Abends in einem Lokal, und man stritt heftig über Kunst und Politik. Plötzlich stand Brecht auf. Er wollte nach Hause. Unvermittelt verabschiedete er sich und ging zum Ausgang, wo er wie selbstverständlich auf die Weigel wartete. Sie kam ihm auch nach, aber nur, um ihm zu sagen, sie könne jetzt nicht so plötzlich den Disput beenden, »das sähe ja so aus, als gäbe ich mich geschlagen«. Brecht winkte lässig mit der Hand: »Ach was! Sag ihm einfach, du wärst mir sexuell hörig.«

Wie viele andere ging Bert Brecht 1933 in die Emigration. Er floh über Prag und Wien in die Schweiz und später nach Frankreich, Dänemark, Schweden, Finnland und schließlich nach Moskau. Von dort reiste er nach Kalifornien. In Amerika lernte er Charlie Chaplin kennen. Später sagte er einmal: »Es gibt überhaupt nur zwei bedeutende Regisseure. Der andere ist Chaplin.«

Nach dem Zusammenbruch ließ sich Brecht zuerst in der Schweiz nieder und zog 1948 nach Ost-Berlin, wo er als Brecht-Theater das »Berliner Ensemble« im ehemaligen Theater am Schiffbauerdamm gründete. Hier konnte er ausschließlich den von ihm entwickelten Theater- und Darstellungsstil praktizieren. Seinen Schauspielern predigte er, eine Rolle oder Situation auf der Bühne vorzuführen, aber nicht zu »erleben« oder gar zu »erleiden«. Einmal kam eine Schauspielerin völlig verstört von der Bühne und flüsterte unglücklich: »Brecht wird sicher böse sein, heute habe ich echte Tränen geweint.«

MAX BROD
Prag 27. 5. 1884 – Tel Aviv 20. 12. 1968

Der Prager Jude Max Brod war von Haus aus Jurist und schrieb neben kulturphilosophischen Werken vor allem umfangreiche Romane und Romanbiographien. Er war ein Jugendfreund Franz Kafkas, nach dessen Tode er sich für sein Werk einsetzte, es herausgab und bekannt machte.

Im Jahr 1924 standen Johannes Urzidil und Walter Fürth an einer Prager Straßenecke. Da kam völlig aufgelöst Max Brod auf sie zu mit der Nachricht, Kafka sei gestorben und habe ihm den Auftrag hinterlassen, alle seine Werke zu verbrennen. Brod, der von der literarischen Bedeutung Kafkas überzeugt war, machte einen verzweifelten Eindruck. Das sei doch unmöglich, er könne es nicht tun. Fürth, als Schriftsteller damals wie heute wenig bekannt, sagte schließlich: »Sie haben recht, Herr Doktor. Ich werde Ihnen etwas sagen: Verbrennen Sie *Ihre* Bücher.«

Einige Zeit trat Brod als Schauspieler auf. So 1928 in Wien in der Robert-Stolz-Operette »Der Tanz ins Glück«. Er spielte darin einen Hutmacher namens Mutzenbecher. Wenn sein Partner auf der Bühne sich den frivolen Versprecher erlaubte und ihn »Mutzenbacher« nannte, korrigierte Brod: »Becher – nicht Bacher, wenn ich bitten darf.« Eines Abends extemporierte der Kollege: »Und wie geht es Ihrer Tochter Josephine, Herr Mutzenbacher?« Darauf Brod: »Da müssen Sie Herrn Felix Salten fragen.« Die Lebensgeschichte der Josephine Mutzenbacher war anonym erschienen, man munkelte aber schon damals, der Wiener »Bambi«-Vater Felix Salten sei der Autor dieses Erotikons.

Anton Bruckner
Ansfelden 4. 9. 1824 – Wien 11. 10. 1896

Zu den menschlich bescheidensten und rührendsten Gestalten der Musikgeschichte gehörte zweifellos der Komponist und Organist Anton Bruckner aus Linz.

Selbst als er – bereits ein berühmter Komponist und angesehener Lehrer am Konservatorium – später in Wien lebte, verlor er nicht seine ungewöhnliche Schüchternheit und trug noch immer etwas altmodische, um ihn herumschlotternde Anzüge. Auf Äußerlichkeiten legte er eben wenig Wert. Als ihn ein Freund einmal ironisch fragte: »Sagen Sie, bei welchem Tischler lassen Sie eigentlich Ihre Anzüge machen?«, da antwortete Bruckner ganz ernst: »I trag mi einfach, aber elegant. Zum Orgelspieln müssen d'Hosen fußfrei sein.«

Grenzenlos war seine Bewunderung für Wagner, dessen Musik nicht ohne Einfluß auf ihn war. Daraus machte Bruckner gar keinen Hehl. Einem Freund spielte er ein neues Klavierstück vor, und als dieser das Gesicht verzog, fragte er: »Wagnerlt's zu arg?« Er nahm die Partitur und begann sie zu ändern. Nach einer Stunde war er fertig: »So. Jetzt wagnerlt's nimmer!«

Besonders schüchtern war Bruckner, der nie geheiratet hatte, in Gegenwart von Frauen. Als bei einem Essen nach Vorspeise und Suppe das Hauptgericht aufgetragen wurde und Bruckner noch kein Wort an seine Tischdame gerichtet hatte, ergriff diese die Initiative: »Ihretwegen habe ich mich heute besonders schön angezogen, Herr Doktor, und jetzt sagen Sie kein einziges Wort.« Erschrocken stotterte Bruckner: »Mein Gott, des is... wegen mir... da hätten S' gar nix anziehen müssen!«

Wann immer er eine Frau traf, bot er ihr aus Verlegenheit eine Prise aus seiner Schnupftabakdose an. Und wenn dann die Dame dankend ablehnte, war er erst recht irritiert.

Als ihn Freunde einmal fragten, warum er denn nicht heirate, sagte er allen Ernstes: »Jetzt hab i ka Zeit. Jetzt komponier i grad mei Vierte.«

Am Klavier sitzend spielte Bruckner die einzelnen Passagen aus dem Scherzo seiner vierten Symphonie vor und kommentierte sie auf höchst merkwürdige Weise: »Also, das stellt eine Jagd dar – da kommt a Hirsch gerannt – da kommt a Reh. Jetzt setzen sich die Jager nieder – jetzt packens den kalten Kalbsbraten aus...«

Im September 1886 wurde Bruckner zum Ritter des Franz-Joseph-Ordens ernannt und vom Kaiser in Privataudienz empfangen. In unbequemem Frack und mit steifem Kragen stand Bruckner vor Kaiser Franz Joseph und brachte leise seine vorbereiteten Dankesworte heraus. »Es war mir ein großes Vergnügen, mein lieber Doktor Bruckner«, sagte dieser, »ein großes Vergnügen. Haben S' noch einen Wunsch?« Mit soviel Freundlichkeit hatte Bruckner eigentlich gar nicht gerechnet, und er ahnte wohl auch nicht, daß diese Frage des Monarchen eigentlich mehr zum Zeremoniell gehörte, als daß sie ernst gemeint war. Er jedenfalls nahm sie ernst, und sogleich fiel ihm der Musikkritiker der »Neuen Freien Presse« ein. So sagte er: »Ja, Majestät, gewiß. Wenn S' vielleicht dem Dr. Hanslick einen Wink geben täten, daß er mich nun, wo ich doch den Orden hab', nicht mehr so arg verreißen sollt'.«

Wilhelm Busch

Wiedensahl 15. 4. 1832 – Mechtshausen 9. 1. 1908

Der berühmte Schöpfer von »Max und Moritz«, der humoristische Dichter und Zeichner Wilhelm Busch, verbrachte die meiste Zeit seines Lebens in einsiedlerischer Abgeschiedenheit im niedersächsischen Wiedensahl – was der Lebensweisheit seiner gezeichneten Geschichten keinen Abbruch tut.

Auf die Frage, warum er so menschenscheu sei, sagte Busch: »Ich habe schon so viele Homo sapiens kennengelernt. Nach weiteren habe ich keine Gelüste mehr.«

Jemand lobte die Technik und Präzision seiner Zeichnungen: »Sie brauchen nur einen Strich zu machen und schon haben Sie ein lachendes Gesicht in ein weinendes verwandelt.« Busch winkte lächelnd ab: »Was ist das schon für ein Kunststück! Meiner Mutter gelang das früher sogar mit einem Besenstil.«

Als Busch noch die Dorfschule in Wiedensahl besuchte, erklärte der Lehrer den Buben einmal die Bedeutung der Farben. »Warum«, fragte er, »sind Brautkleider eigentlich weiß?« Und als keiner ihm darauf eine Antwort geben konnte, erklärte er: »Na, das ist doch ganz einfach. Weiß ist die Farbe der Freude, und für eine Frau ist die Hochzeit der schönste Tag im Leben, deshalb trägt sie zur Trauung ein weißes Kleid.« Da meldete sich der kleine Wilhelm: »Und warum tragen Männer, wenn sie heiraten, Schwarz?«

GEORGE GORDON NOËL LORD BYRON
London 22. 1. 1788 – Missolunghi/Griechenland 19. 4. 1824

Der englische Romantiker verließ nach politischen und gesellschaftlichen Mißerfolgen seine Heimat, lebte mehrere Jahre in Italien und nahm zuletzt aktiv am Griechischen Freiheitskampf teil. Im Grunde war Lord Byron ein verhinderter Revolutionär, der sich danach sehnte, nicht durch seine Verse, sondern durch seine Taten unsterblich zu werden. »Wer würde denn schreiben«, fragte er, »wenn er etwas Besseres zu tun hätte?«

Byron war mit einem italienischen Arzt bekannt, der ein sehr ausgeprägtes Selbstbewußtsein besaß. »Ich bitte Sie, was könnten Sie denn tun, was ich nicht auch fertigbrächte?« fragte der Arzt. »Drei Dinge«, erwiderte der Dichter. »Ich kann zwei Stunden lang schwimmen, ich kann auf zwanzig Schritte ein Licht mit der Pistole ausschießen und ich habe ein Buch geschrieben, von dem an einem einzigen Tag 14 000 Exemplare verkauft worden sind.«

In Venedig hatte Byron eine Geliebte namens Marianna. Ihr Mann war Stoffhändler und hatte über seiner Ladentür ein Horn hängen, das seine Freunde seit der Affäre seiner Frau mit dem englischen Dichter nur noch das »englische Horn« nannten. Doch der flatterhafte Byron verließ Marianna und wechselte zu Margherita über, der Frau des Bäckers. Als Marianna erfuhr, wer ihre Nebenbuhlerin oder vielmehr Nachfolgerin war, ging sie zu Margherita und machte ihr heftige Vorwürfe. Doch diese ließ sie nicht auf sich sitzen: »Ihr seid nicht seine Gattin, und ich bin es auch nicht. Ihr seid seine Geliebte gewesen, und ich bin jetzt seine Geliebte. Euer Gatte trägt Hörner, aber der meine auch. Ihr habt also kein Recht, mir Vorwürfe zu machen.«

Alexander Cagliostro
Palermo 8. 6. 1743 – San Leo 26. 8. 1795

Die Lebensgeschichte des weltberühmten Magiers und Abenteurers, der sich selbst Graf Cagliostro nannte, weist bis heute noch weiße Flecken auf. Obwohl er das Geheimnis um seinen wirklichen Namen niemals lüftete, glaubt man heute, daß er in Palermo – möglicherweise bereits am 2. Juni 1743 – als Giuseppe Balsamo zur Welt kam. Er war Freimaurer, und seine Bedeutung ist bis heute umstritten.

Cagliostros Person und sein wechselvolles Schicksal beschäftigten und inspirierten zahlreiche Schriftsteller, darunter Gérard de Nerval, Alexandre Dumas und Goethe. Letzterer ließ sich von seinem Freund Lavater, der Cagliostro begegnet war, über diesen berichten: »Er ist aus einem Guß, ein Original voller Lebenskraft, aber nicht selten abstoßend in seiner Gewöhnlichkeit. Halten Sie ihn nicht für einen Philosophen. Er ist eher ein auf Geheimnisse versessener Alchimist oder ein eingebildeter Astrologe wie Paracelsus. Abgesehen davon hat er kaum andere Fehler... Dieser Mann, weit entfernt, ein gewöhnlicher Scharlatan zu sein, verfällt trotzdem in Scharlatanerie. Wenn er von seinen ärztlichen Pflichten spricht, macht er sich über mich lustig, um sich meinen Fragen zu entziehen. Noch etwas anderes bringt mich aus der Fassung... Für einen Magier ist er zu wenig anziehend, und es fehlt ihm physisch oder gefühlsmäßig das Verführerische. Er hat nichts von einem Betrüger. Und trotz all dem steht Cagliostro haushoch über den meisten Menschen.«

Serafinas Leben ist nicht weniger fragwürdig, ihr Bild nicht weniger schillernd als das ihres Gatten. Sie betrügt ihn, wo sie nur kann – aber zumeist zu seinem Vorteil, denn ihre Liebhaber werden jeweils zu seinen Gönnern. Als das Paar 1771 in London weilt, verliebt sich ein reicher Quäker in sie, aber sie weigert sich, ihn zu erhören. Doch Cagliostro weiß um die strengen englischen Gesetze im Hinblick auf Ehebruch, und er veranlaßt, daß Serafina dem Quäker ein Rendezvous gewährt. Er kommt, legt Hut und Perücke ab, zieht Rock und Weste aus, als die Geliebte plötzlich einen Schrei ausstößt: Hinter einem Wandschirm tritt Cagliostro hervor und droht mit einem Skandal. Der Engländer ist froh, mit einem Schweigegeld von hundert Pfund Sterling davonzukommen. Damit finanziert er den Cagliostros die Weiterreise nach Frankreich.

Bei seinem Aufenthalt in Petersburg gab sich Cagliostro als Arzt aus. Und er heilte tatsächlich die verschiedensten Leiden, darunter Patienten, die von anderen Ärzten bereits aufgegeben wurden. Natürlich zog er sich damit den Haß der Petersburger Mediziner zu. Auch dem englischen Hofarzt Dr. Roggerson genas ein von ihm als unheilbar aufgegebener Kranker, nachdem er Cagliostro konsultiert hatte. Roggerson fuhr in das Haus Cagliostros und forderte diesen unter beleidigenden Äußerungen heraus. »Wenn Sie mich als Cagliostro persönlich herausfordern«, antwortete dieser, »werde ich meine Diener rufen, um Sie hinauszuwerfen. Wenn Sie mich als Arzt herausfordern, werde ich Ihnen als Arzt Rechenschaft geben.« – »Ich fordere Sie als Arzt heraus«, erwiderte Roggerson. »Dann schlagen wir uns nicht mit den Degen, sondern mit den Waffen der Medizin. Hier haben Sie zwei Arsen-Pillen. Schlucken Sie sie. Und ich werde jedes Gift nehmen, das Sie mir anbieten. Wer von uns beiden dann stirbt, den sollen die Menschen als Schwein betrachten.« Natürlich fand das Gift-Duell nicht statt...

Enrico Caruso
Neapel 25. 2. 1873 – Neapel 2. 8. 1921

Er wurde als Neapolitaner geboren, und er starb in Neapel. Dazwischen lag seine Karriere: Als bester Operntenor seiner Zeit sang er in der ganzen Welt.

Aber auch als Star blieb Caruso ein sentimentaler Süditaliener: Als er 1910 erstmals am Münchner Hof- und Nationaltheater mit dem »Bajazzo« gastierte, mußte auf seine Anordnung zwischen seiner Arie »Lache, Bajazzo« und der darauf folgenden Zwischenaktmusik eine Pause von 15 Minuten eingefügt werden. »Warum?« fragte der Dirigent erstaunt, und der Manager klärte ihn todernst auf: »In dieser Pause weint der Maestro!«

Bei einer »Bohème«-Vorstellung in München wäre beinahe seine Karriere zu Ende gewesen. Mitten im ersten Akt streifte ein herabfallender Kulissenteil Caruso recht unsanft am Kopf. Es ging noch einmal glimpflich ab, aber der Schreck saß allen in den Gliedern. Als Direktor von Speidel endlich nach Mitternacht das Theater verließ, sagte der Portier: »Is no amal guat g'gangen. Stelln S'Eahna vor, Herr Baron, wann jetzt der Caruso invalid g'worden wär, dann hätt' ma'n glei derschlagen. Dös hätt' mer zahln können. Aber a Rent'n lebenslang, dös wär uns schon verdammt hart an'kommen!«

Caruso wurde nur 48 Jahre alt, und als seine Karriere begann, war er bereits Ende Zwanzig. Damals war er Bariton, drei Jahre später der größte Tenor der Welt. Er war Chorknabe, Lehrling bei einem Schlosser, Brunnenmacher und schließlich Straßensänger in Neapel. In den 18 Jahren seiner Berühmtheit verdiente er die damals ungeheure Summe von 1,5 Millionen Pfund.

Direktor Heinrich Conried entdeckte ihn für die New Yorker Metropolitan Opera, deren Star er wurde. Er gab ihm einen Vertrag, bei dem die Spalte der Honorarforderung unausgefüllt blieb. »Ich kann Ihnen nicht so viel zahlen, wie Sie verdienen«, meinte Conried, »aber ich werde versuchen, Ihnen das zu zahlen, was Sie verlangen.« Caruso, unerfahren in finanziellen Dingen und üblichen Honoraren, bekam seinen Vertrag ein paar Tage später zurück. Die von ihm eingetragene Summe war verdoppelt. »Nein! Soviel kann ich nicht annehmen«, stotterte er, »das macht mich nervös beim Singen.« Der nächste Met-Chef Gatti Casazza nannte ihn den »billigsten Künstler, den wir haben, egal, welche Gage« man ihm zu zahlen hatte.

Caruso sagte fast nie Vorstellungen ab, und am Abend des großen Erdbebens sang er in San Francisco. Er konnte aber auch noch Gegenden entdecken, in die sein Ruhm noch nicht gedrungen war. In einer gottverlassenen Gegend in Texas hatte er eine Panne. Sein Chauffeur reparierte den Schaden, während er bis zum nächsten Farmerhaus ging, um sich auszuruhen. »Ich bin nämlich Caruso«, stellte er sich dem Farmer vor. Dieser geriet fast aus dem Häuschen. Er rief aufgeregt seine Frau und die Kinder: »Stellt euch vor, in unserem Salon sitzt der weltberühmte Robinson Caruso!«

Eines Tages gab Mark Twain einen Empfang für alle bekannten New Yorker Karikaturisten. Caruso kränkte sich sehr, daß man ihn nicht eingeladen hatte. Aber zuletzt tröstete er sich: »Sicher kennt mich Mark Twain nur als Tenor.«

Giacomo Casanova
Venedig 2. 4. 1725 – Schloß Dux/Nordböhmen 4. 6. 1798

Den guten diesseitigen Dingen nicht abgeneigt war der berühmtberüchtigte Casanova, der in die Kultur- und Sittengeschichte als »der« große Frauenverführer eingegangen ist.

Der reisende Junggeselle in Sachen Liebe hatte es oft sehr eilig, und nicht selten war die Zeit, die ihm für eine Eroberung zur Verfügung stand, aus diesem oder jenem Grund recht knapp bemessen. Als einmal ein Freund Casanovas erfuhr, dieser bezahle gelegentlich auch eine Frau, damit sie sich ihm hingebe, warf er ihm vor, eine solche Handlungsweise entehre nicht nur sie, sondern schade auch seiner eigenen Reputation als Frauenheld. »Unter dem Druck der Zeit ist dies oft die einzige Möglichkeit, eine Umworbene noch rechtzeitig zu gewinnen«, verteidigte sich Casanova, »außerdem glauben die Frauen, selbst wenn sie sich bezahlen lassen, nie daran, daß sie damit käuflich geworden sind.«

Der für ihn wichtigsten Beschäftigung im Leben ging Casanova sozusagen ohne Ansehen der Person nach, egal ob die Frau, die ihm gerade begegnete, hübsch oder häßlich, jung oder alt war. Und in seinen Memoiren gab er den Rat: »Lösch das Licht, und du wirst merken, daß alle Frauen gleich sind.«

Als Casanova einmal auf dem Weg nach Paris war, konnte er weder einen Wagen noch ein Pferd auftreiben. Die letzte Kutsche hatte kurz zuvor ein Herr gemietet, der eben im Begriffe war abzureisen. Casanova trat an den Wagen heran und bat den Herrn: »Würden Sie so freundlich sein, meinen Mantel mit nach Paris zu nehmen?« – »Gewiß, wenn Sie mir sagen, wo ich ihn dort abgeben soll!« Darauf schwang sich der

Italiener auf den Nebensitz und sagte: »Das wird nicht nötig sein. Ich werde in dem Mantel bleiben und ihn selbst abgeben.«

In Wien wurde Casanova, der sich selbst Chevalier de Seingalt nannte, Kaiser Joseph vorgestellt. Nach der Begrüßung erklärte der Kaiser: »Ich verachte Leute, die sich Titel kaufen.« – »Und wie, Majestät, steht es mit den Leuten, die Titel verkaufen?«

Ähnlich ablehnend verhielt man sich am Hof in Paris, wo Casanova während seines Aufenthalts gern empfangen werden wollte. Minister Choiseul gab ihm den Rat: »Beschaffen Sie dem König zwanzig Millionen, die er dringend benötigt, und Sie werden jede Protektion von ihm erhalten.« Da entwarf Casanova seinen berühmten Plan für eine Staatslotterie. Als er Choiseul die schriftliche Ausarbeitung dieses Vorschlags überbrachte, machte er davon ein hohes Jahresgehalt für sich selbst abhängig. Worauf der Minister lächelnd sagte: »Wie ich sehe, hat Ihre Lotterie bereits einen ersten Gewinner.«

CHARLES CHAPLIN
London 16. 4. 1889 – Corsier-sur-Vevey 25. 12. 1977

Der kleine Mann mit dem unnachahmlichen Gang und dem ewigen Mut der Verzweiflung führte in seiner Darstellung stellvertretend für alle Pechvögel der Welt den Kampf gegen Schicksal und Tücken des Alltags. Chaplin ist eines der größten Universalgenies der Filmgeschichte. Er verstand es meisterhaft, Phantasie und Kreativität als Schauspieler, Autor, Regisseur und Produzent mit einem hervorragenden kaufmännischen Talent zu verbinden.

Während einer Geburtstagsparty in Hollywood drängte man den Schauspieler, irgend etwas zum Besten zu geben. Gutgelaunt setzte er sich ans Klavier und sang mit perfektem Schmelz und Schluchzen eine italienische Opernarie. Die Gäste waren begeistert, und jemand sagte: »Ich wußte gar nicht, daß Sie auch Sänger sind!« Darauf Chaplin: »Aber nein, ich kann überhaupt nicht singen, ich habe nur Caruso parodiert.«

Während einer Besprechung summte pausenlos eine Fliege um Chaplins Kopf. Es gelang ihm nicht, das störende Insekt zu vertreiben oder zu erwischen, bis er schließlich eine Zeitung nahm und ihr damit auflauerte. Da setzte sich die Fliege vor ihm auf den Tisch. Chaplin hob die Zeitung – und ließ sie wieder sinken. »Warum haben Sie jetzt nicht zugeschlagen?« wurde er gefragt. Chaplins Antwort: »Es war eine andere Fliege.«

Von aller Welt wurde Chaplin rückhaltlos bewundert. Selbst der sehr von sich eingenommene Bert Brecht sagte einmal in Hollywood: »Auf der ganzen Welt gibt es heute nur zwei wirklich bedeutende Regisseure. Der andere ist Charlie Chaplin!«

Sir Arthur Conan Doyle, der berühmte englische Kriminalschriftsteller, bereitete die Verfilmung seines Buches »Der Hund von Baskerville« vor, als sich ein junger unbekannter Schauspieler bei ihm meldete: »Mister Doyle, ich möchte Ihnen ein Geschäft vorschlagen: Sie wollen Ihr Buch verfilmen, und ich könnte daran mitarbeiten. Wir machen gemeinsame Sache, gründen eine Firma und teilen uns unsere Einkünfte.« Doyle fragte: »Wie hoch sind denn Ihre Einkünfte?« – »Etwa 100 Pfund im Jahr.« Doyle lehnte ab, und der junge Mann reiste bald darauf nach Amerika, um der große Charlie Chaplin zu werden.

Auf einem großen Empfang begegneten sich Chaplin und Albert Einstein und kamen ins Gespräch. Einstein drückte dem Schauspieler seine große Bewunderung aus: »Ihre Kunst ist Ihre geniale Einfachheit. Jedes Kind auf der Welt versteht Sie!« – »Aber Ihre Kunst ist noch viel unbegreiflicher«, erwiderte Chaplin, »jeder bewundert Sie, und kein Mensch versteht Sie!«

Nach dem Zweiten Weltkrieg begann in den USA eine Kommunistenhetze. Auch die Schauspieler, Regisseure und Autoren in Hollywood wurden als angebliche oder wirkliche Kommunisten denunziert und gejagt. Wer verdächtig war, mußte sich vor dem »Komitee für antiamerikanische Umtriebe« verteidigen. Die gegenseitige Bespitzelung machte das Leben in Hollywood unerträglich. Da schrieb Chaplin in der Londoner Zeitschrift »Reynold News«: »Ich erkläre Hollywood den Krieg! Ich sage es offen: Ich, Charlie Chaplin, erkläre, daß Hollywood in seinen letzten Zügen liegt. Hollywood hat nicht länger etwas mit jenem Film zu tun, den man zu den Künsten rechnet.«

Und dem »Komitee für antiamerikanische Umtriebe«, vor dem er trotz mehrmaliger Aufforderung nicht erschien, telegraphierte er: »Ich bin kein Kommunist, und ich bin auch noch nie in meinem Leben einer politischen Partei oder Organisation beigetreten. Ich bin das, was man einen Friedenshetzer nennen könnte. Ich hoffe, das stört Sie nicht.«

Trotzdem blamierte sich 1952 der US-Staatsanwalt McGranery für Amerika, als er bekanntgab: »Ich habe die Einwanderungsbehörden angewiesen, den britischen Schauspieler Charles Spencer Chaplin sofort zu internieren, falls er jemals die USA wieder betreten sollte. Im Einvernehmen mit den zuständigen Bundesbehörden faßte ich den Entschluß, Chaplin wie jeden Neueinwanderer auf Ellis Island festsetzen zu lassen, damit dann endgültig über das Schicksal dieser Person entschieden werden kann, die mit ihren Filmen seit einem halben Jahrhundert die amerikanische Moral untergräbt.«

Daraufhin veröffentlichte Chaplin folgende Erklärung: »Ich bin nicht länger nützlich für Amerika. Ich werde niemals mehr dorthin zurückkehren, auch dann nicht, wenn Jesus Christus Präsident der Vereinigten Staaten werden sollte.«

Nikita Chruschtschow
Kalinowka 17. 4. 1894 – Moskau 11. 9. 1971

Nikita Chruschtschow verband seine diktatorischen Befugnisse mit einer ererbten Bauernschläue, mit Mißtrauen und einer guten Portion derben Humors. Angeblich sammelte er die Witze, die man über ihn machte. Aber – wie es heißt – sammelte er auch die Leute, die diese Witze über ihn machten.

Bei besonders guter Laune erzählte er selbst die Geschichte von dem Mann, der mitten auf dem Roten Platz schrie: »Chruschtschow ist ein Esel!« Man machte ihm den Prozeß, das Urteil lautete: Sibirien. Zwei Jahre, hieß es in der Begründung, wegen Beleidigung des Ersten Sekretärs des ZK der KPdSU und 18 Jahre wegen Verrat eines Staatsgeheimnisses.

Der Mann, der vor den Vereinten Nationen seinen Schuh auszog und damit aus Protest auf sein Pult klopfte, hatte auch bei anderen Gelegenheiten keine Skrupel. Als ihn eine Gruppe abgehalfterter Funktionäre vergeblich aus seiner Machtposition zu verdrängen suchte, erklärte er ihnen: »Ihr seid zwar sieben, und wir sind nur vier, aber die Politik ist kein Rechenexempel. Da sind zwei und zwei manchmal viel mehr als vier.«

Bei ihrem Treffen in Wien soll John F. Kennedy zum ersten Mal von Chruschtschow selbst das später geflügelte Wort gehört haben: »Kennen Sie den Unterschied zwischen einem Optimisten und einem Pessimisten, Mister President? Ein Optimist lernt Russisch, und ein Pessimist gleich Chinesisch.«

In seinem Heimatland, der Ukraine, wo Chruschtschow unter Stalin Ministerpräsident war, ist er natürlich besonders populär gewesen. Dort erzählt man sich folgende Geschichte: Bei einer Reise durch die Ukraine besichtigte der Generalsekretär der KPdSU auch mehrere Kolchosen. Er bewunderte unter anderem die gut genährten Hühner und fragte, womit man sie denn füttere. »Mit Weizen, Genosse Vorsitzender«, war die Antwort. »Was?« schrie Chruschtschow, »ausgerechnet mit Weizen, den wir für teure Devisen in Amerika einkaufen müssen?« In der nächsten Kolchose war man bereits gewarnt worden, und auf Chruschtschows Frage nach dem Hühnerfutter sagte der Kolchosevorsitzende: »Ach, wissen Sie, Genosse Vorsitzender, wir lassen sie einfach in der Früh aus dem Stall, und dann finden sie schon das Rechte bei Mütterchen Erde.« Doch wenig später entdeckte Chruschtschow in den Abrechnungsbüchern der Kolchose einen beachtlichen Ausgabenposten für Hühnerfutter. Auf die Frage, wie das zu erklären sei, wand sich der Kolchosevorsitzende: »Na ja, in den kalten Monaten, wenn Mütterchen Erde nicht so großzügig mit ihren Gaben ist, geben wir jeder Henne pro Tag zwei Kopeken, aber dann muß sie selbst sehen, wo sie ihr Futter herbekommt.«

Sir Winston Spencer Churchill
Blenheim Palace 30. 11. 1874 – London 24. 1. 1965

Seine politische Karriere begann Churchill, als er 1900 Mitglied des Unterhauses wurde. Damals sagte er zur Tochter des Premierministers Asquith: »Wir sind alle Würmer, aber ich glaube, daß ich ein Glühwurm bin.«

Der englische Politiker machte sich auch einen Namen als Historiker und Schriftsteller, erhielt 1953 sogar den Nobelpreis für Literatur. Seine ersten Sporen verdiente er sich als Journalist und Berichterstatter im Burenkrieg. Da Churchills Vater damals Schatzkanzler war, meinte einer seiner Kollegen bissig: »Wenn man einen berühmten Vater hat, macht man leicht Karriere.« – »Sie irren sich«, erwiderte der junge Winston, »eines Tages wird man von Lord Randolph nur noch als dem Vater Winston Churchills sprechen.«

Während die Labourparty regierte, fragte ihn ein Diplomat, ob er glaube, daß es zu einem Krieg kommen werde. »Nein«, antwortete Churchill, »als Mr. Shinwell Kohleminister war, gab es keine Kohle. Und jetzt ist er Kriegsminister...«

Von einem Journalisten nach der wichtigsten Eigenschaft eines Politikers gefragt, antwortete er: »Vorauszusehen, was kommt, und überzeugend erklären zu können, warum es nicht eingetroffen ist.«

Noch vor Ausbruch des Zweiten Weltkriegs und vor Churchills Rückkehr in die Politik war er Gast beim deutschen Botschafter in London. Während des Essens rühmte Ribbentrop die militärische Stärke Deutschlands und warnte vor einer englischen Herausforderung. »Außerdem«, fuhr er fort, »vergessen Sie nicht, daß auch die Italiener auf unserer Seite sind.« Trocken meinte Churchill: »Das geschieht den Deutschen ganz recht. Das letzte Mal waren sie auf unserer Seite.«

Während einer Rede im Parlament überraschte Churchill seine Gegner mit einer Unmenge genauer Ziffern und Zahlen, die er aus dem Gedächtnis zitierte, so daß schließlich die verstummte Opposition der von ihm eingebrachten Regierungsvorlage zustimmte. Hinterher beglückwünschte ihn einer seiner Mitarbeiter und meinte: »Um dieses Material zusammenzutragen, müssen Sie ja Monate gebraucht haben.« – »Zumindest wird die Opposition Monate brauchen, um zu beweisen, daß meine Ziffern falsch waren.«

Der amerikanische Präsident Roosevelt, der damals bereits sehr leidend war, brachte der sowjetischen Regierung weit mehr Vertrauen entgegen als Churchill. So hoffte er, daß die geplante Konferenz von Jalta höchstens fünf Tage dauern werde. Doch Churchill schrieb ihm am 10. Januar 1945: »Ich sehe keinen Weg, um unsere Hoffnungen auf die Organisation der Welt in fünf oder sechs Tagen zu verwirklichen. Selbst der Allmächtige hat sieben Tage gebraucht.«

Churchill wurde über 90 Jahre alt. Natürlich wurde der 80. Geburtstag des regierenden britischen Premierministers im November 1954 besonders gefeiert. Ein junger Reporter, der ihn bei dieser Gelegenheit ausführlich photographiert hatte, verabschiedete sich mit den Worten: »Ich hoffe, Sir Winston, daß ich auch die Photos von Ihrem hundertsten Geburtstag machen darf.« – »Dann«, sagte Churchill, »sollten Sie die nächsten zwanzig Jahre sehr gut auf Ihre Gesundheit achten!«

Jean Cocteau
Maisons-Lafitte 5. 7. 1889 – Milly-la-Forêt 11. 10. 1963

Cocteau war ein Universalkünstler der Poesie und Schönheit. Künstlerische Formen und Möglichkeiten (auch die etwa der Filmtechnik) interessierten ihn nur insoweit, als sich mit ihnen spielen ließ. Er experimentierte nicht mit ihnen, sondern er benutzte, was vorgegeben war und er für brauchbar erachtete. In seinen literarischen Werken wie in seinen Bildern, Zeichnungen oder Filmen finden sich die Stilmerkmale der verschiedensten französischen Kunstrichtungen der ersten Hälfte des zwanzigsten Jahrhunderts: Surrealismus, Futurismus, Dadaismus.

Schon in frühen Jahren hatte Cocteau Umgang mit den profiliertesten Persönlichkeiten seiner Zeit: den Schriftstellern Alain-Fournier, Apollinaire, Genet, Gide, Mauriac, Proust, den Komponisten Milhaud und Strawinsky, den Malern Modigliani und Picasso, mit Jean-Louis Barrault, Jean Marais und Edith Piaf. Er erhielt die Ehrendoktorwürde der Universität Oxford, wurde Mitglied der Académie Française, Offizier der Ehrenlegion und Präsident oder Mitglied zahlreicher Kulturgremien. In jungen Jahren saß er einmal mit dem Komponisten Eric Satie beisammen, und beide sprachen über all die Ehrungen, die sie damals noch längst nicht erhalten hatten. »Wenn mir jetzt die Ehrenlegion angeboten würde, ich würde sie, ohne zu zögern, ablehnen«, meinte Satie bestimmt. »Oh, das reicht noch nicht«, eiferte sich Cocteau, »man darf sie sich gar nicht erst verdienen!«

Marcel Achard, Autor einiger recht erfolgreicher Boulevard-Komödien und Krebs wie Cocteau, hatte einst behauptet: »Wenn eine Frau die Wahl zwischen Liebe und Reichtum hat, versucht sie immer beides zu wählen.« Als er schließlich zu

Ansehen, Wohlstand, aber auch in die Jahre gekommen war, verliebte er sich in eine blutjunge, hübsche Schauspielerin, mit der er einige Zeit zusammenlebte. Als Cocteau davon hörte, sagte er boshaft: »Achard? Ausgeschlossen! Bei dem schläft doch nur das Publikum!«

Als Cocteau eines Tages hörte, daß die Memoiren von Maurice Chevalier, die zwar literarisch nicht besonders anspruchsvoll, aber durchaus amüsant zu lesen waren, bereits in fünf Sprachen übersetzt worden seien, meinte er: »Jetzt wird es langsam Zeit, sie auch ins Französische zu übersetzen.«

Bekanntlich war der Junggeselle Cocteau kein leidenschaftlicher Verehrer des weiblichen Geschlechts, sondern fühlte sich besonders wohl, wenn er von ebenso geistreichen wie schönen jungen Freunden umgeben war. Offenbar hatte sich das, als er mit 74 Jahren starb, noch nicht überall herumgesprochen. So erreichte das Beileidstelegramm des deutschen Bundespräsidenten Heinrich Lübke nie seinen Empfänger. Es war gerichtet an die Witwe Cocteaus.

OLIVER CROMWELL
Huntingdon 25. 4. 1599 – London 3. 9. 1658

Oliver Cromwell führte einen Kampf gegen die herrschende Monarchie – für das Bürgertum: Der strenge Puritaner war das Haupt der Independenten, einer unabhängigen kirchlichen Partei, die für die Trennung von Königtum und Parlament eintrat. Als Heerführer im Bürgerkrieg besiegte er in mehreren Schlachten Karl I. und ließ ihn 1649 hinrichten. Ähnlich wie später die Zarin Katharina II. es verstand, Liberalismus und Macht zu einem politisch erfolgreichen Wechselspiel zu bringen, wußte Cromwell seinen puritanischen Glauben mit seinen militärischen und politischen Zielen zu verbinden.

Die Umsetzung christlichen Lebens im Alltag sah Cromwell tatsächlich außerordentlich praktisch. Sein tägliches Tischgebet lautete: »Manche Leute haben Speisen, aber keinen Hunger. Manche Leute haben Hunger, aber keine Speisen. Ich habe beides. Der Herr sei gelobt.«

Als er 1653 Lordprotektor von England, Schottland und Irland wurde, ließ Cromwell neue Münzen prägen mit der Aufschrift »Das Commonwealth von England«. Auf der Rückseite aber stand »Gott mit uns!« Ein englischer Adeliger bemerkte dazu bissig: »Wie man sieht, sind Gott und das Commonwealth nicht auf der gleichen Seite.«

Zweifellos half Cromwell sein Sinn für die Wirklichkeit beim Erreichen seiner idealistischen Ziele, die er in der Befreiung Englands und in der Stärkung des Commonwealth sah. Einem Maler, der ihn porträtieren sollte, sagte er: »Wenn Ihr auch nur eine Falte oder Narbe weglaßt, werdet Ihr für Euer Bild keinen Schilling bekommen.«

Edgar Degas
Paris 19. 6. 1834 – Paris 26. 9. 1917

Einer der wichtigsten französischen Impressionisten war Edgar Degas. Obwohl ihm persönlich Frauen eher gleichgültig waren, stellt die Mehrzahl seiner Bilder, Zeichnungen und Skizzen weibliche Akte dar. Seine Lieblingsmodelle waren Ballettmädchen.

Bei der Hochzeit eines seiner Modelle stellte Degas fest: »Wie hübsch sie ist. Heute sehe ich sie zum ersten Mal in einem Kleid. Aber ich muß sagen, es steht ihr sehr gut.«

Jeder«, sagte Degas, »kann mit zwanzig Jahren Talent haben. Worauf es ankommt, ist, mit fünfzig Jahren Talent zu haben.« Und als ein Kollege bemerkte: »Es muß für einen Maler schrecklich sein, wenn er merkt, daß er sein Talent verliert«, da erwiderte Degas: »Noch schrecklicher ist es, wenn er es nicht merkt.«

Degas, selbst ein leidenschaftlicher Sammler, bewunderte seinen Maler-Kollegen Dominique Ingres. Als er einmal den Kunstschriftsteller George Moore auf der Straße traf, rief er ihm entgegen: »Ich habe ihn! Ich habe den ›Jupiter‹ von Ingres.« Moore mußte mit in sein Atelier gehen, um sich das Bild anzusehen. Moore fand das Bild nicht so hervorragend, eher ein wenig langweilig: ein Jupiter mit buschigen Brauen und einem Donnerkeil in der Faust. Aber neben dem großen »Jupiter« hing ein ganz kleines Bild, eine Birne von Manet, mehr auf die Leinwand getupft als gemalt. »Im Grunde gefällt mir die Birne besser als der ›Jupiter‹«, sagte Moore vorsichtig. »Na ja«, sagte Degas, »ich habe sie auch dahin gehängt, weil eine Birne, die so gemalt ist, jeden Gott umschmeißt.«

Als jemand zu ihm sagte: »Nicht wahr, bei diesem Bild spürt man deutlich den Einfluß von Maeterlinck?« erwiderte er: »Monsieur, dieses Bild kommt aus einer Tube und nicht aus einem Tintenfaß.«

Einem Schriftsteller, der etwas über ihn schreiben wollte, erklärte er: »Meine Kunst, was wollen Sie darüber sagen? Glauben Sie, das Verdienstliche eines Bildes denen klarmachen zu können, die es nicht sehen? Ich habe mit den gescheitesten Menschen über Kunst gesprochen, verstanden haben sie mich nicht. Aber bei Leuten, die was verstehen, bedarf es der Worte nicht. Da sagt man: Hm, ha, ho und hat alles gesagt. Meiner Meinung nach hat die Literatur der Kunst nur geschadet.«

Seinem Biographen Vollard riet Degas: »Vollard, Sie müssen heiraten. Sie wissen ja gar nicht, was es heißt, einsam zu sein, wenn man alt wird.« – »Aber Sie haben doch selbst nie geheiratet?« – »Das, mein lieber Vollard, ist eine ganz andere Sache. Ich hatte zu große Angst, wenn ich ein Bild gemalt hätte, anschließend von meiner Frau zu hören: ›Das ist ganz hübsch, was du da gemacht hast.‹«

Degas erlebte selbst, daß sein Bild »Danseuses à la barre« auf einer Auktion den Preis von fast 500 000 Goldfranken einbrachte. Anschließend fragte man ihn, wie ihm dabei zumute gewesen wäre. »Wie einem Pferd, das den Grand Prix gewonnen hat. Aber es läuft für den Hafer.« Als sich wenig später jemand darüber wunderte, daß in seinem Atelier keines seiner eigenen Bilder hing, erklärte Degas das so: »Wenn Sie heute in einer Auktion einen Degas kaufen wollen, müssen Sie dafür eine halbe Million bezahlen. So einen Luxus kann ich mir als Maler nicht leisten.«

DENIS DIDEROT
Langres 5. 10. 1713 – Paris 31. 7. 1784

Als Philosoph, Enzyklopädist, Essayist, Dramatiker und Erzähler gehörte Diderot zu den genialsten und vielseitigsten Persönlichkeiten seiner Zeit. Weniger ein Systematiker, war er vor allem ein beweglicher Geist von ungeheurer Aufnahmebereitschaft und Aufgeschlossenheit. Gleichzeitig gilt dieser führende Vertreter der französischen Aufklärung als ein großer Anreger, dessen Philosophie und Ästhetik auf die geistigen Strömungen seiner Zeit und Nachwelt weit über Frankreich hinaus ihre Wirkung hatten.

Diderots Vater war ein biederer Handwerker gewesen und hatte zweischneidige Messer, Lanzetten genannt, hergestellt. Als man ihn einmal auf den Ruhm seines Sohnes und dessen ungewöhnlich vielseitige Bildung ansprach, seufzte er: »Wenn Sie wüßten, wieviel Lanzetten mich diese Bildung gekostet hat!«

Von dem Philosophen Rousseau behauptete Diderot, als man einmal dessen ungewöhnliche Bescheidenheit rühmte, im Grunde sei er sehr hochmütig. »Wie können Sie das sagen, wo er sich doch ganz einfach als Bürger Rousseau ansprechen läßt«, entgegnete man ihm. »Natürlich läßt er sich als Bürger ansprechen«, sagte Diderot, »aber doch nur, weil er sich nicht als Exzellenz ansprechen lassen kann.«

Von der Zarin Katharina II., die er anläßlich einer Reise nach Rußland besucht hatte, sagte er: »Wer seine Residenz am Ende seines Reiches hat, muß auch sein Herz in den Fingerspitzen haben.« Das war zweifellos doppelsinnig und auch negativ gemeint. Denn bei aller Bewunderung für die große Katharina waren seine Rußlandeindrücke keineswegs nur positiv. Neben der Armut und dem Elend der Leibeigenen empörte es ihn, wie schmutzig sie gewöhnlich herumliefen, und er sagte dies auch der Zarin. »Warum sollen sie«, erwiderte Katharina, »einen Körper pflegen, der ihnen gar nicht gehört?«

Diderot kleidete sich gern und oft in Schwarz. »Tragen Sie vielleicht Trauer um die Russen?« spottete Graf de Broglie. Diderot, der neben Rousseau als der wichtigste Vorbereiter der Französischen Revolution gilt, erwiderte: »Wenn ich um einer Nation willen Trauer tragen will, brauche ich nicht in der Ferne zu suchen.«

In einer Gesellschaft versuchte man sich in geistreichen Aphorismen über die Unsittlichkeit zu übertreffen. Diderot sagte: »Ich muß gestehen, über die Unschuld sagt man nur dann etwas Gutes, wenn man ein bißchen verdorben ist.« Als man jedoch einmal konkret ein pikantes Thema ausführlich diskutierte und auch Diderot dazu um seine Meinung befragte, entzog er sich der Diskussion mit den Worten: »Meine Gedanken sind meine Dirnen.«

In seinen philosophischen Schriften bekannte sich Diderot zu einer atheistisch-materialistischen Weltanschauung. Voltaires Bemerkung »Wenn es keinen Gott gäbe, müßte man ihn erfinden!« ergänzte er mit den Worten: »Was man denn auch getan hat.«

GAETANO DOMENICO MARIA DONIZETTI
Bergamo 29. 11. 1797 – Bergamo 8. 4. 1848

Der italienische Komponist war von geradezu sprichwörtlicher Schnelligkeit und dabei ungewöhnlich produktiv: Neben einer großen Zahl von kirchlichen Instrumentalkompositionen schuf er sage und schreibe 70 Opern. Noch heute werden einige von ihnen aufgeführt, wie beispielsweise »Der Liebestrank«, »Die Regimentstochter« oder »Lucia di Lammermoor«.

Am Konservatorium in Bologna studierte Donizetti bei Simon Mayr. Dieser hatte eine Oper »Die weiße und die rote Rose« geschrieben, die mit großem Erfolg an der Bologneser Oper aufgeführt wurde. Der Begriff Urheberrecht war damals noch nicht sehr geläufig, und so weigerte sich der Impresario der Oper, das einzige Exemplar der Partitur herauszugeben, als sich auch andere Häuser für Mayrs Oper interessierten. Wütend protestierte der Komponist, aber vergebens. Da ging Donizetti drei Abende hintereinander in die Vorstellung und setzte sich anschließend hin, um die Partitur der Oper aus dem Gedächtnis und fehlerfrei niederzuschreiben. Mayr war überglücklich, umarmte seinen Schüler und schenkte ihm eine goldene Uhr.

Jahre später verwendete Donizetti in seinem Meisterwerk »Lucia di Lammermoor« für den Chor im 2. Akt ungeniert ein Stück aus der Messe seines Lehrers. Als man Mayr auf diesen »Diebstahl« aufmerksam machte, lachte er und rief: »Was wollt ihr? Mein bester Schüler hat mir eine große Ehre erwiesen!«

Nahezu zur gleichen Zeit wurde in Venedig Vincenzo Bellinis Oper »Beatrice di Tenda« uraufgeführt, und Donizetti schrieb in Paris, wo er zeitweise lebte, die Oper »Paresina«. Später stellte sich heraus, daß im Finale der »Paresina« und in einem Quartett der »Beatrice« das gleiche Thema vorkam. Es begann ein langer mündlich wie schriftlich ausgetragener Streit zwischen den beiden Komponisten, wer von ihnen das Thema wirklich erfunden und wer es beim anderen abgeschrieben haben könnte, bis Bellini eines Tages einen Brief Donizettis erhielt: »Weißt Du, von wem wir beide das Thema gestohlen haben? Von Carl Maria von Weber!«

Donizetti war ein sehr geselliger Mensch. Leichtlebig und unterhaltsam, war er ständig mit Freunden unterwegs, von einem Vergnügen zum anderen. Wenn er Geld brauchte, setzte er sich hin und komponierte eine neue Oper. Notfalls konnte er gleichzeitig komponieren und Karten spielen. Seine Schnelligkeit war selbst beim Volk so bekannt, daß man sie getrost als »sprichwörtlich« bezeichnen kann. Wie es heißt, wurde er einmal von vier Räubern überfallen, die einen Beweis für diese Schnelligkeit des Komponierens verlangten. In einer Höhle ließen sie ihn bei Kerzenlicht angeblich in einer einzigen Nacht ein ganzes Werk arrangieren. Es gelang, und er schrieb die Oper »Rosamunde«, die zwar in Florenz uraufgeführt wurde, jedoch eines seiner schwächsten Werke ist.

Innerhalb von zehn Tagen warf Donizetti seine Oper »Don Pasquale« aufs Papier. Als ihm jemand berichtete, Rossini habe seinen »Barbier« in nur ganzen 13 Tagen niedergeschrieben, meinte er: »Na ja, der biedere Rossini, beim Komponieren war er immer schon ein wenig bedächtig.«

Sir Arthur Conan Doyle
Edinburgh 22. 5. 1859 – Crowborough 7. 7. 1930

Er ist der Klassiker des modernen Kriminalromans, und seine Figur des Detektivs Sherlock Holmes ist so in das Bewußtsein der Nachwelt gedrungen, daß man geneigt ist, sie für eine historisch echte zu nehmen. Holmes und sein Assistent Watson erlebten nicht nur zahlreiche Parodien und literarische Paraphrasen, sondern wurden Vorbilder für ganze Generationen von Literatur-, Theater- oder Film-Detektiven.

Wenn Doyle selbst im realen Leben bei einem Menschen auf kriminalistische Logik stieß, die er in seinen Büchern beschrieb, war er aufs höchste überrascht. In Paris ließ er sich einmal mit einem Taxi vom Bahnhof in sein Hotel fahren. Als er dem Chauffeur ein Trinkgeld geben wollte, sagte dieser: »Merci, Monsieur Doyle.« Überrascht erkundigte sich Doyle, woher er ihn kenne. »Voilà, Monsieur, ich habe in der Zeitung gelesen, daß Sie in Nizza waren und heute nach Paris kommen. Sie sehen aus wie ein Engländer, haben einen englischen Akzent, und Ihr Bart ist ganz offensichtlich von einem südfranzösischen Coiffeur gestutzt. Da war es nicht schwer zu erraten, daß Sie der berühmte Conan Doyle sein müssen.« – »Das ist richtig. Aber einen Beweis haben Sie nicht?« – »O doch, Monsieur, auf dem Schild an Ihrem Koffer steht Ihr Name.«

In jungen Jahren arbeitete Conan Doyle als Arzt, aber in seiner Vorort-Praxis wartete er zunächst vergeblich auf Patienten. Auf seine erste Steuererklärung schrieb er lediglich: »Einkommen: keines!« Mit der Bemerkung »Sehr unbefriedigend« schickte ihm die Finanzbehörde das Formular wieder zurück. Der Autor schrieb darunter: »Ganz Ihrer Meinung« und sandte es ein zweites Mal unausgefüllt an die Steuerbehörde.

Alexandre Dumas père (Der Ältere)
Villers-Cottérets 24. 7. 1802 – Puy/Dieppe 5. 12. 1870
und
Alexandre Dumas fils (Der Jüngere)
Paris 27. 7. 1824 – Marly-le-Roi/Paris 27. 11. 1895

Der mit einer reichen, aber undisziplinierten Schöpferkraft begabte ältere Dumas schrieb 1829 mit »Heinrich III. und sein Hof« das erste romantische Drama in Frankreich. Er wurde der erfolgreichste französische Dramatiker seiner Zeit und schrieb etwa 90 Theaterstücke. Noch populärer wurde er mit seinen über 300 Romanen, von denen die bekanntesten, etwa »Die drei Musketiere« und »Der Graf von Monte Christo«, noch heute Bestseller sind. Zwischen 1846 und 1876 erschienen seine gesammelten Werke in 301 Bänden.
Auch sein unehelicher Sohn, der jüngere Dumas, wurde ein fruchtbarer und erfolgreicher Dramatiker und Romanschriftsteller. Ein Welterfolg war sein 1848 erschienener Roman »Die Kameliendame«, den er vier Jahre später mit großem Erfolg selbst dramatisierte. Mit seinen moralisierenden und die Notwendigkeit sozialer Reformen proklamierenden Romanen wurde er zum Begründer des modernen Gesellschaftsromans.

Bei den zahlreichen Geschichten und Anekdoten, die bis heute über die beiden Dumas in Umlauf sind, ist häufig nicht mehr auszumachen, ob sie den Vater oder den Sohn meinen, die meisten jedoch kann man getrost dem älteren Dumas zuschreiben. Zu dessen bekanntesten Schwächen zählte seine Eitelkeit, die sein Sohn folgendermaßen erklärte: »Man muß ihn entschuldigen. Die Eitelkeit ist ein Teil seiner Begabung. Er ist wie ein Ballon, der nur aufsteigen kann, wenn er geschwollen ist.«

Dumas père wohnte der Premiere eines neuen Stückes seines Sohnes bei und freute sich sichtlich über den großen Erfolg. Da wandte sich sein Logennachbar ihm zu und sagte: »Verzeihen Sie, Monsieur, sind Sie vielleicht der Autor?« – »Nein«, lachte Dumas, »ich bin nur der Verfasser des Autors.«

Durchaus zutreffend charakterisierte der Sohn einmal den älteren Dumas: »Mein Vater ist ein großes Kind, das ich bekommen habe, als ich selbst noch ganz klein war.«

Dumas hatte bestimmt nicht nur diesen einen illegitimen Sohn, doch dürfte er ein wenig übertrieben haben, wenn er sich gelegentlich rühmte, 500 Kinder in die Welt gesetzt zu haben. Als er eines Tages sehr spät nach Hause kam, läutete er eine Weile vergeblich, bis endlich die Portiersfrau ihm, nur mit einem leichten Morgenmantel bekleidet, öffnete. »Verzeihen Sie, Monsieur Dumas«, entschuldigte sie sich, »daß ich Sie so lange warten ließ, aber ich bin in anderen Umständen.« Dumas, der davon bislang noch nichts bemerkt hatte, erkundigte sich höflich, seit wann das denn der Fall wäre. »Seit zehn Minuten«, antwortete sie.

Wie bei dem russischen Dichter Alexander Puschkin floß auch in den Adern der Dumas Negerblut, das von einer hübschen Einwohnerin der westindischen Insel Santo Domingo – heute Haiti – stammte. Als man den älteren Dumas einmal taktlos fragte, ob es richtig sei, daß sein Vater ein Mulatte gewesen wäre, antwortete er: »Ja, mein Vater war Mulatte, meine Großmutter Negerin und mein Urgroßvater ein Orang-Utan. Mein Stammbaum fängt nämlich dort an, wo der Ihre endet!«

Es ist erlaubt«, sagte Dumas, »die Geschichte zu vergewaltigen. Unter einer Bedingung: Man muß ihr ein Kind machen.«

Der Pariser Schriftsteller August Maquet, von dem behauptet wird, er habe zeitweise als »Neger« für Gérard de Nerval geschrieben, zeigte Dumas einen neuen Roman mit dem Titel »Bonhomme Buvat«, den er eben fertiggestellt hatte. Dumas lobte das Manuskript, fand aber doch hier und da einiges auszusetzen. »Lassen Sie mir Ihr Buch da, ich werde diese Stellen ein wenig bearbeiten«, bat Dumas. Wenig später erhielt Maquet einen Scheck und ein gedrucktes Exemplar seines Buches. Es hieß nun »Le Chevalier d'Harmental«, und als Autor stand auf dem Titel: Alexandre Dumas. Maquet protestierte nicht, selbst als er feststellte, daß Dumas kein Wort an dem Manuskript geändert hatte. Wie es heißt, soll er im Gegenteil Dumas ein weiteres Manuskript gebracht haben. Es hatte den Titel »Les Mémoires de Monsieur d'Artagnan«. Dumas beglückwünschte ihn zu dem hervorragenden Stoff. »Nur«, meinte er, »der Titel ist unmöglich. Kein Mensch will heute Memoiren lesen. Nennen wir das Buch doch lieber ›Die drei Musketiere‹!«

Eines Tages erhielt Dumas eine Forderung zum Duell. Nachdem er schweren Herzens das russische Duell gewählt hatte, zog er zu seinem Pech auch noch die schwarze Kugel. Das hieß, daß er sich nun selbst erschießen mußte. Tiefbewegt nahm er Abschied von seinen versammelten Freunden, diktierte ein paar letzte Verfügungen und verschwand schließlich mit der geladenen Pistole im Nebenzimmer. Zwei Minuten später hörte man aus dem Raum einen Schuß. Eben wollte der bestellte Arzt das Zimmer betreten, um den Tod festzustellen, da öffnete sich die Tür und Dumas erschien, in der Hand die noch rauchende Pistole. »Sie werden es nicht für möglich halten, meine Freunde«, rief er, »aber ich habe mich doch tatsächlich verfehlt!«

Dumas war auf einer Gesellschaft eingeladen und fragte die Dame des Hauses: »Würden Sie mir erlauben, Ihre Tochter ein wenig im Garten spazierenzuführen?« Madame lehnte entschieden ab. »Ja, haben Sie denn kein Vertrauen zu mir?« fragte Dumas. »Doch, Monsieur Dumas.« – »Haben Sie dann kein Vertrauen zu Ihrer Tochter?« – »O doch, auch zu meiner Tochter habe ich vollstes Vertrauen. Nur zu Ihnen und ihr gleichzeitig habe ich es nicht.«

Zu Dumas fils, der es wie sein Vater zu Ruhm und Reichtum gebracht hatte, sagte ein Bankier: »Künstler müßten eigentlich immer arm bleiben, weil die Armut den Geist verfeinert.« Dumas parierte die Taktlosigkeit: »Das ist ebenso, als würde ich sagen: Alle Bankiers müßten Trottel sein, weil das Geld den Geist verblöden läßt.«

Dumas fils hatte sich mit Balzac zerstritten. Doch eines Tages begegneten sie sich doch auf einer Gesellschaft. »Wenn ich einmal völlig verblödet bin, werde ich auch für das Theater schreiben«, sagte Balzac zu dem erfolgreichen Theaterautor. »Dann fangen Sie doch gleich an«, erwiderte Dumas trocken.

Eleonora Duse
Vigevano 3. 10. 1858 – Pittsburgh 21. 4. 1924

In ihrem Darstellungsstil verband die italienische Schauspielerin Leidenschaftlichkeit und eine gewisse Manieriertheit des Fin de siècle mit einer für ihre Zeit ungewöhnlich modernen Realistik. Aus kleinen und armseligen Verhältnissen arbeitete die Duse sich als Schauspielerin nach oben. So weit nach oben, wie es nur wenige schaffen – zur Unvergeßlichkeit.

Zu Beginn ihrer Laufbahn war die Duse ungewöhnlich mager. Eines Abends hatte sie eine Vorstellung in Turin, und auf dem Weg ins Theater wurde sie von einem Wolkenbruch überrascht. Etwas derangiert erreichte sie endlich ihre Garderobe, wo sie der Leiter der Truppe empfing: »Eleonora, ist Ihnen etwas zugestoßen?« – »Nein, Gott sei Dank, nur eine kleine Sintflut hat mich überrascht. Ich bin naß bis auf die Knochen von dem Regen.« – »Na«, meinte einer der Kollegen, »einen weiten Weg hat er ja nicht gehabt.«

Ein Freund, der sie eines Morgens überraschend besuchte, traf sie ungeschminkt, nachlässig gekleidet und mit einer Brille auf der Nase an. Die Enttäuschung über diese Erscheinung stand ihm im Gesicht geschrieben, das erkannte auch die Duse. Sie nahm die Brille ab und sagte: »Ich bin schön, lieber Freund, aber dann, wenn ich es will.«

Thomas Alva Edison
Milan/Ohio 11. 2. 1847 – West-Orange 18. 10. 1931

Der Sohn einer Lehrerin und eines Hilfsarbeiters wurde als »minderbegabt« nach drei Monaten wieder von der Schule genommen und später von seiner Mutter unterrichtet. Er machte die typisch amerikanische Karriere eines Selfmademans. Von frühester Jugend an fesselten ihn physikalische und chemische Experimente, und dank harter Arbeit und seiner hohen Intelligenz wurde Edison der vielseitigste Erfinder der Neuzeit. Er meldete an und erhielt zwischen 1000 und 2000 Patente (die Angaben schwanken). Bei angenommenen 1500 bis 1600 Patenten würde das bedeuten, daß er – umgerechnet auf die Arbeitsjahre – alle 11 Tage eine neue Erfindung machte.

Seine erste Laborwerkstatt hatte der fünfzehnjährige Zeitungsjunge im Packwagen des Detroit-Express. Anfangs hatte er täglich den Zug benutzt, um Obst und Gemüse nach Detroit zu bringen, das er dort auf dem Markt verkaufte. Dann hatte er die Erlaubnis erhalten, im Zug während der Fahrt Zeitungen zu verkaufen, womit er sich das Fahrgeld verdiente. Das hatte den pfiffigen Jungen auf die Idee gebracht, die übrige Fahrzeit damit zu nutzen, hinten im Packwagen eine eigene Zug-Zeitung zu drucken. Dieser »Wochenbote« war die erste regelmäßig in einem Eisenbahnzug geschriebene, gedruckte und verkaufte Zeitung, die Nachrichten aus den Stationen brachte, in denen der Zug hielt. Schließlich war sogar ein chemisches Labor im Packwagen hinzugekommen, in dem der junge Edison während der restlichen Fahrzeit experimentierte. Leider erlebte er dann eines Tages, nachdem er mit einem brennenden Phosphorstab fast den gesamten Packwagen in Brand gesetzt hatte, eine unvermutet rasche und gewaltsame Ausquartierung seiner rollenden Druckerei-Labor-Werkstatt.

Nun ging der heimatlose Erfinder auf Wanderschaft, kreuz und quer durch die USA, arbeitete mal hier und mal da und fand endlich einen Posten als Telegraphist. »Was ist das eigentlich: Elektrizität? Wie wirkt sie?« fragte er alle Leute. Ein Arbeiter der Montreal Telegraph & Co. versuchte es ihm zu erklären: »Wenn du einen Hund hast, sagen wir einen Dackel, der so lang ist, daß er von Edinburgh bis nach London reicht, und du ziehst ihn in Edinburgh am Schwanz, dann bellt er in London.«

Im September 1868 kam Edison auf seiner Wanderschaft nach New York. Dort hatte er im Batterieraum der Börse übernachten dürfen. So war er zufällig dabei, als an diesem Tag zum Schrecken aller Börsenmakler plötzlich die Anzeigevorrichtung für die Goldkurse ausfiel. Edison ahnte, wo der Fehler liegen könnte, bot seine Hilfe an und konnte den Schaden beheben. Am nächsten Tag war er Leiter der technischen Anlage. Damals war er 21 Jahre alt.

Eines Tages fragte Edisons Enkel seinen Großvater: »Ist es wahr, daß du die erste Sprechmaschine erfunden hast?« – »Nein, mein Junge, die allererste Sprechmaschine, die hat der liebe Gott aus einer Rippe gemacht und ›Frau‹ genannt.« – »Aber welche Sprechmaschine ist denn besser, die, die du gemacht hast, oder die vom lieben Gott?« wollte der Enkel wissen. Da meinte Edison: »Die Sprechmaschine vom lieben Gott ist natürlich unvergleichlich hübscher und vielseitiger. Meine hat dagegen nur einen Vorteil: Man kann sie jederzeit abstellen.«

Albert Einstein
Ulm 14. 3. 1879 – Princeton 18. 4. 1955

Man muß sich wohl selbst im wissenschaftlichen Sinne mit Physik und Mathematik intensiv beschäftigt haben, um zu erkennen, welche Bedeutung die von Einstein 1905 beziehungsweise 1916 aufgestellte spezielle und allgemeine Relativitätstheorie hat und damit der Wissenschaftler Albert Einstein selbst. Es gibt zahlreiche und zum Teil witzige populäre Erklärungen und beispielhafte Erläuterungen der Relativitätstheorie, die sicher der Bedeutung dieser unser Weltbild verändernden Erkenntnis kaum gerecht werden können. Manche Vereinfachungen stammen sogar von Einstein selbst. Weil er der Meinung war, daß es kaum mehr als zwölf Zeitgenossen gäbe, die die Relativitätstheorie verstünden, erklärte er sie beispielsweise so: »Sitzt du eine Stunde neben einem süßen Mädel, wird es dir nur wie eine Minute vorkommen. Sitzt du hingegen eine Minute auf einem heißen Ofen, wird es dir wie eine Stunde erscheinen.«

Der deutsche Jude aus Ulm, der zeitweise staatenlos, dann Schweizer, wiederum Deutscher und zuletzt amerikanischer Staatsbürger war, meinte in jungen Jahren: »Wenn sich meine Relativitätstheorie durchsetzt, werden die Deutschen sagen, ich sei ein Deutscher, und die Franzosen, ich gehöre der ganzen Welt. Wenn sie sich nicht durchsetzt, werden die Franzosen sagen, ich sei ein Deutscher, und die Deutschen, ich sei ein Jude.«

Schon als Kind haßte Einstein den Drill und jede Reglementierung. So war ihm die Schule ein Greuel, und seine Noten in Turnen, Sprachen und sogar in Mathematik waren katastrophal – bis er eines Tages auf dem Gymnasium in München die Physik entdeckte. Doch alle anderen Fächer blieben ihm weiterhin eine Qual. Mit 15 Jahren ließ er es darauf ankommen –

und flog prompt von der Schule. Inzwischen war der elektrotechnische Betrieb seines Vaters in Konkurs gegangen, und auf dem Umweg über Mailand zog die Familie nach Zürich. Dort bestand die Möglichkeit, auch ohne Abitur auf dem Polytechnikum zu studieren. Doch Albert Einstein fiel bei der Aufnahmeprüfung durch. Jetzt beugte er sich endlich den Verhältnissen, setzte sich hin, büffelte die verhaßten Sprachen und machte das Abitur. Später schrieb er einmal: »Um ein tadelloses Mitglied einer Schafherde sein zu können, muß man vor allem ein Schaf sein.«

Später in Amerika lernte Einstein Charlie Chaplin kennen, der ihn zur Galapremiere seines Films »City Lights« einlud. Als die beiden aus dem Auto stiegen, wurden sie von Hunderten von Menschen umdrängt und angegafft. »Was bedeutet das?« fragte Einstein. Und Chaplin sagte lakonisch: »Nichts!«

Eigentlich hatte er überhaupt kein Verhältnis zum Geld. Bevor Einstein nach Amerika übersiedelte, versuchte ihn ein Agent zu überreden, sein Vermögen von 20000 Dollar in schlechten Papieren anzulegen. In letzter Minute bewahrte ihn ein Freund vor dieser zweifelhaften Investition und legte das Geld selbst für ihn an. Einstein kümmerte sich nie mehr darum, bis der Freund eines Tages erklärte, aus den 20000 Dollar seien nun 200000 geworden, was er weiterhin damit machen solle? »Hör zu«, sagte Einstein ärgerlich, »ich laß dich mit meiner Relativitätstheorie in Ruhe, und du belästigst mich nie wieder mit deinen Aktien und Dividenden, okay?«

Einmal hatte Einstein gerade eine neue Wohnung bezogen und gab einem Freund, der ihn anrufen sollte, die neue Telefonnummer: »2-4-3-6-1.« Das sei eine Nummer, die man sich schwer merken könne, meinte der Freund. »Aber ich bitte dich, das ist doch ganz einfach«, schüttelte Einstein den Kopf, »du brauchst dir nur zu merken: zwei Dutzend und neunzehn hoch zwei!«

Vielleicht war diese »Vereinfachung« nicht ganz ernst gemeint. Einstein verfügte über viel Witz, und er war oft zu den seltsamsten Streichen aufgelegt. Im Restaurant »Lutter und Wegner« band er einmal dem ehrwürdigen Max Planck, Präsident der Kaiser-Wilhelm-Gesellschaft, unter dem Tisch die ewig offenen Schnürsenkel ans Tischbein. Auf den Berliner Partys erheiterte er gelegentlich die Gäste mit einem akrobatischen Kunststück: Er wettete, daß er sich, ohne den Mantel auszuziehen, seiner Smokingjacke entledigen könne, was er dann, unter den ungewöhnlichsten Verrenkungen und sich auf dem Teppich wälzend, auch tatsächlich tat.

Einer anderen Entspannung von der Wissenschaft gab er sich in der Regel nur zu Hause hin: dem Geigenspiel. Eines Tages besuchte ihn der Dramatiker Franz Molnár, und als er den Physiker beim Geigenspiel überraschte, lachte er aus vollem Halse. »Warum lachen Sie, Herr Molnár?« rief Einstein. »Ich lache schließlich auch nie bei Ihren Lustspielen.«

Mit dem Komponisten Arnold Schönberg war Einstein befreundet, obwohl er mit dessen atonaler Musik ebensowenig anfangen konnte wie dieser mit seiner Relativitätstheorie. Einmal ergab es sich zufällig, daß Einstein Schönberg etwas auf seiner Geige vorspielte. »Na, wie war's?« fragte er anschließend. Schönberg zögerte, dann meinte er: »Relativ gut...«

ELISABETH I.
Greenwich 7. 9. 1533 – Richmond 24. 3. 1603

Die Tochter Heinrichs VIII. und der Anna Boleyn wurde wegen ihrer Herkunft von den Katholiken nicht als legitim anerkannt, was zu der bekannten Auseinandersetzung mit Maria Stuart führte, die Königin Elisabeth 1587 hinrichten ließ. So wurde sie eine Vorkämpferin des Protestantismus in England und führte 1559, ein Jahr nach ihrer Thronbesteigung, die anglikanische Staatskirche wieder ein. Unter ihrer Herrschaft erlebte England eine wirtschaftliche und kulturelle Blüte, die man allgemein das Elisabethanische Zeitalter nennt.

Mit der unumstrittenen Herrschaft auf allen Meeren der Erde begann für England die Zeit der Kolonialisierung. Mit Virginia gründete 1585/86 der englische Seefahrer und Günstling Elisabeths, Sir Walter Raleigh, den ihr Nachfolger Jakob I. 1618 hinrichten ließ, die erste britische Kolonie in Amerika. Raleighs Unternehmungen waren natürlich teuer, und als er eines Tages wieder seine Königin um Geld und Schiffe für eine neue Expedition bat, fragte ihn Elisabeth halb im Scherz: »Wann werdet Ihr aufhören, ein Bettler zu sein?« – »Dann«, sagte Raleigh, »wenn die Güte und Freigebigkeit meiner Königin aufhören!«

Auf einer Reise durch England empfing sie der Bürgermeister von Coventry hoch zu Roß vor den Toren der Stadt und begleitete sie in die Stadt hinein. Unterwegs wollte das Pferd des Bürgermeisters aus einem Brunnen am Wege trinken, aber der Reiter hielt es zurück. »Warum laßt Ihr Euer Pferd nicht trinken?« fragte die Königin. Der Bürgermeister verbeugte sich: »Mein Pferd wird trinken, wenn es dem Pferd Eurer Majestät beliebt hat zu trinken.«

DESIDERIUS ERASMUS VON ROTTERDAM
Rotterdam 28.10.1469 – Rotterdam 12.7.1536

Der niederländische Humanist war Augustinermönch und hieß eigentlich Gerhard Gerhards. 1506 wurde er von seinem Gelübde entbunden. Der Universalgelehrte machte zahlreiche Reisen und stand mit fast allen Größen seiner Zeit in Kontakt. Als strenger Kritiker kirchlicher Mißstände befürwortete Erasmus eine innerkirchliche Reform, lehnte aber Luthers Reformation ab.

Eines Tages erfuhr Erasmus, daß man in Frankreich Luthers Schriften verbrannt habe. Da prophezeite er: »Man beginnt mit der Verbrennung von Büchern und wird mit der Verbrennung von Menschen enden!«

Kurfürst Friedrich der Weise, der Luther auf der Wartburg Asyl gewährt hatte, fragte Erasmus, was er von Luther halte. Der antwortete: »Luther hat zwei große Sünden begangen, indem er dem Papst an die Krone und den Mönchen an die Bäuche gegriffen hat. Aber dennoch ist seine Lehre ernst und der Schrift gemäß.«

Man fragte Erasmus, ob das Fegefeuer für die Menschen nicht eine zu harte Strafe sei. Dieser ließ durchblicken, daß er die Lehre vom Fegefeuer nicht gar so wörtlich nähme, wie die Kirche sie darstelle. »Aber«, meinte er, »es wärmt die Pfaffenküchen, darum müssen sie es in Gang halten.«

Erasmus hielt sich nicht an die strengen Fastenregeln der katholischen Kirche. Als der Papst davon hörte, tadelte er den Gelehrten, daß er während der Fastenzeit Fleisch gegessen habe. Darauf soll Erasmus gesagt haben: »Meine Seele ist gut katholisch, aber mein Magen mag ruhig Lutheraner sein.«

Franz Eugen Prinz von Savoyen-Carignan
Paris 18. 10. 1663 – Wien 21. 4. 1736

Der Vater des österreichischen Feldherrn und Staatsmannes entstammte der Nebenlinie des regierenden Hauses Savoyen, seine Mutter, eine Italienerin namens Olympia Mancini, war eine Nichte des am Hofe Ludwigs XIV. allgewaltigen Kardinals Mazarin und wurde später, sie war bereits verheiratet, die Geliebte Ludwigs XIV. und, als dieser heiratete, Oberhofmeisterin der Königin. Damit war sie neben der Königin die einflußreichste Frau am Hofe von Versailles. Nachdem der König ihr jedoch eines Tages seine Gunst, wenn auch nicht seine Freundschaft, entzog und sich erst ihrer Schwester und später der schönen Louise de Vallière zuwandte, beging sie einen Fehler, der nicht nur für sie selbst, sondern auch für ihren jüngsten Sohn Eugen einschneidende Folgen haben sollte.

Da Olympias Söhnen jede Karriere in Frankreich verbaut war – man schrieb das Jahr 1683, und die Türken bedrohten das habsburgisch-kaiserliche Wien –, beschloß Eugen zusammen mit seinem Freund, dem Prinzen Conti, einem Schwiegersohn des Königs, zu fliehen und seine Dienste den Kaiserlichen anzubieten. Als Ludwig XIV. davon erfuhr, schickte er den beiden Flüchtlingen acht Kuriere hinterher, um sie zurückzuholen. Unvorstellbar, wenn sein eigener Schwiegersohn in den Reihen seines Feindes gekämpft hätte. In Frankfurt wurden die beiden gestellt. Der königliche Kommissar bot Conti für den Fall seiner Rückkehr die Verzeihung des Königs an, andernfalls lebenslange Verbannung. Conti gab sich geschlagen, bot Eugen seine Börse und einen wertvollen Ring an und kehrte um. »Und Sie, Prinz?« fragte der Kommissar. »Wollen Sie nicht auch der Order Seiner Majestät gehorchen?« Da erwiderte Eugen mit flammenden Augen: »Sagen Sie Seiner Majestät, daß ich allerdings wieder nach Frankreich zurückkommen werde. Aber – mit dem Degen in der Hand!«

Bereits wenige Wochen später begann die Karriere des berühmtesten österreichischen Feldherrn an den Hängen des Kahlenberges bei Wien. Am 12. September 1683 kämpfte Prinz Eugen zum erstenmal unter den kaiserlichen Fahnen in der Entsatzschlacht gegen die Wien belagernden Türken. Sein Mut im Kampf, seine Klugheit und sein Geschick fanden rasch Anerkennung.

Mit der Schlacht am Kahlenberg 1683 hatte man zwar Wien vor den Türken gerettet, doch endgültig aus dem Reich wurden sie erst unter Karl VI. vertrieben. Dabei stieß die Reconquista bis tief in den Balkan hinein. Die Verfolgung der fliehenden Türken wurde erschwert, weil sie immer wieder in Eile ein Lager nach dem anderen nur halb geräumt verließen. Die Disziplin war kaum mehr einzuhalten, als man erstaunliche Wertgegenstände in den eroberten Lagern fand. So verzögerte das Beutemachen den Vormarsch der Österreicher oft um Stunden oder gar Tage. Nach der Eroberung Belgrads stellte Prinz Eugen fest: »Die türkische Armee fürchte ich nicht, aber dafür ihre eroberten Lager!«

In Wien ließ sich Prinz Eugen von dem Architekten Lukas von Hildebrand das prachtvolle Schloß Belvedere erbauen, das in seinem Prunk und der großzügigen Anlage selbst die kaiserliche Burg übertraf. Montesquieu, der bei einem Besuch in Wien sich sowohl die Burg als auch das Belvedere des Prinzen Eugen angesehen hatte, sagte hinterher: »Es ist ein schönes Gefühl, in einem Land zu sein, in dem die Untertanen besser wohnen als ihr Herr.«

WILLIAM FAULKNER
New Albany 25. 9. 1897 – Oxford/Miss. 6. 7. 1962

In seinen Romanen schilderte Faulkner den Niedergang der Pflanzeraristokratie in den Südstaaten der USA. Ihr entstammte der bedeutendste amerikanische Romancier dieses Jahrhunderts, und in den Südstaaten verbrachte er auch den weitaus größten Teil seines Lebens.

Gelegentlich ging er auf die Jagd und war oft tage- oder wochenlang nicht aufzufinden. Im Jahr 1949 stöberte ihn eines Tages ein Reporter in einer zivilisationsfernen Jagdhütte auf. Faulkner war gerade beim Geschirrspülen. »Hello, Bill«, sagte der Journalist, »was würden Sie sagen, wenn jetzt irgend so ein Kerl hereinkäme und Ihnen sagte, Sie haben den Nobelpreis bekommen?« Trocken erwiderte Faulkner: »Ich würde ihm das Geschirrtuch zum Abtrocknen geben.« Wortlos nahm der Reporter ihm das Tuch aus der Hand. William Faulkner hatte den Nobelpreis bekommen.

Sein schönstes Kompliment, so behauptete einmal Faulkner, habe er von einem Schotten bekommen. »Ihr neuer Roman«, so habe ihm dieser erklärt, »hat mich sehr begeistert. Das Buch hat mir so gut gefallen, daß ich ganz ernsthaft überlegt habe, es mir zu kaufen.«

Faulkner war nicht gerade ein begeisterter Gesellschaftsmensch und leidenschaftlicher Partygänger. Bei einer dieser seltenen Gelegenheiten gelang ihm ein etwas doppeldeutiges Kompliment. Während des Essens redete seine Tischdame ununterbrochen auf ihn ein, wobei sie sich selbst als abendfüllendes Thema zu betrachten schien: »Wissen Sie, Mr. Faulkner, es ist erstaunlich, aber immer wieder werde ich mit meiner

Tochter verwechselt.« – »O nein, das ist doch nicht möglich«, sagte Faulkner. »Sie sehen viel zu jung aus, um Töchter haben zu können, die schon so alt aussehen.«

Als Faulkner selbst einmal ein Fest geben mußte und gerade seine Gäste begrüßte, konnte er einen Neuankömmling in seinem Gedächtnis nicht recht unterbringen. Er wußte, daß er ihn kannte, aber der Name wollte ihm nicht einfallen. »Ach ja«, sagte er schließlich, »Sie sind doch der Präsident der Liga gegen den Alkohol?« – »Beinahe, Mr. Faulkner. Ich bin Präsident der Liga gegen die Prostitution«, korrigierte ihn dieser. »Ja richtig«, sagte Faulkner. »Ich wußte, irgend etwas durfte ich Ihnen nicht anbieten.«

Faulkner war nicht nur ein großartiger Erzähler, sondern auch ein unbarmherziger Kritiker sozialer Verhältnisse. »Wer die Menschen kennenlernen will, der studiere ihre Entschuldigungen«, sagte er einmal.

Nach dem Erscheinen seines ungewöhnlich harten Buches »Die Freistatt« schrieb dem Nobelpreisträger eine Leserin entsetzt, ob er denn glauben würde, daß die Menschheit tatsächlich um so vieles böser und schlechter geworden wäre, wie er es hier schilderte. Faulkner antwortete ihr: »Die Menschen sind nicht schlechter, als sie es früher waren. Allerdings ist die Berichterstattung über ihr Tun und Lassen sehr viel besser, ausführlicher und zuverlässiger geworden.«

Werner Finck
Görlitz 2. 5. 1902 – München 31. 7. 1978

Der Schauspieler Werner Finck machte als Kabarettist in Berlin Karriere. Er war der Sohn eines Apothekers und stammte aus Schlesien. Über seine Jugend pflegte er zu erzählen: »Als ich in Untertertia war, las ich einmal einen Artikel über Gerhart Hauptmann, auch ein Schlesier. Der war mit Quarta von der Schule abgegangen. Halt, sagte ich mir, da bist du ja schon eine Klasse zu weit.«

Berühmt wurden seine von den Tücken und Zweideutigkeiten der Sprache lebenden Witze, die er vor und zum Teil noch während der Nazizeit in seinem Kabarett »Die Katakombe« machte. Zu einem Herrn in der letzten Reihe, der jeden Abend kam, sich eifrig Notizen machte, aber nie lachte, sagte er von der Bühne herab: »Rede ich zu schnell? Kommen Sie mit? – Oder soll ich mitkommen?«

Prompt wurde er dann auch bald verhaftet und die »Katakombe« geschlossen. Damals notierte er: »Die Schritte des Postens draußen vor der Zellentür sind die einzigen, die für mich unternommen werden.«

Wieder in der Freiheit, durfte er noch einmal für kurze Zeit in der »Katakombe« auftreten. Am ersten Abend sagte er: »Gestern waren wir zu. Heute sind wir offen. Wenn wir morgen zu offen sind, sind wir übermorgen wieder zu.« Und dann verkündete er: »Ich mache keine Witze mehr, denn Witze haben Pointen, und Pointen müssen sitzen!«

Als man ihn bei einer Reise in die Schweiz nach den Zuständen im kriegsgeschädigten Deutschland fragte, ob es denn wirklich alles so schlimm wäre, ob es vor den Lebensmittelläden tatsächlich immer Schlangen gäbe, meinte er: »Das ist gar nicht so wild, die Leute stellen sich nur an.«

Von den Nachkriegsdeutschen meinte er: »Das Fernsehen hat aus dem Kreis der Familie einen Halbkreis gemacht. Und die Devise unserer Väter ›Frisch, fromm, fröhlich, frei‹ heißt jetzt: ›Filzpantoffel, Flaschenbier und Fernsehen‹.«

Jean de la Fontaine
Château-Thierry 8. 7. 1621 – Paris 14. 4. 1695

Der französische Dichter La Fontaine studierte Theologie und Jura und arbeitete in zahlreichen Berufen, bis er sich 1658 in Paris als Schriftsteller niederließ. Er fand bald Eingang in die ersten literarischen Kreise der französischen Metropole und wurde 1684 Mitglied der Académie Française.

Eines Nachmittags war er zu einer Gesellschaft eingeladen, und am Abend sollte er einen Vortrag in der Académie Française halten. Die Gesellschaft war entsetzlich langweilig, und La Fontaine entschuldigte sich bald mit dem Hinweis auf seine abendliche Verpflichtung. »Aber Monsieur La Fontaine, Ihr Vortrag beginnt doch erst in einer Stunde, und auf dem kürzesten Weg sind Sie in zwanzig Minuten in der Académie«, sagte die Hausfrau. »Gewiß, Madame«, erwiderte der Dichter, »aber heute möchte ich gern den längsten Weg nehmen.«

La Fontaine war heiter, charmant und geistreich, zu anderen Zeiten konnte er aber auch still, in sich gekehrt und geistesabwesend sein. Einst war er mit einem Freund auf dem Weg zu dessen Haus, als ihnen ein junger Mann begegnete, den sein Freund mit den Worten begrüßte: »Wir kennen uns ja. Gehen Sie einstweilen schon voraus, ich begleite Ihren Herrn Vater.« Kaum war der junge Mann weitergeeilt, als La Fontaine fragte, wer der Mensch gewesen sei. »Wie?« fragte sein Begleiter, »Sie kennen Ihren Sohn nicht?« Der Dichter besann sich ein wenig und antwortete dann nachdenklich: »Es ist mir, als hätte ich ihn einmal gesehen!«

Weltruhm errang La Fontaine durch seine 245 Fabeln, die in idyllischer Weise den Kampf ums Dasein zeigen und mehr rational als moralisierend zu deuten sind. Er hatte die Angewohnheit, jeden Morgen einen gebratenen Apfel zu verzehren. Eines Tages hatte er ihn zum Abkühlen auf einen Teller gelegt und das Zimmer verlassen, als ein Freund eintraf. Dieser sah den köstlichen Apfel und aß ihn auf, während er auf La Fontaine wartete. »Wer hat den Apfel gegessen, der dort lag?« erkundigte sich La Fontaine zurückgekommen. Der Freund behauptete, es nicht gewesen zu sein. »Dein Glück«, sagte La Fontaine. »In dem Apfel war nämlich Arsenik. Er war für die Ratten bestimmt.« – »Um Gottes willen! Arsenik! Rasch ein Gegengift!« schrie der Freund. Da lachte der Dichter: »Du brauchst kein Gegengift. Aber eine Lehre: Eigne dir nie etwas an, was nicht für dich bestimmt ist. Jetzt werde ich für dich einen Apfel braten, den ich essen werde.«

Joseph Fouché, Herzog von Otranto
Le Pellerin 21. 5. 1759 – Triest 25. 12. 1820

Der gefürchtete Fouché war der Beweis, daß zwar in einem Beamten kein Abenteurer steckt, aber ein Abenteurer durchaus beamtet sein kann. Als Polizeiminister in Paris spielte er in der napoleonischen Ära eine höchst zwielichtige Rolle. Für Napoleon, dessen heimlicher Gegner er wurde, erfand er ein ausgeklügeltes Spitzelsystem – das sich natürlich auch gegen den Imperator verwenden ließ. Trotzdem wurde er 1816 von dem Bourbonen Ludwig XVIII. verbannt.

Zweifellos war Fouché einer der geistreichsten Köpfe seiner Zeit, aber sein Witz war eher von sarkastischer Bosheit. »Wenn es heißt«, sagte er, »ein Mensch sei unbestechlich, frage ich mich unwillkürlich, ob man ihm genug geboten hat.«

Nachdem Napoleon Marie Louise geheiratet hatte, gab er ein großes Diner, an dem auch Fouché teilnahm. »Stimmt es«, fragte der Kaiser seinen Polizeiminister, »daß auch Sie für den Tod Ludwigs XVI. gestimmt haben, dessen Nichte hier neben mir sitzt?« Spontan antwortete Fouché: »Es ist wahr, Sire. Und es war der erste Dienst, den ich Eurer Majestät erweisen durfte.«

Nachdem Napoleon als Kaiser bereits abgedankt hatte, erwog er kurz, Frankreich doch noch weiterhin als erster Soldat zu dienen. Angeblich war es Fouché, der ihm diese Idee erfolgreich ausredete. Aber später kolportierte er sie und lästerte: »Als Kaiser kann er uns nicht mehr helfen, und als Korporal ist er zu dick.«

Franz Joseph I.

Wien 18. 8. 1830 – Wien 21. 11. 1916

Als Kaiser Ferdinand im Zuge der Revolution von 1848 zurücktrat, bestieg sein Neffe, der 18jährige Franz Joseph, den österreichischen Thron und regierte 68 Jahre lang. Der »letzte Monarch der alten Schule«, wie er sich selbst nannte, erlebte auch noch den Beginn des Niedergangs der Monarchie, der mit den Schüssen auf den Thronfolger in Sarajewo und dem danach ausbrechenden Ersten Weltkrieg seinen sichtbaren Anfang nahm.

Bereits zu Lebzeiten wurde Kaiser Franz Joseph für die Wiener, aber auch für die übrige Welt, zur Legende. Als den greisen Monarchen, der bereits seinen 80. Geburtstag gefeiert hatte, der amerikanische Präsident Theodore Roosevelt in Wien besuchte, fragte der ihn in echt amerikanischer Direktheit, worin er den Sinn seines Amtes sehe. »Meine Aufgabe«, sagte Franz Joseph, »ist es, meine Völker gegen ihre Politiker zu schützen.«

In der Außenpolitik hatte Franz Joseph in den ersten zwei Jahrzehnten seiner Regierung wenig Glück. Im Krimkrieg (1853–1856) zwischen Rußland und der Türkei stellten sich England und Frankreich auf die Seite der Türken, und auch für Österreich stand die Entscheidung an, wo man sich engagieren werde. Damals sagte der Kaiser zu seinem Außenminister Buol: »Wissen Sie, daß es hier in Wien nur zwei Männer gibt, die nicht russisch gesinnt sind? Sie und ich.« Buol erwiderte zwar: »Das ist doch eine sehr starke Partei – Eure Majestät und sein Minister!« Aber dennoch führte der Streit der Parteien am Wiener Hof schließlich zu einer Isolierung Österreichs.

Als es 1859 zum italienischen Feldzug gegen Sardinien kam, wurden die Österreicher bei Magenta und Solferino von der französischen Armee Napoleons III. – der Sardinien unterstützte – geschlagen. Über das tapfer kämpfende, aber ungeschickt operierende österreichische Heer meinte ein preußischer Generalstabsoffizier: »Löwen, geführt von Eseln.« Und im Frieden von Zürich mußte Österreich auf die Lombardei, die Toskana und Modena verzichten. »Die Wiener fragen jetzt«, schrieb Freiherr de Pont an Erzherzog Maximilian, »warum Kaiser Franz Joseph auf allen Münzen einen Lorbeerkranz trägt. Antwortet der Befragte: ›Ich weiß nicht‹, gibt der Frager zurück: ›Ich auch nicht!‹«

Unermüdlich setzte ein Wiener Industrieller all seine Beziehungen ein, um endlich in den Adelsstand erhoben zu werden. Nachdem er reichlich Spenden verteilt und den halben Hof mit seinem Anliegen belästigt hatte, konnte er eines Tages vor seinen bürgerlichen Namen ein »Ritter von...« setzen. Er ersuchte um eine Audienz beim Kaiser, um sich zu bedanken. Als er vorgelassen wurde, begann er sogleich: »Eure Majestät haben geruht...« Da unterbrach ihn Franz Joseph: »Nicht ich habe geruht – Sie haben nicht geruht!«

Franz Joseph heiratete 1854 die bayerische Prinzessin Elisabeth in Wien. In Salzburg begrüßte er seine Braut erstmals auf österreichischem Boden. Dort wohnte Herzog Max Josef mit seiner Tochter in der Residenz, während der Kaiser im gegenüberliegenden Regierungsgebäude abgestiegen war. Als er um Punkt zwölf Uhr in Galauniform über den Platz zur Residenz schritt, um sich zu seiner Braut zu begeben, begann plötzlich das Glockenspiel: »Wie ich jüngst verwichen – Bin zum Dirndl g'schlichen...« Das laute Lachen der Salzburger war nicht zu überhören.

Bekannt und gelegentlich auch gefürchtet war die Sparsamkeit des Kaisers. Eines Tages legte ihm sein Kriegsminister eine höchst unvollkommene Abrechnung des General Galgoczy vor, die sich dieser geweigert hatte zu spezifizieren. Franz Joseph las: »Erhalten eintausendzweihundertfünfzig Gulden, ausgegeben ebensoviel. Wer's nicht glaubt, ist ein Schuft! Galgoczy.« Der Kaiser schaute seinen Minister an und gab ihm das Schriftstück zurück: »Ich glaub's.«

Schon von Jugend an befreundet war Franz Joseph mit dem Grafen Eduard Taaffe, der unter seiner Regierung verschiedene Ämter bekleidet hatte und zweimal Ministerpräsident war. Seine Erfahrungen mit der k. u. k. Monarchie drückte Taaffe in dem Satz aus: »Das Geheimnis des Regierens in diesem Reich besteht darin, alle Nationalitäten in gleichmäßiger, wohltemperierter Unzufriedenheit zu erhalten.« Bei einer geplanten Gesetzesvorlage fragte ihn der Kaiser, wie sich hierzu wohl die Deutschnationale Partei verhalten werde. »Majestät«, antwortete Taaffe, »es ist schwer zu sagen, was hier das Dümmste ist, was man machen kann.«

Bei einer Ausstellungseröffnung stellte der Chef des Ausstellungskomitees dem Kaiser die einzelnen Aussteller vor: »Herr Kovacicz – Seine Majestät, Herr Pollak – Seine Majestät, Herr Hofrat Böhmig – Seine Majestät...« Da unterbrach ihn der Kaiser: »Die übrigen Herren dürften dann jetzt wissen, wer ich bin.«

Einige Mitglieder der »Gesellschaft der Musikfreunde« kamen zur Audienz, um dem Kaiser dafür zu danken, daß er mit einer großzügigen Spende den Bau einer Orgel möglich gemacht hatte. Leider hatte das Instrument einige Mängel, und als nun der Kaiser fragte, ob die Orgel denn auch einen guten Klang habe, herrschte betretenes Schweigen. Bis der für seine Schlagfertigkeit berühmte Hofkapellmeister Hellmesberger sagte: »Majestät, einer geschenkten Orgel schaut man nicht in die Gorgel.«

Über viele Jahre bis zu seinem Tode war die Burgschauspielerin Katharina Schratt eine Freundin und enge Vertraute des Kaisers. Als er sie einmal besuchte, zeigte sie ihm einen kostbaren Ring, den sie eben erworben, aber noch nicht bezahlt hatte. »Was glaubst, Franzl, das der kost'?« fragte sie ihn. »No, dreißig Gulden?« – »Mehr!« – »Sechzig Gulden?« – »Achttausend«, rückte sie endlich heraus. Beifällig betrachtete der Kaiser noch einmal den Ring: »Is a net teuer, für so a Stück!«

Bis ins hohe Alter – er starb mit 86 Jahren – erfreute sich Franz Joseph einer sehr guten Gesundheit, so daß er seinem Hofarzt Kerzl wenig Mühe und Sorgen bereitete. Trotzdem kam dieser jeden Morgen zum Kaiser, um sich nach dessen Befinden zu erkundigen. Üblicherweise bot ihm dann Franz Joseph eine Havanna oder auch Virginia an, und während Kerzl rauchte, plauderte man über Politik, Gesellschaft oder das Wetter. Eines Morgens jedoch empfing der Kammerdiener Kerzl mit ernstem Gesicht: »Majestät bedauern lebhaft, den Herrn Hofrat heute nicht empfangen zu können. Majestät fühlen sich nicht sehr wohl, hoffen aber morgen wieder mit Herrn Hofrat plaudern zu können.«

Sigmund Freud
Příbor 6. 5. 1856 – London 23. 9. 1939

Sigmund Freud, der Begründer der Psychoanalyse und damit unzweifelhaft der berühmteste ärztliche Vertreter der sogenannten Wiener Schule, wurde von seiner Schülerin Maria Bonaparte, Prinzessin von Griechenland, einmal als Genie bezeichnet. »Genies«, antwortete ihr Freud, »sind doch unerträgliche Menschen. Sie müssen einmal meine Familie fragen. Da können Sie erfahren, wie harmonisch es sich mit mir zusammenlebt. Also danach bin ich bestimmt kein Genie.«

Der »Kolumbus des Unterbewußtseins« hat den von ihm entdeckten »neuen Kontinent« in einem Buch auch am Phänomen des Witzes darzustellen versucht. Er meinte: »Daß die Ehe nicht die Veranstaltung ist, die Sexualität des Mannes zu befriedigen, getraut man sich nicht laut und öffentlich zu sagen. Die Stärke des Witzes liegt nun darin, daß er es doch – auf allerlei Umwegen – sagt.«

Als bei der Bücherverbrennung der Nationalsozialisten auch die Werke des Juden Freud in Flammen aufgingen, sagte dieser: »Was für ein Fortschritt! Im Mittelalter hätte man mich verbrannt, jetzt begnügt man sich mit meinen Büchern.«

Doch 1933 war Deutschland nicht Österreich und Österreich noch nicht Deutschland. »Österreich«, hatte Freud einmal gesagt, »ist das Land, über das man sich zu Tode ärgert und in dem man trotzdem sterben möchte.« Und als 1918 das Ende der Monarchie gekommen war, hatte er geschrieben: »Österreich-Ungarn ist nicht mehr. Anderswo möchte ich nicht hin. Emigration kommt für mich nicht in Frage. Ich werde mit dem Torso weiterleben und mir einbilden, daß es das Ganze ist.«

Nach langem Zögern entschloß er sich 1938 dann auf Drängen seiner Freunde doch zu emigrieren. In Wien und England hatte man für den 82jährigen alles vorbereitet und ihm weitgehend alle Formalitäten abgenommen. Doch zuletzt mußte er noch eine eigenhändige Erklärung unterzeichnen, daß man ihn korrekt behandelt habe. Freud nahm das Formular und schrieb: »Ich kann die Geheime Staatspolizei jedermann bestens empfehlen.«

Freud unterhielt sich mit Dr. Ernest Jones über die Zusammenhänge zwischen Kunst und dem Unterbewußtsein. »Glauben Sie«, fragte Jones, »daß der Dadaismus eine psychotische Grundlage hat?« – »Ach was«, antwortete Freud, »dieser Dadaismus ist viel zu idiotisch für eine anständige Verrücktheit.«

Freuds Tage in der Londoner Emigration waren gezählt. Doch kurz vor seinem Tode 1939 brachte er noch eine Studie über Moses heraus, an der er seit Jahren gearbeitet und in der er nachgewiesen hatte, daß Moses eigentlich Ägypter war. Daß das Buch gerade zu diesem Zeitpunkt erschien, machte ihn nicht glücklich: »Jetzt, wo man den Juden alles nimmt, nehme ich ihnen noch ihren besten Mann.«

Egon Friedell
Wien 21. 1. 1878 – Wien 18. 3. 1938

Nachdem er mit Ach und Krach die Schule geschafft hatte, studierte Egon Friedmann, wie Friedell eigentlich hieß, Philosophie und Germanistik und promovierte 1904 mit einer Arbeit über »Novalis als Philosoph«. Über den Umweg des Kabaretts und der Schauspielerei (Max Reinhardt gab ihm gern Chargenrollen) kam Friedell zur Schriftstellerei.

Im Theater in der Josefstadt spielte er in Ferdinand Bruckners »Verbrecher« einen Verteidiger und die Schauspielerin Adrienne Gessner eine Zeugin, die von den Richtern vernommen wurde. Während der Proben blieben die Schauspieler am Richtertisch mehrmals im Text hängen. Da rief der Regisseur Emil Geyer: »Aber meine Herren, Sie haben doch ihre Textbücher als Gerichtsakten vor sich liegen, warum schauen Sie nicht hinein?« Darauf Friedell: »Das würden sie ja tun, aber die Nase der Adrienne Gessner wirft so viel Schatten, daß sie nichts mehr lesen können!«

Einmal erklärte Friedell seiner Kollegin Margarethe Koeppke: »Weißt du, liebe Margarethe, worin der Unterschied zwischen uns beiden besteht? Ich bewege mich auf der Bühne so natürlich wie im Leben, und du bewegst dich im Leben so unnatürlich wie auf der Bühne!«

Zeitweise arbeitete Friedell als Journalist und Kritiker. Über die Uraufführung eines zeitgenössischen Stückes schrieb er: »Das Drama ist zweifellos lebenswahr und lebensecht. Alles kommt in ihm vor: Lustmord, Inzest, Ödipuskomplex, bisexuelle Liebe, Notzucht, Erpressung, Schändung Minderjähriger und so weiter – nur ein Alzerl Sodomie hat mir gefehlt.«

Nach seinem »Weibsteufel«, in dem es nur drei Rollen gibt, hatte der Tiroler Dramatiker Karl Schönherr mit »Es« einen weiteren Erfolg; hier traten nur zwei Personen auf. Gespannt wartete man auf Schönherrs nächstes Stück. »Das kann ich mir schon denken, was als nächstes kommt«, meinte Friedell, »das wird der Monolog eines einzelnen taubstummen Tirolers!«

Eine bekannte Erscheinung in den Literaten-Cafés von Wien und Berlin war Anton Kuh, der hauptsächlich vom Schnorren und gelegentlich von Vorschüssen lebte. Was er sagte, war meist sehr viel amüsanter als das, was er schrieb, weshalb er gelegentlich Honorare für Zeitschriften-Beiträge bekam, die er zwar ablieferte, die aber dann nie erschienen. Gelegentlich spekulierte er auf diesen Fall, denn eines Tages schrieb er eine vor Jahren in Wien erschienene Geschichte Friedells ab und verkaufte sie in Berlin. Leider erschien diesmal die Geschichte und fiel auch prompt Friedell in die Hände, der ihm darauf folgenden Brief schickte: »Sehr geehrter Herr, überrascht stelle ich fest, daß Sie meine bescheidene Erzählung ›Kaiser Josef und die Prostituierte‹ unverändert, nur mit Hinzufügung der drei Worte ›von Anton Kuh‹ im ›Querschnitt‹ veröffentlicht haben. Es ehrt mich selbstverständlich, daß Ihre Wahl auf meine kleine launige Geschichte gefallen ist, da Ihnen doch die gesamte Weltliteratur seit Homer zur Verfügung gestanden hat. Ich hätte mich deshalb gern revanchiert, aber nach Durchsicht Ihres ganzen Œuvres fand ich nichts, worunter ich meinen Namen setzen möchte.«

Ein Verleger beklagte sich bei Friedell, warum er seine »Kulturgeschichte« nicht ihm angeboten habe. »In Ihrem Verlag«, sagte der Autor, »wäre das Buch nie so ein Erfolg geworden. Hätten Sie das Neue Testament verlegt, so hätte das Christentum nie die Verbreitung gefunden, die es erfahren hat!«

Friedrich II., der Grosse
Berlin 24. 1. 1712 – Sanssouci 17. 8. 1786

Als Kronprinz erhielt der junge Friedrich von seinem Vater Friedrich Wilhelm I., dem »Soldatenkönig«, eine sehr strenge Erziehung, der er sich bekanntlich 1730 durch eine mißglückte Flucht zu entziehen suchte. 1736 übersiedelte der Kronprinz nach Schloß Rheinsberg, das von seinem Freund Knobelsdorff ausgebaut worden war, und führte ein musisch und geistig anregendes Leben. Neben seiner Beschäftigung mit Musik las er lateinische und französische Schriftsteller, betrieb historische und naturwissenschaftliche Studien und schrieb auch selbst.

Eine Art politische Konfession ist sein »Antimachiavell«, den er hauptsächlich 1739 in Rheinsberg niederschrieb. Wenn Friedrich II. sich später auch nicht an alle Aussagen seiner Schriften hielt – er machte Preußen nicht nur zur zweiten deutschen Großmacht neben Österreich, sondern erweiterte auch dessen Territorium –, an andere politische, humanitäre und Toleranz-Forderungen hielt er sich später durchaus. Er milderte das Strafrecht, beseitigte die Folter und praktizierte in Preußen religiöse Toleranz. Wenige Tage nach seinem Regierungsantritt am 31. Mai 1740 wurde im Geheimratskollegium ein Bittschreiben eines katholischen Untertans verlesen, der um die Erlaubnis nachsuchte, sich ein Haus kaufen zu dürfen. Nach den damaligen Gesetzen durfte kein Katholik im Lande ansässig sein. Der junge König verschob die Verhandlung auf den nächsten Tag. An diesem eröffnete er die Sitzung mit den Worten: »Meine Herren, ich habe diese Nacht einen Traum gehabt: Ich war gestorben und kam an die Himmelstür. Ich pochte an, da rief Petrus: ›Wer da?‹ Ich antwortete: ›Ein reformierter Christ!‹ – ›Wir kennen keine reformierten Christen‹, brummte Petrus. ›Setz dich auf die Bank, bis du zur

Erkenntnis kommst.‹ Ich saß noch nicht lange da, als wieder eine Seele kam und anpochte. ›Wer da?‹ rief abermals Petrus. ›Ein katholischer Christ!‹ war die Antwort. ›Wir kennen hier keine katholischen Christen‹, erwiderte Petrus. ›Setz dich auf die Bank, bis du zur Erkenntnis kommst.‹ So ging es lange fort. Es kamen Pietisten und Quäker und Mennoniten und so fort. Immer dieselbe Frage und derselbe Erfolg. Als die Bank voll war und wir uns ausgesprochen hatten, begannen wir zu singen. Ich begann: ›Wir glauben all an einen Gott...‹ Und alle stimmten ein. Nach der ersten Strophe trat Petrus heraus und sagte: ›Ihr könnt alle hereinkommen. Besser wäre es, ihr wäret schon auf der Erde zu dieser Erkenntnis gekommen. Da wart ihr aber alle noch Narren!‹ Das, meine Herren, war der Traum. Und nun wollen wir die Sache mit dem Katholiken vornehmen.« Natürlich wurde dessen Anliegen nun positiv entschieden.

Durch den Tod seines Onkels hatte ein Graf Schafgotsch die bedeutende Herrschaft Schlackewerde geerbt. Allerdings nur unter der Bedingung, daß er zum katholischen Glauben übertrete. Der Graf ging zum König und bat ihn um Verständnis für die Umstände seines geplanten Glaubenswechsels, denn er wolle den Letzten Willen seines Onkels respektieren. Da meinte Friedrich: »Alle Wege führen zum Himmelreich. Sie, Schafgotsch, haben den über Schlackewerde genommen. Ich wünsche glückliche Reise!«

Man hatte einen preußischen Soldaten zum Tode verurteilt, weil er eine der Heiligen Jungfrau geweihte Kapelle bestohlen hatte. Der Beschluß und eine Bittschrift des Soldaten wurden Friedrich II. vorgelegt. In seinem Gesuch behauptete der Soldat, die Jungfrau sei von seinem Elend gerührt gewesen und habe zu ihm gesprochen: »Du hast sechs Kinder, die du nicht erhalten kannst. Hier, nimm diesen Schmuck, der meine Kapelle ziert, ich brauche ihn nicht, ich schenke ihn dir!« Daraufhin ließ der König vier katholische Geistliche kommen und fragte sie: »Glaubt ihr, daß die Heilige Jungfrau Wunder tun kann?« – »Gewiß, Majestät!« – »Dann unterzeichnet diese Erklärung!« Danach verfügte er: »In Anbetracht der Erklärung der vier unten genannten Geistlichen, daß die Heilige Jungfrau Wunder zu tun imstande sei, wird das Todesurteil des genannten Soldaten aufgehoben. Allein verbieten Wir ihm bei Todesstrafe, je wieder Geschenke von der Heiligen Jungfrau oder irgendeinem anderen Heiligen entgegenzunehmen.«

Wie es heißt«, sagte Friedrich II. einmal, »seien die Könige auf Erden die Ebenbilder Gottes. Ich habe mich kürzlich ausführlich im Spiegel betrachtet. Ich muß feststellen, sehr schmeichelhaft für den lieben Gott ist das nicht.«

Gute Antworten, vor allem, wenn sie von Selbstbewußtsein und Witz zeugten, gefielen dem König selbst da, wo sie den sonst geübten Respekt zugunsten der Wahrheit vermissen ließen. Eines Tages fragte Friedrich II. den berühmten hannoverschen Leibarzt Johann Georg von Zimmermann im Scherz, ob er schon viele Menschen ins Jenseits befördert habe. »Nicht so viele als Eure Majestät«, antwortete dieser, »und auch nicht mit soviel Ruhm.«

Friedrich Wilhelm I.
Berlin 15. 8. 1688 – Potsdam 31. 5. 1740

*Der Enkel des Großen Kurfürsten ist als der »Soldatenkönig«
Preußens in die Geschichte eingegangen. Im Gegensatz zu seinem
Vater Friedrich I. und den meisten Fürsten seiner Zeit war er ein
einfacher, nüchterner und sparsamer Herrscher, als Familien-
vater und Landesherr streng und gelegentlich sogar ein wenig engstirnig. Durch Zucht und Drill seiner auf 80 000 Mann
vergrößerten Armee begründete er den gefürchteten
Ruf des preußischen Heeres.*

Beim Volk und vor allem bei der Kirche herrschte eine tiefe Abneigung gegen diese Militarisierung und gegen die oft skrupellosen Soldatenwerber. Eines Tages erhielt der König eine Eingabe, die dagegen protestierte, an seine Frömmigkeit appellierte und auf 2. Moses 21,16 und 5. Moses 24,7 verwies. Dort stand: »Wer einen Menschen stiehlet und verkauft, daß man bei ihm findet, der soll des Todes sterben.« Und: »Wenn jemand gefunden wird, der aus seinen Brüdern eine Seele stiehlet aus den Kindern Israel und versetzt und verkauft sie, solcher Dieb soll sterben.« Doch der Appellant kam beim Preußen-König schlecht an. Friedrich Wilhelm beantwortete die Eingabe mit dem Hinweis auf 1. Samuelis 8. »Göttliches Recht der Könige sei, Knechte und Mägde, Söhne und Esel wegzunehmen.«

Unter eine andere Bittschrift schrieb Friedrich Wilhelm:

>»Eure Bitte kann ich nicht gewähren,
>Ich habe hunderttausend Mann zu ernähren,
>Geld kann ich nicht sch...
>Friedrich Wilhelm, König von Preußen.«

Ein preußischer Rat wurde vom König in eine andere Provinz versetzt, was er als Affront auffaßte, zumal er sich keines Vergehens bewußt war. Also erhob er gegen diesen Befehl beim König schriftlich Beschwerde. Als man sie Friedrich Wilhelm vorlegte, ärgerte der sich und schrieb an den Rand: »Das ist doch kurios: Wenn ich ein Machtwort spreche, so marschieren achtzigtausend Mann, und so einen Federfuchser kann ich nicht von der Stelle bringen!«

Gelegentlich betätigte sich Friedrich Wilhelm auch als Maler, und eines seiner bevorzugten Motive waren natürlich seine langen Kerls. Als er wieder einmal vor der Staffelei stand, fragte er seinen Kammerherrn, den er als devoten Schmeichler nicht besonders schätzte: »Was glaubt Er, für welchen Preis sich dieses Bild wohl verkaufen ließe?« – »Majestät, ich bin sicher, einhundert Dukaten wären ein günstiger Preis dafür«, säuselte dieser unterwürfig. »Ich sehe«, sagte der König ungerührt, »Er versteht etwas von Kunst. Ich will Ihm eine Freude machen, darum gebe ich es Ihm für fünfzig Dukaten.« Dem Kammerherrn blieb nichts anderes übrig, als sich für die große Gunst zu bedanken und die fünfzig Dukaten zu berappen.

Friedrich Wilhelm IV.
Berlin 15. 10. 1795 – Sanssouci 2. 1. 1861

Er war ein Schöngeist und Romantiker auf dem preußischen Königsthron und sah sein Ideal im Gottesgnadentum und der mittelalterlichen Reichsidee. Sein Vater, Friedrich Wilhelm III., war ein eifriger Verfechter der Restauration gewesen und hatte die freiheitlichen und nationalen Bestrebungen in Preußen unterdrückt. Als nach seinem Tod 1840 sein Sohn die Regierung antrat, beseitigte dieser einige Härten aus der Zeit des Vaters und versprach das Aufgehen Preußens in einem größeren Deutschland.

Diese Maßnahmen, aber auch sein persönlicher Charme bewirkten es, daß man ihm allenthalben auch aus der Bevölkerung große Sympathien entgegenbrachte. Selbst über Preußen hinaus konnte er das spüren, als er 1842 nach England reiste. Überall wurde er begeistert empfangen, wurden ihm Ovationen dargebracht und strömten die Leute aus der Umgebung zusammen, sobald bekannt wurde, daß er irgendwo Aufenthalt nahm.

Die westfälische Stadt Hagen wurde am Tag seiner Anreise festlich illuminiert, weshalb sich hier besonders viel Volk sammelte. Die geschäftstüchtigen Hagener wußten dies zu nutzen, und fast alle Händler und Gasthäuser setzten ihre Preise drastisch in die Höhe. So auch ein gewisser Schankwirt Morgenstern, der über seiner Tür ein Transparent anbrachte mit der Inschrift:

> »Zu unsers Königs Ehren
> Kommt, Preußen, kommt herein,
> Um auf sein Wohl zu leeren
> Ein volles Gläschen Wein.«

Der auf sein Fenster geschriebenen Einladung »Friedrich Wilhelm Morgenstern bewirtet seine Gäste gern« folgten bald große Scharen von Schaulustigen. Erst drinnen merkten sie, wieviel das Kosten hier kostete, worauf wenig später ein Witzbold am Haus gegenüber der Schenke ein Schild angebracht hatte: »Wie kostbar leuchtet der Morgenstern!«

Auf einer seiner Reisen kam Friedrich Wilhelm IV. auch in die kleine Stadt Kohlfurth, wo der heimische Gesangverein den König mit dem Kanon »Kohlfurths Bürger grüßen dich!« empfing. Durch die sich überschneidenden ständigen Wiederholungen hörte man zu den Worten »Bürger« und »grüßen dich« auch jeweils mal im Baß und mal im Tenor: »Kohl-fuhuurts – Kohl-fuhuurts...« Nach einer Weile raunte der König seiner Begleitung zu: »Über die organischen Wirkungen des Kohls sind wir jetzt wohl hinreichend unterrichtet.«

In einer anderen Stadt wurde er von einem furchtbar aufgeregten Superintendenten angesprochen: »Es grüßen dich Tausende und abermals Tausende – – Tausende und abermals Tausende – und abermals tausend Tausende – –!« Da unterbrach ihn der König und sagte: »Ich danke Ihnen vielmals. Grüßen Sie dieselben von mir wieder. – Aber jeden einzeln!«

Während eines Festes auf Schloß Sanssouci schlenderte der König, vertieft in das Gespräch mit einem ausländischen Gesandten, auf eine Tür zu, als ihnen ebendort eine auffallend hübsche junge Gräfin entgegenkam. Sie blieb stehen, um den König zuerst durchzulassen. Doch galant ließ ihr dieser den Vortritt mit den Worten: »Passez, beauté!« Sogleich folgte ihr eine ältere Hofdame, die sich vor dem König kokett verneigte, wohl auf ein ähnliches Kompliment hoffend. Als sie vorbei war, lächelte der König und sagte doppelsinnig zu seinem Begleiter: »Beauté passée!«

Als den beiden Herren wenig später die überaus schlanke und auffallend tief dekolletierte Gattin des preußischen Finanzministers begegnete, erklärte der König: »Ihr Gemahl kommt mir auch immer so entgegen: mit einem ungedeckten Defizit.«

Eines Tages fand Friedrich Wilhelm IV. auf seinem Schreibtisch ein Gesuch der Stadt Gumbinnen, die an dem Flüßchen Pissa liegt, in dem man ihn darum bat, den anstößig klingenden Namen des Gewässers ändern zu dürfen. Der König zückte die Feder und schrieb an den Rand: »Genehmigt. Schlage vor: Urinoko!«

Charles André Joseph Marie de Gaulle
Lille 22. 11. 1890 – Colombey-les-deux-Eglises 9. 11. 1970

Der französische General wurde nach dem Zusammenbruch Frankreichs 1940 zur Schlüsselfigur des französischen Widerstandes, führte das Komitee Freies Frankreich in London und wurde im Juni 1942 zusammen mit General Giraud Präsident des Nationalen Befreiungskomitees. 1944/45 war er provisorischer Präsident der 4. Republik, dann bis zu seinem Rücktritt 1946 Staatspräsident. Während der Algerienkrise 1958 wurde er Ministerpräsident und Verteidigungsminister und nach einer grundlegenden Verfassungsänderung Ende des gleichen Jahres zum Präsidenten der 5. Republik gewählt. 1969 trat er wegen innenpolitischer Schwierigkeiten vorzeitig zurück.

De Gaulle war eine höchst eigenwillige Führerpersönlichkeit, und seine Politik orientierte sich an seiner Überzeugung von der nationalen und unabhängigen Größe Frankreichs. Es wird berichtet, daß er bereits als Kind einmal gesagt haben soll: »Wenn ich groß bin, will ich Diktator werden und im Palais du Luxembourg wohnen.«

Als junger Hauptmann saß de Gaulle in einer Gefechtspause mit einem anderen Offizier im Schatten eines Baumes. Nachdem beide eine Weile über strategische Probleme gesprochen hatten, sagte der andere plötzlich zu de Gaulle: »Sie werden vielleicht darüber lächeln, Kamerad, aber ich glaube, daß Sie noch zu Großem berufen sind.« In Gedanken versunken erwiderte de Gaulle: »Ja, ich auch...«

Ein Offizier ist in erster Linie Soldat und Kriegshandwerker. Bestimmte intellektuelle Nebenbeschäftigungen machen ihn leicht bei seinen Kameraden suspekt. Als Charles de Gaulle sein erstes Buch veröffentlicht hatte, stieß diese Tatsache in der Armee auf nicht geringes Erstaunen, und ein älterer General fragte anzüglich: »Welcher Offizier versteckt sich eigentlich hinter diesem hübschen Pseudonym?«

Die durch eine Militärrevolte in Algier ausgelöste Staatskrise hatte de Gaulle wieder zur Macht verholfen. Die politische Konsequenz seiner Regierung war dann schließlich die Auflösung der französischen Kolonien. Der Chef des Generalstabs in Algier war beim neugewählten Präsidenten zur Berichterstattung über die Lage. Nachdem er ihm vorgetragen hatte, schloß er seine Ausführungen: »Um das gesamte Territorium unter Kontrolle zu halten, werden wir unbedingt Verstärkung brauchen, mon général.« Doch de Gaulle war anderer Ansicht: »Das ist weder möglich noch notwendig. Sie haben bereits 100 000 Mann mehr, als Napoleon für die Eroberung Ägyptens zur Verfügung hatte.«

Zweifellos verfügte de Gaulle über einen eher eigenwillig zu nennenden gesellschaftlichen Ton und Charme. Auch auf dem diplomatischen Parkett sagte er, was er meinte, und meinte, was er sagte. So war es gewiß ganz ehrlich, als er auf einem Empfang einer Dame sagte: »Madame, Sie tragen heute ein besonders hübsches Kleid.« Verlegen erwiderte diese: »Oh, wissen Sie, mon général, ich trug es ja bereits auf Ihren beiden letzten Empfängen.« Worauf de Gaulle mit einem Blick auf die kostbaren Roben der anderen Damen ganz laut entgegnete: »Das beweist nur, Madame, daß dieses Kleid auch Ihnen selbst gehört!«

Präsident John F. Kennedy weilte zu einem Staatsbesuch in Paris. Während der Gespräche erklärte de Gaulle, daß Frankreich gemäß den traditionellen Forderungen der Französischen Revolution für das Selbstbestimmungsrecht der Völker eintreten werde. Dann fügte er eindringlich, an den amerikanischen Präsidenten gewandt, hinzu: »Und das gilt für jedes Volk, gleich welcher Rasse es angehört, die Weißen und die Schwarzen, die Gelben – und auch die Rothäute, wenn es noch welche gibt...«

HANS-DIETRICH GENSCHER

Reideburg 21. 3. 1927

Als 1969 die FDP als Koalitionspartner die Regierungsverantwortung mit übernahm, wurde der heutige Außenminister und »Architekt der deutschen Einheit« Bundesinnenminister. Vor Journalisten sagte er damals: »Es gehört zu den liebenswerten Seiten unserer Gesellschaft, daß niemand verpflichtet ist, Minister zu werden.«

Für Genscher, der mit zielstrebiger Energie und kluger Taktik an alle politischen Aufgaben herangeht, war die Arbeit in Bonn längst Alltagsroutine, als er Minister wurde. Nachdem er Max Schmeling das Bundesverdienstkreuz überreicht hatte, äußerte er anschließend im privaten Kreis: »Wenn mir jemand in der Schule prophezeit hätte, daß ich einmal Minister werde, hätte mich das ziemlich kalt gelassen. Wenn ich aber gewußt hätte, daß ich einmal Max Schmeling einen Orden umhängen werde, hätte mich das glatt von der Schulbank gehauen.«

Daß die Routine trotzdem etwas aufregend Lebendiges für Genscher ist, bewies er, als er auf die Frage eines Journalisten nach seinem Erfolgsrezept antwortete: »Ich war immer der Meinung, dabeisein ist in der Politik alles. Ich gehe nie weiter in Urlaub als nach Holland oder in den Bayerischen Wald, damit ich jederzeit rasch zurück in Bonn sein kann, wenn hier etwas passiert.«

Heinrich George

Stettin 9. 10. 1893 – Sachsenhausen 25. 9. 1946

In jungen Jahren war der große deutsche Schauspieler in Frankfurt am Main engagiert, bevor er 1923 an die Staatlichen Bühnen nach Berlin ging. In Berlin – wo er zuletzt Intendant des Schillertheaters war – stellte er unter der Intendanz Leopold Jeßners die großen und schweren klassischen Heldenrollen dar: Macbeth, Othello, Götz, Falstaff und viele andere. Einem Millionenpublikum wurde George vor allem durch zahlreiche Hauptrollen in großen Kinofilmen bekannt – unvergeßlich beispielsweise in »Der Postmeister«.

In Frankfurt am Main saß George oft nach der Vorstellung allein in einer bestimmten Kneipe, war für niemanden zu sprechen und ertränkte still und melancholisch seinen Kummer, bevor er sich schwankend auf den Heimweg machte. Eines Abends hörte man draußen vor dem Eingang ungewöhnlichen Lärm. Bis auf George drehte sich alles nach der Tür um, die sich jedoch nicht öffnete. »Was ist denn los?« fragte einer der Gäste. »Da draußen tobt ein Betrunkener«, sagte der Wirt. Da richtete sich George erstaunt auf und rief: »Wieso denn? Ich bin nicht draußen, ich bin hier!«

Nach einem »Götz«-Gastspiel mußte George am nächsten Abend bereits in der gleichen Rolle wieder in Berlin auf der Bühne stehen. Deshalb entschloß sich der Schauspieler zu fliegen. Am Flughafen stellte sich heraus, daß sein Gepäck Übergewicht hatte. Daraufhin öffnete er den Koffer, nahm die schwere Ritterrüstung heraus und zog sie sich über. In diesem ebenso unbequemen wie seltsamen Reisegewand flog er nach Berlin.

Während einer Aufführung des »Götz« in Berlin fiel beim Rathausauftritt unweit von George ein schweres Versatzstück vom Schnürboden auf die Bühne. Die Kollegen waren wie vom Schlag gerührt, nur George sagte geistesgegenwärtig: »Der Himmel scheint gnädig mit uns zu sein!« Und dann fuhr er in Goethes Text fort: »Ich bin von jeher mit wenigem zufrieden gewesen...«

Im Berliner Ensemble gab es einen besonders eingebildeten Schauspieler, den George nicht ausstehen konnte. Nach einer Premiere der »Räuber«, in denen dieser Kollege den Franz Moor spielte, fragte er George: »Habe ich die Schlechtigkeit dieses Franz nicht großartig herausgearbeitet?« – »Ja, ja«, sagte George, »so schlecht habe ich den Franz noch nie gesehen.«

In den dreißiger Jahren hatte der Film Heinrich George entdeckt, und er spielte zahlreiche Rollen auf der Leinwand. Mit den Nachwuchsdarstellerinnen Herta Thiele, Luise Claudius und Sabine Peters drehte er für den Film »Reifende Jugend« Außenaufnahmen in Stralsund. Wenn morgens die drei Damen bereits geschminkt das kleine Hotel, in dem die Filmleute logierten, verließen, drängte sich die Jugend des Ortes vor dem Eingang und rief: »Kiek mol, die haben sie aber angemalt!« Wenig später tauchte George in der Hoteltür auf und hörte den Kommentar: »Und den haben sie ausgestopft!«

Einmal war George schwer erkrankt, und man befürchtete das Schlimmste. Einer seiner Freunde, ein Journalist, verfaßte bereits vorsorglich einen Nachruf, den er dann Gott sei Dank wieder zuunterst in den Schreibtisch legen konnte, als George sich nach einer Weile erholte. Doch der Schauspieler erfuhr davon und wollte ihn natürlich lesen. Der Freund lehnte ab: »Nee, vorher nicht!«

George Gershwin
Brooklyn 26. 9. 1898 – Hollywood 11. 7. 1937

Nicht einmal neununddreißig Jahre alt wurde George Gershwin, der 1924 mit der »Rhapsody in Blue« seinen ersten großen Erfolg errang. Ab da riß die Karriere nicht mehr ab: »Ein Amerikaner in Paris« oder »Porgy and Bess« sind nur zwei von vielen Kompositionen, die auf der ganzen Welt bekannt und über die Generationenfrage hinweg beliebt sind.

Bei einem Urlaub in Havanna lernte er am Hotelstrand eine bildhübsche junge Kubanerin kennen und verabredete sich mit ihr für den Abend. Doch er wartete vergeblich auf die Dame und traf sie erst wieder am nächsten Morgen am Strand. Halb indigniert, halb scherzhaft meinte er: »Das war nicht nett, daß Sie mich gestern haben sitzenlassen.« – »Das tut mir auch schrecklich leid«, entschuldigte sie sich, »aber ich konnte nicht kommen. Ich hoffe, Sie vergeben es mir. Ich wollte Sie noch anrufen, um abzusagen, aber mir ist einfach Ihr Name nicht mehr eingefallen.« Dies soll ihr der damals bereits berühmte Komponist nicht verziehen haben.

Nach dem Erfolg seiner Negeroper »Porgy and Bess« traf Gershwin Igor Strawinsky und fragte ihn: »Ich würde gern bei Ihnen Orchestrierung lernen. Würden Sie mir darin Unterricht geben?« – »Wieviel verdienen Sie denn so im Jahr?« stellte Strawinsky eine Gegenfrage. »Etwa hunderttausend Dollar«, gestand Gershwin. Betroffen schwieg Strawinsky einen Moment, dann sagte er: »Und wie wäre es, wenn Sie mir Stunden geben würden?«

André Gide
Paris 22. 11. 1869 – Paris 19. 2. 1951

Der streng puritanisch erzogene Gide galt als einer der bedeutendsten Erzähler Frankreichs seiner Zeit. Eine wesentliche Rolle in seinen Werken spielt die Auseinandersetzung mit der Religion und dem Christentum, wobei er, vor allem nach seiner Abwendung vom Kommunismus, eine strikt antikirchliche Position bezog. Seine vielgelesenen Romane hatten ihn bereits populär gemacht, als er 1947 den Nobelpreis für Literatur erhielt.

Um von zudringlichen Verehrern befreit zu sein, zog Gide sich nach Torri del Benaco am Gardasee zurück. Doch auch dort wurde er von einem findigen Reporter aufgespürt und um ein Interview gebeten. Aber Gide lehnte ab: »Alles, was ich zu sagen habe, schreibe ich selber.«

Einmal ließ Gide, der sich seiner Popularität durchaus bewußt war, einen Teil seiner Bibliothek versteigern, darunter auch Bücher, die ihm Freunde und Kollegen handschriftlich gewidmet hatten. Kurze Zeit später schickte ihm Henri de Régnier seinen neuesten Roman mit der Widmung: »Für Monsieur André Gide diesen bescheidenen Beitrag zu seiner nächsten Versteigerung.«

Seine antikirchliche Haltung brachte Gide, der einmal sagte: »Ich fange an zu glauben, daß man unter berechtigten Vorwürfen mehr leidet als unter solchen, die man gar nicht verdient«, in einen literarisch und menschlich heftig ausgefochtenen Gegensatz zu Paul Claudel. Eines Tages besuchte ihn der katholische Romancier Julien Green, der in seinem Bücherregal mehrere Werke Claudels entdeckte. Erstaunt fragte er: »Sie hüten auch die Geistesprodukte ihrer schärfsten Widersacher?«

Doch Gide erwiderte: »Sagen wir lieber: Sie lassen nicht von mir. Immer, wenn ich ein unanständiges Buch verleihe, sehe ich es nie mehr wieder. Aber die Bücher Claudels bringt man mir immer rasch zurück.«

Aus seinen homoerotischen Neigungen machte Gide auch in einigen seiner Werke keinen Hehl. Als man eines Tages Claudel fragte, ob er glaube, daß selbst solche Leute wie Gide in den Himmel kommen würden, meinte er: »Gottes Güte ist ja grenzenlos. Aber – vorher wird der liebe Gott seine Englein zusammenrufen und ihnen sagen: Kinder verschwindet, der Gide kommt!«

Christoph Willibald Ritter von Gluck
Erasbach 2. 7. 1714 – Wien 15. 11. 1787

In die Operngeschichte ging Gluck als der große Reformer und Schöpfer des Musikdramas ein. Seine Absicht, einen sinnvollen Text durch die Musik zu verdeutlichen, verwirklichte er mit dem Verzicht auf Koloraturen, Hervorhebung des Accompagnato-Rezitativs, Natürlichkeit und Einfachheit. Nach seinen Studien in Prag, Wien und Mailand ließ er sich 1752 in Wien nieder.

Im November 1770 dirigierte Gluck im Burgtheater selbst die Premiere seiner Oper »Paris und Helena«. Neben dem musikliebenden Josef II. war auch Kaiserin Maria Theresia anwesend. Da brach plötzlich im ersten Akt zu Beginn des Balletts auf der Bühne ein Feuer aus. Unruhe und große Aufregung, doch glücklicherweise ließ es sich rasch löschen, und eine halbe Stunde später konnte die Vorstellung fortgesetzt werden: mit dem zweiten Akt, wünschte der Intendant. Gluck beharrte auf der Wiederholung des Balletts. Mitten im Streit kletterte Gluck im Orchester auf einen Stuhl und rief mit lauter Stimme in Anwesenheit der Allerhöchsten Herrschaften: »Entweder tanzt das Ballett noch einmal, oder die Oper ist aus!« Nach einigen Schreckminuten öffnete sich der Vorhang, und das Ballett begann von vorn.

Gluck wurde 1774 in Wien zum Hofkompositeur ernannt, lebte aber von 1773 bis 79 hauptsächlich in Paris. Bei den Proben zu »Iphigenie in Aulis« hatte Gluck mit dem Darsteller des Agamemnon ständig Ärger, weil dieser den Ansprüchen des Komponisten nicht genügte. Zuletzt rief der Sänger ärgerlich: »Warten Sie nur, bis ich mein Kostüm anhabe, dann werden Sie mich nicht wiedererkennen!« Doch kaum hatte der Sänger bei der ersten Kostümprobe seine Arie begonnen, klopfte Gluck ab und sagte: »Monsieur, ich erkenne Sie leider vollkommen wieder!«

Die »Iphigenie« wurde 1774 Glucks größter Triumph in Paris. Bei der Premiere rief ein geistlicher Würdenträger überwältigt aus: »Mit dieser Musik kann man eine Religion stiften.«

Kein Erfolg war dagegen die Pariser Aufführung der »Alkeste«. Einer seiner Gegner begrüßte Gluck mit unverhohlenem Triumph in der Stimme: »›Alkeste‹ ist gefallen.« Schlagfertig erwiderte der Komponist: »Gewiß, aber vom Himmel.«

In Paris passierte dem temperamentvollen Gluck das Mißgeschick, daß er beim Spaziergang mit seinem Stock eine Fensterscheibe einschlug. Erregt kam der Besitzer der Wohnung herausgelaufen und verlangte lauthals dreißig Sous Schadenersatz, nicht wenig damals. Gluck reichte ihm eine Drei-Francs-Münze, was den Mann beruhigte. Aber er hatte kein Kleingeld und wollte zu einem Nachbarn eilen, um zu wechseln. »Nicht nötig! Behalten Sie es«, sagte Gluck und schlug eine zweite Scheibe ein.

Was ich am meisten liebe«, sagte Gluck zu einem Freund, »sind drei Dinge: Geld, Wein und Ruhm.« – »Der Ruhm kommt an letzter Stelle?« fragte der ihn. »Natürlich. Mit dem Geld kaufe ich mir Wein, der Wein bringt mir die Inspiration, und aus der Inspiration erwächst schließlich der Ruhm.«

Johann Wolfgang von Goethe
Frankfurt/M. 28. 8. 1749 – Weimar 22. 3. 1832

Der große deutsche Dichterfürst war ein ungewöhnlich vielseitiger Mann mit zahlreichen Begabungen. Neben seinem umfangreichen literarischen Werk, das alle Gattungen umfaßt, betätigte er sich erfolgreich auf mehreren naturwissenschaftlichen Gebieten, war unter anderem Jurist, Diplomat und Theaterdirektor. 1775 lud ihn der weimarische Prinz Karl August an seinen Hof, und Goethe, den mit dem späteren Großfürsten eine lebenslange Freundschaft verband, übersiedelte noch im gleichen Jahr nach Weimar, dessen reges geistiges Leben er von da an maßgeblich mitbestimmte.

Zu dieser Zeit war Goethe, der mit seinem Roman »Die Leiden des jungen Werthers« internationale Berühmtheit erlangt hatte, bereits eine bekannte und geachtete Erscheinung und für viele seiner Zeitgenossen Gegenstand fast kultischer Verehrung. Einmal schickte ihm ein junger unbekannter Autor zu seinem Geburtstag ein Huldigungsgedicht, in dem er den Dichter mit nichts weniger als Gott verglich und ihm dieselbe Schöpfungskraft beimaß. Da sprach Goethe: »Die anderen werfen mir doch nur Bonbons an den Kopf, der aber nimmt gleich die ganze Zuckertüte!«

Ein leidenschaftlicher Autographensammler namens Charles Gore wollte die Handschriften der bedeutendsten Geister des damaligen Weimar auf einem Blatt vereinigt haben. So wandte er sich an Herder und bat ihn um eine Zeile. Herder schrieb: »Die Erde ist ein Jammertal.« Darauf wandte er sich an Schiller, der Herders Spruch fortsetzte: »Voller Narren und Toren.« Als er nun zu Goethe kam, vollendete dieser den Vers: »Wo Sie der allergrößte sind, mein lieber Herr von Goren!«

Aber nicht nur Verehrung zeugt für das Maß an Berühmtheit, auch die Parodie ist – gerade in der Literatur – ein solcher Gradmesser. Der »Werther«, der nach seinem Erscheinen zahlreiche unglücklich verliebte Jünglinge zum eigenen Selbstmord angeregt haben soll, war unter Goethes Werken das erste und zweifellos auch beliebteste Objekt der Parodisten. Die bekannteste schrieb der Berliner Buchhändler und Journalist Friedrich Nicolai, der Lessing und der Aufklärung nahestand: »Die Freuden des jungen Werthers« waren eine bewußte Verächtlichmachung des Originals, und die »Pointe« bestand darin, daß Werthers Pistole mit Hühnerblut geladen und der Schuß deshalb nicht tödlich ist; Werther und Lotte reichen sich die Hand zum Lebensbund. Goethe rächte sich 1775 mit einem Spottgedicht, das er »Nicolai auf Werthers Grabe« überschrieb:

>»Ein junger Mensch – ich weiß nicht wie –
>Verstarb an Hypochondrie,
>Und ward dann auch begraben.
>Da kam ein schöner Geist vorbei,
>Der hatte seinen Stuhlgang frei,
>Wie ihn so Leute haben.
>Der setzt sich nieder auf das Grab
>Und legt sein reinlich Häuflein ab,
>Schaut mit Behagen seinen Dreck,
>Geht wohleratmend wieder weg,
>Und spricht zu sich bedächtiglich:
>›Der gute Mensch, er dauert mich,
>Wie hat er sich verdorben!
>Hätt' er geschissen so wie ich,
>Er wäre nicht gestorben!‹«

Und tatsächlich, wie inzwischen und lange nach Goethes Tod ans Tageslicht gekommen ist, hat der alte Geheimrat manchmal gern ein wenig geschweinigelt – wenn das auch natürlich noch nicht bis in die Lesebücher gedrungen ist. Und nicht nur der alte (der auch)! In »Dichtung und Wahrheit« erzählt er von einer literarischen Jugendsünde: »Hans Wursts Hochzeit«. Sie wurde erstmals als »Fragment« mit vielen Pünktchen (an Stelle der unflätigen Worte) im Jahre 1836 veröffentlicht, also vier Jahre nach Goethes Tod. Der vollständige Text erschien dann 1897 im 38. Band der großen »Weimarer Ausgabe«. Goethe selbst erklärt den Inhalt dieser Posse ein wenig umständlich: »Hans Wurst, ein reicher elternloser Bauernsohn« soll das reiche Mädchen Ursel Blandine heiraten. Vormund und Tante sind glücklich, und alles verläuft nach Plan. Die Schwierigkeiten (und damit die Pointe des Stückes) bestehen lediglich darin, »daß das Verlangen der jungen Leute sich zu besitzen durch die Anstalten der Hochzeit und dabei vorwaltenden Umständlichkeiten hingehalten wird«. Im Text selbst läßt Goethe den Hans Wurst, der nicht einsehen will, daß man Rücksicht auf die Gäste und das vorbereitete Hochzeitsessen nehmen müsse, deutlicher werden:

»Indes, was hab ich mit den Flegeln?

Sie mögen fressen und ich will vögeln.«

Das Beste, was du wissen kannst, darfst du den Buben doch nicht sagen«, meinte Goethe einmal, der mit 25 Jahren beschloß, sich ein »Geheimes Archiv wunderlicher Produktionen« anzulegen. Nichts wurde davon zu seinen Lebzeiten veröffentlicht, und erst aus den »Gesprächen mit Eckermann« konnte man erfahren, daß es auch erotische Dichtungen von ihm gab. Unter dem 25. Februar 1824 notierte der Sekretär: »Goethe zeigte mir heute zwei höchst merkwürdige Gedichte, beide in hohem Grade sittlich in ihrer Tendenz, in einzelnen Motiven jedoch so ohne allen Rückhalt natürlich und wahr, daß die Welt dergleichen unsittlich zu nennen pflegt, weshalb er sie denn auch geheim hielt und an eine öffentliche Mitteilung nicht dachte.« Und am 27. April 1810 schrieb der sechzigjährige Goethe an Charlotte von Schiller: »Denken Sie einmal, daß mir seit einiger Zeit nichts mehr Vergnügen macht, als Gedichte zu schreiben, die man nicht vorlesen kann.«

Ganze Bücher voll von Spekulationen und konkreten Forschungen gibt es über die verschiedenen Damen, die er verehrt, geliebt und zumeist auch in dieser oder jener Dichtung verewigt hat. Eine von ihnen war Friederike Brion. Egon Erwin Kisch, der »rasende Reporter«, stöberte eine uralte Nachfahre der Straßburger Goethe-Geliebten auf und veröffentlichte ihre Erinnerungen an den jungen »Schnösel«, der Friederike »den Kopf verdreht« hatte: »Dann ist er eines Tages ausgeblieben – und kein Mensch hat jemals wieder etwas von ihm gehört.«

Nach seiner ersten Italienreise lebte Goethe in wilder Ehe mit der Modistin Christiane Vulpius, einer Schwester des Weimarer Bibliothekars und Schriftstellers Christian Vulpius, dessen Bestseller »Rinaldo Rinaldini« Vorbild für zahlreiche Schauer- und Räuberromane wurde. Christiane war in Rom sein »Bettschatz« gewesen, und die Erinnerung an die dortigen Liebesnächte hatten den Dichter zu seinen »Römischen Elegien« inspiriert, die später Schiller (bis auf die »ärgsten«) in den »Horen« abdruckte, wodurch er sich viel Ärger mit den Sittenstrengen unter seinen Lesern einhandelte. Von den fünf Kindern aus dieser Verbindung überlebte nur das älteste, Goethes Sohn August. Und als dieser siebzehn Jahre alt war, ließ Goethe sein Verhältnis zu Christiane endlich legalisieren. Wenn ihn zuvor jemand gefragt hatte, warum er denn nicht heirate, erwiderte er: »Ach, ist es Ihnen nicht bekannt, daß ich längst verheiratet bin? – Allerdings nur so, ohne Zeremonie.«

Vor allem in ihren jungen Jahren führte die Vertrautheit zwischen Goethe und seinem Herzog zu manch ausgelassenen gemeinsamen Scherzen und Streichen. Auf einem Ausflug kehrten die beiden in einer Bauernschenke ein und bestellten sich etwas zu trinken. Während die Wirtin in den Keller stieg, um das Gewünschte zu holen, steckten die beiden die Katze ins Butterfaß, verschlossen es und verschwanden, ehe die Wirtin wieder erschien. Erst einige Tage später kehrten beide wieder dort ein. Herzog Karl August drückte der Wirtin einen Dukaten in die Hand und meinte augenzwinkernd: »Sie weiß schon, gute Frau, das ist für unseren Streich damals mit dem Kater. Und damit sie keinen Schaden hat.« – »Ach was«, lachte sie verschmitzt, »den hatte ich sowieso nicht. Ich hab' die Butter nach Weimar getragen und bei Hofe verkauft, da fressen sie alles.«

Goethe befand sich auf einer Abendgesellschaft bei der Herzogin Amalie, und es wurde – wie zumeist – etwas vorgelesen. Der Herzog kam hinzu und öffnete leise das Fenster, bevor er sich setzte. Goethe, der unweit des Fensters saß, schloß es ebenso leise. Nach einer Weile bemerkte es der Herzog, stand auf und öffnete es erneut. Doch wenig später sah er, daß das Fenster wieder geschlossen worden war. »Nun«, unterbrach der Herzog ärgerlich die Lesung, »wer macht denn immer wieder das Fenster zu?« Schweigen. Da erhob sich Goethe und sagte: »Eure Durchlaucht haben zwar das Recht über Leben und Tod Ihrer Untertanen, aber erst nach Urteil und Spruch.«

Curt Goetz
Mainz 7. 11. 1888 – Grabs/St. Gallen 12. 9. 1960

Mit 17 Jahren verließ Curt Goetz das Gymnasium und wurde Schauspieler, zuerst in Rostock, später in Nürnberg und Berlin. Dort begann er sich seine Stücke selbst zu schreiben, anfangs kleine Grotesken und Einakter, schließlich höchst bühnenwirksame Komödien, in denen er, zusammen mit seiner Frau Valerie von Martens als Partnerin, selbst auftrat.

Das Berliner Lessingtheater bot Goetz einmal für eine Monatsgage von 2000 Mark die Rolle des Napoleon in der Komödie »Madame sans Gene« an. Goetz telegraphierte nach Berlin: »Akzeptiere mit dreitausend Mark – Goetz. Stop. Sonst von Berlichingen.«

Einem der zahlreichen Institute, die harmlose Bürger ständig mit Fragebogen belästigen, schickte er so einen Fragebogen wieder zurück mit der Bemerkung: »Von jetzt an beantworte ich alle Umfragen nur noch mit Goethe, Goetz.«

Nach dem Krieg leitete Goetz auch ein eigenes Theater. Eines Tages beschwerte sich ein junger Schauspieler bei ihm, daß er in seinem Stück nur einen einzigen Satz zu sagen hätte. »Tröste dich, mein Junge«, meinte Goetz, »man kann auch mit einem einzigen Satz berühmt werden. Denk an Goetz von Berlichingen!«

Ein anderer Schauspieler war während einer Aufführung so unkonzentriert, daß er mehrmals den Text vergaß oder verwechselte und in einigen Szenen ein ziemliches Durcheinander verursachte. Am nächsten Morgen ließ Goetz seinen Buchhalter kommen und ordnete an: »Der Kerl kriegt nur die halbe

Gage!« Verlegen wandte der Buchhalter ein, daß »der Kerl« nur volontiere und überhaupt keine Gage beziehe. »Schweinerei!« rief Goetz. »Dann kriegt er von jetzt ab zehn Mark pro Abend, aber an den nächsten drei Abenden ziehen Sie die Hälfte davon ab – wegen Schlamperei auf der Bühne.«

Curt Goetz emigrierte 1939 nach Hollywood. In Deutschland hatte er bereits in mehreren Filmen mitgewirkt, und nun wollte ihn Metro-Goldwyn-Mayer verpflichten. Man bot ihm 5000 Dollar pro Woche, doch Goetz lehnte ab und erklärte, er werde in Kalifornien eine Hühnerfarm gründen. Er wußte warum. »Lieber sehe ich täglich zweitausend Hühnern in den Hintern«, sagte er, »als einem Hollywoodproduzenten ins Gesicht.« Er war dann tatsächlich sieben Jahre lang Besitzer einer Hühnerfarm.

Nach dem Krieg kehrte er wieder nach Europa zurück, ließ sich in der Schweiz nieder, machte aber weiter seine Gastspiele durch alle Städte des In- und Auslandes. Kurz vor seinem Tod schrieb er seine Memoiren. Als er das Manuskript ablieferte, fragte ihn sein Verleger: »Wann und wo haben Sie eigentlich die wertvollsten Erfahrungen für Ihr Leben gesammelt?« – »In der Schauspielerei«, antwortete Curt Goetz, »habe ich immer und überall aus dem täglichen Leben geschöpft, aber für meine Zeit als Theaterdirektor waren mir die Erfahrungen als Besitzer einer Hühnerfarm am wertvollsten.«

Günter Grass
Danzig 16. 10. 1927

Der Erfolg seines Romans »Die Blechtrommel« machte 1959 Günter Grass mit einem Schlage berühmt und zu einem der wichtigsten deutschen Nachkriegsschriftsteller.

Mehrere Jahre lang hatte der ehemalige Maler, Graphiker und Bildhauer an diesem umfangreichen Buch geschrieben, das er, um es überhaupt veröffentlichen zu können, auf ein Drittel seines Manuskriptumfangs zusammenstreichen mußte. Eines Tages las Grass die Äußerung des israelischen Nobelpreisträgers Samuel Josef Agnon: »Ich kann nur schreiben, was Gott mich schreiben läßt.« Da seufzte Grass: »Der hat es besser als ich. Ich muß alles alleine machen.«

Grass las 1955 erstmals vor den Mitgliedern der legendären »Gruppe 47«. Diese lose Vereinigung deutschsprachiger Schriftsteller veranstaltete einmal jährlich ein Treffen, bei dem einzelne Mitglieder, vor den anderen auf einem Stuhl sitzend, ihren Kollegen ein eigenes Werk vorlasen und sich anschließend einer schonungslosen Kritik stellten. Den »Elektrischen Stuhl« nannte Grass dieses von vielen als Marterinstrument empfundene Möbel, und der Ausdruck bürgerte sich sofort ein. Als er einige Jahre später nach ersten öffentlichen Erfolgen wiederum auf dem »Elektrischen Stuhl« saß, um sich der Kritik der Kollegen zu stellen, tat er das mit offensichtlicher Selbstsicherheit. Wie er das nur fertigbrächte, so ohne jede Angst dort vorne zu sitzen, fragte ihn eine junge Autorin. Da meinte Grass: »Ich bin isoliert.«

Peggy Guggenheim
New York 26. 8. 1898 – Venedig 23. 12. 1979

Die amerikanische Millionärin trug eine der bedeutendsten privaten Sammlungen moderner Kunst zusammen, führte ein exzessives Leben, vorwiegend in Paris, Südfrankreich und Italien, und war mit zahlreichen bedeutenden Malern und Schriftstellern dieses Jahrhunderts eng befreundet, darunter Max Ernst, Beckett, Klee, Calder, Picasso, Matisse, Arp, Mondrian und Breton. Sie hatte zeitweise eine bedeutende Galerie in New York und eröffnete später in ihrem Palazzo in Venedig ein privates Museum.

Im Jahr ihres Todes erschienen erstmals ihre vollständigen Memoiren. Doch bereits 1923 beschloß sie, ihre Erinnerungen niederzuschreiben, kam aber über die ersten Sätze nicht hinaus: »Ich stamme von zwei sehr guten jüdischen Familien ab. Mein einer Großvater wurde wie Jesus Christus in einem Stall geboren, oder genauer gesagt, über einem Stall in Bayern; und mein anderer Großvater war ein Hausierer...« Beide Großväter, Seligmann und der Hausierer Guggenheim aus der deutschsprachigen Schweiz, gingen später nach Amerika und wurden Millionäre.

Peggy Guggenheim, in ihrem langen Leben von vielen interessanten und berühmten Männern (mehr oder weniger erfolgreich) verehrt, hatte zu ihrem Vater eine gebrochene Beziehung. Teils bitter, teils aggressiv reagierte die Tochter auf die zahlreich wechselnden Freundinnen, die er sehr zum Kummer ihrer Mutter aushielt. Doch als er im April 1912 bei dem Untergang der »Titanic« ums Leben kam (»Er und sein Sekretär hatten dem Tod im Abendanzug entgegengesehen«), traf die Vierzehnjährige dieser Verlust hart: »Es dauerte Monate, bis ich den Schock der Titanic-Katastrophe überwand, und ich brauchte Jahre, um den Verlust meines Vaters zu verschmerzen. In gewisser Weise bin ich nie damit fertig geworden und habe seither immer einen Vater gesucht.«

Mit dreiundzwanzig Jahren – schrieb sie – »wurde mir meine Jungfräulichkeit zunehmend lästig«. Hatte sie jahrelang allen ihren Verehrern nicht gestattet, die Grenzen der Schicklichkeit zu überschreiten, so überraschte sie jetzt plötzlich den jungen Dichter Laurence Vail, den sie später heiratete, indem sie auf sein halbherziges Angebot, mit auf sein Hotelzimmer zu kommen, sich schnurstracks den Hut aufsetzte, um mitzugehen. An Hand von Fotografien der verschiedensten Liebesstellungen auf pompejanischen Wandgemälden hatte sie sich sorgfältig auf diesen Augenblick vorbereitet: »...Es muß für Laurence sehr anstrengend gewesen sein, weil ich alles haben wollte, was ich auf den pompejanischen Fresken gesehen hatte.«

Gelegentlich wurde behauptet, die meisten der wertvollen Bilder ihrer Sammlung seien Geschenke ihrer jeweiligen Liebhaber gewesen. Doch sie reagierte gelassen auf diesen frivolen Verdacht: »Als ich den Katalog meiner Bilder zusammenstellte, habe ich keinen Augenblick lang die Absicht gehabt, ein vollständiges Verzeichnis meiner Liebschaften aufzustellen; das wäre auch gar nicht möglich gewesen, denn der Katalog umfaßt nur einen einzigen Band.«

Einer wenig begüterten Freundin schenkte Peggy Guggenheim zur Hochzeit ein kleines Bild von Jackson Pollock. Nachher meinte diese zu ihrem jungen Ehemann: »Eigentlich wäre mir ein Büchsenöffner lieber gewesen.« Viele Jahre später verkaufte ihr Mann das Bild für 3000 Dollar. »Da«, sagte er seiner Frau, als er ihr das Geld überreichte, »jetzt kannst du dir endlich deinen Büchsenöffner kaufen!«

Georg Friedrich Händel
Halle 23. 2. 1685 – London 14. 4. 1759

Vater Händel war Wundarzt und Chirurg in Sachsen. Er schickte den Jungen – auf nachdrückliche Empfehlung des Herzogs von Sachsen, der die musikalische Begabung des neunjährigen Georg Friedrich schon früh erkannte – zur Ausbildung nach Italien. Von dort ging der junge Händel an die Oper von Hamburg, und im Jahre 1712 ließ er sich in London nieder, wo er zwei Jahre später zum Hofkomponisten ernannt und im Jahre 1726 eingebürgert wurde.

In England wurde Händel der Doktortitel der Universität Oxford angeboten. Doch hätte er die dafür übliche Taxe entrichten müssen. Händel lehnte ab: »Soll ich etwa noch dafür bezahlen, um ein Kollege dieser Dummköpfe zu werden?!«

Äußerlich war Händel eine monumentale Erscheinung. Dementsprechend groß war auch seine Eßlust. Einmal kam er in ein Restaurant und bestellte drei Menüs. Es dauerte recht lange, und schließlich rief er den Kellner, wo das Essen bleibe. »Verzeihung«, sagte der, »ich wollte mit dem Auftragen warten, bis die Gesellschaft vollzählig sei.« – »Dummkopf!« rief Händel. »Die Gesellschaft bin ich.«

Und ebenso gern wie Händel aß, trank er auch. Ein Lord, bei dem er eingeladen war, wußte dies und hatte dem Gast eine Flasche seines besten Weines vorgesetzt. »Ich hoffe, er schmeckt Ihnen«, sagte er. »Ist er nicht so wunderbar wie eines Ihrer Oratorien? Aber Sie können auch etwas anderes haben. In meinem Keller lagern die besten Burgunder, Port- und Rheinweine oder Tokaier.« – »Nur her damit!« rief Händel gut gelaunt. »Zu einem richtigen Oratorium gehört auch ein Chor.«

Bei aller Anerkennung und Achtung, die Händel genoß, war seine Musik zu Lebzeiten längst nicht so populär wie danach. Eine Zeitlang mieden die Londoner regelrecht das Theater, in dem seine Opern und Oratorien aufgeführt wurden, oft war das Parkett nahezu leer. »Das macht nichts«, sagte Händel. »Desto besser klingt die Musik.«

König Georg II. versäumte selten eine Aufführung und saß andächtig lauschend in seiner Loge. Einmal mußte Lord Chesterfield das Theater frühzeitig verlassen. Vor der Tür traf er einen Freund, der hineinwollte, aber sich verspätet hatte. »Ist die Oper schon aus?« fragte er erstaunt. »Aber nein«, beruhigte ihn der Lord. »Ich wollte nur den König in seiner Einsamkeit nicht stören.«

Bei Fehlern und Nachlässigkeiten von Sängern konnte der impulsive Händel sehr heftig und grob werden. Bei den Proben zu seiner Oper »Flavio« geriet er mit einem Sänger so sehr in Streit, daß dieser endlich ausrief: »Wenn das so weitergeht, springe ich noch von der Bühne herunter auf Ihr Cembalo!« Prompt entgegnete Händel: »Aber sagen Sie rechtzeitig, wann Sie springen, damit wir es auf dem Theaterzettel anzeigen können. Gewiß werden mehr Leute kommen, wenn Sie springen als wenn Sie singen!«

Gerhart Hauptmann
Ober-Salzbrunn 15. 11. 1862 – Agnetendorf 6. 6. 1946

Der Schlesier Gerhart Hauptmann, Sohn eines Gastwirts, begann als Bildhauer und wurde als Vertreter des literarischen Naturalismus, über den sein Werk jedoch weit hinausreichte, der bedeutendste deutsche Dramatiker seiner Zeit. 1912 erhielt er den Nobelpreis für Literatur. Hauptmann lebte hauptsächlich in Berlin und später überwiegend in Schlesien (in Schreiberhau und ab 1901 in Agnetendorf), daneben bewohnte er im Sommer ein Haus auf der Ostsee-Insel Hiddensee und hielt sich viel in Italien auf.

Berühmt und verehrt, wußte Hauptmann seine imponierende Erscheinung gut in Szene zu setzen. Eine gewisse Eitelkeit war ihm nicht fremd, und er fühlte sich geschmeichelt, wenn man auf seine deutliche Ähnlichkeit mit Goethe anspielte. In seinem Brief an Thea Sternheim schrieb 1932 der Dichter Gottfried Benn:»Der Hauptmannrummel –: gestern auf dem Akademietee sah ich ihn zum erstenmal in meinem Leben, und Sie mögen lachen, ich fand den Mann pompös. Zum mindesten äußerlich, gestaltmäßig, haltungshaft enorm dekorativ, kein fauler Zauber an ihm, wie so oft an seinen Sachen, die er schreibt.«

Der Maler Max Liebermann berichtete von einer Begegnung mit Hauptmann, der zur Premiere der »Rose Bernd« nach Berlin gekommen war: »Also da treff ick neilich Hauptmann im Tiergarten. Ick sahre zu ihm: Herr Hauptmann, Sie sind 'n glicklicher Mann! – Wieso denn? fraacht er. Un nu denkt er, ick wer sahren: Weil Sie viel Talent ham. Aber ick sahre: Weil Sie so scheen sind!«

Diese Spaziergänge durch den Tiergarten liebte Hauptmann bei seinen Berlin-Aufenthalten besonders – bis ihm eines Tages die Geschichte mit dem Parkwächter passierte. Wieder einmal schritt er in Gedanken versunken und des Weges nicht achtend über den grünen Rasen, als ihn eine laute Stimme erschreckte: »He, Sie da! Jehn Sie jefälligst vom Rasen runta!« Indigniert wies Hauptmann den Mann zurecht: »Aber da müssen Sie doch nicht so unverschämt schreien. Wissen Sie eigentlich, wen Sie vor sich haben?« Daraufhin der Parkwächter: »Is ja jut. Ick weeß, ick weeß, Sie sind der Jöhte. Aber vom Rasen müssen Se trotzdem runta!«

Der Schriftsteller Rudolf Huch berichtete von einem Gespräch, das zwischen seiner Schwester Ricarda und Gerhart Hauptmann stattgefunden hatte. Dabei begründete Ricarda Huch lange und ausführlich ihre Ansicht, daß die Deutschen seit der Romantik keine großen Dichter mehr hervorgebracht hätten. Nachdem er eine Weile zugehört hatte, unterbrach Hauptmann sie plötzlich, schlug mit der Hand auf den Tisch und rief empört: »Und das sagt man mir!«

Im November 1912 verlieh die Universität Leipzig Hauptmann zu seinem 50. Geburtstag die Ehrendoktorwürde. Nach dem Festakt im Leipziger Gewandhaus umringten den Dichter Verehrer und Verehrerinnen, die ihn um ein Autogramm baten. Zu seiner Überraschung hielt ihm eine Dame mittleren Alters gleich zwei weiße Blätter zum Unterschreiben hin. »Warum zwei?« fragte Hauptmann verblüfft. »Bitte, schreiben Sie's zweimal«, forderte sie ohne die geringste Verlegenheit, »für zwei Hauptmanns bekomme ich nämlich einen Lehàr!«

Gerhart Hauptmanns Stück »Und Pippa tanzt!«, das die Berliner nach der Uraufführung respektlos »Und Tante piepst« genannt hatten, wurde von Albert Heine, dem späteren Burgtheaterdirektor, neu inszeniert. Heines Idee war die Einbeziehung des Bühnenrahmens und des Vorhangs als eines riesigen Glasschmelzofens, in dessen Inneren, also auf der Bühne, das Stück stattfand. Als Hauptmann zur Premiere kam, wollte Heine gern wissen, ob ihm diese Konzeption zusage. Hauptmann wurde etwas verlegen und schwieg eine Weile, dann meinte er vorsichtig: »Möglich, daß ich mir so etwas gedacht habe, aber so genau weiß ich das nicht mehr.«

Auch Emil Jannings verkörperte verschiedene Hauptmann-Rollen, etwa den Wehrhahn im »Biberpelz«. Zu Hauptmanns 70. Geburtstag spielte er in einer Festvorstellung im »Deutschen Volkstheater« in Wien den »Fuhrmann Henschel«. Am nächsten Tag waren Jannings und seine Frau von Hauptmann in dessen Hotel am Semmering eingeladen, wo ihnen der Dichter aus seinem eben vollendeten Drama »Vor Sonnenuntergang« vorlesen wollte. In seinen Erinnerungen berichtete Jannings: »Er setzte sich an einen kleinen, von einer Stehlampe erhellten Tisch und wir bereiteten uns vor, andächtig zuzuhören. Um unsere Konzentration wohl zu erhöhen, stand Frau Hauptmann leise auf, schlich zum Schalter und löschte den Kronleuchter. Doch da wurde der Dichter, der schon völlig in seinem Werk versunken war, lebendig. ›Nein, nein, nein!‹ rief er lebhaft. ›Das gibt's nicht! Laß den Kronleuchter nur ja brennen, sonst schlafen die Janningse in der Dunkelheit noch ein!‹«

Joseph Haydn

Rohrau 31. 3. (oder 1. 4.) 1732 – Wien 31. 5. 1809

*Joseph Haydn ist neben Mozart und Beethoven einer der Groß-
meister der Wiener Klassik. Seine von Händel angeregten Oratorien (»Die Schöpfung«, »Die Jahreszeiten«) gehören zu
den schönsten und wertvollsten Kompositionen
klassischer Musik überhaupt.*

Mit neun Jahren war Haydn Chorknabe des Stephansdomes in Wien. Bei einem Ausflug der Jungen mit ihrem Präzeptor kam man auch nach Schönbrunn. Ein neuerbauter Trakt des kaiserlichen Schlosses war noch von einem Gerüst umgeben, das die Knaben sofort zum Wettklettern animierte. Der kleine Haydn war besonders gewandt und rasch allen anderen voraus. Er erreichte ein offenes Fenster und fand sich plötzlich Auge in Auge mit der Kaiserin Maria Theresia, die nicht weniger erschrocken war als der kleine Joseph. Sie befahl dem Buben, sofort hinunterzusteigen, und trug seinem in diesem Augenblick herbeieilenden Präzeptor auf, ihm eine anständige Tracht Prügel zu verabreichen.

Mehr als 30 Jahre später, Haydn war bereits als Komponist berühmt, besuchte Majestät den Prinzen Nicholas Esterhazy auf seinem Schloß, wo man ihr zu Ehren ein großes Fest gab. Joseph Haydn, der Kapellmeister des Fürsten, dirigierte bei dieser Gelegenheit die Uraufführung einer seiner Symphonien, die er der Kaiserin gewidmet hatte. Anschließend beglückwünschte sie Haydn und drückte ihre Freude aus, bei dieser Gelegenheit erstmals den berühmten Komponisten kennenzulernen. Da gestand Haydn, daß er bereits schon einmal in der Nähe Ihrer Majestät geweilt habe, und erzählte die Geschichte von dem kletterwütigen Chorknaben. Lachend meinte Maria

Theresia: »Es freut mich, daß die damaligen Prügel inzwischen so eine hervorragende Wirkung gezeigt haben.«

Natürlich war die »hervorragende Wirkung« nicht auf die seinerzeit erhaltene Tracht Prügel zurückzuführen. Eher vielleicht schon auf Haydns Studium bei dem berühmten Musiker Porpora in Wien. »Bei ihm«, sagte Haydn später, »habe ich gelernt, wie schwer die italienische Leichtigkeit ist.«

Nach einem Konzert beim Fürsten Esterhazy begab man sich zur Tafel, und Haydn, der ein leidenschaftlicher Esser war, griff sich ein Backhendl und scherzte: »Schaut her, meine Lieben. Sonst geht Händel über Haydn, doch jetzt kommt Haydn über Hendl!«

Als Haydn das erste Mal nach London kam, war er sehr überrascht, daß ihm sein Ruf als bedeutender Komponist und Musiker schon vorausgeeilt war und man ihn bei seiner Ankunft entsprechend feierte. Bei seinem ersten Konzert verließen am Schluß die begeisterten Londoner ihre Plätze und drängten sich vor der Orchesterbalustrade, um den Meister aus der Nähe zu sehen und ihm Ovationen darzubringen. So hatte sich die Mitte des Konzertsaals bereits geleert, als hier unversehens ein schwerer Kronleuchter herabstürzte und wie durch ein Wunder niemanden verletzte. Nachdem er sich von seinem Schrecken erholt hatte, sagte Haydn: »Also muß meine Musik doch etwas wert sein, hat sie doch soeben wenigstens dreißig Menschen das Leben gerettet.«

Christian Friedrich Hebbel
Wesselburen 18. 3. 1813 – Wien 13. 12. 1863

Mit seinen Dramen, insbesondere dem bürgerlichen Trauerspiel »Maria Magdalena«, löste Friedrich Hebbel den Idealismus durch den psychologischen Realismus auf der Bühne ab. In armen Verhältnissen geboren, erwarb er sich seine Bildung als Autodidakt und hatte den größten Teil seines Lebens ständig mit materiellen Schwierigkeiten zu kämpfen.

Lange Zeit unterstützte ihn die um acht Jahre ältere Hamburger Näherin Elise Lensing, die ihm schließlich auch das Studium der Rechte, später der Geschichte, Literatur und Philosophie in Heidelberg und München ermöglichte. Hebbel war eine rührende Hilflosigkeit in allen praktischen Fragen des täglichen Lebens eigen. »Das sicherste Mittel, meine ewige Freundschaft zu erwerben«, sagte er, »ist es, mir beizustehen, wenn ich einen Hut oder Mantel kaufen muß.«

Dagegen konnte er stundenlang die einleuchtendsten dramaturgischen oder philosophischen Theorien entwickeln. Seine Beredtheit in diesen Dingen verwirrte selbst bedeutende Geister wie Franz Grillparzer, der jede gesellschaftliche Begegnung mit Hebbel mied. Er erklärte auch warum: »Dieser Hebbel ist mir viel zu g'scheit! Schaun S', der ist imstand und fragt mich, wer Gott sei. Er weiß es genau, aber ich steh' dann dumm da und habe keine Ahnung.«

Einmal reagierte ein Zuhörer auf Hebbels die Welt erklärende Ausführungen mit dem spontanen Ausruf: »Die Schöpfung ist doch ein Witz!« Da erwiderte der Dichter: »Wer die Schöpfung für einen Witz hält, der hat einfach die Pointe nicht verstanden, die Gott hineingelegt hat!«

Trotz seiner schwierigen finanziellen Verhältnisse unternahm Hebbel zahlreiche Reisen, besuchte in Kopenhagen Thorwaldsen und Andersen und in Paris Heinrich Heine. In Weimar ließ er sich von Goethes Enkel das Arbeitszimmer des Dichters zeigen. Begeistert rief er aus: »Dies ist das einzige Schlachtfeld, auf das die Deutschen stolz sein dürfen!«

Als man einmal in Gesellschaft über Goethes »Faust II« sprach, sagte jemand: »Vieles, insbesondere das Mythologische daran, ist mir unverständlich geblieben.« Da meinte Hebbel: »Aber Sie werden zugeben, daß die Schuld daran nicht den Dichter trifft.«

Hebbel kam 1845 nach Wien, wo er bis zu seinem Tode blieb. Hier lernte er die Burgschauspielerin Christine Enghaus kennen, die ihm materielle Sicherheit bot und ein Jahr später seine Frau wurde. Ein weiterer Grund, daß er nun für immer in Wien blieb, war 1848 seine vergebliche Kandidatur für das Frankfurter Parlament. Als dann in der Paulskirche die deutsche Nationalversammlung zusammentrat, um über das künftige Verhältnis der deutschen Staaten untereinander zu beraten, schrieb Hebbel aus Wien an einen Freund: »Die lieben Österreicher! Sie sinnen jetzt darüber nach, wie sie sich mit Deutschland vereinigen können, ohne sich mit Deutschland zu vereinigen. Das wird schwer auszuführen sein, ebenso schwer, als wenn zwei, die sich küssen wollen, sich dabei den Rücken zuzukehren wünschten!!!«

Georg Wilhelm Friedrich Hegel
Stuttgart 27. 8. 1770 – Berlin 14. 11. 1831

Der einflußreichste Philosoph des deutschen Idealismus, dessen Denken auch die Tendenzen der Romantik einbezog, stellte eines der größten spekulativen Systeme der europäischen Philosophiegeschichte auf. Seine Wirkung war und ist heute bedeutend. Die Auseinandersetzung mit seiner Philosophie befruchtete vor allem Karl Marx und Sören Kierkegaard.

Im Tübinger Stift, das Hegel zur gleichen Zeit mit seinen Freunden Schelling und Hölderlin besuchte, war der Philosophie- und Theologie-Student bekannt dafür, daß er die Freuden des studentischen Daseins in vollen Zügen genoß, bei keinem Gelage und bei keiner Sauferei fehlte. Als er wieder einmal das Abends schwankend in das Stift zurückkehrte, meinte der Stubenälteste vorwurfsvoll: »Mei, Hegel, du gibst koi Ruh, bis dr dei bißle Verstand vollends abg'soffe ischt!«

Hegel wurde Hauslehrer, Dozent in Jena, Zeitungsredakteur in Bamberg, Gymnasialdirektor in Nürnberg und schließlich Professor in Heidelberg. 1821 erhielt er eine Berufung an die Universität Berlin, wo er bis zu seinem Tode als anerkannter Staatsphilosoph wirkte. Eines Tages machte einer seiner Studenten Hegel darauf aufmerksam, daß er in einer Vorlesung Folgerungen aus Tatsachen gezogen habe, die in dieser Form gar nicht vorhanden seien. »Tja«, meinte Hegel, »das ist natürlich schlimm für die Tatsachen.«

Man fragte Hegel, ob er glaube, daß irgend jemand auf Dauer die gesellschaftlichen Regeln zu ändern vermöchte. Darauf Hegel: »Mag einer auch noch so viel mit der Welt herumgezankt haben, umhergeschoben worden sein, zuletzt bekommt er meistens doch sein Mädchen und irgendeine Stellung, heiratet und wird ein Philister so gut wie die anderen auch.«

Natürlich waren seine Theorien nicht unumstritten. Doch zweifellos eines der emotionellsten Urteile über Hegel gab sein Kollege Schopenhauer ab: »Frecher Unsinnschmierer... Geistloser und unwissender Scharlatan... Geistiger Kaliban... Absurd und unsinnig...« Und der Theologe Schleiermacher polemisierte gegen Hegels komplizierte Fachsprache: »Was ist das relative Nichtsein in dem unmittelbaren Umsich-, Ansich- und Fürsichsein der passiven Kausalität des Absoluten? Antwort: Ein Loch im Hemd der Muttergottes.«

Doch trotz seiner immer die letztmögliche Genauigkeit anstrebenden komplizierten Sprache gingen die Inhalte immer von allgemeinverständlichen Tatsachen und Realitäten aus. Hegel, der als höchste Wahrheit den Satz »Was ist, ist gut und muß sein!« aufgestellt hatte, begegnete an einer Straßenkreuzung einem Bauern, den er nach dem Weg fragte. Nachdem dieser ihm Bescheid gegeben, meinte Hegel: »Es wäre gut, wenn man hier einen Wegweiser setzte.« – »Nee«, meinte der Bauer, »da muß keiner stehen, denn da hat nie einer gestanden!«

Zu Hegels hundertstem Todestag 1931 wollte man auf Antrag der Philosophischen Fakultät Hegels Kolossalbüste aus dem Uni-Areal für die Dauer der Feiern ins Auditorium Maximum transportieren. Doch im letzten Moment nahm man davon Abstand, Statiker hatten Zweifel angemeldet, ob die Stützen des Audimax das monumentale Gewicht von Hegels Kopf würden tragen können.

Heinrich Heine
Düsseldorf 13. 12. 1797 – Paris 17. 2. 1856

»Als meine Mutter mich unter dem Herzen trug«, sagte Heine, »hat sie viele literarische Werke gelesen, und so bin ich Dichter geworden. Die Mutter meines Onkels Salomon dagegen hat die Lebensgeschichte des Räubers Cartouche gelesen, und so ist mein Onkel Bankier geworden.«

Während seines Studiums in Berlin verkehrte Heine auch im Salon der Rahel von Varnhagen. Dort unterhielt man sich einmal darüber, wie viele kleine Geister Heinrich Heine verfolgten. »Mögen sie ihn nur verfolgen«, meinte Prinz Louis Ferdinand, »erreichen werden sie ihn nie!«

Heine war nicht nur selbst geistreich, wie zahlreiche Anekdoten belegen, er hatte auch eine große Passion, Witze und sogar selbst Kalauer zu erzählen. Einst kam er verspätet zu einer Gesellschaft und entschuldigte sich: »Sie werden mich heute alberner finden als gewöhnlich, denn ich habe vorhin unseren Freund N. getroffen, und wir haben unsere Gedanken ausgetauscht.«

Heine selbst verdiente sich sein tägliches Brot auch als Journalist. Als solcher ging er 1831 nach Paris, wo er als Korrespondent für die Augsburger »Allgemeine Zeitung« schrieb. Anfangs lebte er dort recht bescheiden. Eines Tages besuchte ihn der Maler Delacroix in seiner jämmerlichen Behausung und äußerte sich bestürzt über die dürftigen Wohnverhältnisse des Dichters. »Natürlich ist diese Wohnung bescheiden und nicht sehr nobel«, sagte er und wies dann aus dem Fenster auf den Friedhof von Montmartre, »aber immerhin habe ich Aussicht auf die Unsterblichkeit.«

Heine traf einen jungen Schriftsteller, der blendender Laune war, denn soeben hatte eine Zeitung eines seiner Werke abgedruckt. Da meinte Heine: »Offensichtlich sind Sie heute in außerordentlich gedruckter Stimmung!« Und von einem halbverrückten Dichter sagte Heine: »Gewiß, er ist verrückt, aber manchmal hat er doch lichte Momente – und dann ist er einfach nur ein Dummkopf.«

Von einem sehr bekannten Journalisten behauptete Heine: »Dem wird nie der Stoff ausgehen, denn er schreibt ja nur über Dinge, von denen er nichts versteht.«

Heines Arzt, Dr. Schlesinger, untersuchte den Patienten gründlich, um festzustellen, wie weit die vom Rückenmark ausgehende Lähmung bereits fortgeschritten sei. »Pfeifen Sie mal«, forderte der Arzt ihn auf, um auch die Mundmuskeln zu prüfen. »Ach Gott, pfeifen – das kann ich schon lange nicht mehr, nicht einmal bei den schlechtesten Stücken von Scribe!«

Gustav Heinemann
Schwelm 23. 7. 1899 – Essen 7. 7. 1976

Der Jurist und unfeierlichste Präsident, den die Deutschen je hatten, Gustav Heinemann, begann seine politische Karriere 1946 als Oberbürgermeister von Essen. Von 1947 bis 1949 war er Justizminister von Nordrhein-Westfalen. 1949 kam der Mitbegründer der CDU in den Bundestag und wurde im September des gleichen Jahres Bundesinnenminister. Wegen Adenauers Wiederbewaffnungspolitik trat er 1950 zurück und gründete 1952 die Gesamtdeutsche Volkspartei (GVP), nach deren Ende er 1957 in die SPD eintrat. Von 1966 bis 1969 war er Bundesjustizminister unter Willy Brandt und anschließend bis 1974 Bundespräsident.

Als Justizminister in der Zeit der Studentenbewegung Ende der sechziger Jahre hielt er einen Vortrag über »Zeitgemäße Rechtspolitik« in der Erlanger Universität. Bevor er beginnen konnte, versuchte ihn eine Studentin vom Podium zu drängen, während sie ihm gleichzeitig als Zeichen des Friedens eine rote Tulpe überreichte. Darauf sagte Heinemann zu der jungen Dame: »Für so'n dünnes Blümchen können Sie doch nicht das ganze Mikrophon verlangen!«

Als die SPD Heinemann für das Amt des Bundespräsidenten vorschlug, fragte Bundeskanzler Brandt seinen Justizminister, ob er den Staat liebe. »Lieben?« fragte Heinemann zurück. »Nein, lieben tue ich den Staat nicht, lieben tue ich meine Frau!«

HEINRICH VIII., TUDOR

Greenwich 28. 6. 1491 – Westminster 28. 1. 1547

Dieser prachtliebende Renaissancefürst verdankt seine historische Popularität wohl vor allem der Tatsache, daß er sechsmal verheiratet war und zwei seiner Frauen, Anna Boleyn und Katharina Howard, hinrichten ließ. Papst Clemens VII. verweigerte ihm die Scheidung seiner Ehe mit Katharina von Aragon, was zum Bruch mit der römischen Kirche führte. 1534 machte er sich zum Oberhaupt der von Rom gelösten anglikanischen Kirche.

Als Kirchenoberhaupt hatte er nun einen Vorwand zur Einziehung von Kirchengut und Klosterbesitz zur Finanzierung seiner kostspieligen Politik und seiner luxuriösen Hofhaltung. Einmal tadelte ihn sein Hauskaplan wegen seiner Verschwendungssucht und ermahnte ihn, weniger für sich selbst auszugeben und mehr an seine Nachfolger zu denken. »Warum sollte ich an meine Nachfolger denken?« lachte Heinrich. »Sie haben nichts für mich getan. Folglich werde auch ich nichts für sie tun!«

Es war keine angenehme Aufgabe, mit der er eines Tages einen englischen Adligen betraute, als er ihn in einer heiklen Mission zum französischen König Franz I. schickte: »Aber habt keine Angst, sollte dieser Franz sich hinreißen lassen, Euch das Leben zu nehmen, so werde ich allen Franzosen, die ich erwische, den Kopf abschlagen lassen.« – »Sire, das ist gewiß ein guter Trost, nur fürchte ich, daß schließlich keiner von diesen Köpfen auf meinen Körper mehr passen wird.«

Ernest Hemingway
Oak Park/Illinois 21. 7. 1899 – Ketchum/Idaho 2. 7. 1961

Hätte Hemingway nicht als einer der bedeutendsten Schriftsteller dieses Jahrhunderts Berühmtheit erlangt, seine ungewöhnliche Persönlichkeit und seine abenteuerliche Lebensführung hätten vermutlich schon ausgereicht, um seinen Namen in Amerika und Europa bekannt zu machen: ein Mann voller Widersprüche, der den selbst geprägten Mythos der Männlichkeit so ernst nahm, weil er hoffte, damit die Spannungen dieser Widersprüche zu überwinden. Die Schauplätze seiner Bücher – Italien, Frankreich, Spanien, Afrika, Mittel- und Nordamerika – waren zugleich Stationen seines unruhig abenteuerlichen Lebens.

Daß Hemingway wirklich kein Gentleman war, bewies er unter anderem auch der Berliner Schauspielerin Käthe Dorsch. Sie spielte die weibliche Hauptrolle in der Dramatisierung von Hemingways Roman »In einem anderen Land«. Zur Premiere kam Hemingway nach Berlin und besuchte die Dorsch in ihrer Garderobe. Er hatte bereits vor und während der Vorstellung kräftig getankt, und seine Whisky-Fahne nebelte die Schauspielerin regelrecht ein, als er sie heftig umarmte, um sich für den Erfolg zu bedanken. Da er kein Wort Deutsch konnte, redete er sie auf englisch an, erklärte, sie wäre »a very nice girl«, und erkundigte sich, was sie für eine Nacht koste. Zum Glück verstand die Dorsch kein Wort Englisch, vermutete ein Kompliment und nickte lachend. Darauf Hemingway: »Okay! Hundert Dollar und keinen Cent mehr!«

Ein Alkoholiker«, so meinte Hemingway, »ist ein Mann, den man nicht leiden kann, der im übrigen aber nicht mehr als man selber trinkt.« Einmal verordnete ein Arzt Hemingway eine strenge Diät und verbot ihm für eine gewisse Zeit jeden Alkohol. Bei seinem nächsten Besuch fragte der Arzt: »Haben Sie sich auch nach meinen Vorschriften gerichtet, Mister Hemingway? Wenn Sie die Diät einhalten und nichts trinken, ist das die sicherste Art, Ihr Leben zu verlängern.« – »Ich weiß, Doktor, darüber bin ich mir in den letzten drei Tagen klar geworden: Es waren die längsten Tage meines Lebens!«

Als 1954 bekannt wurde, daß Hemingway den Nobelpreis für Literatur erhalten würde, rief dieser seinen alten Freund General Lanham an: »Buck, hör zu, ich habe das Ding bekommen.« – »Was für ein Ding?« fragte Lanham zurück. »Das schwedische Ding. Du weißt schon.« – »Den Nobelpreis?« – »Ja. Du bist der erste, den ich anrufe.« – »Herzlichen Glückwunsch, Hem.« – »Das verdammte Ding hätte ich schon längst haben müssen. Ich denke, ich gehe hin und sage ihnen, wo sie es sich hinstecken sollen!« – »Hem, laß den Blödsinn, das geht nicht.« – »Na gut, Buck, vielleicht hast du recht. Es ist fünfunddreißig Tausender wert, und damit können wir beide uns einen Mordsspaß gönnen!«

Um mehrere seiner Leidenschaften sinnvoll zu vereinen, so erklärte Hemingway, »lade ich zur Jagd immer ein paar gute Freunde ein. Beim Angeln habe ich stets eine gute Flasche Whisky dabei. Und wenn ich zum Stierkampf gehe, nehme ich eine schöne Frau mit.« – »Und warum nimmst du die schöne Frau nicht mit zum Angeln?« wollte einer seiner Zuhörer wissen. »Na, das ist doch klar! Beim Angeln muß ich mich erst einmal auf den Fisch konzentrieren. Eine Flasche Whisky nimmt mir das nicht übel. Aber versuch das mal mit einer Frau zu machen!«

Gefragt, ob es wahr sei, daß in Afrika ein wildes Tier keinen Menschen angreift, der eine Fackel trägt, erwiderte Hemingway: »Das kommt darauf an, wie schnell er sie trägt.«

Johann Gottfried von Herder
Mohrungen 25. 8. 1744 – Weimar 18. 12. 1803

Der ostpreußische Philosoph und Theologe kam 1776 als Generalsuperintendent und Prediger an den Hof Herzog Karl Augusts von Weimar, wo er unter anderen Goethe und Schiller kennenlernte, mit denen ihn eine spannungsvolle Freundschaft verband. Er gilt als Initiator des »Sturm und Drang« und als Wegbereiter sowohl der deutschen Klassik als auch der Romantik.

Im Salon der Herzogin Anna Amalia las Goethe eines Abends aus seinem Drama »Die natürliche Tochter«. Als er geendet hatte, gab es viel Beifall, aber auch einige kritische Stimmen. Nur Herder schwieg. »Und was sagen Sie?« fragte ihn die Herzogin. Da brummte Herder: »Sein natürlicher Sohn ist mir lieber.«

Auf einer Gesellschaft traf Herder auf einen erst kürzlich zu Reichtum und damit auch zu Ansehen gekommenen Weimarer Fabrikanten. Im Laufe des Gespräches sagte dieser zu dem Hofprediger Herder: »Wenn ich einen unbegabten Sohn hätte, dann ließe ich ihn Prediger werden.« Herder quittierte diese Taktlosigkeit mit einem Lächeln und bemerkte: »Da ist Ihr Herr Vater offenbar ganz anderer Ansicht gewesen.«

Während einer Reise durch Italien begegnete Herder einem Abbate. Nachdem man eine Weile über theologische und seelsorgerische Probleme gesprochen hatte, äußerte der Abbate seine Verwunderung darüber, daß ein angesehener deutscher Geistlicher die ihm anvertraute Herde so lange ohne Aufsicht und Weide lassen könne. »In Deutschland«, entgegnete Herder, »haben wir zum Glück die Stallfütterung eingeführt.«

Theodor Herzl
Budapest 2. 5. 1860 – Edlach/N. Ö. 3. 7. 1904

Wie Marx von einem sozialistischen Staat träumte, so einige Jahre später in Wien Theodor Herzl von einem jüdischen. Er war der Schöpfer der zionistischen Bewegung, und der Schriftsteller Gottfried Heindl schrieb über ihn: »Der bedeutendste Staatsmann, der um die Jahrhundertwende in Wien lebte, war ein Mann ohne Staat.«

Herzls programmatische Schrift »Der Judenstaat«, 1896 erschienen, stieß jedoch weitgehend auf Unverständnis und wurde selbst von manchen Juden abgelehnt. Das Buch, so spottete Anton Bettelheim, sei nichts anderes als »der Gründungsprospekt einer jüdischen Schweiz«. Doch Herzl kämpfte zäh und warb verbissen für seine Idee eines jüdischen Staates in Palästina. »Glauben Sie wirklich«, fragte ihn jemand, »daß die Juden, die bisher immer nach Westen gezogen sind, nun plötzlich nach dem Osten übersiedeln werden?« Herzl antwortete: »Wir Juden sind schon so lange herumgezogen, daß für uns nun auch der Osten Westen ist.«

Herzl war Feuilletonredakteur der »Neuen Freien Presse« in Wien und eine eindrucksvolle Gestalt mit langem schwarzem Vollbart und durchdringenden Augen. Moritz Benedikt, der Herausgeber der »Neuen Freien Presse« und selbst Jude, behauptete gelegentlich: »Ich weiß nie, wenn der Herzl in mein Zimmer kommt, ist das jetzt mein Feuilletonredakteur oder der Messias persönlich.«

HERMANN HESSE
Calw 2. 7. 1877 – Montagnola 9. 8. 1962

In jungen Jahren führte Hermann Hesse, Sohn eines deutschbaltischen Missionspredigers und einer schwäbisch-schweizerischen, in Indien geborenen Missionarstochter, ein von inneren Krisen und Schwierigkeiten geprägtes unstetes Leben. Er besuchte mehrere Schulen und schloß eine Mechanikerlehre ab. Erst danach wurde er Buchhändler und erstrebte zielbewußt den Beruf eines freien Schriftstellers.

Über das phantasiereiche Kind, voller Energie und Temperament, notierte die Mutter 1882 in ihrem Tagebuch: »Hermännle hatte morgens heimlich die Schule geschwänzt, wofür ich ihn ins Gastzimmer einsperrte. Er sagte nachher: ›Das hilft Euch nicht viel, wenn Ihr mich dahin thut, ich kann da zum Fenster hinaussehn und mich unterhalten.‹ Neulich sang er Abends im Bett lang eigene Melodie u. eigene Dichtung und als Dadi hineinkam sagte er: ›Gelt, ich singe so schön wie die Sirenen und bin auch so bös wie sie?‹«

Mit seinem ersten größeren Prosaband, dem Vagabunden-Roman »Peter Camenzind«, gelang Hesse 1904 der große literarische Durchbruch. Er verdankte ihn dem Verleger Samuel Fischer, der, durch den Schweizer Schriftsteller Paul Ilg auf Hesse aufmerksam gemacht, diesem eines Tages einen Brief schrieb mit der Bitte, ihm literarische Beiträge für seinen Verlag anzubieten. Auf dieses für ihn völlig überraschende Schreiben antwortete der unbekannte Autor: »Daß meine Schriften rein persönliche Versuche sind, intime Dinge in moderner Form auszusprechen, daß sie daher zu erheblichen Bucherfolgen wohl nicht geeignet sind, brauche ich wohl kaum zu betonen. Ich schreibe nicht sehr viel und nur aus persönlichstem Bedürfnis.« Da er Fischer im Augenblick nichts anbieten könne, versprach er, ihm »eine kleine Prosadichtung«, an der er seit Jahren arbeitete, nach Fertigstellung zuzusenden. Es war »Peter Camenzind«.

Immer schwerer war es für ihn, sich der übergroßen Verehrung und auch der zahlreichen Besuche zu erwehren, zumal er nichts sehnlicher wünschte, als in aller Zurückgezogenheit in Ruhe arbeiten zu können. Breiten Raum in seinem Tagesablauf nahm allein die gewissenhafte Beantwortung der vielen Briefe ein. Am Morgen nach seinem 85. Geburtstag begann er um ½8 Uhr mit der Beantwortung von rund 900 Glückwunschschreiben aus aller Welt. Seit vielen Jahren hatte er an der Einfahrt zu seinem Haus ein Schild »Bitte keine Besuche« anbringen lassen. Eines Tages heftete er an die Tür des Hauses ein Blatt Papier:

»Worte des Meng Hsiä (alt chinesisch)

Wenn einer alt geworden ist und das Seine getan hat, steht ihm zu, sich in der Stille mit dem Tode zu befreunden.
Nicht bedarf er der Menschen. Er kennt sie, er hat ihrer genug gesehen.
Wessen er bedarf, ist Stille.
Nicht schicklich ist es, einen solchen aufzusuchen, ihn anzureden, ihn mit Schwatzen zu quälen.
An der Pforte seiner Behausung ziemt es sich vorbeizugehen, als wäre sie niemandes Wohnung.«

Theodor Heuss
Brackenheim/Württemberg 31. 1. 1884 –
Stuttgart 12. 12. 1963

Der erste deutsche Bundespräsident begann 1905 als Journalist und Redakteur an der von Friedrich Naumann herausgegebenen Zeitschrift »Die Hilfe«, war später Chefredakteur der Heilbronner »Neckarzeitung«, wurde 1920 Dozent an der Hochschule für Politik in Berlin und später bis 1933 zweimal Mitglied des Reichstages.

Als man Heuss einmal fragte, warum man in Württemberg einen Kultminister und keinen Kultusminister habe, meinte er: »Entweder hat man das ›us‹ aus schwäbischer Sparsamkeit weggelassen, oder man will unsere Unabhängigkeit von der US-Besatzungsmacht betonen.«

Man beriet im Parlamentarischen Rat über das Grundgesetz, und ein CDU-Mann hielt eine lange und ausschweifende Rede, in der er dafür eintrat, in den Statuten auch das Recht auf Arbeit zu verankern. Plötzlich kam ein Zwischenruf von Heuss: »Dann verlange ich aber auch die Aufnahme des Rechts auf Faulheit!«

In einer Rede vor dem Parlamentarischen Rat entwickelte Heuss die verschiedenen Auffassungen und Ansichten über die Grundrechte des Menschen, zuerst folgerichtig und klar, dann wurde es immer komplizierter. »Sehen Sie, meine Damen und Herren, und an diesem Punkt sind die Juristen darüber gekommen, und dann passiert ja meist ein Unglück!«

Da hatte es auch Ministerialdirigent Hans Bott, der persönliche Referent des Bundespräsidenten, nicht immer ganz leicht.

So gehörte es beispielsweise zu seinen Aufgaben, bei Empfängen und Diners eine angemessene Zeit nach Beendigung des offiziellen Teils den Bundespräsidenten, der sich gern festplauderte, zum Aufbruch zu ermahnen. Denn das Protokoll schrieb vor, daß die Gäste erst gehen konnten, wenn auch der Präsident den Raum verlassen hatte. Wieder einmal hatte sich Heuss bei einem Glas Wein und einer Zigarre mit einigen Herren in einer Ecke niedergelassen und dachte nicht an Aufbruch. Diskret beugte sich Bott zu ihm hinab und erinnerte ihn. Heuss stand auf, wandte sich den übrigen Gästen zu und sagte laut: »Meine Herren, der Bundespräsident geht – der Heuss bleibt hocke!«

Bei einem Abschiedsessen im Palais Schaumburg mit Bundeskanzler Adenauer und den Ministern des Kabinetts sagte Heuss, der die Absicht hatte, sich nach Stuttgart zurückzuziehen: »Ich möchte nicht, daß mein Haus dort zu einer Art Wallfahrtsstätte für Heuss-Verehrer wird.« – »Aber etwas von einem Heiljen haben Sie doch immer an sich jehabt«, meinte da Adenauer. »Sehen Sie«, konterte Heuss, »in den Verdacht werden Sie nie kommen.«

ANDREAS HOFER
St. Leonhard 22. 11. 1767 – Mantua 20. 2. 1810

Der »Sandwirt« aus dem Passeiertal stellte sich 1809 an die Spitze des Tiroler Volksaufstandes gegen die Herrschaft der von den Franzosen gestützten Bayern. Nach den beiden Schlachten am Berg Isel und der Vertreibung der Bayern aus Tirol übernahm er für kurze Zeit die ihm von seinen Landsleuten aufgedrungene Regierung und den Titel eines Grafen von Tirol.

In dieser Regierungszeit residierte der vom Bauern zum Landesherrn erhobene Hofer in Innsbruck. Ein Bündel von Bittschriften unter dem Arm, wollte er sich eben in die Kanzlei begeben, als der Haushofmeister eintrat und sich erkundigte: »In welchem Raum wünschen Exzellenz zu speisen?« Ärgerlich über die zeremonielle Anrede erwiderte Hofer: »Mit d'Exlenz laßt's gut sein! I heiß Andre Hofer. Jetzt hab i nit Zeit, ans Fressa zu denke, i muß erst nunter in d'Schreiberei!«

Am 1. November 1809 wurden die Tiroler von einer französisch-bayerischen Übermacht geschlagen und Andreas Hofer durch Verrat gefangengenommen. Man brachte ihn nach Mantua, wo er am 20. Februar 1810 von den Franzosen standrechtlich erschossen wurde. Auf dem Richtplatz wollte man ihm die Augen verbinden, aber Hofer wehrte ab. »Das braucht's nit. I schau nit z'm erstenmal dem Tod ins Aug!« Auch als er sich niederknien sollte, wehrte er sich: »I werd dem, der mi erschaffen hat, mein' Geist stehend z'ruckgeben!« Damit trat er nach vorn und kommandierte: »Feuer!« Von mehreren Schüssen getroffen, brach er zusammen, aber er war nicht tot. »Franzosen, schießts besser!« rief er. Erst der dreizehnte Schuß traf ihn tödlich.

HUGO VON HOFMANNSTHAL
Wien 1. 2. 1874 – Rodaun/Wien 15. 7. 1929

Der frühreife österreichische Lyriker und Dramatiker war Sohn eines Juristen und Bankdirektors jüdisch-böhmischer Herkunft. Von den Theaterstücken Hofmannsthals wurde der »Jedermann« durch die Salzburger Festspiele am populärsten. Max Reinhardt, der den »Jedermann« im Jahre 1911 in Berlin uraufgeführt hatte, inszenierte ihn auf dem Salzburger Domplatz erstmals 1920.

Ungern verlieh Hofmannsthal Bücher aus seiner Bibliothek. Als er einmal nicht umhin gekonnt hatte, einen Band aus der Sammlung seiner bibliophilen Schätze herzugeben, erhielt er das Buch nach einer Weile geziert mit häßlichen Fettflecken zurück. Daraufhin sandte er dem barbarischen Leiher ein Stück Speckschwarte und schrieb dazu: »Ich erlaube mir, Ihnen das Lesezeichen, das Sie in meinem Buch vergessen haben, zurückzuschicken.«

Nach 1918 war eine neue Zeit angebrochen, und manch älterer Dichter fand sich nur noch schwer in der neuen Welt zurecht. Kurz vor seinem Tode sprach Hofmannsthal mit Raoul Auernheimer über die, wie es ihm schien, hoffnungslose Lage der Schriftsteller. »Was soll er also tun, der österreichische Schriftsteller?« fragte Auernheimer, und Hofmannsthal gab das lakonische Rezept: »Sterben!«

Christoph Wilhelm Hufeland
Langensalza 12. 8. 1762 – Berlin 25. 8. 1836

Der berühmte Arzt Hufeland zählte unter anderen Goethe und Schiller zu seinen Patienten. Er verband in seiner Therapie in kritischer Weise Naturheilmethoden mit wissenschaftlichen Verfahren. 1796 schrieb er ein inzwischen wiederentdecktes Buch, das ihn als einen Vorläufer der Gesundheitsmedizin der Neuzeit kennzeichnet: »Makrobiotik oder Die Kunst das menschliche Leben zu verlängern«. Seit 1960 wird jährlich der »Hufeland-Preis« für die beste Arbeit über vorbeugende Gesundheitspflege verliehen.

Einmal riet Hufeland einem Patienten, täglich eine Hafersuppe zu essen und dazu ein Glas Rotwein zu trinken. Als der Patient Wochen später wieder zu ihm kam, fragte ihn Hufeland, ob er auch noch weiterhin seine Anordnungen befolge. »Gewiß«, meinte der, »nur bin ich leider mit der Hafersuppe zwei Wochen im Rückstand und mit dem Rotwein bereits sechs Wochen voraus.«

Bei hochprozentigen Getränken war Hufeland ein eifriger Verfechter der Abstinenz. In Berlin, wo es an jeder dritten Straßenecke eine der von den Berlinern gern- und vielbesuchten »Destillen« gab, ließ er kaum eine Gelegenheit aus, gegen das Branntweintrinken zu wettern. Ein glänzendes Geschäft machte aber ein Berliner Schnapsfabrikant, der eines Tages eine neue Branntweinsorte unter dem Namen »Doppel-Hufeländchen« herausbrachte.

Victor Hugo
Besançon 26. 2. 1802 – Paris 22. 5. 1885

Das reiche literarische Werk eines der volkstümlichsten französischen Dichter markiert den Übergang von der Romantik zum Realismus. Noch keine 20 Jahre alt, suchte Victor Hugo, Sohn eines napoleonischen Generals und Student des Pariser Polytechnikums, eines Tages einen Verleger auf und legte ihm einen Band Gedichte auf den Schreibtisch. Lustlos blätterte der Verleger darin herum, bemängelte dies und das, meinte, die Zeit sei unpoetisch, die Leute läsen nicht, kurz – Gedichte seien unverkäuflich und er könne sie nicht bringen. »Schade«, sagte der junge Mann, »ich hätte Ihnen die Rechte an allen meinen zukünftigen Werken übertragen. Sie haben ein Vermögen verscherzt.« Der Verleger lächelte ironisch. – Wenig später erschienen Hugos »Odes et Ballades« in einem anderen Verlag, erreichten innerhalb von vier Jahren drei Auflagen und begründeten den literarischen Ruhm des Dichters.

Der russische Dichter Turgenjew besuchte Victor Hugo. Dabei äußerte Hugo, Schillers »Torquato Tasso« sei seiner Meinung nach keineswegs das große Meisterwerk, für das man das Drama immer halte. »Verzeihung«, sagte Turgenjew, »aber der ›Tasso‹ ist doch nicht von Schiller, sondern von Goethe.« Da erwiderte sein Gastgeber ungerührt: »Wenn man Victor Hugo ist, muß man nicht alle Mittelmäßigkeiten jenseits des Rheins kennen.«

Gewissenhaft beantwortete Hugo alle an ihn gerichteten Briefe, auch jene junger unbekannter Autoren, die vor allem eine Empfehlung von ihm erbaten. Legten sie ihm Kostproben ihrer literarischen Produktionen bei, so bedankte er sich überschwenglich und sparte nicht mit übertriebenem Lob. Einem jungen Kollegen, der ihm einen Band seiner Gedichte schickte und die Sendung gesondert mit einem Brief ankündigte, schrieb er: »Ihr Buch hat mich tief bewegt, Sie strahlender junger Ruhm Frankreichs. Ich armer, niedergehender Ruhm begrüße das neu aufsteigende Gestirn, Sie leuchten und ich verlösche. Gestatten Sie mir auszusprechen, daß ich Ihre Verse mit ebensolcher Bewunderung wie Liebe gelesen habe.« Der Adressat war allerdings nicht wenig erstaunt, als er mit gleicher Post seine eigene Sendung ungeöffnet mit dem Vermerk »Annahme verweigert, wegen ungenügender Frankierung« zurückerhielt.

Bei einer Sitzung der Académie stieß die Meinung Victor Cousins, die französische Sprache zeige bereits deutlich Verfallserscheinungen, auf heftigen Widerspruch. »Jawohl«, bekräftigte Cousin, »und der Verfall hat 1789 begonnen!« Da fragte Hugo: »Um wieviel Uhr?«

Jeden Morgen ließ sich Hugo von einem jungen, ebenso schwatzhaften wie abergläubischen Barbier rasieren. Eines Tages berichtete dieser aufgeregt: »Der Komet ist bereits ganz nahe, und das bedeutet den sicheren Untergang der Welt. Wie ich gehört habe, sollen am 2. Januar alle Tiere sterben und am 4. Januar alle Menschen!« – »Mein Gott«, sagte Hugo, »wer wird mich dann am 3. Januar rasieren?«

Hugo aß gern und viel, und er scheute nicht, sich darüber lustig zu machen. »Die Naturgeschichte kennt drei Geschöpfe«, meinte er, »die mit außerordentlich großen Mägen ausgestattet sind: den Hai, den Strauß und den Hugo.«

Man fragte den greisen Hugo, ob es eine Begebenheit gäbe, die ihm seinen großen Ruhm besonders eindrucksvoll gezeigt hätte. »Die gibt es«, sagte er. »Eines Abends kehrte ich erst sehr spät nach Hause zurück und ließ mich von meinem Wagen vor der Tür absetzen. Ich läutete, aber die Concierge öffnete nicht sogleich. Da spürte ich ein dringendes Bedürfnis, dem ich in der dunklen einsamen Nacht nachgab. In diesem Augenblick kam ein einfacher Mann um die Ecke, sah mich und sagte: ›Du Schwein! Ausgerechnet vor der Tür von Victor Hugo!‹«

Alexander Freiherr von Humboldt
Berlin 14. 9. 1769 – Berlin 6. 5. 1859

Der Naturforscher und Geograph Alexander von Humboldt erlangte Weltgeltung aufgrund seiner Erkenntnisse, die er während seiner Weltreisen erwarb. Seine Beobachtungen begründeten sogar neue Wissens- und Forschungszweige (Vulkanismus, Pflanzengeographie, Erdmagnetismus). In seinem Hauptwerk »Kosmos – Entwurf einer physischen Weltbeschreibung« (1845–1862) verband er das Denken seiner Zeit mit dem der aufkommenden exakten Naturwissenschaften. Ein Zeitgenosse charakterisierte Humboldt einmal als den »am wenigsten preußischen unter den Gelehrten und den gelehrtesten unter den Preußen«.

In Amerika traf Humboldt auf einen alten Indianer, der sich hatte taufen lassen. »Haben Sie noch den Bischof von Quebec gekannt?« fragte ihn der Forscher. »Was heißt gekannt? Ich war seinerzeit dabei, wie wir ihn gegessen haben!«

Unter den Tieren, die Humboldt erstmals genau beschrieb, war auch das Chamäleon. Seinen Aufsatz darüber druckte 1856 die »New York Tribune« ab. Darin hieß es unter anderem: »Eine Eigentümlichkeit dieses Tieres ist sein erstaunliches Vermögen, zur gleichen Zeit in verschiedene Richtungen zu sehen. Es kann mit einem Auge in den Himmel, mit seinem anderen aber auf die Erde sehen. Es gibt viele Kirchendiener, die dasselbe können...«

Am preußischen Hof Friedrich Wilhelms IV. war der Generaladjutant Leopold von Gerlach als Intrigant und in kirchenpolitischen Fragen sehr engagiert bekannt. Herausfordernd fragte er einmal Alexander von Humboldt, der diese beiden Leidenschaften des Generaladjutanten nicht teilte: »Sie besuchen oft die Kirche?« Schlagfertig erwiderte Humboldt: »Es ist sehr freundlich von Ihnen, mich darauf aufmerksam zu machen, wie ich in Ihren Augen Karriere machen könnte.«

In der Berliner Gesellschaft kannte man die böse Zunge des preußischen Gelehrten. Dank seiner vorzüglichen Beobachtungsgabe pflegte er auf Gesellschaften jedesmal, wenn einer der Gäste gegangen war, einige ebenso ironische wie treffende Bemerkungen von sich zu geben. In einem Haus, wo er viel verkehrte, traf er öfter einen Monsieur de Gerando, der jedoch nur stets eine Stunde blieb und sich dann verabschiedete. An einem Abend jedoch konnte sich de Gerando lange Zeit nicht entschließen zu gehen und erhob sich erst, nachdem auch Humboldt gegangen war. »Sie sind noch nie so lange geblieben«, meinte die Hausfrau beim Abschied. »Wollten Sie mir noch etwas sagen?« – »O nein, Madame«, sagte de Gerando, »aber ich habe gemerkt, daß ich auch zu den Opfern gehören würde, wenn ich mich vor Herrn von Humboldt empfohlen hätte. Deshalb bin ich heute einmal geblieben, um die Verwundeten auf dem Schlachtfeld zu zählen.«

Eine Dame erzählte dem Naturforscher, daß sie regelmäßig an einer Damengesellschaft teilnehme, in der man jedesmal die Kunst des Tischrückens erprobe: »Und Sie werden es nicht glauben, es ist ganz erstaunlich und mit natürlichen Dingen nicht zu erklären, jedesmal rückt der Tisch tatsächlich!« – »Glauben nicht, aber denken kann ich es mir, daß der Tisch rückt. Letztendlich gibt immer der Klügere nach...«

Henrik Ibsen
Skien 20. 3. 1828 – Oslo 23. 5. 1906

Der bedeutendste norwegische Dramatiker wurde mit seinen kritisch-realistischen Stücken zum Wegbereiter des Naturalismus. Ibsens berühmtestes Werk »Peer Gynt« wurde oft als nordische Faust-Dichtung bezeichnet.

Durch den Zusammenbruch der väterlichen Handelsfirmen war Ibsen bereits früh auf sich selbst angewiesen. Neben einer Apothekerlehre bereitete er sich autodidaktisch auf das Abitur vor. Als Ibsen noch Apotheker war, kam eines Tages ein Bauer mit zwei Rezepten zu ihm. Eines war für seine Frau, das zweite für die Kuh des Bauern. Ibsen gab ihm beide Medikamente und sagte: »Dieses hier ist für Ihre Frau, und das ist für die Kuh. Passen Sie auf, daß sie beide nicht verwechseln, es könnte Ihrer Kuh schlecht bekommen.«

Wie man sieht, stand Ibsen den Frauen, insbesondere den Ehefrauen, skeptisch gegenüber. »Der freie Mann«, sagte er, »das ist eine Phrase. Es gibt ihn nicht, die Ehe, das sanktionierte Verhältnis zwischen Frau und Mann, hat dieses Geschlecht verdorben und ihm das Sklavenmerkmal aufgedrückt!«

Trotzdem beschäftigte er sich immer wieder, auch in seinen Dramen, mit der Emanzipation und der sozialen Stellung der Frau in der Gesellschaft. Obwohl das seiner Meinung nach in der Praxis mehr eine Sache der Frauen selbst war. »Wenn die Männer die soziale Stellung der Frau heben wollen«, sagte er, »dann fragen sie zuerst die öffentliche Meinung – also die Männer –, ob sie damit einverstanden ist. Das ist so, als würde man die Wölfe fragen, was sie von einer Schutzmaßnahme für Schafe halten.«

Den Erfolg seiner Stücke verdankte Ibsen nicht zuletzt seiner Praxis als Theaterleiter in Bergen (1851 bis 1857) und Oslo (1857 bis 1862). Von 1868 bis 1891 lebte er überwiegend in Deutschland, wo er große Anerkennung genoß. Trotzdem wurde die erste Aufführung der »Wildente« am Wiener Burgtheater ein eklatanter Mißerfolg. Nach der Premiere wollte sich der anwesende Ibsen heimlich ins Hotel Sacher schleichen. Doch Max Burckhardt, damals Direktor des Burgtheaters, fing ihn ab und überredete ihn, doch zu dem Bankett, das man ihm zu Ehren anschließend gab, zu kommen. Ibsen erklärte sich endlich einverstanden, bat jedoch, sich ein paar Minuten in sein Hotelzimmer zurückziehen zu dürfen. Eine Viertelstunde später kam Ibsen herunter in die Hotelhalle, frisch, elegant und um den Hals den höchsten norwegischen Orden. »Warum so offiziell?« fragte Burckhardt überrascht. Darauf Ibsen: »Ich habe vor, heute ein wenig mehr als sonst zu trinken. Da ich aber hier die norwegische Kultur und das norwegische Königshaus zu vertreten habe, soll mich dieser Orden ständig daran erinnern, mich würdig zu benehmen!«

Jahrzehnte nach der Uraufführung des »Peer Gynt« 1867 wurde der greise Dichter in einer Gesellschaft von einer jungen Dame ständig mit Fragen bedrängt, was er mit diesem gigantischen Werk habe ausdrücken wollen, welcher Sinngehalt dahinterstecke und so fort. Schließlich holte Ibsen tief Luft und sagte bedächtig: »Mein liebes Kind, was dieser Peer Gynt darstellt, wußten stets nur der liebe Gott und ich. Aber was mich betrifft, so bin ich heute schon alt und habe es längst vergessen.«

AUGUST WILHELM IFFLAND
Hannover 19. 4. 1759 – Berlin 22. 9. 1814

Iffland beherrschte neben Goethe das Theaterleben seiner Zeit, man kann ihn sicherlich als einen der ersten Bühnen-»Stars« in unserem heutigen Sinn des Wortes bezeichnen. Unter dem Preußenkönig Friedrich Wilhelm III. wurde Iffland Direktor am Königlichen Theater in Berlin.

Als junger Schauspieler mußte Iffland sich einmal in einem Schauerdrama von seinem Gegenspieler erstechen lassen. Diesen spielte ein noch junger unerfahrener Schauspieler, der vor lauter Aufregung sein Schwert nicht aus dem Gürtel brachte. Als Iffland sah, wie der andere erfolglos an seinem Schwert zog und zerrte, und dem verhinderten Mörder der Angstschweiß bereits von der Stirne tropfte, ließ sich Iffland zu Boden fallen, indem er ausrief: »Hier braucht's kein Schwert mehr. Die Angst hat mich getötet!«

Friedrich Wilhelm III. war sehr am Theater interessiert und erließ kurz nach Ifflands Amtsantritt eine für die damalige Zeit höchst ungewöhnliche Instruktion, die sich indirekt gegen das Star-Unwesen am Theater richtete: »Hüten Sie sich vor einseitiger Rollenverteilung. Ich hätte gern, daß auch das letzte Mitglied am Theater zuzeiten bemerkt würde. Die Direktion tue etwas, besonders um seinetwillen!«

Theaterleute wurden bereits zur damaligen Zeit vom Streß geplagt. Neben seinen Geschäften als Direktor hatte Iffland am Königlichen Theater in Berlin eine ganze Reihe großer Rollen zu spielen. Dabei blieb ihm kaum Zeit zum Textlernen. Deshalb nahm er auf seinen Wagenfahrten zwischen dem Theater und seiner Wohnung einen alten Diener mit, der ihm ununterbrochen die neuen Texte vorlesen mußte. Der einfache Mann sprach nicht nur den schönsten Berliner Dialekt, er betonte auch alles falsch. Wie er denn so überhaupt seine Rolle lernen könne, wurde Iffland gefragt: »Der Mann ist so komisch«, antwortete Iffland, »da muß man einfach zuhören.«

Vor der Fassade des Königlichen Theaters befand sich eine Apollonstatue. Zwei Berliner standen davor, und der eine fragte: »Wissen Se eijentlich, wer det sein soll, da aufet Jesims vom Schauspielhaus?« Antwortet der andere: »Na, det is doch der Iffland, der Direktor von det Janze!« – »Und der schämt sich nich, so nackich da rumzustehen?« Meinte der zweite mit einer wegwerfenden Handbewegung: »Na, da kenn Se die Leute vons Theater nich. Det schämt sich nich und grämt sich nich!«

Thomas Jefferson
Shadweh 13. 4. 1743 – Monticello 4. 7. 1826

Thomas Jefferson ist der Verfasser der Unabhängigkeitserklärung von 1776 und war dritter Präsident der Vereinigten Staaten von 1801 bis 1809. Die Unabhängigkeitserklärung der USA war nicht zuletzt von ähnlichen Ideen getragen, die auch die Französische Revolution vorbereitet hatten, und so schätzte Jefferson zeit seines Lebens das geistige Frankreich besonders hoch ein. Diese Anschauung drückte Jefferson in dem berühmt gewordenen Wort aus: »Jeder Mensch hat zwei Vaterländer, sein eigenes und Frankreich.«

Neben seiner Bescheidenheit ist Jeffersons demokratischer Gerechtigkeitssinn hervorzuheben. Noch während seiner Zeit als Vizepräsident der Vereinigten Staaten ritt er einmal ohne Begleitung durch das Land und wollte am Abend in einem Gasthof übernachten. Der Wirt jedoch erkannte ihn nicht und teilte ihm barsch mit, er habe nicht für jeden unbekannten Farmer ein Zimmer bereit. Ohne sich zu erkennen zu geben, ritt Jefferson weiter und übernachtete in einem wenige Meilen entfernten anderen Gasthaus. Inzwischen hatte man den Wirt aufgeklärt, wen er da abgewiesen habe, und er beeilte sich, dem hohen Gast seine Knechte nachzuschicken, damit sie ihn zurückbrächten. Als sie Jefferson, der eben sein neues Quartier genommen hatte, erreichten und erklärten, der Wirt habe sich geirrt, für den Vizepräsidenten habe er notfalls 40 Zimmer frei, sagte Jefferson: »Jemand, der für einen einfachen Farmer keine Unterkunft hat, kann auch für den Vizepräsidenten der Vereinigten Staaten kein Logis haben.«

JOHANNES XXIII.
Sotto il Monte/Bergamo 25. 11. 1881 – Rom 3. 6. 1963

Johannes XXIII. galt als besonders frommer und friedliebender Papst. Mit der Enzyklika »Mater et Magistra« setzte er sich 1961 für die soziale Gerechtigkeit und mit der Enzyklika »Pacem in terris« 1963 für den Weltfrieden ein. Er betrieb die Wiedervereinigung der christlichen Kirchen und eröffnete 1962 das II. Vatikanische Konzil.

Lange bevor Angelo Giuseppe Roncalli Papst wurde, war er einige Zeit Nuntius in Paris. Dort stand er bei einem Empfang im Pariser Elysee-Palast links neben dem Botschafter der UdSSR. Scherzend meinte der Russe: »Sieh da, Exzellenz, der Vatikan steht links?« – »Ich habe mich auf die linke Seite gestellt«, erklärte Roncalli, »damit Sie auf den rechten Platz kommen.«

Wenn ich als Nuntius in Paris zu einem Bankett eingeladen war«, erinnerte sich Papst Johannes XXIII., »und es erschien eine tief dekolletierte Dame, dann hat alles zuerst immer mich und dann sie angeschaut.«

Einmal empfing er eine Abordnung römischer Schulkinder. Einen seiner kleinen Gäste fragte der Papst, welchen Beruf sein Vater ausübe. »Mein Vater ist Hauptmann in der Armee, Eure Heiligkeit«, antwortete der Junge. »Dann ist er gewiß ein sehr mutiger Mann«, sagte der Papst. »Willst du auch einmal Soldat werden?« – »Nein, Soldat will ich gewiß nicht werden«, sagte der Junge bestimmt. »Dann, mein Lieber«, sagte der Heilige Vater nachdenklich, »wirst du in diesem waffenklirrenden Jahrhundert noch viel mehr Mut brauchen.«

Auf die Frage eines Journalisten, was er vom Medium Fernsehen halte, antwortete Johannes XXIII.: »Dank dem Fernsehen konnte ich verfolgen, wie ich Papst wurde. Seitdem denke ich gelegentlich, daß an der Sache schon etwas dran ist.«

Zum Papst wurde er am 4. November 1958 gewählt. Wenige Tage später betrachtete er die Photographien, die ihn im päpstlichen Ornat zeigten, und meinte: »Eigentlich wußte der liebe Gott ja seit 77 Jahren, daß ich einmal Papst werden sollte. Da hätte er mich schon ein wenig eindrucksvoller machen können.«

Eines Tages klagte ihm ein Bischof sein Leid, daß die große Verantwortung für seine Gemeinde ihm nachts den Schlaf raube. »Ich weiß«, sagte der Heilige Vater, »als ich Papst geworden war, drückte mich die Bürde meines Amtes auch so, daß ich nicht schlafen konnte. Dann aber, eines Nachts, hörte ich meinen Schutzengel, und der sagte: Giovanni, nimm dich nicht so wichtig! Und seitdem schlafe ich ganz ausgezeichnet.«

Am ersten Weihnachtsfeiertag besuchte der Papst die römischen Kinderkrankenhäuser. Mehrmals wurde er von dem hilflosen Leid, das ihm da begegnete, zu Tränen gerührt. So auch, als er an das Bett eines siebenjährigen Jungen trat, der durch ein Unglück unheilbar blind geworden war. »Ich weiß«, sagte der Junge, »du bist der Heilige Vater, aber ich kann dich nicht sehen.« Gerührt streichelte der Papst seine Hand und flüsterte: »Weißt du, mein Junge, meistens sind wir alle blind.«

Joseph II.

Wien 13. 3. 1741 – Wien 20. 2. 1790

Mit der »Pragmatischen Sanktion« hatte Kaiser Karl VI. bei den deutschen Fürsten die Anerkennung seiner Tochter Maria Theresia als seine Nachfolgerin auf dem habsburgischen Thron durchgesetzt. Als er 1740 starb, hatte Maria Theresia zwar bereits drei Töchter, aber selbst noch keinen männlichen Thronerben. Um so größer war der Jubel der Wiener, als sie fünf Monate später ihren ersten Sohn Joseph zur Welt brachte.

Frühzeitig machte sich Joseph Gedanken über sein späteres Amt als Regent. Bereits mit fünfzehn Jahren verfaßte er heimlich ein Traktat über die Konfiskation der Kirchengüter in Österreich. Eines Tages wurde es von seiner Mutter entdeckt, die entsetzt befahl, es sofort zu verbrennen. Gegen diesen Befehl konnte der Thronfolger nichts tun, aber er sagte zur Kaiserin: »Verbrennen heißt nicht überzeugen!«

Zu den zahlreichen Reformen des aufgeklärten Joseph II. gehörte die Abschaffung vieler Privilegien, die der Adel und die Kirche genossen. 1766 öffnete er den Wiener Prater für das Volk. Bis dahin war es ausschließlich kaiserliches Jagdgebiet gewesen, zu dem nur der Hof und später der Adel, der auch zu den Hofredouten zugelassen war, Zutritt hatte. 1775 ließ Joseph auch die den Prater umgebenden Gitterzäune niederreißen, sechs Jahre später den Eingang, den »Praterstern«, neu gestalten, und wenig später eröffneten dort die ersten Kaffeehäuser, Erfrischungszelte, Ringelspiele, Schaukeln und Puppentheater – der »Wurstlprater« war geboren. Nachdem der Prater bei den Wienern so ein Erfolg geworden war, gab der Kaiser auch das zweite dem Hofe vorbehaltene Jagdgebiet vor der Stadt Wien frei, den Augarten. Bei Hofe war man darüber wenig begeistert, und eine alte Aristokratin beklagte sich, daß es nun gar keinen Ort mehr gäbe, wo man unter seinesgleichen lustwandeln könne. »Trösten Sie sich, meine Liebe«, sagte Joseph II., »wenn ich nur unter meinesgleichen sein wollte, müßte ich jedesmal in die Kapuzinergruft hinabsteigen.«

Joseph II. gründete in Wien und anderen Teilen der Monarchie zahlreiche fortschrittliche soziale Einrichtungen, Schulen und Institute. So etwa ein Taubstummeninstitut und das Allgemeine Krankenhaus (AKH), das zweihundert Jahre später unter großem Aufwand und begleitet von Skandalen neu gebaut werden sollte. Durch diese Reformfreudigkeit ermutigt, schlug der Arzt Johann Peter Frank dem Kaiser eines Tages eine »medizinische Polizei« vor, die das grassierende Dirnen-Unwesen in Wien kontrollieren sollte. Dazu, so meinte er, müßte man an bestimmten Stellen der Stadt Bordelle errichten. Joseph schüttelte den Kopf: »Wozu neue Bordelle? Die Mauern stehen ja schon, man müßte nur über ganz Wien ein Dach bauen, und das Bordell wäre fertig.«

In den folgenden zehn Jahren versuchte er die meisten seiner großen und umwälzenden Reformen durchzudrücken. Aber er war seiner Zeit voraus, und kurz vor seinem Tode mußte er einen nicht geringen Teil der eingeführten Neuerungen wieder rückgängig machen. Seine Beliebtheit beim Volk war nicht unumstritten, denn bei aller Toleranz galt er als ein strenger Herrscher. Als er mit der Auflösung der Klöster begann, fand man in Wien folgendes Pasquill angeschlagen:

> »Ein Freund der Waffen,
> Ein Feind der Pfaffen,
> Ein Erzkalmäuser
> ist unser Kaiser.«

Als man es Joseph II. zeigte, schrieb er darunter:

>»Das erste ist löblich,
>Das andere ist billig,
>Das dritte ist nötig.«

Er ließ es wieder anheften und versprach dem Autor hundert Dukaten, wenn er sich melde. Doch dieser blieb anonym und schrieb:

>»Wir sind halter unser vier!
>Ich – Dinte – Feder – und Papier:
>Wir werden uns nicht verraten,
>Wir danken für des Kaisers Dukaten!«

Selbst um den Tierpark im Schloß Schönbrunn kümmerte sich Joseph, obwohl er offensichtlich in Naturgeschichte, jedenfalls in Zoologie, nicht sehr beschlagen war. Als Graf Cobenzl dem Kaiser einmal für Schönbrunn den Ankauf eines Zebras empfahl, schrieb Joseph an den Rand des Briefes: »Ich weiß nicht recht, was ein Zebra ist, finde aber 800 Dukaten dafür sehr viel!«

Franz Kafka
Prag 3. 7. 1883 – Klosterneuburg 3. 6. 1924

Die Bücher Franz Kafkas, seine Romane »Der Prozeß«, »Das Schloß« oder »Amerika« und Erzählungen wie »Das Urteil«, »Die Verwandlung«, »In der Strafkolonie« zählen bis heute zu den bedeutendsten literarischen Werken des zwanzigsten Jahrhunderts.

Kafka entstammte einer jüdischen Kaufmannsfamilie aus Südböhmen, studierte Germanistik und Jura und war schließlich Versicherungsangestellter. Wegen einer 1917 ausgebrochenen Lungentuberkulose wurde er 1922 frühzeitig pensioniert. Sein Leben stand im Schatten einer übermächtigen Vaterfigur, der er durch mehrere Bindungen an Frauen zu entgehen hoffte. Doch keine davon führte zu einer Ehe, die ihn nach seiner Meinung wiederum am Schreiben gehindert hätte. Obwohl er seine Werke mit einer ungeheuren Besessenheit und Konzentration schrieb, blieb ihm zu Lebzeiten jeder literarische Erfolg versagt. Als 1912 die Erzählung »Die Betrachtung« als sein erstes Buch erschienen war, sagte er: »In der Buchhandlung André haben sie 13 Bücher abgesetzt, 12 habe ich selbst für meine Freunde gekauft. Jetzt möchte ich wissen, wer das 13. hat.«

Mit dem bekannten Prager Dichterkreis war der Einzelgänger durchaus verbunden, hatte Umgang mit Martin Buber und Johannes Urzidil und war befreundet mit Franz Werfel und Max Brod. Brod war es denn auch, der es auf sich nahm, das Vermächtnis des Freundes, nach seinem Tod alle seine unveröffentlichten Schriften zu verbrennen, nicht zu erfüllen. Als Kafka Max Brod einmal besuchte, betrat er versehentlich ein Zimmer, in dem dessen Vater gerade seinen Nachmittagsschlaf hielt. Sogleich zog er sich wieder zurück und murmelte die in so einem Fall wohl seltsamste Entschuldigung: »Betrachten Sie mich bitte nur als einen Traum.«

Brod, der die nachgelassenen Schriften Kafkas herausgab und als einer der ersten seine überragende literarische Bedeutung erkannte und den Dichter nach seinem Tode durchsetzte, war zweifellos einer der besten Kenner des Werkes. Einen Germanisten, der ihn in ein Streitgespräch über den Begriff »kafkaesk« verwickeln wollte, belehrte er: »Merken Sie sich eines, kafkaesk ist das, was Kafka nicht war!«

Einsam und unbekannt starb Kafka im Sanatorium Kierling in Klosterneuburg bei Wien. Kurz vor dem Tod des Dichters erhielt sein Arzt, Professor Hajek, einen Brief Franz Werfels, in dem ihn dieser bat, alles Menschenmögliche für eine Besserung oder gar Gesundung Franz Kafkas zu tun. Nachdem Hajek den Brief gelesen hatte, sagte er zu seinem Assistenten: »Wer Kafka ist, weiß ich. Das ist der Patient auf Nummer 12. Aber bitte, wer ist der Herr Werfel?«

Immanuel Kant
Königsberg 22. 4. 1724 – Königsberg 12. 2. 1804

Der große deutsche Philosoph, dessen Werk »Kritik der reinen Vernunft« ihm zum Durchbruch verhalf, ist der Schöpfer des berühmten »kategorischen Imperativ« (Handle so, daß die Maxime deines Willens zugleich als Prinzip einer allgemeinen Gesetzgebung dienen kann).

Kant, der menschliches Erkennen als Ergebnis von Erfahrung und Vernunft betrachtete, anerkannte dennoch Gott, Seele und Schöpfung als notwendiges und moralisches Regulativ. Hegels Behauptung »Die Philosophie ist die Magd der Theologie« ironisierte er einmal mit dem Satz: »Ist die Philosophie eine Magd, so bleibt die Frage, ob sie der Theologie die Fackel voran- oder die Schleppe nachträgt.«

Als Professor in Königsberg kündigte Kant eine Vorlesungsreihe über seine Urnebellehre an. Auf die Frage, wieviel Zeit er für seine Vorträge benötigen würde, meinte er: »Wenn ich mit der Weltschöpfung beginne, hoffe ich in einer Woche damit fertig zu sein.«

Man sprach über das Jenseits, und einer aus der Runde meinte, Kant werde dort so viele große Geister treffen, daß er vollauf damit beschäftigt sein würde, mit ihnen philosophische Probleme zu erörtern. »Lassen Sie mich in Ruhe mit den sogenannten großen Geistern«, erwiderte Kant. »Wenn ich drüben meinen früheren Diener Lampe treffe, werde ich voll Freude ausrufen: ›Gottlob, ich bin in guter Gesellschaft!‹«

Kaiserin Katharina die Grosse
Stettin 2. 5. 1729 – Zarskoje Selo (Puschkin) 17. 11. 1796

Katharina II., Gemahlin des Zaren Peter III., dessen Thron sie 1762 bestieg, als er nach kurzer Regierungszeit ermordet wurde. Die Zarin, als Prinzessin von Anhalt-Zerbst geboren, überlebte Maria Theresia um sechzehn und Josef II. um sechs Jahre. Ihr Privatleben und die Art, wie sie die ihr zur Verfügung stehende Macht gelegentlich ausübte, kann man nicht gerade als makellos bezeichnen, doch erwarb sie sich durch ihre erfolgreiche Politik, ihre umfassenden Reformen und ihre Klugheit das Epitheton »die Große«.

Ein englischer Politiker behauptete von ihr: »Katharina II. ehrt ihren Thron mit ihren Lastern, während Georg II. den seinen mit seinen Tugenden entehrt.«

Wie Josef II. war auch Katharina eine Vertreterin des aufgeklärten Absolutismus. Anders als er, richtete sie sich aber auch in moralischen Dingen nach sozialen und liberalen Grundsätzen, die sie für sich privat recht eigenwillig auszudeuten verstand. Nach mehreren Ehejahren hatte sie ihrem Gatten, damals noch Großfürst, noch immer keinen Erben geschenkt. Der russische Kanzler Bestuschew teilte ihr eines Tages seine Sorgen mit. Noch regierte Elisabeth, die Tochter Peters des Großen. Ihr würde Peter III. nachfolgen. Doch ein Erbe würde dessen Anspruch auf den Zarenthron natürlich erheblich festigen. »So oder so, Kaiserliche Hoheit«, schloß der Kanzler, »wir brauchen einen Erben!« Da erklärte die Großfürstin endlich: »Also gut, wenn der Zarenthron einen Erben braucht, schicken Sie mir heut abend den Gardeoffizier Soltikoff.« Soltikoff gehorchte dem Befehl und rettete damit die Thronfolge.

Der für seinen Witz und seine geistreichen Bonmots bekannte österreichische Feldmarschall Fürst de Ligne kam 1780 als Begleitung von Josef II. nach Rußland. Er bewunderte nicht nur die Klugheit der Zarin, sondern auch, wie sie es verstand, ihre Politik selbst zu vertreten. »Majestät haben das kleinste Ministerium, das je eine Herrscherin besaß: Es reicht von einer Schläfe zur anderen.« Die Zarin ging auf das Kompliment ein: »Sehen Sie, ich teile natürlich die Meinung meiner Minister – vorausgesetzt, sie teilen die meine.«

Die kluge Zarin hatte Kontakt mit vielen bedeutenden Geistern ihrer Zeit, und manchen Künstler lud sie für einige Zeit an ihren Hof. Zu dem französischen Schriftsteller Denis Diderot, einem bedeutenden Vertreter der Aufklärung, sagte sie, die in politischen Dingen vor allem praktisch dachte: »Ihre Grundsätze sind wunderschön, aber sie können zu nichts anderem verwendet werden als zum Bücherschreiben. Es ist etwas anderes, auf Papier zu schreiben, das sich alles gefallen läßt, als mit so einem lebendigen, reizbaren und ungeduldigen Material zu arbeiten, wie es das Volk ist.«

John F. Kennedy
Brookline/Boston 29. 5. 1917 – Dallas 22. 11. 1963

1960 wurde der Demokrat Kennedy zum 35. Präsidenten der Vereinigten Staaten gewählt. Drei Jahre später fiel er in Dallas, Texas, einem Attentat zum Opfer. In seiner relativ kurzen Regierungszeit war er einer der stärksten und weltweit populärsten amerikanischen Präsidenten. Er machte den amerikanischen Führungsanspruch in der westlichen Allianz deutlich und bemühte sich gleichzeitig aktiv um einen friedlichen Ausgleich mit dem Ostblock. Die Sympathie der deutschen, besonders der Berliner Bevölkerung errang er, als er bei einem Besuch in der geteilten Hauptstadt auf deutsch den legendären Ausspruch tat:
»Ich bin ein Berliner!«

Während seines Wahlkampfes um die Präsidentschaft in den USA mußte sein Rivale Nixon sich einer Krankenhausbehandlung unterziehen. In dieser Zeit fragte ihn ein Journalist: »Stimmt es, Senator, daß Sie über Mister Nixon nicht reden wollen, solange er im Spital ist?« Kennedy antwortete: »Ja, es stimmt. Es könnte ja schließlich sein, daß ich auch einmal ins Krankenhaus muß.«

In der Zeit, als General de Gaulle Frankreich zu einer unabhängigen Atom-Macht machte, fand in Washington eine Ausstellung französischer Kunstwerke statt, die der Kulturminister Malraux im Beisein des amerikanischen Präsidenten eröffnete. Als man während des ersten Rundganges vor dem eindrucksvollen Bildnis der Mona Lisa angelangt war, wandte sich Kennedy an Malraux und sagte: »Für diese Leihgabe, Herr Minister, sind wir Frankreich, der führenden künstlerischen Macht, sehr dankbar. Und wir werden uns bemühen, eine eigene unabhängige künstlerische Macht zu entwickeln.«

Je nach Witz und Schlagfertigkeit des Präsidenten geraten die regelmäßigen Pressestunden im Weißen Haus zu einem Schlagabtausch von Bosheiten. Denn amerikanische Journalisten lieben knallharte Fragen. Auf die Frage: »Das Republikanische Nationalkomitee hat eine Resolution verfaßt, in der es heißt, daß Sie ein Versager sind. Was sagen Sie dazu?« antwortete Demokrat Kennedy spontan: »Ich nehme an, diese Resolution wurde einstimmig gebilligt.«

In Wien traf Kennedy mit Chruschtschow zusammen, der einen Orden an seinem Jackett trug. Nach dem offiziellen Teil der Begrüßung erkundigte sich Kennedy nach der Bedeutung dieser Medaille. »Das ist der Lenin-Friedenspreis«, antwortete der Russe. Darauf Kennedy: »Hoffentlich bewahren Sie ihn.«

Nicht nur John F. Kennedy, sondern auch seine Brüder Robert und Teddy machten politische Karriere, und nicht zuletzt dank einem ungewöhnlichen Zusammenhalt der Familie Kennedy. Auf einer Parteiversammlung in Pennsylvania begann der Präsident mit den Worten: »Ich möchte mich Ihnen vorstellen. Ich bin der Bruder von Teddy Kennedy und freue mich, heute abend hier zu sein.«

OSKAR KOKOSCHKA
Pöchlarn/Niederösterreich 1. 3. 1886 –
Villeneuve/Genfer See 22. 2. 1980

Nach seinem Studium an der Kunstgewerbeschule in Wien begann Kokoschka 1909 seine ersten expressionistischen Bilder zu malen. Nebenbei schrieb er dem Expressionismus nahestehende Theaterstücke. Nach einer schweren Kriegsverwundung wurde er 1916 Akademie-Professor in Dresden.

Kokoschka war mit dem Komponisten Schönberg befreundet. So saß er, als im Herbst 1924 an der Wiener Volksoper Schönbergs Einakter »Die glückliche Hand« uraufgeführt wurde, eines Tages in den Proben. Er hatte den Kopf in die Hände gestützt und die Augen geschlossen. Da raunte im dunklen Parkett jemand: »Der Kokoschka macht das falsch. Die Augen müßte er bei seinen Bildern zumachen und die Ohrwascheln bei Schönberg!«

Kokoschka schuf selbst oft Bühnenbilder und Kostüme für Opernaufführungen. So auch zur »Zauberflöte«, über die einige Tage nach der Premiere eine Bewunderin zu ihm sagte: »Meister, ich habe gerade Ihre ›Zauberflöte‹ gesehen, und ich bin begeistert!« – »Sie irren sich, gnädige Frau«, sagte Kokoschka, »die ›Zauberflöte‹ ist nicht von mir, sondern von Mozart!«

In den zwanziger Jahren – in Fachkreisen war Kokoschkas Name inzwischen ein Begriff – wurde er zur Teilnahme an einer internationalen Ausstellung in Venedig eingeladen. Er reiste selbst hin, und seine Bilder hatten einen sehr beachtlichen Erfolg. Am Abend saß er mit Freunden beisammen. »Seltsam«, sagte er, »wie inkognito und unbehelligt man hier herumgehen kann.« Die Bemerkung war weniger ein Anfall von Größenwahn als durch seine Naivität begründet. Trotzdem sah man ihn etwas erstaunt an, und Kokoschka merkte das. »Na«, fragte er, »knien die Leute am Ende nieder?«

Géza von Cziffra ist eine Anekdote über die erotisch recht vielseitige Nichte des Verlegers Samuel Fischer, Ruth Landshoff, zu verdanken. Sie kam auf seltsame Weise zu einem Kokoschka-Bild. Die Landshoff hatte nämlich viele Verehrer, männliche wie gelegentlich weibliche. Auch Oskar Kokoschka entdeckte seine Leidenschaft für sie. Bei ihm – darüber sollte später seine zeitweise Freundin Alma Mahler-Werfel ausführlich und indiskret in ihren Memoiren schreiben – brachen derartige Bedürfnisse manchmal heftig und ungestüm aus. Kurz: Eines Nachts stieg er bei der Landshoff durchs Fenster. Sie wachte auf, und in der Meinung, es handle sich um Einbrecher, empfing sie ihn mit einer kleinen Damenpistole in der Hand. Dann erkannte sie ihn und fragte erstaunt: »Was wollen Sie denn hier, mitten in der Nacht?« Die Situation hatte die Leidenschaft des Malers ernüchtert. »Ich – ich – ich –«, stotterte er, »ich würde Sie gern einmal malen.« Kurz entschlossen dirigierte sie ihn mit der Pistole an einen Schreibtisch, zog einen Morgenmantel an und setzte sich auf einem Sessel in Positur. In dieser Nacht machte er die ersten Skizzen zu ihrem Porträt.

Fritz Kortner

Wien 12. 5. 1892 – München 22. 7. 1970

Kaum ein Schauspieler hat je die Theaterwelt seiner Zeit so sehr in zwei Lager von Gegnern und Anhängern gespalten wie Fritz Kortner. In Berlin, wo er im Staatlichen Schauspielhaus vor allem in den Inszenierungen Jeßners seine großen Erfolge hatte, wurde der Wiener Kortner zum Prototyp des expressionistischen Schauspielers. 1948 begann Kortners zweite Karriere: Er wurde einer der erfolgreichsten Regisseure der Nachkriegszeit.

Als junger Schauspieler hatte Kortner an der Volksbühne Wien in Eulenbergs »Alles um Geld« einen seiner ersten Erfolge. Nach der Premiere sprach ihn der Schuster aus dem Nachbarhaus an: »In der Zeitung hab' ich Ihr Bild gesehen, Herr Kortner, was haben S' denn angestellt?«

Kurz vor der Emigration schrieb Kortner zusammen mit Leonhard Frank an einem Drehbuch. Eines Tages, als sich die Lage immer mehr zuspitzte, sagte Frank plötzlich: »Also, wenn ich Jude wäre, ich führe morgen weg.« – »Und Sie selbst?« fragte Kortner. »Ich fahre übermorgen«, meinte Frank.

In Berlin hatte Kortner seinen entscheidenden Durchbruch als Richard III. unter Jeßner gehabt. Es wurde so sehr seine Rolle, daß man jahrelang in Berlin keinen anderen Schauspieler darin sah. Als Kortner dann in New York landete, empfing ihn der Kritiker Rolf Nürnberg mit den Worten: »Wissen Sie, daß Werner Krauß den Richard III. in Berlin spielt?« Wie sehr ihn diese Tatsache persönlich getroffen haben muß, erfuhr man, als er aus der Emigration zurückkam. Er verhandelte mit dem Burgtheater, dessen Mitglied Krauß war, aber es kam zu keinem Vertrag. »Wissen Sie, was aus meinem Burgtheater-

Engagement geworden ist?« erzählte er später. »Der Werner Krauß.«

Am Burgtheater hatten viele Schauspieler den Übergang zur Nazizeit und dann wieder den zum demokratischen Österreich unbeschadet erlebt, die Alten stellten auch weiterhin die Prominenten-Garde, und von jungen Schauspielern kamen nur wenige zum Zuge. Als er nach einem Burgtheaterbesuch gefragt wurde, wie ihm diese ehrwürdige Institution heute gefalle, antwortete Kortner: »Noch immer ausgezeichnet, nur müßte langsam mal die Besetzung wechseln.«

Zur großen Liebe zwischen Wien und Kortner kam es trotz gelegentlicher, meist privater Besuche nicht mehr. »In Wien«, sagte er, »haben sie aus ihrer Mördergrube ein Herz gemacht.«

Kortners zweite Karriere in Deutschland begann 1948: als einer der wichtigsten Nachkriegsregisseure. Vorzugsweise inszenierte er jetzt in München und Berlin. Während einer Liebesszene, in der der Schauspieler seine Partnerin, die ihm den Rücken zudrehte, zu mustern hatte, sagte der Regisseur Kortner: »Sobald Sie merken, daß er Sie anschaut, drehen Sie sich um.« – »Aber wie? Ich habe hinten schließlich keine Augen!« sagte die Schauspielerin. »Aber ich bitte Sie«, wurde Kortner ungeduldig, »eine Frau merkt doch, wenn ein Mann sie anschaut – oder ich müßte mich mein ganzes Leben getäuscht haben.«

Karl Kraus
Jičín 28. 4. 1874 – Wien 12. 6. 1936

Karl Kraus, der Herausgeber der berühmten »Fackel«, – bissiger und unerbittlicher Richter über Sprache, Literatur, Presse und Gesellschaft in Wien, gleichzeitig aber auch Förderer von Talenten – war der Ansicht: »Im Umgang mit der Sprache steht der Schriftsteller vor der Aufgabe, eine allgemeine Dirne zu einer Jungfrau zu machen.«

Der Kontakt des geistigen und literarischen Wien fand seinerzeit überwiegend im Kaffeehaus statt. Bis 1897 war es das Griensteidl, auch »Café Größenwahn« genannt. Als es abgerissen wurde, schrieb Kraus einen Essay »Die demolierte Literatur« und übersiedelte mit anderen ins Café Zentral, dem dann mehrere Jahre später im Café Herrenhof eine Konkurrenz erwuchs. Von den zahlreichen Aphorismen, die hier erstmals geprägt wurden, gingen die meisten wieder verloren. Nur Kraus notierte sich manches, um es später in seinen Büchern und Artikeln zu verwenden. Etwa über die schwierige Kunst des Feuilletonschreibens: »Ein Feuilleton verfassen, heißt auf einer Glatze Locken drehen.«

Als man sich in einer Journalisten-Runde erregte, daß es einem Politiker gelungen sei, gegen eine auf ihn gemünzte Zeitungsglosse eine einstweilige Verfügung zu erreichen, beendete Kraus die Diskussion mit den Worten: »Satiren, die ein Zensor versteht, werden mit Recht verboten.«

Man unterhielt sich über einen stadtbekannten Lebemann und Don Juan, den nun doch das Unglück ereilt hatte: Unsterblich in eine einzige Dame verliebt, hatte er seine Lebensgewohnheiten geändert und war im Begriffe zu heiraten.

»Wenn sich ein Frauenkenner verliebt«, bemerkte Kraus dazu, »so gleicht er dem Arzt, der sich am Krankenbett infiziert: Märtyrer seines Berufes.«

In einem Restaurant legte Kraus die Speisekarte angewidert zurück. Sie war in einem miserablen Deutsch geschrieben und wimmelte von sprachlichen Fehlern und falschen Satzzeichen. Als der Ober die Bestellung aufnehmen wollte, verlangte Kraus: »Eine Portion orthographische Fehler.« Verdutzt sagte der Ober, daß man dergleichen nicht führe. »Und warum setzen Sie es dann auf die Karte?« fragte Kraus.

Kraus mochte auch das Dritte Reich nicht. In Umkehrung des Spruchs vom Volk der Dichter und Denker prägte er das böse Wort vom »Volk der Richter und Henker«. So traf jeden seine Bosheit. Nur »zu Hitler fällt mir nichts ein«, sagte er resigniert.

Dafür stellte er sich zur Überraschung der Freunde – und Feinde – in seinen letzten Lebensjahren auf die Seite der Austrofaschisten, wozu wiederum Kurt Tucholsky einfiel: »Die Ratten betreten das sinkende Schiff.«

Wenig später waren Freunde und Feinde weit mehr betroffen und erschüttert: Am 12. Juli 1936 war Karl Kraus gestorben. »... niedergefahren zur Hölle«, wie Oskar Kokoschka sagte, »zu richten die Lebendigen und die Toten.« Und Egon Friedell schrieb: »Ein Mensch, der davon gelebt hat, die anderen umzubringen, kann doch nicht tot sein!« Der rührendste Nachruf jedoch kam von dem Kaffeehaus-Literaten Anton Kuh, der ein Leben lang nichts Gutes über Kraus gesagt hatte: »Wenn einem so ein Feind wegstirbt, da geht ein Freund dahin.«

WERNER KRAUSS

Gestungshausen 23. 6. 1884 – Wien 20. 10. 1959

Einer der wandlungsfähigsten Schauspieler des deutschen Theaters war der aus Oberfranken stammende Werner Krauß. Er war eine der Theatergrößen Berlins in den zwanziger und dreißiger Jahren und stieg später zum Burgtheater-Mitglied in Wien auf.

Als junger, unbekannter Schauspieler war Krauß in Nürnberg engagiert. Dort gehörte es zu seinem Vertrag, daß er auch in der Oper als Statist auftreten mußte. Er, der für seinen Witz und seine Scherze später in Berlin und Wien bekannt war, befreite sich von dieser lästigen Verpflichtung auf »todernste« Weise. In einer »Fidelio«-Vorstellung, bei der er im Gefangenenchor statierte, wankte er als Greis auf die Bühne und begann alle Phasen eines Todeskampfes darzustellen. Das Publikum war fasziniert, blickte nur noch auf ihn und beachtete das übrige Bühnengeschehen nicht mehr. Als der Chor abging, lag er wie tot da. Man mußte ihn von der Bühne tragen. Aber kaum hob man ihn auf, begann er von neuem im Todeskampf zu zucken, bis aus der Kulisse der Intendant zischte: »Herr Krauß, sterben Sie endlich! Sie brauchen keine Statisterie mehr zu machen!«

Während einer Klassiker-Vorstellung passierte Krauß das Mißgeschick, daß sich sein aufgeklebter Schnurrbart löste, zu Boden fiel und zu allem Überfluß auch noch von der Zugluft in die Kulissen geweht wurde. Da rief Krauß einem soeben abgehenden Kollegen mit dramatischem Pathos nach: »Wenn Ihr ihn findet, Freund – ich bitt Euch, bringt ihn allsogleich mir wieder!«

Als Mitglied des Preußischen Staatstheaters bezog Krauß seine Gage regelmäßig über sein Bankkonto. Einmal jedoch mußte er in der Buchhaltung des Theaters einen Betrag in bar in Empfang nehmen. »Name?« fragte der Mann am Kassenschalter. »Krauß.« Der Schalter-Mann wollte aber auch den Vornamen wissen. Krauß runzelte die Brauen: »Werner!« Da fragte der Mann: »Oper oder Schauspiel?« – »Ballett!!!« donnerte Krauß, drehte sich um und ging.

In »Kabale und Liebe« spielte Krauß den Hofmarschall von Kalb, und ein Kritiker urteilte:»Werner Krauß war als Kalb vollendet.« Der Schauspieler schrieb dem Zeitungsmann einen Brief: »Sie hatten die Freundlichkeit, zu sagen, ich sei als Kalb vollendet gewesen. Ich hoffe, Sie verstehen mich, wenn ich sage, Ihre Beurteilung war geradezu väterlich.«

Ein junger, sehr von sich eingenommener Schauspieler schwärmte dem älteren Kollegen vor: »Wenn ich auf der Bühne stehe, vergesse ich alles um mich herum. Ich sehe nur noch meine Rolle, höre mich sprechen. Das Publikum verschwindet vollständig...« – »Das kann ich ihm kaum übelnehmen«, unterbrach Krauß.

Einer der Freunde von Werner Krauß war ein kleiner Beamter, der von seinem schmalen Gehalt gerade sich und seine Familie durchbringen konnte. Das Burgtheater kannte er nur von außen. Als Krauß wieder einmal vor einer Premiere stand, wollte er dem Freund eine Freude machen und lud ihn am Abend ins Theater ein. Dieser wollte sich jedoch nichts schenken lassen, und erst nach langem Zureden erklärte er sich bereit zu kommen, wenn Krauß eine Freikarte habe. Zahlen dürfe er ihm nichts – »außer natürlich das Taxi!«

Fritz Kreisler

Wien 2. 2. 1875 – New York 29. 1. 1962

Der berühmte Geigenvirtuose hatte auch als Komponist Erfolg. Dabei schrieb er nicht nur Violinstücke, sondern beispielsweise auch die Musik zu dem Singspiel »Sissy«, das 1932 im Theater an der Wien uraufgeführt wurde.

Eine Dame der Gesellschaft bat den Virtuosen, während eines Empfanges zu spielen. »Was verlangen Sie dafür?« fragte sie ihn. – »3000 Mark.« – »Gut«, fuhr die Dame fort, »aber Sie verstehen, natürlich muß ich Sie bitten, sich nicht anschließend unter die Gäste zu mischen.« Darauf Kreisler: »In diesem Fall, gnädige Frau, verlange ich nur 2000 Mark.«

Nach einer Probe im Amsterdamer Concertgebouw kam Kreisler an einer Pfandleihanstalt vorbei. Plötzlich trat er ein, öffnete den Geigenkasten und hielt dem Alten hinter dem Ladentisch seine kostbare Guarneri-Geige hin. Der besah sie kurz, dann verschwand er für eine Minute, kehrte wieder zurück, betrachtete sie erneut, drehte sie unschlüssig in der Hand, wollte aber lange keinen Preis nennen. Nach drei Minuten wurde plötzlich die Ladentür aufgerissen, und zwei Polizisten erschienen. »Verhaften Sie den Mann!« rief der Alte, »er hat Fritz Kreislers Guarneri gestohlen!« Kreisler brach in Lachen aus. »Ausgezeichnet! Sie sind wirklich ein Kenner, denn ich bin selbst Fritz Kreisler, und das ist meine Guarneri.« – »Das kann jeder sagen!« herrschte ihn einer der Polizisten an, und nun fiel es Kreisler, der zufällig keinerlei Ausweispapiere bei sich hatte, wirklich schwer, seine Identität zu beweisen. Erst als er die Geige nahm und mit unnachahmlicher Brillanz etwas darauf spielte, sagte der Alte: »Danke – und ich muß Sie vielmals um Verzeihung bitten. Sie sind wirklich Fritz Kreisler!«

Franz Lehár
Komorn 30. 4. 1870 – Bad Ischl 24. 10. 1948

Nach den Wiener Operettenkomponisten Karl Millöcker und Carl Michael Ziehrer als Abgesang der Strauß-Ära brach mit dem eine Generation jüngeren Franz Lehár eine neue, die sogenannte Silberne Ära der Wiener Operette an. Sein erster und zugleich größter Erfolg war »Die lustige Witwe«, die am 28. Dezember 1905 im Theater an der Wien uraufgeführt wurde.

Mit seiner Meinung über den Erfolg der »Lustigen Witwe« ziemlich allein stand lediglich Karl Kraus, der nach der Premiere sagte: »Das Widerwärtigste, was ich je in einem Theater erlebt habe!« Auch der seit seinem »Opernball« berühmte Richard Heuberger dürfte sich über diesen Erfolg sehr gewundert haben. Als sich Lehár nämlich 1901 um den Kapellmeisterposten im Wiener Konzertverein beworben hatte, saß Heuberger in der Jury, der Lehár vorspielen mußte und meinte hinterher: »Lehár verfügt über eine gute Kenntnis klassischer Musik, versagt jedoch dem modernen Walzer gegenüber.«

Heuberger hätte ursprünglich »Die lustige Witwe« selbst komponieren wollen. Als er den Textdichtern Victor Léon und Leo Stein die ersten Bruchstücke der geplanten Operette vorgespielt hatte, fanden diese die Musik ohne Schmiß und viel zu brav. Da riet man ihnen, es doch mal mit dem jungen Lehár zu versuchen, dessen »Rastelbinder« doch recht vielversprechend gewesen wäre. Lehár stürzte sich auf das Buch und verschlang es in einer Nacht. Am nächsten Tag spielte er Léon bereits das Lied vom »Braven Reitersmann« durchs Telefon vor.

Auch Direktor Karczag vom Theater an der Wien glaubte nicht recht an einen Erfolg. »Liebär Léon, dos is doch ka Musik!« meinte er und bot noch während der Proben Lehár 2500 Gulden an, wenn er die Operette zurückziehen würde. Als Lehár und die Librettisten ablehnten, strich er am Ausstattungsetat, wo er nur konnte, um den seiner Meinung nach sicheren Reinfall so billig wie möglich werden zu lassen. Als sich dann nach vielen Schwierigkeiten am Premierenabend schließlich der letzte Vorhang gesenkt hatte, brach im Parkett ein unbeschreiblicher Jubel los. Und nun verbeugte sich zwischen Librettisten und Komponisten auch Direktor Karczag und stellte strahlend fest: »No, hob ich nicht immär gesogt, wirklich gutä Musik braucht keine Extroausstottung!« Überall und besonders in Amerika wurde Lehárs »Lustige Witwe« der Kassenknüller und ist bis heute die meistgespielte Operette auf der ganzen Welt.

Gelegentlich kam Lehár in eine normale Aufführung einer seiner Operetten im Theater an der Wien. Dann hielt er es bald kaum noch aus, daß ein anderer seine Musik dirigierte. Der Kapellmeister Anton Paulik, der das wußte, bekam an solchen Tagen plötzlich einen »Schwächeanfall«, was man dem Publikum in der Pause mitteilte, zugleich mit der erfreulichen Nachricht, daß Meister Lehár selbst – zufällig anwesend – den zweiten Teil des Abends dirigieren werde. Paulik genoß derweil den halbfreien Abend bei einer Flasche Wein in der Kantine.

Als er einmal nicht dirigiert hatte und am Ende der Vorstellung das Theater inmitten des Publikums verließ, hörte er vor sich die Unterhaltung zweier Studenten. »Ein rechter Schmarrn ist diese Musik«, meinte der eine, worauf der andere erwiderte: »Sei vorsichtig mit solchen Urteilen. Bei Operetten weiß man nie, von wem die Musik gestohlen ist.«

Franz von Lenbach
Schrobenhausen 13. 12. 1836 – München 6. 5. 1904

Der Münchner Maler, ein Schüler Pilotys, war der gefeiertste Porträtmaler seiner Zeit. Besonders bekannt wurde sein Bildnis des Fürsten Bismarck. Über Lenbachs Bild, das 1873 auf der Wiener Weltausstellung zu sehen war, sagte damals der Reichskanzler: »Wenn meine Gestalt der Nachwelt erhalten bleiben soll, so möchte ich wohl, daß es in der von Lenbach dargestellten Art geschieht.«

Lenbach verkehrte lange Zeit im Hause Bismarck und hatte reichlich Gelegenheit, den Fürsten zu beobachten und seinen Ausdruck zu studieren. Trotz einer gewissen Vertrautheit, die sich entwickelte, bestritt er ein »freundschaftliches Verhältnis«, meinte vielmehr: »Mein Verhältnis zu ihm beschränkte sich darauf, daß ich nach des Fürsten Ansicht nicht gerade ein Dummkopf und diskret sei, ihn aber sonst in keiner Weise geniere. Mir selbst aber ist er interessanter als irgend etwas auf der Welt. Obwohl ich sonst ein ziemlich schlimmes Raubtier bin, fühle ich mich in seiner Nähe wie ein Kaninchen. Oder um ein anderes Bild zu gebrauchen: er ist eben wie glühendes Eisen neben Eis, man fühlt sich neben ihm zerfließen.«

Sah Lenbach in seiner Beziehung zum Kanzler auch kein »freundschaftliches Verhältnis«, so entwickelte sich doch in der zu Bismarcks Frau Johanna das, was er ein »behagliches Verhältnis« nannte. Einmal beklagte sie sich bei dem Maler: »Da habe ich nun meinen Mann geheiratet, und jetzt habe ich nichts von ihm, Tag und Nacht arbeitet er auf seiner Kanzlei. Da habe ich zwei Söhne, an denen ich mich zu erfreuen gedachte, und die sind nun auch Tag und Nacht ins Geschirr gespannt.« – »Ja, Durchlaucht«, tröstete Lenbach die Fürstin,

»warum haben Sie auch in eine solche Beamtenfamilie hineingeheiratet!«

In München baute sich Lenbach neben seinem Wohnhaus ein Atelier, das er großzügig und sehr malerisch einrichtete. Einer der Besucher war der bayerische Prinzregent Luitpold, der ihn im Laufe des Gesprächs fragte: »Ist das Atelier eigentlich mit dem Wohnhaus verbunden?« – »O ja«, sagte Lenbach, »durch eine gemeinsame Hypothek, Königliche Hoheit.«

Eine nicht mit irdischer Schönheit gesegnete Hofdame wollte sich von Lenbach porträtieren lassen. »Aber das Bild muß sehr ähnlich und hübsch werden«, bat sie. »Bitte, meine Gnädigste«, sagte da der Maler, »Sie müssen sich schon für das eine oder andere entscheiden.«

Ein Adeliger, der Lenbach saß, hatte ständig an dem entstehenden Bild etwas auszusetzen. Nach einer Weile platzte dem Maler der Kragen: »Wenn Sie noch ein Wort über das Bild sagen, dann male ich Sie so, wie Sie sind!«

Als Lehrer auf der Akademie war Lenbach für seine Strenge und Unbestechlichkeit bekannt. Aber auch für seine Direktheit, mit der einmal einen Schüler, der sich für ein großes Talent hielt, abfahren ließ: »Ich kann Sie nicht daran hindern, daß Sie Maler werden, aber es ein bißchen hinauszögern – das vermag ich schon!«

Wladimir Iljitsch Lenin
Simbirsk (Uljanowsk) 22. 4. 1870 – Gorki 21. 1. 1924

Lenin war – zusammen mit Karl Marx – der wichtigste Wegbereiter der russischen Revolution und zugleich ihr bedeutendster Führer. Er vertrat und erkämpfte die Idee des Sozialismus als Staat. Die Macht dieses Staates und seiner Führung erkämpften Lenins Nachfolger – und scheiterten, wie wir heute wissen...

Mit 17 Jahren mußte Lenin, der eigentlich Wladimir Iljitsch Uljanow hieß, erleben, wie sein Bruder Alexander als Angehöriger einer revolutionären Gruppe in Rußland hingerichtet wurde. Als er es erfuhr, rief er: »Dafür werde ich sie zahlen lassen. Das schwöre ich!« Und seine Mutter fragte: »Wen wirst du zahlen lassen?« – »Egal – ich weiß es!«

Nach der Erstürmung des Winterpalais in Petersburg sprach er jenen denkwürdigen Satz, der in die Geschichtsbücher einging: »Wir wollen nun dazu übergehen, die sozialistische Ordnung herzustellen.«

Der kleine spitzbärtige Mann mit der Aktentasche war nicht nur ein kluger, taktisch berechnender Mann, sondern auch ein glänzender und überzeugender Redner, von dem der Dichter Gorkij sagte: »Seine Worte erinnern mich immer an glitzernde Stahlspäne.«

Lenin war ein besessener, ungemein fleißiger Arbeiter. Ungern ließ er sich dabei stören. Trat doch einmal jemand in sein Zimmer und unterbrach ihn, so pflegte er zu sagen: »Würdest du mir freundlichst die Gunst deiner Abwesenheit erweisen?«

Gotthold Ephraim Lessing
Kamenz/Oberlausitz 22. 1. 1729 – Braunschweig 15. 2. 1781

Lessing, der auf der Fürstenschule St. Afra alte Sprachen gelernt und anschließend Medizin und Theologie studiert hatte, war einer der gebildetsten und vielseitigsten Schriftsteller seiner Zeit. Als Mitarbeiter der »Vossischen Zeitung« in Berlin gab der literarische Aufklärer Lessing deren Beilage »Das Neueste aus dem Reiche des Witzes« heraus. Aber der Verfasser des unsterblichen Lustspiels »Minna von Barnhelm« legitimierte sich selbst durch seinen Humor und seinen Witz oft genug.

Ein alter Witz ist die Empfehlung der kürzesten Damenrede, wenn jemandem bei diesem Anlaß partout nichts einfallen will: »Schiller kam aus Marbach, Lessing aus Kamenz. – Es leben die Damens!«

Während eines Spaziergangs mit Freunden kam Lessing an einem Galgen vorbei, an dem noch ein Delinquent hing. »Machen Sie doch schnell eine Grabinschrift auf einen Gehenkten«, bat man Lessing. Dieser überlegte nicht lange: »Hier ruht er, wenn der Wind nicht weht!«

Auf einen Wittenberger Professor, der einst eine sehr mittelmäßige Leichenrede gehalten hatte, machte Lessing das folgende Epigramm:
»O Redner, dein Gesicht zieht jämmerliche Falten,
Indem dein Mund erbärmlich spricht.
Eh' du mir sollst die Leichenrede halten,
Wahrhaftig, lieber sterb ich nicht!«

Ein reicher Jude prahlte dem Dichter des »Nathan« gegenüber, er habe es sich 10000 Taler kosten lassen, die Welt zu sehen.

»Gebe der Herr«, sagte Lessing, »noch 10000 Taler, daß die Welt dich nicht gesehen hat!«

Der Direktor einer kleinen Bühne berichtete Lessing voller Stolz, daß er jetzt sein Stück »Nathan der Weise« einstudieren lasse, um es demnächst aufzuführen. »Wer wird denn den Nathan spielen?« fragte der Autor. »Ich!« meinte selbstbewußt der Schmieren-Direktor. Worauf Lessing weiterfragte: »Und wer ist der Weise?«

Darf ein Prediger wohl Komödien schreiben?« fragte eine Dame bei einer Gesellschaft ihren Nachbarn Lessing. »Um das richtig beantworten zu können«, meinte Lessing, »muß ich gleichzeitig fragen: Darf ein Schauspieler predigen? Die Antwort auf meine Frage lautet: Warum nicht, wenn er will. Und die Antwort auf Ihre Frage: Warum nicht, wenn er kann.«

Von einer schönen, aber nicht sehr intelligenten Frau sagte Lessing: »Wenn sie nicht spricht, spricht sie mich an. Wenn sie aber spricht, spricht sie mich nicht mehr an.«

Als Lessing gestorben war, wurde seine langjährige Haushälterin gefragt, wie er denn gelebt habe. Lakonisch meinte sie: »No, er tat nischt, taugte nischt und roochte viel!«

Max Liebermann
Berlin 20. 7. 1847 – Berlin 8. 2. 1935

Liebermann, der Mitbegründer der Berliner Sezession, wurde 87 Jahre alt. Nach den grauen, etwas kühlen Farben seiner frühen Bilder wurden unter dem Einfluß der französischen Impressionisten seine Farben später heller und leuchtender, so daß seine Bilder weit mehr von seiner Feinfühligkeit und sensiblen Geistigkeit verrieten als die zahlreichen kernigen Bonmots, für die er berühmt – und berüchtigt war.

Von diesen Bonmots blieben auch Freunde wie der Komponist Eugen d'Albert nicht verschont. Als dieser ihm seine achte Frau, eine wegen ihrer Schönheit bekannte Mannheimerin, vorstellte, sagte Liebermann: »Donnerwetter! So 'ne hübsche Frau haste schon lange nich geheiratet!«

Ein anderer Freund, ebenfalls Maler, rühmte sich gern, daß Liebermann so viel auf sein Urteil gäbe. »Wenn man ihn hört, möchte man meinen, er habe alle Ihre Bilder gemalt«, erzählte jemand Liebermann. »Soll er ruhig sagen«, meinte der, »aber wenn er einmal behauptet, ich hätte seine Bilder gemalt, dann verklage ich ihn.«

Liebermann porträtierte zahlreiche Berühmtheiten seiner Zeit. Der Chirurg Sauerbruch wurde während der langen Sitzungen immer nervöser. Schließlich sagte Liebermann: »Dat jeht nu nich anders. Wenn Sie mal nen Fehler machen, denn deckt det bald der jrüne Rasen zu. Die Fehler, die ick mache, die sieht man noch nach hundert Jahren.«

Und zu dem Dichter Richard Dehmel, der nach Fertigstellung seines Konterfeis noch diese und jene Änderung wünschte:

»Nu is aber Schluß! Oder woll'n Se, daß det Porträt och noch Mama und Papa sagen kann?«

Ein bekannter Berliner Bankier, dessen Äußeres eigentlich für die Ewigkeit wenig geeignet war, fragte Liebermann: »Na, Herr Professor, wird das Bild auch ähnlich?« Liebermann: »Zum Kotzen ähnlich!«

In München lernte Liebermann zufällig einen General kennen, der keine Ahnung hatte, daß er es mit einem berühmten Maler zu tun hatte. Gemeinsam ging man ins Hofbräuhaus, um die neue Bekanntschaft zu begießen. Während ihres Gesprächs hörte die Kellnerin plötzlich den Namen Liebermann und fragte: »Tschuldigen schon, san Sie der Maler Max Liebermann aus Berlin?« Und als Liebermann bejahte, rief sie: »Mei, des freut mich. Des is a Ehre, a so an berühmten Mann bedienen zu dürfen!« Als sie wieder gegangen war, meinte der General: »Na, in diesen Kreisen scheinen Sie ja recht bekannt zu sein!«

In jungen Jahren selbst ein radikal Moderner, bekundete Liebermann im Alter ein heftiges Mißtrauen gegenüber den Revolutionären von 1910, den Expressionisten. Als Präsident der Berliner Sezession hatte er für eine Ausstellung unter anderem Bilder von Nolde und Pechstein zu beurteilen. Mißmutig betrachtete er die Werke und knurrte dann: »Nehm' Se det Zeug wech, sonst jefällt det mir am Ende ooch noch!«

In einer Ausstellung traf Liebermann den Bildhauer Edwin Scharff vor einer kleinen modernen Plastik. »Jefällt Ihnen det?« fragte er. »O doch«, begeisterte sich Scharff, »das gefällt mir ausnehmend.« – »Det jefällt Ihnen wirklich?« fragte Liebermann erstaunt. »Aber gewiß doch! Sehr sogar!« Darauf Liebermann bestimmt: »Nee! Ausjeschlossen! Det jefällt Ihnen nich!«

Die Kunsthistoriker sind gar nicht so überflüssig«, erklärte Liebermann. »Wenn die nicht wären, wer sollte dann nach unserem Tod unsere schlechten Bilder für unecht erklären?« Und als man einmal über Stil sprach: »Wo die Begabung aufhört, fängt der Stil an.«

In den letzten zwei Jahren seines Lebens regierten in Deutschland die Nationalsozialisten. Liebermann, bereits zu alt, um in die Emigration zu gehen, machte keinen Hehl aus seiner politischen Meinung. An einem Sommernachmittag saß er in seinem Garten und malte. Sein Nachbar, hohes Parteimitglied und Funktionär, blickte über den Zaun und meinte anerkennend: »Für einen Juden malen Sie eigentlich sehr gut.« Liebermann schlagfertig: »Für einen Nazi haben Sie einen erstaunlichen Kunstverstand!«

Abraham Lincoln
Hodgeville 12. 2. 1809 – Washington 15. 4. 1865

Der aus dem Bundesstaat Kentucky stammende Lincoln kam aus einfachen Verhältnissen und brachte es bis zum Rechtsanwalt in Springfield. 1856 wurde er Mitglied der Republikanischen Partei und setzte sich auf maßvolle Weise für die Abschaffung der Negersklaverei ein. Bei seiner Wahl 1861 zum 16. Präsidenten der USA fielen 11 Südstaaten ab, die an der Negersklaverei festhalten wollten. Im darauffolgenden, fast vier Jahre andauernden Sezessionskrieg setzte der Präsident die Sklavenbefreiung und die Wiederherstellung der nationalen Einheit der Union durch. 1865 wurde er bei einem Theaterbesuch ermordet.

Auf einer einsamen Straße begegnete dem jungen Rechtsanwalt Lincoln eines Tages eine Frau hoch zu Pferd. Er blieb stehen, um sie vorüberzulassen, und auch sie zügelte ihr Pferd und sah ihn an. »Ich glaube«, sagte sie, »Sie sind der häßlichste Mensch, der mir je begegnet ist.« – »Das mag sein. Aber ich kann daran nichts ändern«, sagte Lincoln ruhig. »Doch, Sie könnten zu Hause bleiben!« rief sie und ritt weiter.

Die Mutter eines jungen Soldaten suchte Lincoln auf und bestand darauf, daß er ihren Sohn ins Offizierkorps übernehmen müsse. »Sehen Sie, Herr Präsident«, begründete sie ihre Forderung, »schon mein Großvater hat sich bei Lexington geschlagen, mein Onkel war der einzige Offizier, der nach der Schlacht von Bladensburg nicht davongelaufen ist, mein Vater hat in New Orleans gekämpft und mein Mann ist in Monterey gefallen.« Da sagte Lincoln: »Liebe Frau, nachdem Ihre Familie bereits soviel für das Vaterland geblutet hat, sollte man ihr jetzt eine Chance geben, damit sie weiterhin bestehen bleibt!«

Für einen Klienten sollte Lincoln einen Prozeß führen, bei dem es um eine Schuld von 600 Dollar ging. Er studierte den Fall und stellte fest, daß er den Prozeß zwar gewinnen würde, aber gleichzeitig eine Witwe mit sechs Kindern in die nackte Armut brächte. Daraufhin schrieb er seinem Klienten: »Leider kann ich Ihren Fall nicht übernehmen, obwohl wir den Prozeß ohne Zweifel gewinnen würden. Nicht immer ist moralisch zu vertreten, was gesetzlich legitim wäre. Da ich Sie als einen tüchtigen und einfallsreichen Mann kenne, möchte ich Ihnen deshalb den Rat geben, sich 600 Dollar auf andere Art zu verdienen.«

Ein Besucher des Weißen Hauses traf Lincoln beim Schuheputzen an. »Was?« rief er entsetzt. »Herr Präsident, Sie putzen sich die Schuhe?!« Worauf Lincoln ruhig fragte: »Ja, wem soll ich sie denn sonst putzen?«

Als Lincoln während einer Versammlung durch die Menschenmenge zum Rednerpult ging, hörte er jemanden sagen: »Aber der sieht ja aus wie ein Durchschnittsmensch.« Da wandte er sich um und sagte: »Lieber Freund, der Herr bevorzugt Durchschnittsmenschen. Darum hat er auch so viele von ihnen geschaffen.«

Franz Liszt
Raiding 22. 10. 1811 – Bayreuth 31. 7. 1886

Er war der bedeutendste und gefeiertste Klaviervirtuose seiner Zeit, er war Priester, und seine zum Teil skandalösen Liebesaffären nährten den Hofklatsch an allen mitteleuropäischen Fürstenhöfen, als Komponist und Haupt der Neudeutschen Schule entwickelte er die Symphonische Dichtung und eine für seine Zeit kühne Harmonik, seine Schüler gingen in die Hunderte. Der Ungar Franz Liszt wurde als Sohn des Adam Liszt, Rentmeister des Fürsten Esterházy, im heutigen Burgenland geboren.

Wie der alte Mozart in Salzburg hatte auch Adam Liszt seine Stellung beim Fürsten Esterházy aufgegeben, um sich ganz der Ausbildung und Betreuung seines Sohnes widmen zu können. Auf einer Konzertreise mit dem Knaben kam er auch nach Paris, wo er sich um die Aufnahme des Jungen in das Pariser Konservatorium bemühte. Doch Cherubini, damals Direktor, lehnte ab, weil Franz Liszt kein Franzose war. Vielleicht, so hoffte der alte Liszt, würde Cherubini seinen Entschluß noch ändern, wenn er den einflußreichen Herzog von Orléans als Fürsprecher gewänne. So führte er Franz in das Palais Royal, wo dieser dem Herzog vorspielte. Der ganze Hof war entzückt, und der Herzog stellte dem Knaben einen Wunsch frei, den er zu erfüllen versprach. Zur Enttäuschung des Vaters deutete Franzl mit leuchtenden Augen auf einen bunten Hampelmann und rief: »Diesen dummen August möcht ich!«

Im Jahre 1834 begegnete Liszt der Gräfin Marie d'Agoult, mit der er eine zeitweise recht stürmische, zehn Jahre währende Verbindung einging, der zwei Töchter und ein Sohn entstammten. Madame d'Agoult war um sieben Jahre älter als Liszt. Als sie etwa vierzig Jahre alt war, verglich sie ihn eines

Tages mit Dante und nannte sich selbst seine Beatrice. Trokken meinte Liszt: »Nun, die wahre Beatrice stirbt mit achtzehn Jahren.«

Als sich anläßlich eines Konzerts in der Wiener Hofburg für Zar Nikolaus I., der kein besonderer Musikliebhaber war, dieser ungeniert mit dem Kaiser unterhielt, unterbrach Liszt sein Spiel und verharrte mit gesenktem Kopf in Schweigen. »Was ist los, Herr Liszt?« fragte Seine Majestät unwillig. Offenbar ungerührt von diesem Unmut sagte Liszt: »Wenn die Majestäten sprechen, haben die Untertanen zu schweigen.«

In einem Pariser Salon spielte Liszt eine seiner letzten Klavierkompositionen, die voller technischer Schwierigkeiten war, mit vollendeter Bravour. Anschließend überschüttete man ihn mit Komplimenten, worauf Liszt nicht ohne Stolz sagte: »Es gibt nur zwei Musiker, die dieses Stück genauso, wie ich es geschrieben habe, und im Originaltempo spielen können: Hans von Bülow und ich.« Da setzte sich der junge und noch unbekannte Georges Bizet, der unter den Gästen war, ans Klavier und spielte im gleichen Tempo das Stück ohne Fehler vom Blatt. Als er geendet hatte, sprang Liszt auf und rief begeistert: »Ich habe mich geirrt, es sind drei. Und der jüngste ist zugleich der glänzendste Pianist!«

Durch seine Mutter geprägt, fühlte sich Liszt von Jugend an zur katholischen Kirche hingezogen. 1861 reiste er nach Rom, wo er zum Abbé geweiht wurde. Dort wohnte er zeitweise im Palais des Kardinals Hohenlohe, wo ihn eines Tages ein Freund besuchte. In einer Ecke des Zimmers stand eine Madonnenfigur, an der Wand hing ein großes Christusbild und darunter auf einem Tisch standen mehrere Weinflaschen und Zigarrenkisten. Man feierte das Wiedersehen mit einer Flasche Wein und rauchte dazu eine Zigarre. »Glauben Sie nicht«, fragte der Gast, »daß sich Madonna und Heiland durch den Tabaksqualm belästigt fühlen?« Liszt lachte: »O nein. Ich denke, es ist für sie eine Abwechslung von dem ewigen Weihrauch.«

Auf einer Gesellschaft in Wien erschien Liszt im geistlichen Gewand. Wie üblich plauderte und scherzte er mit der ihn zahlreich umgebenden Schar von Damen, von denen nicht wenige den Abbé mit verklärten Blicken ansahen. Am meisten schien eine tief dekolletierte Dame seiner Gunst entgegenzuschmachten. Da bemerkte der für seinen Witz berühmte Wiener Jurist und Justizminister Joseph Unger: »Wenn sein Gewand sie nicht schützt, ihres schützt sie bestimmt nicht!«

Ernst Lubitsch
Berlin 28. 1. 1892 – Hollywood 30. 11. 1947

Nach einer Bühnenausbildung bei Max Reinhardt wandte sich Lubitsch dem Film zu, zuerst in Berlin, ab 1923 arbeitete er in Hollywood. Seine Filme (»Madame Dubarry«, »Verbotenes Paradies«, »Ninotschka« oder »Sein oder Nichtsein«) entlarvten zumeist heiter-ironisch das Weltgeschehen aus der Kammerdienerperspektive.

Lubitsch war der Entdecker der aus Polen stammenden Apollonia Chalupetz, für die er den Namen Pola Negri erfand. Sie wurde rasch ein Star, und der Produzent Paul Davidson wollte sie in jedem seiner Filme einsetzen. Lubitsch dagegen wollte sie nicht so »verheizen«. Als Davidson den Film »Krakowiak« produzierte, sagte er: »Die Negri wird das großartig machen!« – »Ja«, sagte Lubitsch, »aber wer soll den Krakowiak spielen?«

Zuerst in Deutschland und später in Amerika war der Regisseur des »Blauen Engels«, Josef von Sternberg, ein ernsthafter Konkurrent von Lubitsch. Bei einem Abendessen, an dem zufällig beide teilnahmen, erhob Lubitsch sein Glas und sagte zu Sternberg: »Joe, ich trinke auf dein Wohl. Aber du wirst verstehen, daß ich nur einen ganz kleinen Schluck nehme!«

In Amerika war Lubitsch wegen seines heiteren Wesens und der gelösten Arbeitsatmosphäre, die er allgemein verbreitete, sehr beliebt. Von ihm sagte der Schauspieler David Niven: »Wenn mir Lubitsch in seinem nächsten Film die Rolle eines Hundes anbieten würde, ich ginge auf der Stelle hin, um Unterricht im Bellen zu nehmen.«

Ludwig XIV.
St.-Germain-en-Laye 5. 9. 1638 – Versailles 1. 9. 1715

Das Außergewöhnlichste, das den späteren »Sonnenkönig« Ludwig XIV. kennzeichnen sollte, kündigte sich bereits kurz nach seiner Geburt an. Schon eine Woche später gingen in Paris legendäre Gerüchte um, denenzufolge er etwas Übermenschliches an sich habe. So sei er beispielsweise bereits mit sämtlichen Zähnen auf die Welt gekommen. Nie ganz geklärt wurde die Frage, ob sein offizieller Vater Ludwig XIII. tatsächlich sein Erzeuger gewesen ist. Immerhin hatte der damals Siebenunddreißigjährige bereits 23 kinderlose Ehejahre hinter sich. Und ein im Jahre 1702 erschienenes Pamphlet behauptete, Cinq-Mars, ein Günstling Ludwigs XIII., habe den Dauphin mit der Königin Anna, einer Habsburgerin, gezeugt.

Ludwig war kein begeisterter Schüler und bereitete seinen Lehrern mehr Ärger als Befriedigung. »Wozu nützt denn das Lesen?« fragte er einmal den Herzog von Vivonne, der als besonders gebildet galt. »Das Lesen, Sire«, antwortete dieser, »ist für meinen Geist, was Ihre Rebhühner für meinen Magen sind: es erhält mich frisch!«

Mazarin, der Nachfolger Richelieus, hatte schon prophezeit, als Ludwig noch ein Kind war: »Ihr kennt ihn nicht. Er wird ein wenig spät beginnen, doch er wird es weiter bringen als irgendein anderer. Er hat in sich das Zeug zu vier Königen und zu einem redlichen Mann.«

Ludwig XIV. ließ sich nicht gern um eine Gunst angehen, fühlte er sich doch souverän genug, von sich aus zu wissen, wann und wo er Ämter und Titel zu verteilen habe. So antwortete er einem alten Offizier, der ihn bat, zum General befördert zu werden: »Ich werde es mir überlegen.« Da nahm dieser seine Perücke ab, wies auf seine weißen Haare und sagte: »Nicht zu lange, Sire.« Der König lachte und machte ihn noch am gleichen Tag zum General.

Auf einem Hofball bemerkte Ludwig XIV. einen maskierten gelben Domino, der mit außerordentlichem Appetit Speisen und Getränke verschlang und sich dann rasch entfernte. Doch kurz darauf erblickte er zu seiner Verwunderung den Domino wiederum mit dem gleichen Appetit essend und trinkend. Als sich dies fünf- oder sechsmal wiederholt hatte, befahl er einem Offizier, sich genauer nach der gefräßigen Maske zu erkundigen. Es stellte sich heraus, daß die Schweizer Garde einen gelben Domino geliehen hatte, den ein Soldat nach dem anderen anzog, um in dieser Verkleidung sich die leckeren Speisen und köstlichen Getränke der Hoftafel schmecken zu lassen. Der König lachte herzlich über diesen Einfall und ließ die restlichen Gardisten sogleich zur Tafel bitten.

In größerem Kreis in Versailles erklärte Ludwig XIV. den von ihm entwickelten Absolutismus: »Die Könige haben ihre Macht von Gottes Gnaden erhalten, das heißt: Wenn ich einem von Ihnen befehlen würde, ins Wasser zu springen, hat er mir ohne Zögern zu gehorchen.« Da erhob sich einer der Höflinge und machte Anstalten, die Runde zu verlassen. »Wo gehen Sie hin?« fragte der König ärgerlich. »Schwimmen lernen, Sire!«

Der König ließ eines Tages Kardinal Retz zu sich rufen und teilte ihm mit, daß er ihn aller seiner Ämter enthoben habe. Danach versuchte er verbindlich zu sein: »Ihr Haar ist bereits weiß, Herr Kardinal.« Da verneigte sich dieser: »Man altert rasch, Sire, wenn man das Unglück hat, nicht in der Gunst Eurer Majestät zu stehen.«

Vorwurfsvoll begrüßte Ludwig einen Minister, den er zur Audienz bestellt hatte und der pünktlich auf die angegebene Minute erschien: »Sie haben mich beinahe warten lassen!«

Bei einem Essen sagte Ludwig XIV. zu einem schweizerischen General: »Hätten wir das Gold und Silber, das Frankreich bis heute an die Schweiz gezahlt hat, dann könnte man die Straße von Paris nach Basel mit blanken Louisdors pflastern!« – »Das mag zutreffen«, antwortete der General, »aber bedenken Sie, Sire, mit dem Blut der Schweizer, das für Frankreich vergossen wurde, könnte man einen Kanal von Basel nach Paris schiffbar machen.«

Ludwig XV.
Versailles 15. 2. 1710 – Versailles 10. 5. 1774

Er war der Urenkel des »Sonnenkönigs« Ludwig XIV. und kam wie dieser bereits mit fünf Jahren auf den französischen Thron. Anfangs führte die Staatsgeschäfte Herzog Philipp II. von Orléans, später Kardinal Fleury als leitender Minister, und noch später bestimmten die Mätressen des Königs weitgehend die französische Politik, vor allem die Pompadour und die Dubarry.

Aber auch darüber hinaus war der König dem weiblichen Geschlecht sehr zugetan. Gelegentlich lud er eine kleine Schauspielerin oder Tänzerin zu sich zum Abendessen. War es jedoch in der Fastenzeit, so fiel dieses entsprechend mager aus. Als sich eine der Auserwählten einmal darüber mokierte, sagte Ludwig XV.: »Mein liebes Kind, ich bin bereit, heute abend eine Sünde zu begehen, aber nicht zwei.«

Eine kurze Affäre hatte Ludwig XV. mit Madame Desparbés. Doch er machte ihr heftige Vorwürfe: »Allen meinen Untertanen schenkst du die gleiche Gunst wie deinem König. Letzte Woche hast du mit dem Herzog von Choiseul geschlafen!« – »Ach Sire – er ist so mächtig«, entschuldigte sie sich. »Und mit dem Marschall Richelieu!« – »Aber er ist so geistvoll«, erklärte sie. »Und mit Manville!« – »Er hat wunderschöne Schenkel, Sire.« – »Aber beim Herzog von Aumont, der auch bei dir war, kann man nichts von alledem behaupten!« Madame Desparbés senkte die Augen und flüsterte: »Aber Sire, er ist Ihnen so treu ergeben.«

Wie schon zu Zeiten seines Urgroßvaters stand es um die Finanzen am französischen Hof auch unter Ludwig XV. nicht immer zum besten. Sein Eintreten für Stanislaus Leszcyński im Polnischen Thronfolgestreit brachte Frankreich zwar Lothringen ein, aber der Österreichische Erbfolgekrieg nach der Thronbesteigung Maria Theresias 1740 kostete große militärische und finanzielle Anstrengungen. Als die Einkünfte wieder einmal so in Unordnung geraten waren, daß die Hofbediensteten ihr Gehalt zur bestimmten Zeit nicht erhalten konnten, kamen die Opernsänger beim zuständigen Minister mit einer Bittschrift ein, daß er ihnen ihre angewiesene Besoldung auszahlen möge. »Meine Herren«, sagte dieser, »zuerst wollen wir die befriedigen, die weinen, und dann jene, die singen.«

Wieviel Fenster hat Ihr Schloß?« fragte Ludwig XV. einen Herzog, der zum ersten Mal nach Versailles geladen war. »Ich weiß es nicht, Sire«, antwortete dieser etwas verwirrt ob der seltsamen Frage. Da drehte der König sich brüsk um und ließ ihn stehen. »Sie dürfen zum König nie sagen: Ich weiß nicht«, klärte ein Hofbeamter den Herzog auf. »Geben Sie lieber eine dumme Antwort als gar keine. Mich hat der König einmal gefragt, wieviele Männer im Rat der Zehn von Venedig sitzen. Und als ich sagte: ›Achtzehn‹, war er mit dieser Antwort vollkommen zufrieden.«

Um die Menschen lieben zu können«, sagte der Graf von Saint-Germain einmal, »darf man kein Beichtvater und kein Polizeikommissär sein.« – »Und kein König«, fügte Ludwig XV. hinzu. »Ach, die Könige«, erwiderte der Graf, »sie sind von einem so dichten Nebel umgeben, daß sie auf vier Schritte Entfernung nichts mehr erkennen können.«

MARTIN LUTHER
Eisleben 10. 11. 1483 – Eisleben 18. 2. 1546

Der Bergmannssohn Martin Luther wurde an einem 10. November geboren. Als einige Jahre später ein Dokument ausgestellt werden sollte, konnte sich seine Mutter nicht mehr genau an das Jahr erinnern und entschied sich nach einigem Zögern für 1483. Jahrzehnte später erstellten Verehrer an Hand der von ihm bekannten Fakten und Charaktereigenschaften sozusagen »umgekehrt« ein Horoskop und bemerkten, daß dieses auf die Konstellation vom 10. November 1483 weniger zutraf, weit besser dagegen auf die des gleichen Tages von 1484. Vermutlich richteten sie sich jedoch hierbei weniger nach der Astrologie als nach einer alten Prophezeiung, nach der im Jahre 1484 ein gewaltiger und bedeutender Prophet geboren werden sollte. Luther wurde zwar kein gewaltiger Prophet, dafür jedoch der Begründer der Reformation.

Ein Pfarrerkollege fragte eines Tages Luther, wie er es anstelle, daß seine Predigten immer so wirkungsvoll seien. »Lieber Bruder«, antwortete ihm Luther, »schlag die Bibel auf, geh frisch auf die Kanzel, mach's Maul auf und rede, wie dir der Schnabel gewachsen ist, und höre bald wieder auf!«

Ein Anhänger der Chirognomik (Handdeutung) behauptete dem Reformator gegenüber, man könne es den Menschen an den Händen ablesen, ob sie freigiebig seien oder nicht. »Freilich muß man es an den Händen sehen«, lachte Luther, »denn wer gibt etwas mit den Füßen?!«

Frau Katharina war bereits wieder schwanger, als sie noch ihr Jüngstes säugte. Da scherzte Luther: »Das ist natürlich schwer, zwei Gäste zu ernähren, den einen im Hause, den anderen vor der Tür.«

In Zeiten schwerer innerer Anfechtungen litt Luther unter Depressionen. Dann konnte ihm nur noch das Mitgefühl und der ruhige Zuspruch seiner Frau helfen. Aber einmal mußte er in dieser Stimmung verreisen, und als er wenige Tage später zurückkehrte, war er niedergedrückter als zuvor. Als er ins Zimmer trat, sah er Frau Katharina in schwarzer Trauerkleidung dort sitzen, in der Hand ein tränennasses Taschentuch. »Was ist geschehen, mein Gott?« fragte er bestürzt. Katharina winkte resigniert ab, doch er drang in sie, und schließlich sagte sie: »Schau, Martin, ich trauere, weil unser Herrgott gestorben ist.« Er stutzte, dann verstand er den Hinweis. »Du hast recht«, rief er. »Ich habe mich versündigt, weil ich mit meinem kleinen Kummer so getan habe, als gäbe es keinen Gott im Himmel!«

Ein reicher Kaufmann aus Hamburg brachte seinen Sohn zu Luther in Pension und wurde von ihm zum Abendessen eingeladen. Der Vater sprach mit dem großen Reformator über die Erziehung seines Sohnes. Diesem aber dauerte die Zeit zu lang, und der Anblick einer gebratenen Gans, die eben aufgetragen wurde, verlockte ihn, sich unbemerkt zum Tisch zu schleichen und ihr die knusprige Haut abzuziehen. Doch Luther hatte es trotzdem gesehen und wandte sich lächelnd an den Kaufmann: »Was würdet Ihr Euren Sohn lernen lassen, wenn er nicht studieren wollte?« – »Die Kaufmannschaft«, antwortete der. »Nein«, unterbrach ihn Luther, »das Gerberhandwerk hätte er lernen müssen, denn er hat wahrlich dort das Gänseleder ganz gut bearbeitet.«

Anna Magnani
Rom 7. 3. 1908 – Rom 26. 9. 1973

Zum Weltstar wurde die temperamentvolle Anna Magnani aus Italien erst in Amerika. Sie war eine der größten Charakterdarstellerinnen, die aber – geschäftstüchtig wie Mary Pickford – auch ihren Marktwert durchaus kannte.

Ein Produzent, der sie unbedingt für eine Rolle gewinnen wollte, schmeichelte ihr: »In ganz Hollywood gibt es keine andere Schauspielerin, die diese Rolle spielen kann!« – »Wenn das so ist«, meinte die Magnani, »dann müssen Sie noch einmal 100 000 Dollar auf die Gage draufschlagen.«

In dem von Männern beherrschten Filmzentrum Hollywood war sie bekannt für ihre boshaften Bemerkungen über das starke Geschlecht. »Die Männer«, stellte sie fest, »erreichen nur deswegen führende Positionen, weil sie nie wegen Schwangerschaft etwas absagen müssen.«

Und die Magnani charakterisierte so den männlichen Autofahrer: »Ein Mann am Steuer ist nichts anderes als ein Pfau, der sein Rad in der Hand hält.«

GUSTAV MAHLER
Kalischt/Mähren 7.7.1860 – Wien 18.5.1911

Als Komponist war Mahler ein Spätromantiker, dem Erbe Bruckners verpflichtet – besonders in seinen Symphonien – und zugleich Wegbereiter Schönbergs und der »Wiener Schule«. Zu seinen Lebzeiten war Mahler vor allem als Dirigent berühmt. 1897 wurde er Kapellmeister und kurz darauf Direktor der Wiener Hofoper. Die zehn Jahre seiner Ära gehörten zu den glanzvollsten in der Geschichte des traditionsreichen Hauses.

Nach der Uraufführung von Schönbergs Kammersymphonie ging Mahler nach vorn zum Orchester und sagte: »Meine Herren, könnte ich bitte einen C-Dur-Dreiklang hören?« Und nachdem die Musiker seiner Bitte entsprochen hatten, sagte er: »Ich danke Ihnen!« und verließ den Saal. »Wenn man ihm zusehen darf«, bemerkte Schönberg über den von ihm hochgeachteten Gustav Mahler, »wie er eine Krawatte bindet, dann kann man dabei mehr lernen als in drei Jahren am Konservatorium.«

Andere pflegen sich und reiben das Theater auf«, sagte Mahler einmal, »ich reibe mich auf und pflege das Theater.« Auch ein anderer Ausspruch wurde von dem gestrengen Operndirektor Mahler kolportiert: »Kranksein ist Talentlosigkeit, Tradition ist Schlamperei!«

In gewissem Sinne war er unbestechlich. Selbst als man ihm nahelegte, die Oper einer hochgestellten Persönlichkeit aufzuführen, weil dies der Wunsch des Kaisers sei. »Von Seiner Majestät nehme ich keine Wünsche entgegen«, sagte er, »nur Befehle. Aber ich werde gern auf das Programm drucken lassen: Erstaufführung auf Allerhöchsten Befehl Franz Josephs I.«

Mit schlotternden Knien kam ein blutjunger Anfänger aus Brünn zum Probesingen. Hinter Hans Richter am Dirigentenpult standen die Stars des Hauses, unter ihnen auch Mahler. Der junge Tenor wählte die Auftrittsarie des Lohengrin, doch als er eben beginnen wollte, brüllte Mahler aus dem Parkett: »Sie! Ich mache Sie darauf aufmerksam, wenn Sie mir schleppen, jage ich Sie gleich zum Teufel.« Der Anfänger schleppte nicht und wurde engagiert. Er hieß Leo Slezak.

Slezak sang in der »Zauberflöte« den Tamino. Sehr zum Ärger Mahlers patzte er jedesmal in einer der Szenen, in denen der Wolkenwagen mit den drei Knaben erscheint. Während einer Vorstellung fing der Wagen, durch einen Kurzschluß ausgelöst, plötzlich Feuer. Obwohl Slezak es bemerkte, sang er weiter, um keine Panik zu verursachen, und Mahler selbst dämpfte die Unruhe im Parkett, indem er sich kurz umdrehte und rief: »Sitzenbleiben! Es ist schon vorbei!« Tatsächlich konnte das Feuer sofort erstickt werden, und die Vorstellung ging ohne Unterbrechung weiter. Zum Schluß stürzte Mahler hinter den Vorhang und rief: »Heut hat er zum ersten Mal die Szene getroffen. Das Theater muß erst brennen, damit der Slezak richtig singt!«

Auf seinem Landsitz am Attersee schrieb Mahler an seiner Dritten Symphonie, in der er den Blumen der Wiese, den Tieren des Waldes und den Wolken am Himmel Stimme und Klang verlieh. Dort besuchte ihn der Dirigent Bruno Walter. Man ging gemeinsam spazieren, und Walter war entzückt über die Schönheiten der Landschaft. »Sie brauchen sich gar nicht mehr umzuschauen«, sagte Mahler, »hierherum habe ich schon alles wegkomponiert.«

Edouard Manet
Paris 23. 1. 1832 – 30. 4. 1883

Mit seinen ersten Hauptwerken »Frühstück im Freien« und »Olympia« leitete Manet die Freilichtmalerei ein. Aber auch Manets übrige Werke waren von entscheidender Bedeutung für die Entwicklung des französischen Impressionismus. Gefördert wurde dieser Einfluß wohl noch dadurch, daß fast alle bedeutenden französischen Maler seiner Zeit mit Manet befreundet waren.

Eine besonders enge Freundschaft verband ihn mit dem acht Jahre jüngeren Claude Monet. Einmal besuchte er die Familie Monet, um sie zu malen. Auch Auguste Renoir war da und malte die Monets gleichfalls. Am Abend nahm Manet seinen Freund Monet beiseite und sagte: »Sie sind doch mit Renoir gut bekannt, Sie sollten ihn dazu bewegen, einen anderen Beruf zu ergreifen. Sehen Sie selbst, Monet, das, was er da macht, hat doch mit Malerei nichts zu tun!«

Manet hielt sehr wenig von den Bildern des älteren Robert Fleury und konnte sich immer wieder über diese Malerei ärgern. »Lassen Sie doch«, beschwichtigte ihn ein Freund, »der steht doch schon mit einem Fuß im Grabe.« – »Ja, ja«, sagte Manet, »und mit dem anderen steht er ständig tief in gebrannter Siena!«

Manet legte viel Wert auf höfliche Umgangsformen – und nicht weniger auf lukrative Aufträge. Auf einer Gesellschaft wurde er mit einem Grafen bekanntgemacht, der ununterbrochen fluchte und – so zum Spaß – die gröbsten Ausdrücke verwendete. »Verdammt, Sie gefallen mir«, haute er dem Maler kräftig auf die Schulter, »Sie bepißter Maler! Wissen Sie was, kommen Sie morgen zu mir und malen Sie doch das Arschloch von Gräfin!« Nachdem er schließlich gegangen war, wandte sich Manet an den Gastgeber: »Man kann sagen, was man will, was gute Manieren sind, lernt man nur von Aristokraten.«

Mit den Jahren war Manets Frau ziemlich dick und unansehnlich geworden. Der Maler blieb ihr zwar im Herzen treu, aber er konnte es sich manchmal doch nicht versagen, einen Blick auf andere Frauen zu werfen. Einmal sah Madame Manet zufällig, wie ihr Mann einer hübschen schlanken Dame nachging. Flugs eilte sie hinter ihm her und rief: »Da habe ich dich doch einmal erwischt.« – »Aber meine Liebe«, sagte Manet freundlich, »ich bin ihr doch nur nachgegangen, weil ich sie von hinten für dich gehalten habe.«

Zum bereits alten und berühmten Manet kam einst ein Sammler und wollte, daß er für ihn ein Bild mit einem Bund Spargel male. Der Preis, den er dafür bot, war jedoch so lächerlich gering, daß Manet witzelte: »Monsieur, für das Geld kann ich Ihnen höchstens eine Stange Spargel malen.« – »Es soll mir recht sein«, meinte der Sammler, und wohl oder übel malte Manet ihm um den Preis sein Bild. Das Manet-Werk mit der einzelnen Spargelstange war dann erstmals auf der großen Pariser Manet-Ausstellung 1928 zu sehen.

THOMAS MANN
Lübeck 6.6.1875 – Kilchberg 12.8.1955

Der bedeutendste deutsche Erzähler des zwanzigsten Jahrhunderts entstammte einer großbürgerlichen Lübecker Kaufmannsfamilie. Ein dichterisches Porträt dieser Familie und des Lübecker Bürgertums schuf Thomas Mann in seinem ersten, 1901 erschienenen Roman »Buddenbrooks«. Mit diesem seinem bis heute bekanntesten Buch gelang ihm der literarische Durchbruch, und er bekam dafür den Literatur-Nobelpreis – allerdings 28 Jahre später.

Ein Jahr vor dieser Ehrung, also 27 Jahre nach Erscheinen der »Buddenbrooks«, schrieb der damals bekannte, aber inzwischen zu Recht vergessene Literaturhistoriker Eduard Engel die vernichtendste Kritik: »In den zwei dicken Bänden mit ihren mehr als tausend Seiten werden uns die wertlosen Geschicke wertloser Menschen in wertlosem Gerede vorgeführt. Thomas Mann kann rund heraus nicht Deutsch, seine Muttersprache versagt ihm für die einfachsten Ausdrücke.«

Gegner des Buches hatten sich schon früher gefunden, wenn auch aus ganz anderen Gründen. Einige der von Engel so bezeichneten »wertlosen Menschen« mit ihren »wertlosen Geschicken«, nämlich Lübecker Bürger, fühlten sich tief beleidigt, daß der Autor sie – wenn auch verkleidet und unter erfundenen Namen – in dem Roman vorgeführt hatte. Die Bürger seiner Geburtsstadt warfen Thomas Mann Frechheit vor, und ein Gymnasiallehrer nannte ihn einen Ignoranten, der als begriffsstutziger Schüler nicht einmal einen Schulaufsatz zustande gebracht habe. In der Stadt kursierte sogar eine Liste Lübecker Bürger, die aufschlüsselte, unter welchem Namen sie in dem Roman vorkämen.

Seine »Buddenbrooks« in Lübeck waren aber nicht der einzige Ärger, den sich Thomas Mann in dieser Richtung mit seinen Romanen einhandelte. Zutiefst gekränkt zeigte sich Gerhart Hauptmann, als ihn Mann in seinem »Zauberberg« als Mijnheer Peeperkorn porträtierte – oder, wie Hauptmann meinte, karikierte. Wenn sich die beiden Dichter auch nach einem Entschuldigungsbrief Thomas Manns 1932 offiziell aussöhnten, blieb doch immer ein Stachel in ihrer Beziehung. Mann besuchte Hauptmann in Bozen, wo sich die beiden angeregt unterhielten. Der Schlesier sprach dabei kräftig dem Südtiroler Wein zu, wie er überhaupt eine Neigung zu geistigen Getränken hatte, und animierte Mann mehrmals, es ihm gleichzutun. Dieser lehnte immer wieder dankend ab, genoß dafür eine seiner geliebten Zigarren nach der anderen. Später meinte Hauptmann: »Na wenigstens roocht er.«

Thomas Manns Gattin Katja war dem Nobelpreisträger zeitlebens eine wichtige Stütze in gesellschaftlichen und geschäftlichen Dingen. Bei Verhandlungen war sie bekannt und gefürchtet als scharfer Sekundant ihres Mannes. Als das Ehepaar Mann zu einer Besprechung in Berlin Samuel Fischer traf, begrüßte sie der Verleger: »Was für einen Dolch tragen Sie heute im Gewande, Frau Mann?«

Seine letzten Lebensjahre verbrachte Thomas Mann in Kilchberg am Zürichsee. Ein Kaufmann in seiner Nähe bemühte sich mehrmals, den Nobelpreisträger als Kunden zu werben. Eines Tages schickte er ihm eine Gänseleberpastete ins Haus und schrieb dazu: »Sollte die Kostprobe Ihnen munden, vertrauen Sie uns bitte Ihre Bestellungen an.« Thomas Mann revanchierte sich mit der Übersendung eines kleinen Erzählbandes. Auf die beigelegte Visitenkarte schrieb er: »Kostprobe. Bei Gefallen bedienen Sie sich bitte im Buchhandel.«

Kaiserin Maria Theresia
Wien 13. 5. 1717 – Wien 29. 11. 1780

Im Jahr 1740, als Kaiser Karl VI. gestorben war, bestieg mit Maria Theresia die erste und einzige Frau den habsburgischen Thron. Ihr erbittertster Gegner Friedrich II. von Preußen sollte später behaupten, sie sei »der einzige Mann« unter den habsburgischen Herrschern gewesen.

Die dreiundzwanzigjährige regierende Erzherzogin von Österreich nahm ihre Aufgabe vom ersten Tag an sehr ernst. Ihren väterlichen Mentor, den Grafen Sylva-Tarouca, bat sie: »Hör Er, Graf, sag Er mir stets wie irgendeiner simplen Privatperson ungeniert das, was ich schlecht mache.« Das tat dieser dann, wenn auch nicht immer gleich mit dem gewünschten Erfolg, denn die junge Herrscherin war eine hübsche, lebenslustige Frau. Gelegentlich sagte sie ihm auf seine respektvollen Ermahnungen: »Wenn ich auch nicht immer gleich folge, zu gegebener Zeit kommt mir Sein Rat immer wieder in den Sinn.« Als er sie einmal in einem Brief bat, über die Vergnügungen des Faschings nicht ihre Pflichten als Königin zu vergessen, schrieb sie ihm zurück: »Ermahn Er mich wieder, sobald die Fastenzeit beginnt.«

Bei allem Selbstbewußtsein verstand sie es, sich mit klugen und fähigen Männern, auf deren Rat sie viel gab, zu umgeben. Aus Paris holte sie den dortigen Botschafter Wenzel Kaunitz als Staatskanzler nach Wien, der ihr vierzig Jahre lang treu ergeben war. Der hypochondrisch veranlagte Kaunitz war ständig leidend und klagte oft über Kopfschmerzen, doch Maria Theresia schätzte ihn so sehr, daß sie einmal sagte: »Der kranke Kopf vom Kaunitz ist mehr wert als alle gesunden Köpfe in Wien zusammen.«

Bis zu seinem Tode hatte Karl VI. streng auf die Einhaltung des spanischen Hofzeremoniells geachtet. Unter Maria Theresia änderte sich doch bald alles, was ihr zu fremdländisch und vor allem zu aufwendig daran dünkte. Auch als sie im Juni 1741 in Budapest zur ungarischen Königin gekrönt wurde, sollte schließlich ihr praktischer Sinn über das Zeremoniell siegen. Nachdem man ihr feierlich die schwere Stephanskrone, die vorher nur harte Männerschädel geschmückt, aufs Haupt gesetzt hatte, schritt man zur Tafel. Die Krone, die man für die Königin extra enger gemacht hatte, schwankte auf ihrem Kopf hin und her und drückte sie gewaltig. Jede Bewegung und jedes Wenden des Kopfes wurde ihr zur Qual. Da nahm sie die Krone vom Kopf und stellte sie kurz entschlossen neben ihren Teller auf den Tisch. Einige ältere und etikettebewußte Nobilitäten sollen vor Schreck erstarrt sein.

Mehr als auf die Etikette bei Hof achtete Maria Theresia auf die Moral in ihrem Heer. Besonders in ihren späteren Jahren wurde die Monarchin sehr sittenstreng und gab unter anderem den Befehl, daß ein Offizier, der in einem »schlechten Haus« angetroffen werden sollte, von jeder Beförderung auszuschließen sei. Das kommentierte der greise Feldmarschall Graf Königsegg: »Hätte diesen Befehl bereits der Vater Ihrer Majestät erlassen, dann wäre ich noch Fähnrich.«

Die deutsche Kaiserwürde konnte Karl VI. seiner Tochter zwar nicht vererben, doch gelang es dieser später, die Wahl ihres Gatten Franz Stephan von Lothringen zum Kaiser durchzusetzen, weshalb ihr schließlich doch der Titel Kaiserin zukam. Mit Franz Stephan lebte sie bis zu seinem Tode in glücklicher Ehe, und auch wenn dieser gelegentlich einmal auf eigenen Wegen (oder Abwegen) ging, hatten sie immerhin gemeinsam sechzehn Kinder. »Man kann nicht genug davon haben«, meinte sie, »in diesem Punkte bin ich unersättlich.«

Doch sie selber war, um den Hausfrieden nicht zu stören und wohl auch, weil sie ihren Mann fast abgöttisch liebte, überaus nachsichtig. Dementsprechend fielen auch die Ratschläge, die sie ihren Töchtern mit auf den Lebensweg gab, aus: »Je mehr du deinem Mann Freiheiten lässest, desto liebenswürdiger wirst du ihm sein und um so mehr wird er dich suchen. Trachte ihn zu unterhalten, zu beschäftigen, daß er sich nirgends besser finde. Je mehr du deinem Gemahl Freiheit lässest, je mehr du darin deine Gefühle und dein Vertrauen offenbarst, desto anhänglicher wird er dir sein. Alles Glück der Ehe besteht in Vertrauen und beständigen Gefälligkeiten. Die törichte Liebe vergeht bald.« Und bei anderer Gelegenheit schrieb sie: »Das Mannsvolk ist wirklich sonderbar: Immer beten sie uns an wegen unserer Tugend, und niemand wird böser als sie selber, wenn wir uns sträuben, sie herzugeben.«

Sehr zum Kummer seiner Mutter blieben jedoch die beiden Ehen Josephs II. kinderlos. Von den übrigen Söhnen der Kaiserin waren gegen Ende der sechziger Jahre Karl bereits gestorben, Maximilian Geistlicher geworden und Ferdinand noch immer unvermählt. Lediglich Leopold von Toscana hatte nach dreijähriger Ehe eine Tochter bekommen. So waren alle bei Hofe aufs Äußerste gespannt, als es hieß, die Großherzogin von Toscana sei wiederum in der Hoffnung. Am 14. Februar 1768 gab man im Burgtheater, das direkt an die Hofburg anschloß, eine rührselige Tragödie nach dem damaligen Geschmack, die das vollbesetzte Haus entsprechend zu Tränen rührte. Plötzlich wurde die von den kaiserlichen Gemächern direkt zugängliche Tür der Hofloge aufgerissen und Maria Theresia stürzte im einfachen Hausmantel mit einer Depesche in der Hand herein, beugte sich über die Brüstung und rief mitten hinein in das Schluchzen der Wiener: »Kinder, Kinder! Der Poldl hat an Buam!« Für diesen Abend war die Tragödie vergessen, denn nun brach ein beispielloser Jubel aus, und man ließ abwechselnd die Kaiserin, den Vater und den »Buam« hochleben, selbst als sich die Monarchin, die sich inzwischen ihrer mangelhaften Toilette bewußt geworden war, schon längst zurückgezogen hatte.

Maria Theresia dachte viel zu gradlinig, um nicht zu merken, wenn sich jemand bei ihr mit übertriebenen Höflichkeiten und abgeschmackten Schmeicheleien ins rechte Licht setzen wollte. Gelegentlich geriet sie über die katzbuckelnde Art dieser Höflinge regelrecht in Harnisch. Wieder einmal mußte sie während einer Audienz die vor Ergebenheit triefenden Bewunderungssprüche von jemandem entgegennehmen. Doch kaum hatte sich hinter ihm die Tür geschlossen, brach es aus ihr heraus: »Dieser scheinheilige Schwätzer und miese Süßholzraspler mit seinen übertriebenen Schmeicheleien und Komplimenten!« schimpfte sie, und dann setzte sie nach kurzem Zögern leise hinzu: »Aber irgendwie freut's einen doch.«

Die Sparsamkeit, die ihr von ihrem Zahlmeister Karl Dier beigebracht wurde, hätte die Kaiserin gar zu gerne auf den Aufwand, der bei Hofe betrieben wurde, noch weit mehr bezogen, als es ihr möglich war. Vor allem der kostbare und reiche Schmuck, den die Damen, aber auch die Herren bei allen offiziellen Anlässen zur Schau trugen, war ihr ein Dorn im Auge. Doch der Hofstaat folgte in dieser Beziehung dem Kaiser, der eine besondere Schwäche für Brillanten und kostbare Edelsteine hatte und bei jeder Gelegenheit reichlich von seinem »Geschmuck«, wie es damals hieß, anlegte. So wehrte sie sich lange, um ihren Mann nicht zu kränken, gegen eine Verordnung, die das Tragen des Schmucks beschränken sollte, denn nach Meinung ihrer Minister gaben die Wiener viel zu viel Geld für kostbare Steine im Ausland aus. Unter den Gold- und Schmucklieferanten des Hofes gab es damals einen »kaiserlichen Kammergoldarbeiteradjunkt« namens Joseph Strasser, der all seinen Verdienst in chemische Experimente steckte, um aus Glas und billigen Steinen kostbare Juwelen und Brillanten täuschend nachzumachen. Doch das Geschäft mit den falschen und billigen Schmuckstücken wollte nicht recht in Gang kommen. Bis eines Tages seine Frau mit einem ungewöhnlich kostbar erscheinenden, aber falschen Halsband und ebensolchen Armspangen und Ringen auf einem Ball gesehen und von anwesenden Polizeiorganen verhaftet wurde. Auch ihr Mann wurde festgesetzt, und man berichtete Kaiser Franz, der ja als Kenner und Liebhaber kostbarer Steine bekannt war, von dem ungewöhnlichen Vorfall. Der Kaiser ließ feststellen, daß es sich tatsächlich um falschen, wenn auch ungewöhnlich echt wirkenden Schmuck handelte, bewirkte die Freilassung des Mannes und beschied ihn zur Audienz bei Hofe. Die Kaiserin zeigte sich sehr huldvoll und ließ ihm als Entschädigung für die erlittene Haft einige Geschmeide abkaufen. Strasser nutzte die Gelegenheit und klagte der Kaiserin sein Leid, daß die Wiener seine wunderschönen und doch so billigen Steine nicht zu schätzen wüßten, weshalb er kaum Abnehmer dafür fände. »Schick er sie doch einmal nach Brüssel und Paris«, riet ihm Maria Theresia, »dort wird er sicher mehr Erfolg haben.« Strasser übersiedelte bald darauf tatsächlich nach Paris und brachte es dort nicht nur zu einem ansehnlichen Vermögen, sondern auch zu hohem Ansehen. Als »pierres de strass« sind seine Steine noch heute ein Begriff.

KARL MARX
Trier 5. 5. 1818 – London 14. 3. 1883

Karl Marx war ursprünglich Journalist bei der liberalen »Rheinischen Zeitung«. 1847/48 verfaßte er zusammen mit Friedrich Engels im Auftrag des Londoner »Bundes der Kommunisten« das »Kommunistische Manifest«. Ein Jahr später ging er ins Exil nach London, wo seine wichtigsten theoretischen Schriften entstanden: »Zur Kritik der politischen Ökonomie« und »Das Kapital«.

Marx, dessen »Kapital« allein drei umfangreiche Bände füllt, behauptete einmal: »Jeder Mensch und jedes Buch läßt sich auf drei Seiten zusammenfassen, und diese drei Seiten lassen sich auf drei Zeilen reduzieren.«

In London führte Marx mit seiner Familie ein schweres und materiell sehr entbehrungsreiches Leben, so daß seine Frau schließlich gesagt haben soll: »Hätte er doch in seinem Leben mehr Kapital gesammelt und weniger darüber geschrieben!«

Lange nach seinem Tod trieb ein britischer Journalist in der Londoner Nationalbibliothek einen uralten Bibliothekar auf, der Karl Marx noch gekannt hatte: »Ja, ja, Mister Marx! Ich erinnere mich. Das war ein Deutscher mit einem riesengroßen Bart. Tagelang hat er im großen Lesesaal gesessen. Dann ist er eines Tages nicht mehr gekommen. Ich habe mich manchmal gefragt, was aus dem wohl geworden ist.«

WILLIAM SOMERSET MAUGHAM
Paris 25. 1. 1874 – Nizza 16. 12. 1965

Der englische Schriftsteller wuchs in Frankreich auf, wo er später auch wieder die letzten Jahre seines Lebens verbrachte. Und obwohl er dadurch eigentlich zwei Vaterländer hatte, viel in seinem Leben reiste und unter anderem auch in Deutschland studiert hatte, war er ein Gegner fremder Sprachen. Seiner Meinung nach mußte die Beherrschung jeder später erlernten Sprache oberflächlich bleiben. Lediglich bei Französisch machte er eine Ausnahme: »Sie ist die gemeinsamste Sprache aller gebildeten Leute. Aber selbst hier gibt es Grenzen: Man sollte tatsächlich vor einem Engländer auf der Hut sein, der vollkommen und auch im Tonfall perfekt französisch spricht; er kann leicht ein Falschspieler sein oder ein Attaché des Diplomatischen Dienstes.«

Maugham begann seine literarische Karriere mit Romanen, die ihm jedoch nicht den gewünschten Erfolg brachten. Eines Tages gab er in mehreren Zeitungen ein Heiratsinserat auf: »Junger, gutaussehender Arzt, vermögend, tierliebend und musisch begabt, sucht zwecks Heirat englisches Mädchen, das zumindest innerlich ein Ebenbild von ›Liza of Lambeth‹ ist.« »Liza of Lambeth« war Maughams erster Roman, der 1897 erschienen war. Er soll tatsächlich wenige Tage nach Erscheinen der Anzeige vergriffen gewesen sein.

In einer spiritistischen Séance sollte der Geist des großen Shakespeare gerufen werden. Unter den Teilnehmern war auch Somerset Maugham. Er war an diesem Tag sehr müde und abgespannt, und als Williams Geist ungewöhnlich lange auf sich warten ließ, schlief er ein. Als er erwachte, war die Séance vorüber. »Ich hoffe«, sagte er zu dem Vorsitzenden, »Sie haben mich bei meinem großen Kollegen entschuldigt.«

Einer Verehrerin verriet er das Geheimnis seines stets wachen Geistes, den er täglich, ohne Ausnahme durch zwei bestimmte Übungen gestärkt habe. »Und was sind das für Übungen?« wollte sie wissen. »Ich habe jeden Morgen mein Bett verlassen und bin jeden Abend wieder hineingestiegen.«

Bereits recht alt, erkrankte Maugham einmal schwer. Nachdem er sich wieder zu erholen begann, aber noch keine Besuche empfangen durfte, rief ihn eine Verehrerin an und fragte, ob sie ihm Obst oder Blumen schicken dürfe. »Obst sehr gerne«, sagte Maugham, »aber Blumen, dafür ist es noch ein wenig zu früh!«

Seinen Lebensabend verbrachte Maugham in seiner feudalen Villa in der Nähe von Nizza an der französischen Riviera. Einmal war er auf die Yacht eines reichen Bestattungsunternehmers eingeladen. Dieser begrüßte ihn: »Sie müssen mir verzeihen, Monsieur Maugham, aber ich habe noch nie ein Buch von Ihnen gelesen.« Maugham wehrte höflich ab: »Aber ich bitte Sie, habe ich mich denn schon von Ihnen bestatten lassen?«

Maugham, der, zuletzt an den Rollstuhl gefesselt, im hohen Alter von 91 Jahren starb, sagte einmal: »Die Zeit ist ein guter Arzt, aber ein schlechter Kosmetiker.«

MOSES MENDELSSOHN
Dessau 6. 9. 1729 – Berlin 4. 1. 1786

Der Verkünder einer popularphilosophischen Aufklärung und Großvater des späteren Komponisten Felix Mendelssohn-Bartholdy war im Berlin Friedrichs des Großen eine bekannte Figur, denn der verwachsene Philosoph war zugleich einer der einflußreichsten Repräsentanten des damaligen Judentums in Deutschland.

In jungen Jahren war Mendelssohn Buchhalter bei dem Berliner Seidenfabrikanten Bernhard und wurde von diesem oft hart und ungerecht behandelt. »Es ist doch seltsam«, meinte ein Freund des Philosophen, »daß die Vorsehung einen solchen Geist von einem solchen Alltagsmenschen abhängig sein läßt.« Doch Mendelssohn war anderer Meinung: »Eben das beweist mir die Güte der Vorsehung, die für meinen Herrn und mich zugleich sorgen wollte und daher ihn reich und mich arm werden ließ. Im umgekehrten Falle würde er sich gewiß in großer Not befinden, da ich ihn sicher nicht zu dem Geschäft brauchen könnte, wozu er jetzt mich benutzt.«

Friedrich der Große, der auch dichtete und komponierte, hatte ein Gedicht veröffentlichen lassen, worauf Mendelssohn 1759 in den »Berliner Literaturbriefen« eine philosophisch begründete und höchst kritische Rezension schrieb. Solche Kritik am preußischen König schien verdächtig, und der General-Fiscal ging der Sache nach, zweifellos mit Billigung des Königs, den jedoch vor allem interessierte, wie sich der Rezensent verteidigen würde. Offen erklärte Mendelssohn: »Wer Verse macht, schiebt gleichsam Kegel, und wer Kegel schiebt, König oder Bauer, muß es sich gefallen lassen, daß der Kegeljunge sagt, wie er schiebt.« Die Antwort gefiel Friedrich II., und er entschied: »Der Kegeljunge hat recht. Sache fallen lassen.« Wenig später entwickelte sich zwischen dem König und dem Philosophen eine lebenslange freundschaftliche Verbundenheit.

Einst wurde Mendelssohn von Friedrich II. nach Potsdam gerufen. Es war aber Sabbath, der Tag, an dem kein Jude reiten oder fahren darf, und so ging der Philosoph zu Fuß durch das Brandenburger Tor. Dort wurde er von einem Junker, der weder von ihm noch sonst jemandem je eine Zeile gelesen haben dürfte, angehalten und gefragt, wer er sei. Daß ein Jude namens Moses Mendelssohn zum König beschieden sei, kam nun dem Junker doch verdächtig vor. Wie er denn zu dieser Ehre käme, wollte er wissen. Mendelssohn, eingedenk der Tatsache, daß auf dieser Welt mehr Taschenspieler als Weltweise sich ungehindert bewegen dürfen, sagte: »Ich bin ein Taschenspieler.« – »Das ist etwas anderes«, meinte der Junker und ließ ihn das Tor passieren. Ein anderes Mal hielt wiederum ein junger Offizier, der an einem Tor in Berlin Wache hatte, den verwachsenen Juden an. Womit er denn handle, fragte er ironisch. »Womit ich handle, das kaufen Sie doch nicht«, meinte der Philosoph. »So? Mit was handelst du denn, Jude?« – »Mit Verstand«, antwortete Mendelssohn.

Zu einem Essen, das Friedrich II. gab, hatte er auch Moses Mendelssohn geladen. Kurz bevor die Gäste kamen, hatte der König einen witzigen Einfall, nahm die Tischkarte des Philosophen und schrieb unter den Namen Mendelssohn »...ist ein Esel«. Darunter setzte er ganz offen seinen Namenszug. Als man zu Tisch ging, beobachtete er den Gelehrten genau, als dieser die Karte las, aber keine Miene verzog. Das ärgerte ihn, und er forderte Mendelssohn auf, doch vorzulesen, was auf seiner Tischkarte stände. Mendelssohn nahm die Karte und las ganz langsam und unter besonderer Betonung der Zahlwörter: »Mendelssohn ist ein Esel – Friedrich der zweite!«

Drei Offiziere, die viel auf ihre Bildung hielten, begegneten Mendelssohn und wollten sich über ihn lustig machen. »Guten Tag, Vater Abraham«, sagte der erste. »Guten Tag, Vater Isaak«, sagte der zweite. »Guten Tag, Vater Jakob«, sagte der dritte. »Sie irren sich, meine Herren«, erwiderte der Philosoph, »ich bin weder Abraham noch Isaak noch Jakob. Ich bin Saul, der Sohn des Kis, der auszog, um seines Vaters Esel zu suchen. Aber jetzt, glaube ich, habe ich sie gefunden.«

Wiederholt wurde Mendelssohn von seinen Freunden aufgefordert, mit ihnen Schach zu spielen, wogegen er immer wieder eine entschiedene Abneigung bekundete. »Schach«, sagte er, »ist für den Verstand zuviel Spiel, und als Spiel erfordert es zuviel Verstand.«

Adolph von Menzel
Breslau 8. 12. 1815 – Berlin 9. 2. 1905

Der bedeutende Berliner Zeichner, Graphiker und Maler besuchte nur sehr kurz die Akademie und war im Grunde ein Autodidakt. Menzel malte zunächst Motive der preußischen Geschichte, später Landschaften und Gärten, ab den 60er Jahren des 19. Jahrhunderts Motive aus dem Zeitgeschehen – wie beispielsweise die Krönung Wilhelm I. –, sowie realistische Schilderungen der Arbeits- und Alltagswelt. Menzel ließ erste Elemente des Impressionismus anklingen.

Als Künstler war Menzel der Überzeugung, daß ein Maler seine Bilder immer objektiv betrachten müsse und nicht etwa dem schönen Geschlecht schmeicheln dürfe. Streng fragte er deshalb einen Freund: »Ja siehst du dir denn ein weibliches Krokodil mit anderen Augen an als ein männliches?«

Menzel war beim Kronprinzen Friedrich Wilhelm zu einem Essen geladen. Die Gesellschaft unterhielt sich angeregt über Kunst und Pferde, über Sport und Kraft. Plötzlich griff der Kronprinz, um seine eigenen Körperkräfte zu demonstrieren, den Stuhl, auf dem Menzel saß, und hob ihn samt der »kleinen Exzellenz« in die Höhe. Kaum hatte er Stuhl und Maler wieder heruntergelassen, erhob sich Menzel und sagte sehr bestimmt: »Kaiserliche Hoheit, das verbitte ich mir!«

Menzel hatte das Porträt eines Industriellen gemalt, und dieser enthüllt es feierlich in Anwesenheit zahlreicher geladener Gäste, unter denen natürlich auch Menzel war. Allerdings wußte man nicht, wer das Bild gemalt hatte, weil die Signatur verdeckt blieb. Während das Werk von allen Seiten gelobt wurde, trat ein junger Maler vor und wies auf gewisse Flüchtigkeiten der Darstellung hin: »Das Porträt ist ähnlich, ja, aber sehn Se sich mal die Knöppe an – hingehaun – kaum angedeutet...« Da hörte man Menzel aus dem Hintergrund: »Ich male Köppe – und keene Knöppe!«

Ein Freund Menzels hatte seine Schwiegermutter gemalt, und Menzel kam zu ihm ins Atelier, um das fertige Bild zu betrachten. Nachdem er es ausführlich und von allen Seiten genau in Augenschein genommen hatte, sagte er: »Es gefällt mir ganz gut, im ganzen und im einzelnen. Aber ich finde, eines haben Sie nicht recht zum Ausdruck gebracht, nämlich das wahrhaft Rhinozerosartige, das Ihre Frau Schwiegermutter hat.«

Eine berühmte Sängerin hatte ihm eine Karte für ihren Liederabend geschickt, doch er war nicht gekommen. »So ein Liederabend ist nichts für mich«, entschuldigte er sich. »In all den Liedern ist immer nur von Amouren die Rede, und davon verstehe ich nun schon gar nichts.«

Dafür ging Menzel wenigstens gelegentlich ins Theater, auch wenn er dort ebenfalls nicht mit diesem Thema verschont blieb. Über Schillers »Wallenstein« meinte er einmal: »Wenn dieses Stück seinem Ende zustrebt und alles Unglück auf den Wallenstein hereinbricht, dann kommt immer dieser Max mit seinen albernen Privatangelegenheiten und Amouren und hält das Stück unnütz um eine Stunde auf.«

Leider kam er fast immer zu spät ins Theater. Bei einer »Don-Juan«-Aufführung sagte er: »Den alten Komtur habe ich noch nie lebendig gesehen!«

KLEMENS FÜRST METTERNICH
Koblenz 15.5.1773 – Wien 11.6.1859

Waterloo besiegelte das militärische Ende Napoleons. Sein politisches Schicksal entschied neun Tage zuvor am 9. Juli 1815 die »Heilige Allianz«, Preußen, Rußland und Österreich, mit dem Abschluß des Wiener Kongresses. Das glänzende Ergebnis für das Gastgeberland hatte Österreich seinem Außenminister Klemens Fürst Metternich zu danken, eine der beherrschenden Figuren der Verhandlungen, der bis zuletzt alle diplomatischen Fäden fest in der Hand behielt. Sein größter Gegenspieler war der Vertreter Frankreichs, der Herzog von Talleyrand.

Metternich war Talleyrand bereits als Außenminister Napoleons begegnet, als er von 1806 bis 1809 österreichischer Gesandter am französischen Hof war. Dort stand das von den napoleonischen Truppen stark bedrängte Wien nicht gerade in hohem Ansehen, und entsprechend schwierig war die Mission seines Gesandten. »Was will Ihr Kaiser denn eigentlich?« herrschte ihn Napoleon bei einer Audienz an. »Er wünscht, daß Sie seinen Gesandten respektieren«, antwortete ihm Metternich.

Mit allen Mitteln suchte Metternich den Ausgleich mit Frankreich, und so empfahl er Kaiser Franz die Heirat seiner Tochter Marie Luise mit Napoleon. Für Napoleon war dies eine durchaus verlockende Verbindung, denn einerseits konnte er sich, nachdem seine erste Ehe kinderlos geblieben war, nun doch einen Thronerben erhoffen, andererseits bedeutete es die Verbindung mit dem ältesten Herrscherhaus Europas. Für seine diplomatische Vermittlung in dieser Angelegenheit erhielt Metternich vom Franzosenkaiser ein kostbares silbernes Tafelservice. Meinte der für seine Bonmots bekannte Prinz de Ligne: »C'est service pour service.«

Gelegentlich sah sich der Diplomat Metternich in Konkurrenz zu den Militärs, die für jede gewonnene Schlacht mit Ehren und Orden überhäuft wurden. In einem Brief schrieb er: »Es ist schon so, daß man sich um jene, die verhindern, daß Kanonen abgefeuert werden, weniger kümmert, als um jene, die die Kanonen abfeuern.«

Doch Franz I. »kümmerte« sich um ihn und erhob 1813 den Grafen Metternich für seine Verdienste in den erblichen Fürstenstand. Am nächsten Morgen fragte ihn sein Kammerdiener: »Befehlen Eure Durchlaucht heute den gleichen Rock, den Erlaucht gestern getragen haben?«

Hinter den Kulissen sparte man nicht mit Bosheiten gegen Metternich. Talleyrand kolportierte, was Napoleon über Metternich gesagt hatte: »Jedermann lügt ein paarmal, aber immer lügen ist zuviel.« Und er selbst meinte: »Kardinal Mazarin täuschte immer, aber er log nie. Metternich lügt immer, aber er täuscht nie!«

Metternich war ein konsequenter Verfechter des absolutistischen Systems, was ihn bei den Wienern nicht beliebter machte, vor allem als er 1821 Staatskanzler wurde und alle nationalen und liberalen Bestrebungen mit Polizeigewalt und Zensur unterdrückte. Kein Wunder, wenn manch einer glaubte, in Wien herrsche nicht der Kaiser, sondern allein »Fürst Mitternacht«, wie ihn das Volk nannte. Er selbst drückte seine Überzeugung und damit zugleich seine Rolle so aus: »Der Kaiser tut nur das, was ich will. Und ich will nur das, was er soll.«

Man darf jedoch annehmen, daß sich dieses Wort nicht mehr auf Kaiser Franz, der 1835 starb, bezieht, sondern auf seinen Nachfolger Ferdinand »den Gütigen«, der im Volk auch respektlos »Gütnand der Fertige« genannt wurde. Nicht ohne Grund, denn seine intellektuellen Fähigkeiten erlaubten ihm nicht, sein Amt voll und ganz auszufüllen. So lagen die Regierungsgeschäfte in den Händen eines dreiköpfigen Regentschaftsrats, dem neben Erzherzog Ludwig und Graf Kolowrat natürlich Fürst Metternich angehörte. Hinter vorgehaltener Hand erzählte man sich in Wien, Österreich werde jetzt von 30 regiert, drei Regenten und einer Null.

Sieht man davon ab, daß über Metternich nun nicht mehr die Autorität des Kaisers stand, sondern nur neben ihm zwei Mitregenten, änderte sich in der Politik wenig. Als man in Wien erfuhr, Kaiser Franz sei gestorben, versammelte sich vor der Hofburg eine trauernde Menschenmenge, und mancher unter ihnen weinte. Auf seine tröstenden Worte »Weint nicht, Leute, es bleibt alles beim alten!« soll ein Beamter des Hofes die Antwort erhalten haben: »Das ist es ja, darum weinen wir!«

Die Abneigung der Wiener gegen Metternich beruhte zuletzt auf Gegenseitigkeit. Bevor er in die Emigration ging, ließ er den Wienern einen Ausspruch zurück, der zum geflügelten Wort werden sollte: »Wien gehört zu Europa, doch gleich hinter Erdberg beginnt der Balkan.«

MICHELANGELO BUONARROTI
Caprese/Toskana 6. 3. 1475 – Rom 18. 2. 1564

Der von dem Florentiner Herrschergeschlecht der Medici geförderte Maler, Bildhauer, Baumeister und Dichter schuf die bedeutendsten Werke der italienischen Hochrenaissance am Übergang zum Barock. Im Auftrag von Papst Julius II. begann er 1508 mit der Ausmalung der Sixtinischen Kapelle im Vatikan. Seine größte architektonische Leistung war die Kuppel der Peterskirche. Er war Schüler Domenico Ghirlandajos und vor allem von Donatello und der Antike beeinflußt.

Wenig hielt Michelangelo von dem größten venezianischen Maler seiner Zeit. Als er zum erstenmal ein Bild Tizians erblickte, rief er aus: »Schade, daß man in Venedig nicht richtig zeichnen lernt!«

Michelangelo arbeitete an einer Statue. Ein Freund, der ihn oft besuchte, fand, daß die Arbeit wenig Fortschritte mache. »Du bist faul gewesen«, meinte er. »O nein«, widersprach Michelangelo. »Diesen Teil habe ich überarbeitet, jenen geglättet. Ich habe die Muskeln kräftiger, die Stirne sanfter und die Lippen voller gemacht. Das sind gewiß Kleinigkeiten, aber erst die Kleinigkeiten machen die Vollendung aus. Und die Vollendung ist keine Kleinigkeit!«

Von einem anderen Maler, der einen auffallend hübschen Sohn hatte, sagte Michelangelo: »Ihm gelingen die lebendigen Gestalten besser als die gemalten.«

Als Michelangelo seine »Pietà« aufstellen ließ, fragte ihn jemand skeptisch: »Wo gibt es eine Mutter, die jünger ist als ihr Sohn?« Gelassen antwortete der Künstler: »Im Paradies.«

Pietro Soderini, der Gonfaloniere von Florenz, hielt sich für einen großen Kunstkenner. Als Michelangelo seinen David auf der Piazza della Signoria aufstellen ließ, sparte er nicht mit Anerkennung, wandte jedoch ein, daß die Nase ein wenig zu dick geraten sei. Der Künstler nahm ein Messer und ein wenig Marmorstaub, kletterte auf die Leiter, klopfte dem David mehrmals auf die Nase und ließ dabei den Staub fallen. Dann kletterte er wieder herunter. »Großartig«, sagte Soderini, »jetzt ist er vollkommen!«

Michelangelo malte 1533 im Auftrag des Medici-Papstes Clemens VII. das »Jüngste Gericht« für die Sixtinische Kapelle. Dabei gab er einer der Gestalten in der Hölle die Gesichtszüge eines ihm verhaßten Kardinals. Dieser beklagte sich beim Papst und verlangte, Michelangelo müsse die Gestalt übermalen. »Ihr wißt«, antwortete Clemens VII., »daß ich wohl die Macht habe, eine Seele aus dem Fegefeuer zu retten – aber nicht aus der Hölle.«

Zu den beeindruckendsten Werken Michelangelos gehört die gewaltige Figur des sitzenden Moses. Auch er selbst war, als er sie beendet hatte, sehr mit seiner Arbeit zufrieden. Mit dem Hammer klopfte er Moses aufs Knie und rief: »Warum sprichst du nicht?!« Es war das einzige, was der Figur zur Vollkommenheit fehlte.

Amedeo Modigliani
Livorno 12. 7. 1884 – Paris 25. 1. 1920

Der gutaussehende Italiener Amedeo Modigliani, dem die Frauen in Scharen nachliefen, lebte die längste Zeit seines kurzen Lebens in Paris. Bis zu seinem Tod gehörte er zu den am meisten verkannten Malern. Danach stiegen die Preise seiner Frauenbildnisse und Akte mit den überlangen, archaisch stilisierten Formen auf dem Kunstmarkt rasch in unermeßliche Höhen. Er selbst jedoch wäre nahezu verhungert.

Wieder einmal keinen Sous in der Tasche, tauchte er mit einem Paket Zeichnungen bei einem Kunsthändler auf und war bereit, sie ihm um einen lächerlichen Betrag zu verkaufen. Doch der Händler versuchte auch noch diese geringe Summe auf die Hälfte herunterzuhandeln. Da nahm Modigliani, der sehr leicht zu verletzen war, den Packen Zeichnungen, bohrte mittendurch ein Loch und zog einen Bindfaden hindurch. Dann nahm er sie triumphierend auf und sagte im Hinausgehen: »Und das kriegt jetzt die nächste Toilettenfrau!«

Mit neuen, aber viel zu großen amerikanischen Schuhen betrat Modigliani sein Stammcafé, die »Rotonde«. Der Maler Utrillo, dem die Schuhe gefielen, bot ihm 20 Francs, einen im Vergleich zum Wert lächerlichen Betrag. Doch spontan zog Modigliani die Schuhe aus, setzte sich barfuß an den Tisch und scherzte: »Eh bien, die Schuhe waren ein paar Nummern zu groß, der Preis ein paar Nummern zu klein, das gleicht sich wieder aus!«

Modigliani besuchte Renoir, der ihn nicht kannte, aber glaubte, dem Jüngeren ein paar wohlwollende Ratschläge erteilen zu müssen: »Malen müssen Sie mit der gleichen Lust, mit der Sie eine schöne Frau lieben. Tagelang streichle ich mit dem Pinsel das Hinterteil der Frau, die ich male, bevor ich das Bild endgültig beende.« Da verabschiedete sich Modigliani: »Monsieur Renoir, tut mir leid, aber ich mache mir nichts aus einem Hinterteil.«

Auf einer riesigen Plakatwand warben eine leuchtend gelbe Flasche und zwei Gläser auf dunklem Hintergrund für Pernod. Modigliani, der an Armut und Alkohol zugrundeging, stand davor und rief: »Nie hat man Schöneres gemalt!«

Als Modigliani starb, nahm die offizielle Kunstwelt kaum Notiz davon. Doch alle Künstler vom Montmartre und die vielen jungen Mädchen, die er geliebt hatte, formierten sich zu einem riesigen Trauerzug, der seinem Sarg durch die Pariser Straßen folgte. Man konnte meinen, hier sei ein großer Herr gestorben. Am Straßenrand standen Polizisten und grüßten in militärischer Haltung. Da sagte Picasso, der dem Zug ebenfalls folgte: »Nun ist er gerächt!«

Theodor Mommsen
Garding/Schleswig 30. 11. 1817 –
Charlottenburg 1. 11. 1903

Der berühmte Autor der »Römischen Geschichte«, für die er 1902 den Nobelpreis für Literatur erhielt, war sowohl Historiker als auch Jurist. Mit seinen zahlreichen Schriften zur Geschichte und Rechtsgeschichte leistete er zu seiner Zeit einen wesentlichen Beitrag zur Erziehung zum politischen Denken. Als er einmal auf dem Berliner Amtsgericht zu tun hatte, bat ihn dort der Beamte um eine Legitimation. Unwillig meinte er: »Aber Sie müßten mich eigentlich doch kennen?« Unerschüttert sagte der Beamte: »Das spielt keine Rolle. Aber bitte – können Sie mir sagen, wie Sie res mancipi von nec mancipi unterscheiden?« Mommsen erklärte ihm den Unterschied nach Römischem Recht. »Das«, sagte der Beamte, »ist die bekannte falsche Ansicht Mommsens. Damit haben Sie sich hinreichend ausgewiesen.«

Von Freunden erhielt Mommsen zu Weihnachten eine umfangreiche historische Abhandlung. Nachdenklich wog er das voluminöse Buch in der Hand: »Das wird Monate dauern, bis ich das alles widerlegt habe.«

Wie viele Gelehrte war Mommsen recht zerstreut. Als seine Frau im Wochenbett lag, wurde er reihum von seinen Freunden zum Mittag eingeladen. Eines Mittags war er sehr schweigsam, weil er ständig an ein bestimmtes Problem, an dem er gerade arbeitete, denken mußte. Als man mit dem Essen fertig war, legte er gedankenverloren seine Serviette auf den Tisch, erhob sich und sagte zu seinen Gastgebern: »Bitte entschuldigt das miserable Essen, aber solange meine Frau im Wochenbett liegt, kann sie sich natürlich nicht auch noch um die Küche kümmern.«

MICHEL EYQUEM, SEIGNEUR DE MONTAIGNE
Schloß Montaigne/Périgord 28. 2. 1533 –
Schloß Montaigne 19. 3. 1592

Der Einfluß dieses bedeutendsten Philosophen des Späthumanismus reicht bis ins zwanzigste Jahrhundert. Mit seinen persönlichen Reflexionen und Gedanken über verschiedene Zeit- und Lebensfragen in Auseinandersetzung mit der Antike, die er 1572 unter dem Titel »Essais« veröffentlichte, schuf er eine neue literarisch-philosophische Gattung.

Der geistreiche englische Schriftsteller Horace Walpole (1717 bis 1798) schätzte die »Essais« allerdings wenig und spottete: »Das ist das Buch eines echten Pedanten. Er und sein Seneca geben sich alle Mühe, uns sterben zu lassen. Und dabei ist es das einzige, was wir bestimmt können werden, auch ohne es gelernt zu haben.«

In Wahrheit verraten bereits die »Essais« durch ihre offene, unsystematische Form, daß Montaigne alles andere als ein Pedant gewesen sein muß. Vielmehr zeigen seine feinen psychologischen Analysen viel Witz und Skepsis. Als einmal jemand behauptete, die Brasilianer seien gewiß ein barbarisches Volk, weil sie ihre toten Feinde verspeisten, widersprach Montaigne: »Mir scheint es weit weniger barbarisch, einen toten Feind zu verspeisen, als einen Lebenden zu verbrennen, wie wir Europäer es oft genug getan haben, und noch dazu unter dem Vorwand, es geschehe um des Glaubens willen.«

Die Frauen«, behauptete Montaigne, »müssen vor den Männern fliehen. Das vor allem dann, wenn sie von ihnen eingeholt werden wollen.«

Hans Moser
Wien 6. 8. 1880 – Wien 18. 6. 1964

Moser war der Sohn eines Wiener Bildhauers ungarisch-französischer Abstammung und hieß eigentlich Jean Juliet. Seinen Schauspieler-Namen wählte er nach dem von ihm bewunderten Burgtheater-Darsteller Josef Moser, bei dem er heimlich Schauspielunterricht genommen hatte. Denn sein Vater, der leider einsehen mußte, daß der schmächtige Jean nicht mit Marmorblöcken und gewaltigen Tonklumpen würde umgehen können, aber andererseits keinesfalls wollte, daß er Schauspieler würde, hatte ihn zu einem Lederwarenhändler in die Lehre gesteckt. Doch eines Tages schrieb Moser seinem Lehrherrn einen Abschiedsbrief: »'s lederne G'schäft mit dem Leder wird mir von Tag zu Tag öder! Pfüat enk Gott, alle mit'nander, weil ich zum Theater jetzt wander!«

Doch damit begann für Moser eine harte Zeit als Schauspieler in der Provinz. Diese langen entbehrungsreichen Jahre waren der Grund für das Mißtrauen und die Sparsamkeit, die man ihm später immer wieder nachsagte. 1921 kehrte er endgültig nach Wien zurück und hatte erste Erfolge als Kabarettist. Doch fast fünfzig Jahre mußte er werden, um, endlich berühmt, ein von finanziellen Sorgen befreites Leben zu führen. Nun begann man dem bekannten Komiker und Volksschauspieler zahlreiche Anekdoten nachzusagen – oder anzudichten. Gefragt, ob ihn die zahlreichen »falschen« Moser-Geschichten nicht ärgerten, sagte er: »Gehn S', Spaß muß sein. Wer kan Spaß versteht, versteht auch kan Ernst. Guat erfunden müssen s' halt sein. Wissen S', wenn das, was i g'sagt oder g'macht haben soll, net guat erfunden ist, dann hab i's a net g'sagt oder g'macht!«

Einen Kollegen, der ihm freudestrahlend berichtete, daß er jetzt zum Professor ernannt worden sei, sagte er: »Mach dir nix draus, vielleicht kommt amal a Amnestie.«

Wegen der Hetz« beteiligte sich Moser einmal an einem Faschingswettbewerb um die beste Moser-Parodie und – gewann den dritten Preis. Der verlegenen Jury erklärte er: »Wissen S', im Parodieren war i schon immer schwach. Aber daß i net amal den Moser z'sammenbring – was wird dann nachher der Moser sagen?«

Nach eigener Aussage spielte Moser in über 150 Filmen mit, nicht wenige waren darunter, in denen er zusammen mit Paul Hörbiger auf der Leinwand zu sehen war. Einer der bekanntesten war der Film »Schrammeln«, in dem Moser den Kontra-Gitarristen des legendären Heurigen-Quartetts Anton Strohmeyer darstellte. Bei der ersten Probe griff Moser Noten und Gitarre und sagte: »Also gehn ma's an!« Hörbiger staunte. »Ja, kannst denn du vom Blatt spielen?« – »Freilich«, sagte Moser kurz und griff mächtig, aber falsch in die Saiten. »Grauslich!« stellte Hörbiger fest. Und nach einigen weiteren falschen Akkorden sagte er: »Und da behauptest du, du könntest vom Blatt spielen?« – »Freilich kann ich«, sagte Moser, »nur halt net gleich beim ersten Mal.«

Einmal passierte es ihm, daß er einen bekannten Wiener Filmproduzenten nicht erkannte. Als dieser dies recht indigniert feststellte, sagte Moser: »Schaun S', i hab halt ganz a miserablichtes Physiognomiegedächtnis. I bin ja schon froh, wann i immer mei eigene Frau erkenn.«

Oft war Moser im Lokal des Komponisten Karl Föderl in der Wiener Veronikagasse anzutreffen, dessen »Reblaus« er kreiert hatte und wo er gelegentlich, von Föderl am Klavier begleitet, sang. Eines Abends – Föderl intonierte die »Reblaus« – wollte ihm partout der Text, den er schon hunderte Mal gesungen hatte, nicht einfallen. Moser raunte übers Klavier: »Der Text! Mir fallt der Text net ein.« Föderl: »I weiß net.« Moser: »Geh, Karl, den Anfang.« Föderl: »I weiß net!« Moser zweifelnd: »Den Text von dein' eigenen Lied?« Da sang Föderl leise: »I weiß net...« Es war der Anfang des Liedes.

Wohl um dem populären Schauspieler zu schmeicheln, sang ein betrunkener Jüngling ihm einmal beim Heurigen ständig vor: »I muaß im früheren Leben a Reblaus g'wesen sein...« immer wieder, bis Moser der Kragen platzte und er grantelte: »Was Sie in Ihr'n frühern Leben warn, kann i net beurteilen, aber in Ihr'n jetzigen san S' a Aff'!«

Der bayerische Komiker und »Linksdenker« Karl Valentin kam einmal zu spät zur Probe und entschuldigte sich damit, Hans Moser habe ihn angerufen und eine halbe Stunde mit ihm telefoniert. »Was hat er denn von dir gewollt?« wurde er neugierig gefragt. »Ja, geh, geredt hat er halt dö ganze Zeit, der Moser. Was er nachher gewollt hat, dös hat er net gesagt.«

Als im Herbst 1944 auch in Wien die ersten Bomben fielen, traf Leo Slezak den ganz verängstigten Hans Moser. »Na weißt, so schlimm ist das auch nicht«, tröstete er ihn, »wie ich noch Opern gesungen hab, da war ich sogar vertraglich dazu verpflichtet, zweimal in der Woche auf der Bühne zu sterben.« – »Aber dabei hast gewußt, daß hernach a gutes Nachtmahl auf dich wartet«, meinte Moser.

WOLFGANG AMADEUS MOZART
Salzburg 27. 1. 1756 – Wien 5. 12. 1791

Das berühmteste musikalische Wunderkind der Welt war zweifellos Wolfgang Amadeus Mozart. Er starb, bevor er 36 Jahre alt geworden war, und daß er bereits mit vier Jahren zu komponieren begonnen hatte, ist wohl kaum eine Erklärung dafür, daß er über 600 Kompositionen hinterließ.

Den Vierjährigen überwachte Vater Leopold, als er mit vielen Tintenklecksen ein weißes Blatt vollkritzelte. Auf die Frage, was er da mache, sagte der kleine Wolfgang treuherzig: »Ein Konzert fürs Klavier. Bald ist's fertig.« Und tatsächlich entpuppte sich die Schmiererei bei näherem Hinsehen als nach den Regeln der Tonkunst völlig richtig und korrekt. »Nur«, meinte der erstaunte Vater, »ist's nicht zu gebrauchen, es ist so außerordentlich schwer, daß kein Mensch es spielen kann.« Doch Wolferl erklärte: »Darum ist's ein Konzert. Man muß so lange exerzieren, bis man es treffen kann.« Und er setzte sich ans Klavier und spielte – zwar kein gelungenes Klavierstück, aber doch konnte man deutlich hören, worauf er hinauswollte.

Mozart hatte auch ein phänomenales Gedächtnis. Leopold Mozart, der die Begabung seines Sohnes frühzeitig erkannt hatte, war ihm verständnisvoller Lehrer, Mentor und Reisebegleiter. 1770 war er mit seinem Sohn in Rom, wo beide am Aschermittwoch in der Sixtinischen Kapelle Allegris berühmtem »Miserere« lauschten. Dies durfte nur von den päpstlichen Sängern und nur in dieser Kapelle erklingen. Niemandem war es gestattet, eine Abschrift der Noten zu machen. Gleich nach der Aufführung eilte der junge Mozart in die Herberge und schrieb wie im Fieber die eben gehörten komplizierten Tonfolgen nieder. Zwei Tage später, am Karfreitag, hörten Vater und

Sohn das »Miserere« in der Sixtinischen Kapelle ein zweites Mal. Wolfgang hatte die Noten im Hut versteckt und korrigierte anschließend hier oder da einen kleinen Fehler. Am Abend traf er den Kastraten Christofori, der im päpstlichen Chor sang, und fragte ihn nach einer bestimmten Stelle. Eingedenk des päpstlichen Verbots sang Christofori absichtlich falsch. »Aber nein«, lachte Mozart und sang dem erstaunten Kastraten die Melodie richtig vor. Mozarts fromme Mutter, die von dem Bravourstück erfuhr, hatte Angst, ihr Sohn könne nun exkommuniziert werden und machte nächtelang kein Auge zu. Doch als Papst Clemens XIV. davon erfuhr, bestellte er den Vierzehnjährigen in Privataudienz, segnete ihn und ernannte ihn zum »Ritter vom Goldenen Sporn«.

Schon 1782 hatte Mozart für Kaiser Joseph II. die Oper »Belmonte und Constanze oder Die Entführung aus dem Serail« geschrieben und dafür von diesem das schmale Honorar von 50 Dukaten erhalten und die anerkennenden Worte: »Recht hübsch! Aber viel Noten, sehr viel Noten, mein lieber Mozart!« – »Genau so viele, als nötig sind, Majestät«, antwortete Mozart.

Das Libretto für die »Entführung« hatte Mozart von einem gewissen Gottlieb Stephanie bekommen. Dieser hatte es sich allerdings leicht gemacht und einfach den Text eines in Wien unbekannten Dramas »Belmont und Constanza« von dem Leipziger Dramatiker Christoph Friedrich Bretzner hergenommen. Der schrieb daraufhin einen wütenden Brief an die »Leipziger Zeitung«: »Ein gewisses Individuum aus Wien, ein Mann namens Mozart, besaß die Unverschämtheit, mein Drama ›Belmont und Constanza‹ zu vertonen. Ich protestiere hiermit öffentlich und feierlich gegen solche Art von Mißbrauch und Verletzung meines Eigentums. Ich werde unmittelbar weitere Schritte unternehmen, um meine Rechte zu sichern. Ihr ergebener C. F. Bretzner, Dichter und Autor des ›Räuschchens‹.« Da das Urheberrecht damals juristisch noch recht locker gehandhabt wurde, hat man allerdings von den »weiteren Schritten« des »Räuschchen«-Autors nie wieder etwas gehört.

Auch sonst hatte Mozart persönlich wenig Glück mit seinen Librettisten. Das betraf weniger die Qualität ihrer Libretti als die selbstverständliche Arroganz, mit der sie sich wichtiger nahmen als den Komponisten. Lorenzo da Ponte etwa sprach und schrieb bis zu seinem Tode nur von *meinem* »Figaro«, *meinem* »Don Giovanni« und *meiner* »Cosi fan tutte«. Ähnlich der geldgierige »Zauberflöten«-Autor Emanuel Schikaneder, damals in Wien ein einflußreicher Theatermann. Das Programm der Uraufführung der »Zauberflöte« verkündete, daß dies eine »Oper in zwei Akten von Emanuel Schikaneder« sei. Ganz unten stand dann noch in kleiner Schrift, daß die Musik von Herrn Wolfgang Amadeus Mozart stamme. Als man Schikaneder nach der Premiere beglückwünschte, sagte er: »Die Oper war wirklich ein Erfolg. Aber der Erfolg wäre doppelt so groß gewesen, wenn dieser Herr Mozart nicht soviel hineingepfuscht hätte!«

NAPOLEON I. BONAPARTE
Ajaccio/Korsika 15. 8. 1769 – St. Helena 5. 5. 1821

Der Vater Napoleons war ein korsischer Anwalt. Als die französischen Truppen 1769 Korsika besetzten, mußte er mit seiner Familie in die korsische Wildnis fliehen. Da soll seine Frau Lätitia Bonaparte geschworen haben: »Ich werde mich an Frankreich rächen!« Drei Monate später gebar sie Napoleon.

Mit 10 Jahren besuchte Napoleon die Kriegsschule von Brienne, mit 16 wurde er Artillerieleutnant, mit 25 Brigadegeneral, mit 27 Oberbefehlshaber der französischen Armee in Italien und mit 30 Erster Konsul. Drei Jahre später war er Konsul auf Lebenszeit, und mit 35 Jahren krönte er sich selbst zum Kaiser der Franzosen. Schon auf der Kriegsschule zu Brienne übte er sich als Feldherr. Mit Kieselsteinen und Holzstäbchen markierte er in einer Ecke des Gartens verschiedene Regimenter und Truppenformationen, die er dann gegeneinander ziehen und kämpfen ließ. Einmal beobachtete ihn dabei einer seiner Mitschüler und begann ihn auszulachen und über seine Kriegsspielereien zu spotten. Schließlich packte Napoleon die Wut. Er nahm einen der Steine und warf ihn dem Mitschüler mit solcher Heftigkeit an den Kopf, daß dieser an der Stirn blutete und ohnmächtig wurde. 25 Jahre später bat ein unbekannter Herr um eine Audienz beim Kaiser. Napoleon erkundigte sich nach dem Namen. Man sagte es ihm, aber er konnte sich nicht an ihn erinnern. »Der Herr hat eine auffallende Narbe auf der Stirn«, erklärte der Adjutant seinem Kaiser. »Oh, ich erinnere mich!« rief Napoleon, »dem habe ich damals ein Kavallerieregiment an den Kopf geworfen.«

Beim Übergang über den St. Bernhard marschierte Napoleon mit sehr kleinen Schritten, aus Furcht, auf dem glatten Schnee auszugleiten. Einmal jedoch verlor er doch das Gleichgewicht und schlug der Länge nach hin. Die Offiziere hinter ihm hielten es für ihre Pflicht, ebenso unsicher zu gehen, und fielen nun auch einer nach dem anderen hin. Diese Art der Schmeichelei entbehrte nicht der Komik, und einige der Soldaten brachen lauthals in ein Gelächter aus, in das Napoleon, der rasch wieder aufgestanden war, als erster einstimmte. Teils aus dem erwähnten Pflichtgefühl, teils aber, weil sich das Bild tatsächlich sehr seltsam ausnahm, stimmte nun auch der ganze Stab in das Gelächter ein. Und die Fama berichtet, daß es von da an eine recht heitere Überquerung der Alpen gewesen sein soll.

Napoleon besaß eine umfangreiche Familie, deren Mitglieder er, nachdem er Kaiser geworden war, in den eroberten Ländern und in Frankreich mit Ämtern, Titeln und Pfründen versorgte. So erhob er seine Brüder Louis, Jérôme und Joseph zu Königen in Holland, Westfalen und Neapel, seinen Schwager Joachim Murat machte er zum Großherzog von Berg. Gleichzeitig machte er jedoch kein Hehl daraus, daß er sie dieser Ehren und Ämter nicht immer für würdig erachtete. Zu Jérôme, der 1807 König von Westfalen geworden war (und es sechs Jahre blieb), sagte er eines Tages: »Wenn es wahr ist, daß die Könige den Stempel der Majestät auf ihrer Stirne tragen, dann kannst du ganz unbesorgt inkognito reisen. Dich wird niemand erkennen.«

Seinen Bruder Joseph, der als König von Neapel einmal auf eigene Faust eine politische Maßnahme treffen wollte, ließ er rasch spüren, wer der eigentliche Herrscher sei, indem er ihm schrieb: »Wenn Sie Europa Ihre Unabhängigkeit vor Augen führen wollen, so haben Sie eine recht alberne Gelegenheit dazu benutzt. Sie mögen König von Neapel sein, solange Sie wollen, aber wo ich 40000 Mann stehen habe, dort befehle ich.«

Bekannt war die Grobheit und Taktlosigkeit, die Napoleon Frauen gegenüber an den Tag legen konnte. Eine besondere Abneigung hatte er gegen kluge Frauen, die über Politik sprachen. Auf einem Empfang sagte er zu der deutschen Gattin des Divisionsgenerals: »Madame, Ihr Kleid ist scheußlich! Es erinnert an einen alten Wandbehang. Ist das der deutsche Geschmack?« Schlagfertig erwiderte Madame de Lorges: »Ich weiß nicht, ob mein Kleid etwas mit deutschem Geschmack zu tun hat, aber Ihre Worte, Majestät, haben gewiß nichts mit französischem Geschmack zu tun.«

Auf einem Ball sagte Napoleon der Herzogin de Chevreuse: »Merkwürdig, wie rot und spröde Ihr Haar geworden ist.« Die Herzogin antwortete: »Das kann möglich sein. Aber es ist sicher das erste Mal, daß ein Mann es mir sagt!« Die Herzogin, aus uraltem Adel, gehörte zu den unversöhnlichsten Feinden des Kaisers und pflegte nicht nur hinter seinem Rücken die größten Bissigkeiten von sich zu geben. Ein anderes Mal, als sie ihren alten Familienschmuck angelegt hatte, fragte sie der Kaiser: »Sind diese Steine auch alle echt, Madame?« – »Das weiß ich leider nicht«, meinte die Herzogin de Chevreuse, »aber für diese Umgebung werden sie sicher noch gut genug sein.«

In zweiter Ehe heiratete Napoleon Marie Luise, die Tochter des österreichischen Kaisers Franz, dessen Tante Marie Antoinette unter der Guillotine geendet war. Für den Franzosenkaiser bedeutete diese Verbindung mit dem ältesten Herrschergeschlecht Europas vor allem die Festigung seiner eigenen Dynastie. Und nachdem seine erste Ehe kinderlos geblieben war, erhoffte er sich von Marie Luise natürlich den ersehnten Thronerben, was er seinen Ratgebern mit der ihm angeborenen Taktlosigkeit so erklärte: »Meine Herren, ich heirate einen Bauch!«

»Wenn man Dummheiten macht, müssen sie wenigstens gelingen«, hatte Napoleon einmal gesagt. Mit dem Rußlandfeldzug begann er jene Dummheiten, die schließlich zu seiner Niederlage führten. Noch bevor er den russischen Feldzug begann, erklärte Bernadotte dem russischen Zaren in einer Unterredung: »Napoleon wird die erste Schlacht gewinnen; und auch die zweite und dritte; die vierte wird bereits unentschieden enden, und die fünfte gewinnen Sie. Dann ist Napoleon verloren.« Er sollte recht behalten.

Den Grund für Napoleons Niederlage hatte schon Metternich, als er noch Botschafter in Paris war, vorausgeahnt. Damals sagte er zu Napoleon: »In normalen Zeiten bildet die Armee einen geringen Teil der Bevölkerung. Sie haben die ganze Nation zu den Waffen gerufen. Ich habe Ihre Soldaten gesehen, es sind reine Kinder. Und wenn Sie auch diese Jahrgänge von Knaben aufgebraucht haben, wen werden Sie dann einberufen? Sie glauben, die Nation sei überzeugt, daß Sie für das Volk notwendig sind. Aber auch das Umgekehrte ist wahr.« Verärgert sagte daraufhin der Kaiser: »Sie sind kein Soldat und wissen nicht, was die Seele eines Soldaten ist. Ich bin auf den Schlachtfeldern groß geworden, und ein Mann wie ich pfeift auf das Leben von einer Million Menschen. Sein Thron kann zusammenbrechen, aber unter seinen Trümmern werde ich vorher die Welt begraben.«

Als Napoleon nach der Schlacht von Eylau über das mit Leichen aufgetürmte und mit Schnee bedeckte Schlachtfeld ritt, schauderte sein ganzer Generalstab vor dem entsetzlichen Anblick zurück. Nur er selbst blieb unbeweglich. Da scheute plötzlich das Pferd eines seiner Generäle vor einem Leichenhaufen russischer Grenadiere und konnte von seinem Reiter nur schwer am Durchgehen gehindert werden. »General«, sagte Napoleon, »General, Ihr Pferd ist eine Memme.«

Nach seinem Einmarsch in Moskau ließ Napoleon Münzen mit seinem Bild prägen. Auf der Rückseite der Münzen standen, von Wolken und Strahlen umgeben, die Worte: »Der Himmel ist dein, die Erde mein.« Napoleon schickte einige dieser Medaillen an den Gouverneur von Orensburg mit einem Schreiben, in dem er ihm Unterhandlungen anbot. Als Antwort schickte der Gouverneur die Medaillen zurück. Auf die Rückseite hatte er die Worte geritzt: »Der Rücken ist dein, die Knute mein.«

Nachdem Napoleon aus Rußland zurückgekehrt war, erzählte man sich die Scherzfrage: »Wer ist der größte Kaufmann? Antwort: Napoleon. Er hat eine Niederlage von Moskau bis Paris!«

Lord Horatio Nelson
Burnham Thorpe 29. 9. 1758 – Trafalgar 21. 10. 1805

Der englische Admiral Nelson wurde durch seine Siege bei Abukir und Trafalgar über Napoleon der größte Seeheld der britischen Geschichte. Der Sohn eines englischen Landpfarrers bewies bereits als kleiner, zarter Junge seine Unerschrockenheit und seinen Mut. Darüber hinaus »sorgte« er für eine der romantischsten Liebesgeschichten der Historie: Lord Nelson und Lady Hamilton.

Einmal kehrte er vom Spielen nicht nach Hause zurück. Als die Dunkelheit anbrach, ging man ihn überall suchen und fand ihn schließlich in Gedanken versunken an einem Fluß sitzend. Zu Hause meinte seine Großmutter: »Es verwundert mich, mein Kind, daß Hunger und Angst dich nicht nach Hause getrieben haben.« Erstaunt erwiderte der Knabe: »Mich kam keine Angst an.«

Der Direktor der Schule in North Walsham galt als besonders streng, und keiner seiner Zöglinge, zu denen auch Nelson gehörte, wagte es, sich an den Birnen in seinem Obstgarten zu vergreifen, obwohl sie es liebend gern getan hätten. Eines Nachts ließ sich Horatio an zusammengeknoteten Bettlaken aus dem Fenster des Schlafraumes herab, wagte sich in den Garten und stibitzte die verbotenen Birnen, die er anschließend an seine Mitschüler verteilte, ohne sich selbst auch nur eine zu behalten. »Ich habe sie nur geholt«, sagte er, »weil die anderen alle Angst hatten.«

Den endgültigen Sieg gegen die Franzosen errang Nelson schließlich in der Seeschlacht bei Trafalgar, in der er tödlich verwundet wurde. Die beiden letzten Bitten des Siegers von

Trafalgar waren: »Kümmert euch um meine liebe Lady Hamilton.« Und: »Werft mich nicht über Bord.« Er starb mit siebenundvierzig Jahren.

Man legte Nelsons Leichnam, nachdem man ihm die Haare abgeschnitten und alle Kleider bis auf ein Hemd ausgezogen hatte, in das größte Faß, das es an Bord gab. Dann füllte man dieses mit Branntwein und brachte die makabre Fracht nach Gibraltar. Dort wurde der Branntwein gegen Weingeist, das beste verfügbare Konservierungsmittel, ausgetauscht, und in dieser Form wurden die sterblichen Überreste des Admirals nach England überführt. Man bettete Nelson in einen Sarg, der aus dem Großmast seines Schiffes »L'Orient« gezimmert worden war, und senkte diesen in einen schwarzen Marmorsarkophag. Im Januar 1806 wurde Lord Nelson in der St.-Pauls-Kathedrale beigesetzt. Da es in vielen Überlieferungen fälschlich heißt, Nelson sei in einem Rumfaß nach England zurückgebracht worden, gibt es noch heute in der englischen Kriegsmarine für Rum den Slangausdruck »Nelsons Blut.«

Johann Nepomuk Nestroy
Wien 7. 12. 1801 – Graz 25. 5. 1862

Nach dem Wunsch seines Vaters, eines Hof- und Gerichtsadvokaten, sollte Nestroy Jura studieren, doch heimlich nahm er Gesangsunterricht und wurde 1822 als Opernsänger an die Wiener Hofoper engagiert. Ein Jahr später ging er ans Deutsche Theater in Amsterdam, wo er bereits auch erste Sprechrollen übernahm. Über Brünn und Graz kehrte er 1831 als Schauspieler in seine Heimatstadt ins Theater an der Wien zurück. Wahre Bedeutung – vor allem für die Nachwelt – bekam Nestroy natürlich als Dramatiker, als Autor von mehr als 80 Komödien, Parodien, Volksstücken und Possen.

Anfangs spielte Nestroy tragische Rollen und war gar nicht so glücklich, wenn Direktor Carl ihn immer wieder auch in komischen Rollen einsetzen wollte. »Das gewöhn ich ihm ab«, sagte Nestroy, als Carl ihm die Rolle des Sansquartir in der Posse »Zwölf Mädchen in Uniform« zuteilte. »Den spiel ich so versoffen und übertrieben, daß die Leut mich auspfeifen. Dann werd ich wohl für immer und ewig a Ruh haben von den depperten Komiker-Rollen!« Mit dieser Aufführung begann Nestroys Karriere als Komiker.

In seine eigenen Stücke schrieb Nestroy später jeweils eine zentrale Rolle für sich selbst und meist auch eine zweite für seinen kleinen, korpulenten und cholerisch-vitalen Freund Wenzel Scholz hinein. In zahlreichen eigenen und fremden Stücken bildeten Scholz und der lange, hagere Nestroy ein sich gegensätzlich ergänzendes und von den Wienern bejubeltes Komiker-Paar. In frühen Jahren mußten die beiden nach den damals üblichen Vertragsklauseln auch in Klassikern gelegentlich kleinere Rollen übernehmen, so auch in einer »Tell«-

Aufführung als Frießhart (Nestroy) und Leuthold (Scholz), die in Schillers Drama Tell gefangennehmen, »weil er dem Hut nicht Reverenz erwiesen«. Nach der Premiere machten sich beide den Spaß, diesen Satz gemeinsam immer dort zu sagen, wo er nicht hinpaßte. Begann Geßler: »Verachtest du so deinen Kaiser, Tell, daß du...« Scholz und Nestroy: »...dem Hut nicht Reverenz erwiesen?« Und Tell: »Aus Unbedacht, nicht aus Verachtung Eurer ist's geschehen...« Scholz und Nestroy: »...daß du dem Hut nicht Reverenz erwiesen.« Darauf Geßler, schon reichlich irritiert: »Du liebst das Seltsame...« Scholz und Nestroy: »...weil er dem Hut nicht Reverenz erwiesen!« Nun brach das Publikum in schallendes Gelächter aus, und die Szene war natürlich »geschmissen«. Die von der Direktion zudiktierte Strafe zahlten Nestroy und Scholz gern, denn gleichzeitig wurden sie für alle Zukunft von der Verpflichtung, kleine Klassiker-Rollen zu übernehmen, befreit.

Mit neidvoller Anerkennung und ahnungsvoll sagte Ferdinand Raimund nach der Uraufführung des »Lumpazivagabundus«: »Allen Respekt vor Nestroy – aber er hat ja keinen Respekt vor mir...«

Nestroy hatte – ähnlich wie Raimund – nicht viel Glück mit seiner Ehe und deshalb nicht die beste Meinung von dieser Einrichtung: »Beim Tarock kann ich doch was g'winnen, wenn ich einige Ultimo mach, aber was wär' denn beim Eh'stand zu gewinnen, wo man im voraus weiß, daß 's Weib allweil ›kontra‹ sagt, und hat man die Kurasche und sagt ›re‹, so denkt sich's Weib: Du sagst mir lang gut ›Reh‹, du Hirsch! Und man is erst recht verloren.« Und einem Geschlechtsgenossen, der sich in diese »wechselseitige Lebensverbitterungsanstalt« einschreiben lassen wollte, gab er den Rat: »'s Sitzenlassen is immer billiger als 's Heiraten!« In einem seiner Stücke erklärte Nestroy: »Ich bin immer gern bei Hochzeiten, schon das Bewußtsein, daß es nicht die meinige ist, macht, daß sich die Brust froh und frei erhebt.«

Als Nestroy nach einem Bekannten gefragt wurde, antwortete er: »Seine Frau ist seit drei Wochen in der Sommerfrische. Er schaut schon viel gesünder aus.«

Ein befreundetes Ehepaar war zur Kur nach Marienbad abgereist, und Nestroy erzählte: »Sie wiegt jetzt 99 Kilo, aber in Marienbad nimmt sie jedes Jahr elf Kilo ab. Noch neun Jahre, dann ist er sie los.«

Auf einer Gesellschaft ließ sich Nestroy überreden, einige Lieder zu singen. Anschließend fragte man ihn nach dem Textdichter. Nestroy legte erklärend die Hand aufs eigene Herz, nahm sein Glas und bat: »Jetzt bitt ich, dem Verfasser auch einen Wein einzuschenken.« Da meinte ein Witzbold: »Aber das Herz kann doch nicht trinken!« – »Meines schon«, sagte Nestroy schlagfertig, »denn ich trag's auf der Zunge!«

Nestroy lebte und wirkte in der Zeit des Biedermeier. Im habsburgischen Wien war diese Epoche in politischer Hinsicht jedoch keineswegs so beschaulich, wie der Begriff Biedermeier vermuten läßt. Die Historiker verwenden denn auch lieber den politischen Begriff »Vormärz«, der auf die Revolution von 1848, mit der auch das Biedermeier sein Ende fand, anspielt. Die absolutistische Restauration war die Antwort auf die Reformen der Aufklärung, in Österreich vor allem unter Joseph II. (1780–1790), und der von Metternich errichtete Polizeistaat unterdrückte rigoros jede Andeutung von liberalem Geist, insbesondere durch eine strenge Zensur. Nestroy konnte davon ebenso ein Lied singen wie Grillparzer, und im Gegensatz zu diesem tat er es auch oft.

In Wien hatte die Bäckermeisterinnung beschlossen, statt die Preise der Semmeln zu erhöhen, diese kleiner zu backen. Am Abend kam Nestroy mit einem Frack auf die Bühne, dessen Knöpfe Miniatursemmeln waren. Die Bäckermeisterinnung erstattete Anzeige, und man verurteilte ihn tatsächlich zu zwei Tagen Haft wegen Beleidigung eines ehrsamen Handwerkszweiges. Wieder entlassen, ließ er sich am ersten Abend auf offener Bühne von seinem Partner Wenzel Scholz fragen, wie es ihm denn im Gefängnis ergangen sei, und Nestroy extemporierte:

»Das Hungern, Freundl, braucht im Arrest net sein,
Man schob mir die Semmeln beim Schlüsselloch rein!«

Als Diener Johann in seiner Posse »Zu ebener Erde und erster Stock« attackierte er einmal den Rezensenten Wiest, mit dem er immer wieder Auseinandersetzungen hatte. Während er den Kartentisch herrichtete, extemporierte er: »Merkwürdig, daß das geistreichste Spiel – Whist – den gleichen Namen hat wie der dümmste Mensch von Wien!«

Nestroy zog sich 1860 weitgehend von der Bühne zurück und lebte abwechselnd in Ischl und Graz, wo er am 25. Mai 1862 auch starb. An seinem Sterbebett hatten sich mehrere Freunde versammelt, die ihren Schmerz kaum zurückhalten konnten. »Tröstet euch«, flüsterte der Sterbende. »I glaub nit, daß ihr so lang über mich weinen werdt, wie ihr über mich g'lacht habt.«

Peter der Grosse
Moskau 9. 6. 1672 – Petersburg 18. 2. 1725

Bereits mit zehn Jahren wurde Peter I. zum Zaren gekrönt, und 1689 wurde er mit siebzehn Jahren Alleinherrscher. In seiner langen Regierungszeit prägte er das Gesicht Rußlands wie kaum ein anderer Herrscher. Er förderte Bildung und Gewerbe, reformierte das Heer und die russische Flotte und verbreitete die westeuropäische Kultur in seinem Reich, die er auf zahlreichen Reisen durch Europa kennengelernt und studiert hatte. Besonders in jungen Jahren reiste er viel, meist inkognito, und verdingte sich unter anderem unerkannt in Holland als Schiffszimmermann, eine Episode, die der deutsche Komponist Albert Lortzing als Vorlage für seine Spieloper »Zar und Zimmermann« verwendete.

Doch Peter konnte nicht verhindern, daß er hin und wieder als Zar erkannt wurde. In den Niederlanden sprach ihn eines Tages ein Mann an, der ihm anhand seines Stammbaumes unbedingt beweisen wollte, daß er mit dem Zaren verwandt sei. »Lieber Vetter«, erwiderte Peter, »machen Sie es wie ich: Bleiben Sie unerkannt.«

Auf seiner Rückreise von Holland nach Rußland berührte Zar Peter auch das Gebiet des damaligen Grafen von Waldeck und wurde von diesem zur Tafel in sein neuerbautes Schloß Arolsen geladen. Da wurde nichts gespart, um den feinen und guten Ton der deutschen Reichsgrafen dem russischen Herrscher vorzuführen, und die Tafel brach fast zusammen unter den seltenen und ausgewähltesten Speisen. Anschließend führte der Graf seinen Gast im Schloß herum, zeigte ihm alles und fragte zuletzt, wie ihm denn der Bau gefalle. »Die Lage ist sehr angenehm«, meinte der Zar, »der Bau groß und trefflich und die Verhältnisse und Proportionen stimmen. Nur in einem bemerke ich einen Fehler.« – »Dürfte ich bitten, mir denselben zu nennen?« sagte der Graf. Peter, der die Einnahmen und Besitzungen des Grafen wohl kannte, sagte trocken: »Die Küche ist zu groß.«

Mit seiner Flotte führte Peter der Große gegen Karl XII. von Schweden einen siegreichen Krieg, der ihm die Ostseeprovinzen einbrachte. Im Verlauf dieses Krieges nahm er mit einem Überraschungsangriff Narva ein, so daß der schwedische Kommandant, völlig überrumpelt, sich ihm noch im Schlafrock ergab. Den Zaren packte bei diesem Anblick der Zorn. Er nahm seinen Stock und prügelte den nachlässigen Befehlshaber, indem er ihm die heftigsten Vorwürfe machte, daß er das Interesse seines Monarchen nicht besser wahrnehme und sich in einer für jeden Soldaten so unwürdigen Kleidung antreffen lasse.

Nur scheinbar im Widerspruch hierzu steht eine andere Geschichte aus dem schwedischen Krieg. Denn letztlich zeigen beide Anekdoten auf ihre Weise, wie hoch und ehrenhaft Peter seine Kriegsgegner einschätzte: Den entscheidenden Sieg errangen die Russen bei Poltawa und nahmen mehrere schwedische Generäle gefangen. Sie wurden vom Zaren ungemein höflich behandelt. Am ersten Abend lud er sie an seine Tafel, erhob das Glas und meinte: »Auf das Wohl meiner Lehrer der Kriegskunst!« Worauf einer der Generäle erwiderte: »Wenn wir Ihre Lehrer sind, dann war es sehr undankbar von Ihnen, uns zu besiegen.«

MAX VON PETTENKOFER
Lichtenheim/Donau 3. 12. 1818 – München 10. 2. 1901

Der Begründer der wissenschaftlichen Hygiene wurde in jungen Jahren zuerst Lehrling in der Apotheke seines Onkels. Aber dieser Beruf behagte dem jungen Pettenkofer gar nicht. So brannte er eines Tages durch und wurde Schauspieler. Von seiner Braut und Cousine Helene zur »Vernunft« gebracht, studierte er schließlich Medizin und legte mit 25 Jahren sein Examen ab.

Da Pettenkofer jedoch zunächst keine Möglichkeit fand, in seinem Beruf zu arbeiten, wollte er wieder in des Onkels Apotheke anfangen. Der wollte jedoch davon nichts wissen: »Ein Komödiant taugt nicht zum Apotheker – höchstens noch zum Mediziner.« Schließlich nahm Pettenkofer vorübergehend eine Stellung in der Königlichen Münzanstalt an. Die Münzarbeiter aber spotteten: »Der neue Assistent will bei uns wohl Münzen kurieren!«

Einem jungen Arzt gratulierte Pettenkofer mit folgenden Worten: »Meinen herzlichen Glückwunsch zur Promotion. Jetzt werden Sie sicher bald Ihre eigene Praxis aufmachen wollen. Aber ich rate Ihnen, lassen Sie sich in einer anderen Stadt nieder, hier in München ist die Sterblichkeit sowieso schon hoch genug.«

Auf einer Gesellschaft fragte ihn eine der anwesenden Damen neugierig: »Bitte, Herr Professor, gibt es eigentlich einen Unterschied zwischen Atropin und Atrophie?« Nachdem er kurz überlegt hatte, antwortete Pettenkofer: »Durchaus, meine Liebe, es ist etwa der gleiche wie zwischen Pettenkofer und Patentkoffer.«

Schließlich widmete er sich immer stärker der Bakteriologie und trat für eine umfassende Sozialhygiene zur Bekämpfung von Seuchen ein. Seine Ansicht, der Bazillus sei nicht allein die Ursache von Epidemien, wurde von anderen Gelehrten angezweifelt. Deshalb versuchte er sie eines Tages mit einem Experiment zu belegen: »Bitte, meine Herren, wenn der Mensch sich über das Tier erheben will, muß er auch bereit sein, seine Gesundheit für die Erkenntnisse und den Fortschritt der Wissenschaft aufs Spiel zu setzen.« Damit trank er ein ganzes mit Cholerabazillen verseuchtes Glas Wasser leer. Es stellte sich tatsächlich heraus, daß diese Demonstration für ihn ohne gesundheitliche Folgen blieb. Hinterher sagte er: »Es schmeckte wie ganz gewöhnliches Wasser!«

Zum Abschluß eines offiziellen Essens wurden frische Kirschen gereicht. Bevor er sie aß, tauchte Pettenkofer jede einzelne Kirsche in ein neben dem Gedeck stehendes Glas mit Wasser. Die Pedanterie, mit der er das tat, fiel allgemein auf, und so begann Pettenkofer der anwesenden Tischgesellschaft einen launigen Vortrag über die Notwendigkeit der Hygiene zu halten. Aufmerksam und interessiert lauschte alles seinen geistreichen Erklärungen, die Pettenkofer mit einem Trinkspruch abschloß: »Und so erhebe ich das Glas auf den Fortschritt und die Zukunft der wissenschaftlichen Hygiene.« Damit nahm er das Glas, in dem er die Kirschen gewaschen hatte, und leerte es auf einen Zug.

Schon während des Studiums interessierten Pettenkofer besonders Fragen der Chemie. Chemische Probleme, die man ihm stellte, konnte er immer als erster lösen. »Das ist nicht schwierig«, sagte er, »so etwas löse ich einfach aus dem chemischen Handgelenk.«

Pablo Picasso
Málaga 25. 10. 1881 – Mougins 8. 4. 1973

Der in Spanien geborene Maler lebte von 1904 an in Frankreich. In seinem unübersehbar umfangreichen Werk demonstrierte er die Avantgarde von siebzig Jahren europäischer Kunstgeschichte. Sein Genie und die alle Stile durchlaufende Vielfalt seines Werkes machten Picasso zum bedeutendsten Künstler des zwanzigsten Jahrhunderts.

Andererseits wurde Picasso dank seiner großen Popularität zum Inbegriff von Mißverstand und Unverstand des Bürgertums der modernen Kunst gegenüber. So werden von ihm Geschichten überliefert, die unabhängig von der individuellen Persönlichkeit des Malers diesen Unverstand der gegenstandslosen Kunst gegenüber dokumentieren: Der neue Briefträger bringt Picasso die Post. Erstaunt schaut er sich um und sagt: »Ich wußte gar nicht, daß Ihr kleiner Sohn auch schon malt!«

Eine Ausländerin reiste nach Paris, um sich dort von Picasso porträtieren zu lassen. Auf der Heimreise bekam sie beim Zoll wegen des Bildes Schwierigkeiten. Man wollte ihr nicht glauben, daß es sich um ein Bild handle. Als Sachverständigen zog man einen Maler hinzu, der behauptete, es könne sich keinesfalls um ein Porträt handeln. Das Bild stelle eher eine Maschine dar. Man rief einen Ingenieur, der ebenfalls das Bild lange betrachtete. Schließlich meinte er: »Ob das Bild ein Porträt darstellt, weiß ich nicht. Möglicherweise stellt es eine Maschine dar. Sicher ist nur eines: Wenn es eine Maschine ist, dann funktioniert sie auf keinen Fall.«

Eine Dame betrachtete in Picassos Atelier die kubistischen Bilder des Meisters. Schließlich wies sie schüchtern auf einen runden Fleck und fragte: »Das Auge?« Picasso schüttelte den Kopf: »Die Uhr.«

Ein Kunsthändler besuchte Picasso und zeigte ihm ein mit »Picasso« signiertes Bild, das er gekauft hatte. »Eine Fälschung!« enttäuschte ihn Picasso. Bald darauf erwarb er einen anderen Picasso, von dem der Meister, als er das Bild sah, ebenfalls behauptete, es sei eine Fälschung. »Aber ist es nicht das Bild, an dem Sie gerade malten, als ich Sie das letzte Mal besuchte?« fragte der Kunsthändler. »Möglich«, meinte Picasso. »Manchmal male ich eben Fälschungen.«

In der Zeit, als Picasso kubistische Bilder malte, pflegte er in seinem Atelier Violinenböden, Kistendeckel, Zeitungsfetzen, Metallstücke und dergleichen an die Wand zu nageln, bis das Ensemble für ihn den Wert eines Bildmotives bekam. Die Nachbarn beschwerten sich über das ständige Hämmern, so daß schließlich die Concierge zu Picasso kam und ihn bat, den Lärm einzustellen. »Was wollen Sie?« sagte Picasso. »Das ist Malerei!«

Obwohl Picasso sehr viel malte und ungewöhnlich produktiv war, stiegen die Preise seiner Bilder bald in schwindelnde Höhen, und das erlaubte ihm, ein materiell unabhängiges Leben zu führen. Aber er umgab sich nicht mit Luxus und blieb zeit seines Lebens menschlich bescheiden. Davon hatte er schon in jungen Jahren eine genaue Vorstellung. »Ich möchte leben wie ein Armer mit viel Geld«, sagte er.

Picasso sammelte selbst Bilder, manche kaufte er, andere bekam er von Kollegen geschenkt. Er besaß Bilder von Renoir, Cézanne, Braque, Matisse und anderen, dazu weit mehr als tausend seiner eigenen Werke aus allen Schaffensperioden. Der Photograph David Douglas Duncan war einer der wenigen

Freunde, die zu Lebzeiten Picassos diese Sammlung kannten. Doch weder er noch andere Fachleute konnten den Millionenwert dieser einmaligen Sammlung auch nur annähernd abschätzen. »Und dabei lebt dieser Mann«, berichtete Duncan, »wie ein robuster, zufriedener Bauer – ein Bauer und ein Genie.«

Picasso besaß eine Ziege. Wenn es regnete, brachte er sie ins Haus, wo er im zweiten Stock ein Zimmer mit Stroh für sie eingerichtet hatte. Als sich ein Besucher wunderte, sagte er: »Na und, soll sie vielleicht die Nächte draußen im Regen verbringen? Und überhaupt findet sie draußen nichts zu fressen, die Blätter sind viel zu naß!«

Mit 91 Jahren starb Picasso am Abend des 8. April 1973 in Mougins. In der Nacht zum 9. April brach über Südfrankreich ein orkanartiger Sturm herein. Am nächsten Morgen, viele der Straßen waren überflutet, fiel dichter Nebel ein, der den Flugverkehr auf dem Flughafen Nizza völlig zum Erliegen brachte, ein äußerst seltenes Ereignis in seiner Geschichte. Am Morgen des 10. April wurde Picassos sterbliche Hülle von Mougins zu seinem Schloß in Vauvenargues gebracht, wo er seine letzte Ruhe finden sollte. An diesem Frühlingsmorgen schneite es an der Riviera.

Alfred Polgar
Wien 17. 10. 1873 – Zürich 24. 4. 1955

Kaum jemand verkörperte den literarischen Geist, den das Wiener Kaffeehaus hervorbrachte, so deutlich wie Alfred Polgar. Er war der Sohn eines Klavierlehrers und Komponisten und absolvierte selbst eine Klavierbauerlehre, wechselte jedoch bald zum Journalismus über. Nach Gerichts- und Parlamentsberichten schrieb er auch Theaterkritiken. Wie viele andere arbeitete er gern im Kaffeehaus, denn dort war er, wie man in Wien sagte, nicht zu Hause und doch nicht an der frischen Luft. Polgar charakterisierte das Literaten-Café als »den rechten Ort für Leute, die allein sein wollen, aber dazu Gesellschaft brauchen«.

Polgars überspitzte Formulierungen und treffende Bonmots wurden in Wien oft jahrelang, jahrzehntelang kolportiert. Von dem Dramatiker Frank Wedekind behauptete er, dieser werde, wenn schon nicht in die Literaturgeschichte, so doch gewiß in die Geschichte der Medizin eingehen, seitdem er ein medizinisches Phänomen geschaffen habe: den »Unterleib ohne Dame«.

Zwischen 1925 und 1933 war Polgar als Theaterkritiker für die »Weltbühne« und das »Tageblatt« in Berlin tätig. Von seinem Berliner Kollegen, dem vergleichsweise akademisch trockenen Herbert Ihering, behauptete Polgar: »Er sprüht Leder.«

An einer seiner Rezensionen hatte die Redaktion einer Zeitung geglaubt, etwas korrigieren zu müssen. Höchst verärgert kam Polgar anderntags in die Redaktion und machte dem Redakteur Vorwürfe: »Damit haben Sie den Rhythmus des Satzes total auf den Kopf gestellt!« – »Aber das merkt doch keiner«, versuchte sich dieser zu verteidigen. »Sie vielleicht nicht«, meinte Polgar, »aber der durchschnittliche Leser sehr wohl.«

Ein anderes Mal war es eine hübsche, aber etwas übereifrige junge Redakteurin, die so vermessen war, an einer seiner Kritiken Verbesserungen anzubringen. Am nächsten Tag fand sie einen Brief Polgars auf ihrem Schreibtisch: »Ich weiß leider nicht, wann Sie ins Bett gehen. Aber ich weiß, daß Sie viel zu spät aufstehen, um meinen Stil zu korrigieren.«

In Wien war der Theaterkritiker Polgar eine Art Institution. Seinen geschliffenen Stil bezeichnete Franz Blei als »Filigranit«. Nach einer Burgtheaterpremiere des »Götz von Berlichingen« schrieb Polgar: »Das, was Götz dem Hauptmann sagen läßt, wird von Herrn N. sehr glaubhaft dargestellt.« Die Kritik einer sehr langweiligen Aufführung beschloß er mit dem Satz: »Als ich um elf auf die Uhr sah, war es halb zehn.«

Als Hitler 1938 in Österreich einmarschierte, begab sich Polgar, wie fünf Jahre zuvor viele Deutsche und nun zahlreiche Österreicher, auf die Reise. Er emigrierte zuerst in die Schweiz und dann über Frankreich und Spanien in die USA. Überall traf man Emigranten. Einer seiner Wiener Freunde, so erzählte Polgar, sei nach den Philippinen ausgewandert. Das wäre nun doch sehr weit. »Weit – von wo?« fragte Polgar. Durch das neue politische System war eben die Heimat nicht mehr die Heimat. »Ein Emigrant«, definierte Polgar damals, »ist ein Mensch, der zwei Fremden und keine Heimat hat.«

JEAN BAPTISTE RACINE
La Ferté-Milon/Champagne 21. 12. 1639 –
Paris 21. 4. 1699

Die klassische französische Tragödie erreichte mit Racine und dem um 33 Jahre älteren Corneille, der ihn anfangs beeinflußte, ihren Höhepunkt. Racine, der in der Schule des Klosters Port-Royal, dem Zentrum der französischen Jansenisten, erzogen wurde, kam durch die Vermittlung Molières zum Theater. Racine war mit Molière einige Zeit befreundet, ebenso mit La Fontaine und vor allem mit Boileau, der auch großen Einfluß auf sein Werk hatte.

Die vier Freunde wurden gelegentlich vom Prinzen Condé auf sein Schloß nach Chantilly eingeladen, wo der Prinz gern, aber mit wenig Geschmack über Literatur redete. Dabei hatte er die unangenehme Eigenschaft, aufbrausend und unerträglich zu werden, wenn man seine Meinung nicht teilte. Als er wieder einmal von seinen Gästen verlangte, daß sie ihm in seiner lobenden Beurteilung eines miserablen Dramas recht gäben, erhob sich Racine und sagte: »Ich möchte Eure Hoheit versichern, daß ich in Zukunft grundsätzlich die Ansicht Eurer Hoheit teilen werde, insbesondere in den Fällen, wo Eure Hoheit grundsätzlich unrecht haben.«

Im Jahr 1673 wählte man Racine in die Académie Française. Auf Grund zahlreicher Intrigen seiner Gegner zog sich Racine 1677 vom Theater zurück und übernahm gemeinsam mit seinem Freund Boileau das Amt eines Hofgeschichtsschreibers unter Ludwig XIV. Bei der Belagerung von Mons erhielt Racine vom König den Befehl, der Armee zu folgen. Racine hatte wenig Lust dazu und blieb in Paris. Später stellte ihn Ludwig XIV. zur Rede, aber Racine entschuldigte sich: »Sire, bedauerlicherweise war gerade zu diesem Zeitpunkt meine Kleidung mangelhaft. Ich habe zwar unverzüglich den Schneider bestellt, aber Eure Majestät haben die Festung Mons schneller eingenommen, als die Pariser Schneider arbeiten.«

Ein anderes Mal, als es ihm nicht gelungen war, sich vor der befohlenen Reise an einen Kriegsschauplatz zu drücken, schrieb er an Boileau: »Gestern hat eine Kugel einem unserer Schweizer den Kopf weggerissen. Da lachte ein anderer Schweizer unbändig und sagte: ›Das ist aber komisch! Jetzt wird er ohne Kopf ins Lager zurückkommen.‹ . . .«

Racine ging auf die 60 zu und litt an allerlei Krankheiten und Beschwerden. Nach und nach verbot ihm sein Arzt zu reisen, Wein zu trinken, Fleisch zu essen, zu lesen und schließlich zu arbeiten. »Im übrigen«, erzählte Racine, »meinte er, ich solle mein Leben genießen.«

Joseph Graf Radetzky von Radetz
Trebnitz 2. 11. 1766 – Mailand 5. 1. 1858

Der ungewöhnlich populäre österreichische Feldmarschall verdiente sich seine ersten militärischen Lorbeeren als Stabschef des Fürsten Schwarzenberg in den Befreiungskriegen. 1831 wurde er Oberbefehlshaber in Italien. Seine berühmtesten Siege erkämpfte er mit 81 (Custoza) und 82 (Novara) Jahren.

Daß Radetzky nicht sehr gebildet war, nahm man ihm nicht übel. So schrieb er 1854 an seine Tochter aus Verona über die militärische Situation in der Lombardei: »Noch immer hängt das Schwert des Demosthenes über unserem Kopfe...«

Als 1848 die Revolution ausbrach, breitete sie sich bald von Wien aus auch auf die übrigen Länder der Monarchie aus. Den ungarischen Aufstand warf General Haynau mit seinen Truppen nieder. Dabei ging er mit so ungewöhnlicher Schärfe vor, daß selbst der kriegserprobte Radetzky meinte: »Haynau ist wie ein Rasiermesser: hat man es gebraucht, muß man es sofort wieder ins Futteral legen.«

Dabei hatte Radetzky selbst, als er gegen die aufständischen italienischen Provinzen zog, erklärt: »Drei Tage Blut schenken dreißig Jahre Frieden.« Neben Radetzky in Italien hatten sich bei der Niederwerfung der aufständischen Provinzen vor allem Jellachich, der Banus von Kroatien, und Fürst Windischgrätz, der Wien und Prag eingenommen hatte, ausgezeichnet. Als der Kaiser danach seine erste öffentliche Proklamation wieder mit dem gewohnten »Wir von Gottes Gnaden...« begann, sagten die Wiener: »›Wir‹ ist ein passender Beginn, schließlich sind das die Anfangsbuchstaben von Windischgrätz, Jellachich und Radetzky.«

Während der Schlacht von Custozza hatte Radetzky – mit 81 Jahren! – zwölf Stunden ununterbrochen im Sattel gesessen, und seine Offiziere beschworen ihn, doch endlich abzusitzen und sich wenigstens eine Stunde Ruhe zu gönnen. Doch der greise Feldmarschall raunte seinem Adjutanten ins Ohr: »Die haben gut reden. Wenn ich einmal unten bin, komm ich nicht wieder hinauf.«

Als Radetzky im Januar 1858 starb, wollte ihm der Kaiser die außergewöhnliche Ehre einer Beisetzung in der Kapuzinergruft gewähren. Doch Radetzky hatte bereits anders verfügt. Der Unternehmer und Kriegslieferant Pargfrieder hatte als letzte Ruhestätte für seine alten Freunde Radetzky und den Feldmarschall Wimpffen sowie für sich selbst in dem kleinen Ort Wetzdorf einen »Heldenberg« errichten lassen. Vermutlich beruhte die Einwilligung von Radetzky und Wimpffen auf der »Vergeßlichkeit« Pargfrieders, was die Schulden der beiden Helden ihm gegenüber betraf. Den treffenden Grabspruch lieferte die Spottlust der Wiener:

>»Hier liegen drei Helden in seliger Ruh,
>Zwei lieferten Schlachten,
>Der dritte die Schuh!«

Ferdinand Raimund
Wien 1. 6. 1790 – Pottenstein/NÖ 5. 9. 1836

Der ehemalige Zuckerbäckerlehrling Raimund begann 1808 seine Karriere als Schauspieler bei einer Wandertruppe. Erst 1814 kehrte er nach Wien zurück und spielte dort am Josefstädter und am Leopoldstädter Theater. Als Dramatiker hatte er 1823 seinen ersten Erfolg mit der Zauberposse »Der Barometermacher auf der Zauberinsel«. Berühmt wurde er weit über Wien hinaus, aber geliebt wurde er vor allem von den Einwohnern der Donaustadt. Dabei blieb er zeitlebens ein einfacher Mensch.

In jungen Jahren war er ein fröhlicher, Gesellschaft und Geselligkeit liebender Leichtfuß, vor dem keine hübsche Wirtstochter oder Schauspielerin sicher war. Als er eben seine ersten größeren Erfolge als Schauspieler errang, verliebte er sich in die Kaffeesieder-Tochter Toni Wagner. Die Verbindung zu dem als Frauenheld bekannten und überdies damals noch mittellosen Schauspieler war aber gar nicht nach dem Geschmack der alten Frau Wagner, und so wurde Raimunds Antrag von Tonis Vater brüsk abgewiesen. Wenig später hatte Raimund eine Affäre mit der leichtlebigen Schauspielerin Luise Gleich, Tochter des fruchtbaren Possen-Schreibers Joseph Alois Gleich, der seinerzeit als Direktor des Josefstädter Theaters Raimund sein erstes Engagement in Wien angeboten hatte. Vater und Tochter zwangen nun den Dichter zur Heirat, die er nicht wollte. Am festgesetzten Hochzeitstag erschien er denn auch prompt nicht in der Kirche. Der Skandal machte in Wien rasch die Runde, und bei seinem nächsten Auftreten als Schauspieler pfiff ihn das Publikum, das ihn sonst so liebte, aus, bis er von der Bühne herab versprach, Demoiselle Gleich zu ehelichen. Zwei Jahre später war er wieder geschieden.

Dem Dichter Eduard Bauernfeld erzählte Raimund einmal beim Heurigen, wie er als junger Mann sich die Untreue einer Geliebten so zu Herzen genommen habe, daß er in den Fluß Raab gegangen sei. Man habe ihn zwar vor dem Ertrinken gerettet, aber wenig später habe er es aus einem ähnlichen Grunde ein zweites Mal vergeblich versucht. »Ja, aber schließlich sind Sie doch am Leben geblieben?« fragte Bauernfeld ironisch. »Natürlich«, seufzte Raimund, »man kann sich doch nicht in einem fort umbringen.«

Im Sommer 1831 kam Grillparzer mit Freunden auf einer Wanderung nach Gutenstein bei Wien. Unversehens kam ihnen Raimund, der dort einen Landsitz hatte, im Wald entgegen. Sein Haar war wirr und seine Kleider mit Erde und Harz beschmutzt. Hinter dem Ohr hatte er eine Feder und in der Hand Papier und ein Tintenfaß. »Ja, wie sehen Sie denn aus?« fragte Grillparzer bestürzt. »Ja, wie soll i denn ausschaun«, wunderte sich Raimund, »wenn i alleweil auf die Bäum' sitz und dicht'?«

MAX REINHARDT
Baden/Wien 9. 9. 1873 – New York 30. 10. 1943

Der berühmte Regisseur und Begründer der Salzburger Festspiele, Max Reinhardt, begann als Schauspieler und übernahm 1905 die Direktion des »Deutschen Theaters« in Berlin. Dort erwarb er sich vor allem mit den Klassiker-Inszenierungen seinen Ruf als Bühnen-Magier.

Worauf er die außergewöhnliche Wirkung Max Reinhardts zurückführe, wurde der Dichter Bertolt Brecht gefragt. Brecht meinte: »Reinhardt sagte bei den Proben kein vernünftiges Wort. Alles war Quatsch, nichts klappte. Aber – wenn es dann zur Uraufführung kam, stimmte alles ganz genau.«

Man probte den dritten Akt eines zeitgenössischen Stückes. Er sollte in einem pseudo-eleganten Salon spielen, und Reinhardt rief den Bühnenmeister: »Holen Sie uns die beiden Eisbärfelle aus der Requisite!« Der Bühnenmeister erhob Einwände: »Wir haben aber nur ein Eisbärfell.« – »Quatsch!« sagte Reinhardt ärgerlich. »Ich weiß genau, wir haben ein weißes und ein schwarzes Eisbärfell.«

Eines Tages erfuhr Reinhardt, daß der Komiker Victor Arnold in seiner Garderobe jeden Abend eine Pokerrunde versammelte. Da auch mehrere Schauspieler daran teilnahmen, kam es immer wieder zu verpaßten oder falschen Auftritten, und so beschloß der Direktor, dem Treiben ein Ende zu machen. Am nächsten Abend schlich er sich während der Vorstellung zu Arnolds Garderobe und hörte richtig drinnen Männerstimmen. Plötzlich riß er die Tür auf und hatte die Runde in flagranti ertappt. »Meine Herren, das kostet Sie hundert Mark!« Einzig Victor Arnold zeigte keinerlei Überraschung, sondern sagte mit einem Blick in seine Karten: »Die hundert und noch hundert!« Reinhardt mußte lachen und brachte es nicht über sich, die Strafe einheben zu lassen.

Im Sommer 1920 begründete Max Reinhardt die Salzburger Festspiele. Auf dem Domplatz führte er zum ersten Mal Hugo von Hofmannsthals »Jedermann« auf. Dem Fürsterzbischof Rieder gab man zu bedenken, daß Reinhardt Jude und deshalb mit seinem Theater-Spektakel auf dem Domplatz eigentlich deplaziert sei. Rieder schob den eher seltsamen Einwand gegen die »Jedermann«-Aufführung beiseite: »Ein guter Jude ist mir lieber als ein schlechter Christ!«

Bei den Proben zeigte sich der Regisseur als fanatischer Arbeiter. Endlich um 11 Uhr abends brach er ab und sagte zu seinem Regieassistenten: »Ich gehe jetzt ein kleines Nachmittags-Schläfchen machen. Um ein Uhr treffen wir uns wieder im Österreichischen Hof.«

Das große gesellschaftliche Ereignis während der Festspiele war jedes Jahr ein Fest, das Max Reinhardt auf seinem Besitz Schloß Leopoldskron gab. Dabei stand er einem absolutistischen Barockfürsten kaum nach, was Aufwand und Ausstattung betraf. Das Schloß erstrahlte im Schein zahlreicher Fakkeln, livrierte Diener säumten die Freitreppe mit Kandelabern, und die Festräume waren durch Tausende von Kerzen hell erleuchtet. Der amerikanische Filmproduzent Louis B. Mayer, der das erste Mal nach Salzburg gekommen und auf Schloß Leopoldskron zu Gast war, fragte ganz erschrocken den Hausherrn: »Kurzschluß, Mr. Reinhardt?«

Erich Maria Remarque
Osnabrück 22. 6. 1898 – Locarno 25. 9. 1970

Der Sohn eines Buchbinders wollte ursprünglich Lehrer werden, doch kam er direkt von der Schulbank an die Front des Ersten Weltkrieges. Remarque wurde verwundet und arbeitete nach dem Krieg in verschiedenen Berufen, bis er 1928 mit seinem erfolgreichen Roman »Im Westen nichts Neues« sich ganz dem Schriftsteller-Beruf widmete.

In London besuchte Remarque mit Freunden ein Kabarett. Der Conférencier war ziemlich mittelmäßig, und entsprechend albern waren auch seine Witzchen. »Du machst nicht gerade ein Gesicht wie jemand, der sich hervorragend amüsiert«, sagte einer der Freunde zu Remarque. »Kein Wunder«, antwortete er, »über solche Scherze werden nur junge Mädchen mit schönen Zähnen lachen.«

Remarque schrieb zahlreiche Bücher über den Krieg, die Schicksale von Kriegskameraden, Kriegsheimkehrern und Emigranten. Aber keines erreichte auch nur annähernd den Erfolg seines ersten Romans »Im Westen nichts Neues«, neben James Jones' »Verdammt in alle Ewigkeit« der bedeutendste ebenso realistische wie desillusionierende Kriegsroman. Daß dies je ein Bestseller werden würde, daran glaubte damals, 1928, niemand. Auch nicht der legendäre Verleger Samuel Fischer, der – wie mehrere andere Verlage – das Manuskript abgelehnt hatte. Vielleicht wollte er als Jude in einer Zeit zunehmender Nationalisierung sich mit diesem Buch in seinem Programm nicht exponieren. Ausschlaggebend war aber, daß kein Mensch daran glaubte, daß das Publikum zehn Jahre nach dem verlorenen Weltkrieg überhaupt ein Kriegsbuch lesen würde. Schließlich griff, wenn auch nur zögernd, das zweite große jüdische Verlagshaus zu: Daß das Manuskript eines unbekannten Autors von Ullstein angenommen wurde, verdankte es jedoch drei Nicht-Juden. Jutta Zamboni, Remarques junge Frau, kannte Fritz Ross, einen angeheirateten »arischen« Verwandten der Ullstein-Familie, der es dem Verlag empfahl. So landete es eines Tages auf dem Schreibtisch des (gleichfalls »arischen«) Ullstein-Lektors Max Krell. Der las es, fand es »ganz begabt« und – ließ es liegen. Auch er glaubte nicht so recht an den Erfolg eines Kriegsbuches von einem Neuling. Da erfuhr zufällig der (ebenfalls »arische«) Herstellungsleiter Cyrill Soschka davon. Soschka, Österreicher und ehemaliger Frontsoldat, hatte eigentlich eher ein privates Interesse an dem Thema und bat Krell, ihm das Manuskript zu leihen. Er las es in einer Nacht aus, knallte es am nächsten Morgen Krell auf den Tisch und sagte: »Genau so war's! Wenn der Verlag zu diesem Buch nein sagt, bin ich bereit, einen eigenen auf die Beine zu stellen. Das Buch wird ein Riesenerfolg.«

Remarques Bestseller wurde von vielen gelesen und von noch mehr Leuten gekauft. 1933 wurde das Buch von den Nationalsozialisten verboten, aber viele Nazis wußten offenbar gar nicht, was sie da »verabscheuten«. 1935 schrieb ein Wiener Schriftsteller ein Kapitel aus Remarques Buch ab und schickte es unter einer anderen Überschrift und unter Pseudonym an den »Völkischen Beobachter«, das offizielle Organ der NSDAP. Dieser druckte es prompt ab und versah es mit einem redaktionellen Vorspann, der allen Eingeweihten in Deutschland ein bitteres Lachen abnötigte: »Nach all den Lügen und Sudeleien von Leuten wie Remarque bringen wir heute eine Schilderung aus dem Krieg 1914–18, der jeder Frontkämpfer ansehen kann, daß sie wirklich erlebt und wahr ist und voll edlem Frontgeist...«

Rembrandt Harmensz van Rijn
Leiden 15. 7. 1606 – Amsterdam 4. 10. 1669

Die an berühmten Malerpersönlichkeiten nicht gerade arme niederländische Kunst fand ihren bedeutendsten Vertreter in Rembrandt, in dessen Bildern sich der ganze geheimnisvolle Reichtum seiner Persönlichkeit offenbart. Rembrandt ist der unerreichte Meister der Wechselwirkung von Licht und Schatten in der Malerei.

Zu seiner Zeit war Rembrandt einer der wenigen Künstler und Maler, die sich einen Großteil ihrer Eindrücke und Anregungen nicht auf Reisen, insbesondere wie damals üblich nach Italien, geholt hatten. Als er einmal eines seiner Bilder van Dyck zeigte, war dieser des Lobes voll. »Und doch bin ich nie in Italien gewesen«, lächelte Rembrandt. »Das allerdings sieht man«, schränkte van Dyck sein Lob ein.

Ein Schüler Rembrandts hatte ein besonders hübsches weibliches Modell, mit dem er jedoch immer allein in einer kleinen Kammer arbeitete. Eines Tages berichtete man Rembrandt, man habe durch einen Türspalt gesehen, daß sich beide, Maler und Modell, ausgezogen hätten. Rembrandt überzeugte sich selbst und klopfte dann an die Tür. »Was gibt's?« fragte der Schüler. »Man hat erkannt, daß ihr nackt seid«, rief der Meister, »und darum werdet ihr nun aus eurem Paradies vertrieben!«

Auguste Renoir
Limoges 25. 2. 1841 – Cagnes 17. 12. 1919

Der französische Impressionist Renoir war ursprünglich Porzellanmaler. Bevor er sich ganz der Malerei widmete, lernte er auf der École des Beaux-Arts Aktzeichnen. Sein akademischer Lehrer dort war sehr kritisch. »*Sie fühlen wohl nicht*«, *sagte er zu Renoir,* »*daß die große Fußzehe des Germanicus mehr Erhabenheit zeigen muß als die große Fußzehe des Kohlenhändlers von der nächsten Ecke?*«

Aber um solche Kleinigkeiten wie die korrekte Erhabenheit von Fußzehen kümmerte sich Renoir nicht gerne. Er wollte Eindrücke, Stimmungen malen. »Sie scheinen zu glauben, daß die Malerei ein Vergnügen ist«, sagte streng sein Lehrer. »Aber gewiß«, antwortete Renoir, »sonst wäre ich doch nicht Maler geworden.«

Der Bankier Rothschild fragte Renoir um Rat: »Ich möchte im Salon meines Hauses eine Wand mit einem Fresko bemalen lassen. Glauben Sie, daß man diese Wand vorher weißen muß?« Renoir erkundigte sich nach dem Namen des Malers, der das Fresko entwerfen sollte, und erfuhr, daß es ein mittelmäßiger Akademiker war. »In diesem Fall«, antwortete er, »würde ich die Wand lieber hinterher weißen!«

Ich saß im Wald von Fontainebleau«, erzählte Renoir, »und arbeitete vor meiner Staffelei, als ich es hinter mir atmen hörte. Da drehte ich mich um. Es waren Rehe, die mir mit vorgestrecktem Hals beim Malen zusahen.«

Was die Griechen doch für eine schöne, amüsante Religion hatten«, sinnierte Renoir, als er sein »Urteil des Paris« malte.

»Wenn sich ihre Götter langweilten, stiegen sie einfach auf die Erde hinunter und machten sich einen Spaß.«

Ein Krawattenhändler zeigte Renoir in seiner Villa bei Paris zwei ziemlich mittelmäßige Bilder, die er gekauft hatte und die mit »Corot« signiert waren. Renoir betrachtete sie eingehend und äußerte Zweifel an der Echtheit. »Pah«, meinte der Besitzer, »fürs Land...«

Renoir legte die Preise seiner Bilder immer genau fest. Er ärgerte sich sehr, wenn Händler Bilder von ihm zu Wucherpreisen verkauften, weil er inzwischen berühmt geworden war. Eines Tages erfuhr er, daß ein amerikanisches Museum sein Bild der Familie Carpentier für 50000 Francs gekauft habe, und war ungeheuer aufgebracht. »Und was hat man Ihnen dafür bezahlt?« wurde er gefragt. »Dreihundert lumpige Francs«, schrie Renoir, »und das Mittagessen!«

Dem Bildhauer Maillol saß der alte Renoir für eine Porträtbüste. Natürlich redeten die beiden Künstler dabei über Kunst – und über sich selbst. »Mein höchstes Ziel ist es«, meinte Maillol, »einmal eine junge Frau zwischen sechzehn und zwanzig Jahren zu modellieren, so wie ich sie sehe.« Da sagte Renoir: »Mein Ziel war immer, eine weiße Serviette malen zu können.«

Renoir hat in seinem Leben etwa 2000 Bilder gemalt. Davon – so behaupten Kunstsachverständige – befinden sich etwa 5000 in den USA. (Das wird allerdings ähnlich auch von anderen Malern behauptet. Vielleicht stimmt es bei ihnen ebenfalls.)

Armand Jean du Plessis, Herzog von Richelieu

Paris 9. 9. 1585 – Paris 4. 12. 1642

Der berühmt-berüchtigte französische Staatsmann und Kardinal wurde bereits im Alter von 21 Jahren Bischof von Luçon. Ab 1624 bestimmte er als leitender Minister Ludwigs XIII. weitgehend die Geschicke Frankreichs und erwies sich in dieser Position als eines der größten staatspolitischen Genies der Weltgeschichte.

Bereits Mitglied des Staatsrates, stieg Richelieu eines Tages die Treppe von St. Germain herauf und begegnete dem Herzog d'Epernon, dessen Ansehen und Einfluß in letzter Zeit gelitten hatten. »Was gibt es Neues?« fragte d'Epernon. »Neu ist«, antwortete Richelieu, »daß Sie die Treppe hinuntersteigen und ich hinauf.«

Ungewöhnlich klug und politisch geschickt bereitete Richelieu den Absolutismus Ludwigs XIV. vor, brach die Vormachtstellung des Hochadels und schaffte die Selbstverwaltung der Provinzen weitgehend ab. »Woher mag es nur kommen«, fragte Richelieu eines Tages den Marquis Lort, »daß ich einen weißen Kopf und schwarzen Bart und Sie einen weißen Bart und schwarzen Kopf haben?« – »Das geht sehr natürlich zu«, versetzte der Marquis, »Sie haben sehr viel mit dem Kopf gearbeitet und ich sehr viel mit den Kinnladen!«

In einem kleinen Ort besuchte der Kardinal einmal zufällig die Messe eines Franziskaners. Er war einigermaßen erstaunt, daß diesen seine ebenso ungewöhnliche wie in der Regel gefürchtete Anwesenheit in keiner Weise zu irritieren schien und er in seiner Predigt völlig unbefangen und offen zu seinen Zuhörern sprach. Anschließend beglückwünschte er den Franziskaner zu seiner Predigt und gab seiner Verwunderung Ausdruck, daß er so ohne Scheu und frei von der Leber weg geredet habe. »Eminenz«, meinte der Franziskaner, »ich pflege meine Predigten in meinem Gemüsegarten einzustudieren, inmitten vieler weißer Kohlköpfe. Und darunter ist auch ein roter Kohlkopf. Daher mag es kommen, daß mich die Anwesenheit Eurer Eminenz heute nicht aus der Fassung gebracht hat.«

Richelieu war keineswegs ausschließlich am politischen Ansehen und Erfolg Frankreichs interessiert. 1635 zwang er durch die Gründung der Académie Française auch die Wissenschaften und Künste in sein zentralistisches Konzept. Insbesondere der Literatur zeigte er sich sehr aufgeschlossen. Dem Dichter Colletet sandte er einmal 600 Livres, nachdem er ihm sechs Verse vorgelesen hatte, die ihm sehr gefielen. Colletet bedankte sich mit den Worten: »Eminenz, zu solchen Tarifen würde ich Ihnen sogar meine gesammelten Werke verkaufen.«

Während einer Abendgesellschaft bemerkte die Gastgeberin, daß der Kardinal mehrmals gähnte. »Eminenz langweilen sich?« fragte sie. »Ich langweile mich nie«, erwiderte Richelieu, »man langweilt mich.«

Mehrere Damen unterhielten sich über den abwesenden Richelieu und daß er zweifellos Beziehungen zu zahlreichen Damen unterhalten habe, aber – so war die vorherrschende Meinung – geliebt habe er keine. »Keine geliebt?!« rief eine Marquise lebhaft. »Nun, ich kenne eine Frau, deretwegen ist er hundert Meilen weit geritten. Dann stürzte er in ihr Gemach, schloß sie in die Arme, warf sie aufs Bett, und drei Tage lang sind wir nicht mehr aufgestanden!«

Die Frauen«, sagte Richelieu, »sind wie Wetterfahnen. Beständig sind sie erst, wenn sie bereits verrostet sind.«

Mehrmals hatte der Bischof Fénélon den Kardinal vergeblich um eine Summe für einen bestimmten wohltätigen Zweck gebeten. Eines Tages begegneten sich beide zufällig im Louvre, und Fénélon sagte: »In dem Saal dort drüben habe ich vorhin das vorzügliche Porträt von Ihnen bewundern können.« – »Und? Haben Sie es auch um ein Almosen gebeten?« fragte der Kardinal spöttisch. »O nein, Eminenz. Ich wußte, daß es zwecklos wäre. Das Bild ist Ihnen zu ähnlich.«

Im Dezember 1642 starb Richelieu mit nur 57 Jahren fünf Monate vor Ludwig XIII. »In den Zwanzigern«, hatte Richelieu einmal behauptet, »zählt man die Jahre nicht, in den Fünfzigern aber beginnt man bereits die Tage zu zählen.«

In der noch unvollendeten Kirche der Sorbonne, deren Bau Richelieu begonnen hatte, wurde er zur letzten Ruhe gebettet. Die folgende boshafte Grabinschrift eines Witzboldes, die das Ansehen des Kardinals beim Volk widerspiegelt, fand natürlich keine Verwendung: »Hier ruht ein berühmter Kardinal, der mehr Schlechtes als Gutes getan hat. Das Gute hat er schlecht getan und das Schlechte gut.«

JOACHIM RINGELNATZ
Wurzen 7. 8. 1883 – Berlin 17. 11. 1934

Hans Bötticher, wie Ringelnatz wirklich hieß, war der Sohn des sächsischen Jugendschriftstellers Georg Bötticher. Bis zur Sekunda besuchte er in Leipzig das Gymnasium, um dann vier Jahre als Schiffsjunge zur See zu gehen. Danach lebte er von verschiedenen Berufen und trat nach 1909 auch als Kabarettist im Münchner »Simpl« auf. Im Ersten Weltkrieg war er Marinesoldat, zuletzt als Leutnant und Kommandant. Der ewige Matrose, Bänkelsänger und wehmütig sarkastische Poet war übrigens auch Maler kleinformatiger Ölbilder, die meist Segelschiffe oder Meeresszenen zeigten. In einem Nachruf nannte ihn ein Journalist den »Befahrer aller Meere, Trunkenbold an allem Berauschenden und Zyniker mit dem Heiligenschein«.

Vor und nach dem Weltkrieg geisterte Ringelnatz als höchst sonderliches – und meist auch angeheitertes – Original durch die Münchner respektive Schwabinger Szene. So auch einmal recht deplaciert auf einer vornehmen Gesellschaft. Schließlich nahm ihn die Dame des Hauses beiseite und sagte: »Verzeihen Sie, aber ich kann mich nicht erinnern, Sie eingeladen zu haben.« Mit ebenso weinseligen wie traurigen Augen blickte Ringelnatz sie an: »Da seien Sie unbesorgt, Gnädigste, Sie haben mich nicht nur nicht eingeladen, ich habe auch selbstverständlich abgesagt.«

Ein anderes Mal erzählte er Geschichten aus seiner Vergangenheit. »Mein Gott«, sagte eine Dame, »da haben Sie ja wohl ein recht wechselhaftes Leben geführt?« – »Ja, ja«, sagte Ringelnatz, »es gab Zeiten, da wurde mir fast täglich ein Wechsel präsentiert.«

Tatsächlich besuchte ihn in seinen ersten Münchner Jahren immer wieder einmal der Gerichtsvollzieher. »Sie wissen ja, Herr Bötticher«, begann er einmal, »weshalb ich heute wieder bei Ihnen bin.« Erstaunt meinte Ringelnatz: »Keine Ahnung. Woher soll ich denn wissen, wer von meinen Gläubigern noch immer die Hoffnung hat, sein Geld von mir wiederzubekommen?«

Ringelnatz begegnete auf der Straße einem Freund, der ihn um fünfzig Mark anpumpen wollte, weil er seine Geldbörse zu Hause vergessen habe. »Nee, mein Lieber«, sagte Ringelnatz, »geh nur ruhig noch einmal zurück. Ich borge dir das Fahrgeld. Und einen Fünfziger habe ich sowieso nie.«

Einmal passierte ihm auf dem kleinen Nudelbrett der Simpl-Bühne das Mißgeschick, daß er versehentlich mit einer heftigen Armbewegung der ihm zunächst sitzenden Dame die Hälfte aus seinem Weinglas in den Ausschnitt schüttete. Die Dame tat einen Entsetzensschrei und begann heftig zu zetern. Ringelnatz unterbrach und entschuldigte sich. Doch mit schriller Stimme schimpfte sie weiter. Ringelnatz machte einen zweiten Versuch, sie zu beruhigen. Vergeblich. Die erregte Dame stieß immer noch hysterische Schreie aus und verlangte den Direktor. »Dann eben nicht«, seufzte Ringelnatz laut und schüttete der Dame den Rest des Glases in den Ausschnitt.

AUGUSTE RODIN
Paris 12. 11. 1840 – Meudon 17. 11. 1917

Der Meister der impressionistischen Plastik hatte sehr starken Einfluß auf die Bildhauer seiner und der nachfolgenden Generation. Der Schöpfer so berühmter Werke wie »Der Denker« und »Der Kuß« war als Künstler wie als Kunstliebhaber ein Besessener.

Eines Tages besuchte Rodin seinen Freund, den Schriftsteller und Kunstsammler Anatole France, um sich eine antike Aphrodite, die dieser neu erworben hatte, anzusehen. Als France die Tür öffnete, stürzte Rodin an ihm ohne Begrüßung vorbei, um als erstes die Statue zu suchen. Kopfschüttelnd sah ihm France nach: »Er ist wie ein Bräutigam auf der Suche nach seiner Braut.«

Bei der Betrachtung antiker Statuen war er kaum davon zurückzuhalten, sie zu berühren, ihre Formen zu streicheln. »Diese Wollust!« sagte er einmal. »Die Leute glauben, Wollust gäbe es nur in der Liebe. Aber da ist sie! In diesen Kunstwerken – wie in der Blume, dem Baum, dem Himmel...«

Eine Dame fragte Rodin, von dem der Maler Rafaelli gesagt hatte: »Rodin kann alles. Vor allem schweigen!«, worin denn eigentlich das Geheimnis seiner Bildhauerei bestünde. »Sehr einfach«, sagte Rodin, »man nimmt einen Marmorblock und schlägt alles Überflüssige weg.«

Durch die Vermittlung des Kunsthistorikers Otto Grautoff besuchten Rodin in seinem Atelier eines Tages Ellen Key, die sehr häßlich war, und Lou Andreas-Salomé, die die Freundin Nietzsches gewesen war. Als die beiden Damen das Atelier betraten, eilte Rodin ihnen entgegen, ergriff die Hand von Ellen Key und sagte: »Ich bin gewiß, Sie sind die Freundin des großen Nietzsche gewesen!«

Auf der Pariser Herbstausstellung 1898 stellte Rodin neben dem »Kuß« auch seinen berühmten »Balzac« aus. Bei der Eröffnung machte Rodin den Präsidenten der Republik mit seinen Bildhauerkollegen bekannt. Auf dem anschließenden Rundgang fand der Präsident vor dem »Kuß« noch einige belanglose Worte, doch als man zum »Balzac« kam, warf er dem Bildhauer nur einen vernichtenden Blick zu und ging ostentativ weiter. Wie aus Protest blieb Rodin nach diesem ebenso offiziellen wie öffentlichen Urteil vor seinem Werk stehen und rührte sich bis zum Abend nicht mehr vom Fleck. Die Geste des Präsidenten hatte Furore gemacht, denn in den nächsten Stunden machten zahlreiche Besucher und Kollegen aus ihrer verächtlichen Ablehnung des Denkmals keinen Hehl. Ohne sich zu rühren und ohne Reaktion, ließ Rodin an diesem Tag alle ironischen Bemerkungen und gezielten Bosheiten über sich ergehen, als müßte er seinen Balzac vor diesen Beschimpfungen schützen. »Als diese Tortour endlich vorbei war«, berichtete Rodin, »kam ein tapferer junger Mann, ein Journalist, auf mich zu – man beachtet die Hilfe dieser Leute im richtigen Augenblick immer viel zu wenig – ein Journalist also, und fragte mich: ›Nun, Herr Rodin, was sagen Sie zu dieser Schlacht?‹ – ›Ich glaube‹, antwortete ich, ›daß ich die Schlacht gewonnen habe.‹ Dieser Tag war für mich ein schöner Tag.«

THEODORE ROOSEVELT
New York 27. 10. 1858 – Sagamore Hill 6. 1. 1919

Der Republikaner Roosevelt war Gouverneur von New York und wurde 1901 Vizepräsident. Nach der Ermordung MacKinleys wurde er der 26. Präsident der Vereinigten Staaten und 1904 wiedergewählt. Für die Vermittlung des japanisch-russischen Friedens erhielt er 1906 den Friedensnobelpreis.

Roosevelts Sohn behauptete von seinem Vater: »Immer und überall möchte er gern im Mittelpunkt stehen. Ist er auf eine Hochzeit geladen, so wäre er gern der Bräutigam, und geht er zu einem Begräbnis, wäre er am liebsten die Leiche.«

Vor den Präsidentschaftswahlen 1900 unterhielten sich zwei Amerikaner. Fragte der eine: »Wen werdet ihr denn als Kandidaten aufstellen?« – »Ich hoffe, Teddy Roosevelt«, antwortete der andere. »Warum denn gerade den?« wollte der erste wissen. »Weil er der größte Mann unseres Landes ist. Vielleicht der größte, der heute auf der Welt lebt.« – »Was soll das heißen? Vielleicht glaubt ihr Republikaner gar, Roosevelt ist der größte Mann, der überhaupt je gelebt hat? Größer noch als Moses?« Erschrocken wehrte der andere ab: »Als Moses? Aber nein, das natürlich nicht! Aber ich möchte behaupten, wenn Teddy die Kinder Israels aus Ägypten geführt hätte, dann wären sie nicht vierzig Jahre durch die Wüste geirrt.«

Als Eduard VII. von England gestorben war, waren unter den zahlreichen Trauergästen aus aller Welt auch der deutsche Kaiser Wilhelm II. und Roosevelt. Bei ihrer ersten Begegnung sagte der Kaiser mit der ihm eigenen arroganten Art zum amerikanischen Präsidenten: »Kommen Sie nach der Begräbnisfeier zu mir. Ich erwarte sie um zwei Uhr und kann Ihnen dann genau fünfundvierzig Minuten widmen.« Kühl antwortete Roosevelt: »Majestät, ich werde pünktlich um zwei Uhr bei Ihnen sein, aber leider werde ich Euer Majestät nur zwanzig Minuten widmen können.«

Gelegentlich lud der Millionär Vincent Astor den Präsidenten zu einer Kreuzfahrt auf seiner Jacht »Noumahal« ein. Als wieder einmal eine Einladung auf die Luxusjacht an den Präsidenten erging, meinte er zu Astor: »Aber ich bitte Sie, Sie werden doch nicht jetzt mitten im Winter Ihr Schiff fahrbereit machen lassen.« Aber der Millionär erwiderte: »Mr. Präsident, meine Jacht ist das ganze Jahr über fahrbereit.« – »So, so?« sagte Roosevelt nachdenklich. »Ich glaube, wir sollten die Reichen in den USA doch ein wenig energischer besteuern.«

Zu den Lieblingshunden des Präsidenten gehörte eine Dogge namens Pete, die nicht nur sehr gefährlich aussah, sondern auch wahllos jeden anderen Hund anging. Das tat sie selbst dort, wo sie zuletzt den kürzeren ziehen mußte. So kam sie nicht selten ein wenig zerrupft von ihren Streifzügen nach Hause. Dort saß eines Tages Theodore Roosevelt mit einem Gast im Garten des Weißen Hauses, als Pete recht angeschlagen vorbeitrottete. »Offenbar ist Ihr Hund kein besonders guter Kämpfer, Mr. Präsident«, meinte der Gast. »O doch«, antwortete Roosevelt, »zu kämpfen versteht er schon, nur hat er Schwierigkeiten, seine Gegner richtig einzuschätzen.«

Gioacchino Rossini
Pesaro 29. 2. 1792 – Passy/Paris 13. 11. 1868

Der italienische Komponist lebte in Venedig, London, Paris, Bologna und Florenz, schrieb unter anderem Kirchen- und Kammermusik und etwa vierzig Opern, die Rossinis Ruhm begründeten, insbesondere sein »Barbier von Sevilla«.

Nur ganze drei Wochen hatte Rossini Zeit, um seinen »Barbier von Sevilla« zu schreiben, einen Auftrag des Teatro Argentina in Rom für den Karneval 1816. Der »Barbier« wurde eine zusammengestohlene und -gestückelte Oper, denn wegen der Kürze der Zeit verwendete Rossini hauptsächlich Kompositionen aus eigenen früheren und zum Teil wenig erfolgreichen Opern. Nur die Ouvertüre schrieb er von Anfang bis Ende neu. Wenigstens sie sollte ein völlig originales Werk sein. An ihr arbeitete er in den letzten Tagen mit verbissenem Eifer und Ehrgeiz, schrieb sie noch einmal um, spielte sie stolz allen im Haus vor, orchestrierte sie und übergab sie dem Kopisten. Dann hörte man nie wieder etwas von ihr. Wie und wo sie verschwunden ist, hat man bis auf den heutigen Tag nicht geklärt. Die Proben hatten schon stattgefunden, während der Meister noch komponierte. Nun sollte die Generalprobe sein, und die Ouvertüre war nicht da. »Dann nehmen wir eben die Ouvertüre von ›Aureliano‹«, bestimmte Rossini, jeden Aberglauben überwindend, denn sie hatte bereits zwei Opern »gedient«, die beide mit Pauken und Trompeten durchgefallen waren.

Die Uraufführung am 20. 2. 1816 des »Barbier« war ein spektakulärer Mißerfolg, nicht zuletzt dank einer organisierten Anhängerschar des Neapolitaners Paisiello, der vierunddreißig Jahre früher ebenfalls einen »Barbier von Sevilla« geschrieben hatte. Aber auch ohne die Störungen und die Mißfallenskundgebungen der Anti-Claque gab es auf der Bühne ein Fiasko: Die Gitarre des Grafen war verstimmt, Basilio fiel mitten in seiner Szene in eine Versenkung, und im ersten Finale spazierte eine schwarze Katze über die Bühne. Am Schluß stand Rossini gelassen auf, applaudierte sich selbst und ging heim. Dort legte er sich ins Bett und schlief auf der Stelle ein.

Trotz Aufführungen in Paris und London wurde der »Barbier« erst drei Jahre später in Wien zum durchschlagenden Erfolg. In ein regelrechtes Rossini-Fieber gerieten die Wiener, als Anfang der zwanziger Jahre der Meister selbst nach Wien kam. Man trug Rossini-Hüte und Rossini-Krawatten, aß Salat oder Filet à la Rossini, und auf den Vorstadtbühnen gab es jede zweite Woche eine neue Rossini-Parodie wie den »Barbier von Sievering«. Schubert komponierte zwei Ouvertüren im Rossini-Stil, und auf Rossinis Melodie »Di tanti palpiti« schrieb Nestroy sein berühmtes Couplet »Die Tante, die dalkerte«. Selbst Carl Maria von Weber litt unter der »Seuche« und notierte: »Wenn es diese verfluchten Kerle schon so weit bringen, daß solch nichtswürdiges Zeug mir zu gefallen anfängt, da mag der Teufel dabei aushalten...« Der Trubel war so recht nach Rossinis Geschmack, nicht weil er besonders eitel gewesen wäre und nun im Mittelpunkt stand, aber er liebte es, zu leben – und er liebte es auch, zu essen und zu trinken. »Was die Liebe für die Seele ist«, meinte er, »das ist der Appetit für den Leib. Der Magen ist der Kapellmeister, der das große Orchester unserer Leidenschaften dirigiert. Essen, Lieben, Singen, Verdauen sind die vier Akte der komischen Oper, die ›Das Leben‹ heißt.«

In London war Rossini einmal bei einer reichen Engländerin zum Essen eingeladen, war jedoch von den kleinen Portionen, die man bei Tisch servierte, sehr enttäuscht. Als er sich verabschiedete, sagte die Hausfrau liebenswürdig: »Ich hoffe, Mr. Rossini, Sie speisen bald wieder einmal bei mir.« Der Komponist verneigte sich: »Wenn es Ihnen recht ist – sofort.«

In Paris ließ ihm Baron Rothschild einen Korb mit prächtigen Trauben von seinem Landgut schicken. Rossini bedankte sich in einem Brief höflich, bemerkte nur, daß er für gewöhnlich den »Wein in Pillenform« eher seltener genieße. Rothschild verstand und sandte eine Kiste Wein hinterher.

Mit siebenunddreißig Jahren legte der weltberühmte Rossini die Feder aus der Hand und schrieb in den restlichen (fast vierzig) Jahren seines Lebens keine Note mehr. Nicht aus seelischen, psychologischen oder aus anderen Überzeugungsgründen, sondern aus Faulheit – und aus Lust am Leben, das er von da an genoß. Ein einmaliger Fall. Aber für sich selbst hatte er einen plausiblen Grund: »Ich gebe gar nichts auf das ›Recht auf Arbeit‹, halte es vielmehr für das größte und köstlichste Recht des Menschen, nichts zu tun.«

HENRI ROUSSEAU
Laval 20. 5. 1844 – Paris 4. 9. 1910

Der französische Maler Rousseau war Autodidakt und von Beruf eigentlich Zollbeamter (»der Zöllner«). Seine Bilder begründen die Kunstrichtung der »Primitiven«, und zugleich war er deren Hauptvertreter. In naiver Manier malte der Sonntagsmaler Szenen aus dem bürgerlichen Alltag und seltsame exotisch-magische Landschaften.

Dem Kunsthändler Vollard, der ihn entdeckt hatte, brachte Rousseau ein neues Bild, von dem dieser begeistert war. »Könnten Sie mir nicht schriftlich bestätigen, daß ich Fortschritte gemacht habe?« bat der Zöllner. »Ich möchte nämlich ein Mädchen heiraten, aber ihr Vater ist dagegen. Ich wäre keine gute Partie, meint er. Vielleicht würde ihn Ihr Urteil umstimmen.« – »Mein lieber Rousseau, abgesehen, daß Sie selbst nicht mehr jung sind, aber mit einem minderjährigen Mädchen sollten Sie sich auf keinen Fall einlassen.« – »Was heißt minderjährig?« sagte Rousseau. »Das Mädchen ist fünfzig Jahre alt.«

Rousseaus Naivität im täglichen Leben war kaum von der seiner Bilder zu übertreffen. In die Geschichte der französischen Kunst nach der Jahrhundertwende eingegangen ist ein Fest, das die Pariser Maler dem Zöllner zu Ehren gaben. Es fand im Atelier von Picasso statt. Rousseau, des vielen Weines ungewohnt, entschlummerte gelegentlich und nahm den ausgelassenen Trubel kaum wahr. Als er wieder einmal aufwachte, saß Picasso neben ihm. Rousseau beugte sich zu ihm hinüber und sagte: »Nicht wahr, wir beide sind große Maler, ich im modernen und Sie im ägyptischen Stil!«

JEAN-JACQUES ROUSSEAU
Genf 28. 6. 1712 – Ermenonville/Paris 2. 7. 1778

Der Schweizer Philosoph und Schriftsteller Rousseau wurde vor allem durch seine kulturkritischen Abhandlungen berühmt, in denen er – im Gegensatz zur Aufklärung – den negativen Einfluß von Kunst und Wissenschaft auf die Naturverbundenheit und das einfache Leben des Menschen hervorhob. Seine Gesellschaftstheorie und Staatsphilosophie bereiteten die Französische Revolution vor, und sein gesamtes Denken beeinflußte noch die Philosophie des 19. und 20. Jahrhunderts.

Er war Autodidakt und führte lange ein unstetes Wanderleben. Weniger bekannt ist, daß er auch eine Zahlennotenschrift erfand, musiktheoretische Beiträge verfaßte und selbst komponierte, darunter Arien, Romanzen und Opern. Als Komponist der Pariser Oper hatte er Anspruch auf einen Freiplatz. Auf Grund mehrerer sehr kritischer Aufsätze über die französische Musik wurde er ihm schließlich von der Direktion gestrichen, ja er hatte das Orchester so verärgert, daß man ihn auf offener Bühne symbolisch als Bild aufhängte. Als er einige Zeit darauf die Oper betreten wollte, verweigerte man ihm den Eintritt, denn man dürfe keinen Menschen einlassen, der auf dem Theater gehenkt worden sei. »Diese Schinderknechte!« rief Rousseau, »und zuerst haben sie mich mit ihrer Musik jahrelang gefoltert!«

In seiner Nachbarschaft in Montmorency, wohin er sich zurückgezogen hatte, wohnte ein nicht sehr gebildeter Gutsbesitzer, der sich besonders viel auf ein rotes Band einbildete, das er stets im Knopfloch trug, und mit einer lächerlichen Strenge auf seine Jagdgerechtigkeit hielt. Einst verirrte sich ein Hase auf Rousseaus Gebiet und wurde von dessen Magd gefangen. Der

Edelmann bedrohte sie daraufhin als Wilddiebin mit harter Züchtigung. Um sie zu beruhigen, diktierte ihr Rousseau einen Brief, den er nach vielen Entschuldigungen für den so beträchtlichen Wilddiebstahl mit den Worten schloß:»Mein Herr, ich habe großen Respekt vor Ihren Hasen. Damit wir sie aber unterscheiden können, haben Sie die Gefälligkeit, ihnen ein rotes Band umzuhängen.«

Einst kam ein Sonderling aus Angers in Pantoffeln, Schlafrock und Nachtmütze nach Montmorency, um Rousseau zu sehen. Er meinte in diesem Aufzug leichter Zutritt zu bekommen, weil Rousseau glauben werde, er sei ein Nachbar. Aber vergebens. Er wurde nicht vorgelassen. Da setzte er sich hin und schilderte Rousseau in einem langen Brief seine Reise und beschwor den berühmten Mann, ihm wenigstens ja oder nein zu antworten. Am anderen Morgen brachte man ihm ein großes Blatt Papier, auf das Rousseau ein einziges Wort geschrieben hatte: »Nein!«

Einer Dame, die ihn fragte, wie er sich sein Urteil über Frauen bilde, antwortete Rousseau:»Ich bewerte die Herzensgüte mit einer 1, alle anderen guten Eigenschaften mit einer 0.« – »Ist das nicht ein wenig ungerecht?« fragte die Dame erstaunt. »O nein. Denn wenn die Herzensgüte 1 ausmacht und beispielsweise für Charme, Schönheit und Geist je eine 0 hinzukommt, dann macht das schon 1000. Wo aber die Herzensgüte fehlt, bleibt alles übrige 0.«

Rousseau war zu einem Essen eingeladen. Man erwartete offensichtlich, ein anregendes, geistreiches Tischgespräch zu führen. Doch der Philosoph blieb wortkarg und schwieg sich weitgehend aus. Schließlich wurde der Hausherr direkter:»Ich glaube, es ist sehr schwer, einen Bären zum Sprechen zu bringen. Nicht wahr, Monsieur Rousseau?« – »Allerdings«, erwiderte Rousseau, »bei einem Papagei ist das erheblich leichter.«

Rousseau bat den Dichter Denis Diderot um einen Rat. »Aber Sie werden ja doch das Gegenteil tun von dem, was die anderen machen«, meinte Diderot. »Sie haben recht. Und das ist wohl der beste Rat, den Sie mir geben konnten.« Als Diderot Rousseau einmal in Montmorency besuchte, machten sie einen Spaziergang. Als sie dabei an einem Teich vorbeikamen, erzählte Rousseau, daß er wohl schon zwanzigmal daran gedacht habe, sich zu ertränken, um allem Unglück dieser Welt zu entgehen. »Gedacht! Aber Sie haben es nie getan. Erklären Sie mir, warum?« wollte der Dichter wissen. »Jedesmal habe ich die Hand in das Wasser hineingehalten und festgestellt, daß es zu kalt ist.«

Peter Paul Rubens
Siegen/Westfalen 28. 6. 1577 – Antwerpen 30. 5. 1640

Der flämische Maler Rubens ist mit seinen repräsentativen, sinnenfrohen Barockbildern großen Stils das katholische Gegenstück zum protestantischen Niederländer Rembrandt.

Rubens war nicht nur ein berühmter Mann schon zu Lebzeiten, sondern darüber hinaus auch sehr wohlhabend. Eines Tages besuchte ihn ein englischer Alchimist und machte ihm einen Vorschlag: »Bauen Sie mir ein Laboratorium und helfen Sie mir, es auszustatten und einzurichten. Ich habe eine sichere Methode gefunden, Gold zu erzeugen. Sie werden von allem, was ich produziere, die Hälfte erhalten.« Da lachte Rubens: »Lieber Freund, Sie kommen zwanzig Jahre zu spät. Inzwischen habe ich den Stein der Weisen bereits in meinem Beruf gefunden!«

Rubens war aber nicht nur Maler. Jahrelang und mit Erfolg stand er als Diplomat im Dienst der spanischen Krone. Auf diesen Umstand kam man in einer Gesellschaft beim Fürsten Kaunitz in Wien zu sprechen, und einer der Anwesenden sagte, gewiß habe man Rubens nur wegen seines ausgezeichneten Talents und seiner Berühmtheit als Maler zum Gesandten gemacht. »Wie? Ein Maler – Gesandter?« entsetzte sich eine ältere Baronin. »Ohne Zweifel war er ein Gesandter, der nebenbei zu seinem Vergnügen malte!« – »O nein, Gnädigste«, nahm einer der Herren das Wort, »Rubens war ein Maler, der sich nebenbei zu seinem Vergnügen mit der Diplomatie beschäftigte.«

Françoise Sagan
Cajarc 21. 6. 1935

»Eine Frau kann die größten Dummheiten sagen, wenn sie es nur geistreich tut«, behauptete die französische Schriftstellerin Françoise Sagan, die 1953 durch ihren Roman »Bonjour Tristesse« über Nacht berühmt wurde.

Nach ihrer Trennung von Guy Schoeller sagte die Sagan einem Journalisten: »Ich habe mich schließlich selbst nicht mehr begriffen. Es ist doch bizarr, daß viele Frauen Männer heiraten, die schon ein- oder zweimal verheiratet waren, während sie lieber nackt gingen, als ein Kleid zu tragen, das schon eine andere vor ihnen angehabt hat!«

Eines Tages ruft die Sagan den bekannten Boulevard-Autor André Roussin an: »Stellen Sie sich vor, André, ich habe den Auftrag für ein neues Theaterstück, aber mir fällt einfach nichts ein. Seien Sie lieb und denken Sie nach. Vielleicht haben Sie eine Idee?« – »Aber sicher, meine Liebe. Haben Sie einen Bleistift? Dann schreiben Sie: Da ist ein Mann, der liebt eine Frau, aber...« – »Wunderbar!« ruft die Sagan ins Telefon. »Vielen Dank, André. Das reicht mir schon. Alles andere fällt mir dann schon von selbst ein.«

Françoise Sagan, von Haus aus nicht arm und durch ihre erfolgreichen Bücher noch wohlhabender geworden, wird gefragt, ob sie im Reichtum eine Garantie für irgendeine Form des Glücks sehe. »O nein«, antwortete sie, »ganz sicher nicht. Auch in einem Rolls Royce wird geweint, vielleicht sogar häufiger als in einem Autobus.«

FERDINAND SAUERBRUCH
Barmen 3. 7. 1875 – Berlin 2. 7. 1951

Der berühmte Chirurg Ferdinand Sauerbruch war bekannt dafür, daß er jahrelang jedem Frischoperierten ein Glas Champagner ans Krankenbett bringen ließ, denn er war von den regenerativen Heilkräften des Weines überzeugt. Als junger Landarzt in Thüringen setzte er dagegen auf Tokayer als unterstützende Medizin, was seiner Praxis bald raschen Zulauf brachte. Weniger beliebt war er damals bei den Krankenkassen, die diese seltsamen Rezepte zähneknirschend bezahlten.
(Waren das noch Zeiten!)

Sauerbruch konnte recht grob werden. Ein Patient, den er bereits mehrmals auf die für ihn übliche Art angefahren hatte, beschwerte sich: »Wenn Sie zu jedem so grob sind wie zu mir, Herr Professor, werden sich wohl nur wenige Patienten für Sie erwärmen können.« Knurrte Sauerbruch: »Mir sind auch erkältete Patienten lieber.«

Einem anderen, recht wohlhabenden Patienten, der sich unbedingt von dem berühmten Chirurgen operieren lassen wollte, erklärte er: »Das wird Sie wenigstens einen runden Tausender kosten.« – »Das ist zwar sehr teuer, aber hoffentlich doch nicht lebensgefährlich?« meinte der Patient. »Na, wegen der paar Piepen werden Sie doch nicht schon um Ihr Leben zittern?«

Auf der Universität war der vielbeschäftigte Chef der Berliner Charité als Prüfer sehr gefürchtet. Als er eben einen Kandidaten examinieren wollte, wurde er plötzlich dringend zu einem schweren Fall außerhalb Berlins gerufen. »Kommen Sie mit«, sagte Sauerbruch, »ich werde Sie unterwegs prüfen.« Während das Auto aus Berlin hinausraste, stellte er seine Fragen, auf die der Kandidat meist wenig zu antworten wußte. Mitten auf offener Landstraße ließ der Professor halten: »Steigen Sie aus. Sie sind durchgefallen.«

Zweimal hatte Sauerbruch bereits einen Kandidaten, der sich während des Studiums mit vielerlei, aber offenbar wenig mit Medizin beschäftigt hatte, bei der Prüfung durchfallen lassen. Nach der zweiten vergeblichen Prüfung erklärte der Student voller Zorn im Kreis seiner Kommilitonen: »Der soll es wagen, mich noch ein drittes Mal durchfallen zu lassen! Zum nächsten Termin nehme ich mir heimlich ein Messer mit, und wenn er Anstalten macht, mich noch einmal sausen zu lassen, steche ich ihm mitten ins Herz. Darauf könnt ihr euch verlassen!« Der Wutausbruch wurde Professor Sauerbruch hinterbracht, der allerdings sehr gelassen reagierte: »Der? Ist völlig ungefährlich. Der weiß ja gar nicht, wo das Herz sitzt.«

Es war nach 1933, als Sauerbruch einmal eine Vorlesung mit den Worten begann: »Befassen wir uns heute einmal mit dem Klumpfuß...« Ein ohrenbetäubendes Trampeln und Klopfen der Studenten unterbrach ihn. »Meine Damen und Herren«, fuhr Sauerbruch fort, »ich glaube, hier liegt ein Mißverständnis vor. Ich wollte keineswegs politisch werden.«

Sir Walter Baronet Scott

Edinburgh 15. 8. 1771 –
Schloß Abbotsford/Schottland 21. 9. 1832

Der schottische Dichter Walter Scott gilt als der eigentliche Begründer des historischen Romans, mit dem er auch auf nichtenglische Schriftsteller einen großen Einfluß ausübte. So wirkte er auf Hugo, Stendhal, Dumas, Balzac, Manzoni, Hauff und Freytag. Er hatte frühzeitig Erfolg und brachte es nicht nur zu Ansehen und Ruhm, sondern auch zu so viel Reichtum, daß er sich als freier Autor auf dem eigenen Schloß Abbotsford niederlassen konnte. Doch während der Wirtschaftskrise zu Beginn des neunzehnten Jahrhunderts ging der Verlag Ballantyne, an dem er beteiligt war, bankrott. Trotz eines angebotenen Vergleichs bestand er darauf, seine Schulden auf Heller und Pfennig zu zahlen, und schrieb in kurzer Zeit eine Reihe von Romanen, die seine Gesundheit so stark angriffen, daß er bereits mit 61 Jahren starb, im gleichen Jahr wie Goethe, dessen »Götz von Berlichingen« er ins Englische übersetzte.

Der italienische Dichter Alessandro Manzoni war ein glühender Verehrer Scotts, durch dessen Werk angeregt er seinen bedeutendsten Roman »I promessi sposi« (Die Verlobten) 1827 schrieb. Als sich beide schließlich persönlich begegneten, kleidete der Italiener seine Verehrung für den Schotten in die Worte: »Mein Roman ist eines Ihrer Werke.« – »Wenn es so wäre, dann wäre es mein schönstes«, erwiderte Scott.

Scotts französischem Übersetzer war der Ausdruck »Welsh rabbit« (ein Käse-Toast) fremd, weshalb er es mit »Kaninchen aus Wales« übersetzte. Phantasiereich setzte er in einer Fußnote hinzu, daß die Kaninchen von Wales von hervorragender Qualität und deshalb überall auf den britischen Inseln besonders geschätzt seien.

Zu Scotts großen Verehrern gehörte auch sein langjähriger Diener Tom, der eines Tages zu Scott sagte: »Ihre Romane sind so wunderbar und großartig! Ich könnte heute nicht mehr ohne sie leben. Wenn ich am Abend müde in mein Zimmer komme, dann nehme ich mir immer eines Ihrer Bücher vor, und gleich schlafe ich beruhigt ein.«

Natürlich blieb der erfolgreiche Autor auch von Bittbriefen nicht verschont. Einer der seltsamsten war der eines Hauptmann Campbell, der sich – wie er schrieb – aus einem unbezähmbaren inneren Antrieb an ihn wandte, um ihn schließlich höchst direkt um ein Darlehen von zwei Pfund anzugehen. »Da ich selber keinen inneren Antrieb empfand«, erzählte Scott, »habe ich ihm kein Geld geschickt. Daraufhin hatte Campbell abermals einen inneren Antrieb und schrieb mir einen Brief voller Schmähungen über meine Knickrigkeit.«

Auf der Straße wurde Scott von einem Bettler angehalten, der ihn um ein Almosen bat. Scott, der kein Kleingeld bei sich hatte, gab ihm einen Schilling und meinte: »Dafür bleiben Sie mir jetzt sechs Pence schuldig.« – »Gott segne Sie«, bedankte sich der Bettler, »und erhalte Ihnen das Leben so lange, bis ich eines Tages meine Schuld zurückzahlen kann.«

WILLIAM SHAKESPEARE
Stratfort-upon Avon 26. 4. 1564 –
Stratford-upon-Avon 23. 4. 1616

Von Shakespeares Leben ist nicht allzu viel bekannt. Sein Taufdatum ist der 26. April 1564, doch möglicherweise wurde er bereits am 23. April geboren – dann wäre er auf den Tag genau 52 Jahre alt geworden. Sein Vater war ein angesehener Handschuhmacher und Bürgermeister in Stratford, wo William die Lateinschule besuchte und 1582 die Gutsbesitzertochter Anne Hathaway heiratete. Fünf Jahre später ging er nach London, wo er als Schauspieler, Dramatiker, Regisseur und Theaterleiter zu Ansehen, Erfolg und Wohlstand gelangte. Die letzten sechs Jahre seines Lebens verbrachte er als reicher Pensionist wieder in Stratford.

Von dem größten Dramatiker aller Zeiten berichtet Heinrich von Kleist: »Als William Shakespeare einst der Vorstellung seines ›Richard III.‹ beiwohnte, sah er einen Schauspieler sehr eifrig und zärtlich mit einem jungen, reizenden Frauenzimmer sprechen. Er näherte sich unbemerkt und hörte das Mädchen sagen: ›Um zehn Uhr poche dreimal an die Tür, ich werde fragen: Wer ist da?, und du mußt antworten: Richard der Dritte.‹ Shakespeare, der die Weiber sehr liebte, stellte sich eine Viertelstunde früher ein und gab beides, das verabredete Zeichen und die Antwort, ward eingelassen und war, als er erkannt wurde, glücklich genug, den Zorn der Betrogenen zu besänftigen. Zur bestimmten Zeit fand sich der wahre Liebhaber ein. Shakespeare öffnete das Fenster und fragte leise: ›Wer ist da?‹ – ›Richard der Dritte‹, war die Antwort. ›Richard‹, erwiderte Shakespeare, ›kommt zu spät. Wilhelm der Eroberer hat die Festung schon besetzt.‹«

Zeitweise wurde von Literaturwissenschaftlern bezweifelt, daß der Schauspieler Shakespeare tatsächlich auch der Autor der ihm zugeschriebenen Stücke sei, doch alle anderen Zuschreibungen erwiesen sich als unhaltbar. Man konnte ihm lediglich nachweisen, daß er – was damals nichts Ungewöhnliches war – seine Stoffe häufig bei anderen Autoren entlieh. Jemandem, der ihm vorwarf, er hätte eine ganze Szene abgeschrieben, soll Shakespeare geantwortet haben: »Das ist ein Mädchen, das ich aus schlechter Gesellschaft entfernt und in gute gebracht habe.«

Königin Elisabeth, die einer Anekdote zufolge Shakespeare gebeten hatte, den Ritter Sir John Falstaff auf die Bühne zu bringen, was er dann auch in »Heinrich IV.« tat, wohnte einmal einer Vorstellung bei, in der Shakespeare den König Richard II. spielte. Um ihn aus der Rolle zu bringen, ließ sie ihr Spitzentuch auf die Bühne fallen. Der König auf der Bühne hob es auf und wandte sich an seinen Theater-Hofstaat mit den Worten: »Man reiche meiner königlichen Schwester dieses Tuch!«

George Bernard Shaw
Dublin 26. 7. 1856 – Ayot St. Lawrence 2. 11. 1950

Erst im Alter von 36 Jahren schrieb der irische Dramatiker und Literatur-Nobelpreisträger sein erstes Theaterstück (»Die Häuser des Herrn Sartorius«), mußte jedoch noch vier weitere Stücke und fünf Jahre abwarten, bis ihn die Uraufführung des »Teufelsschülers« 1897 in New York finanziell unabhängig machte und ihm Anerkennung als Dramatiker verschaffte. Bis dahin hatte er seinen scharfen Witz in zahlreichen Musik- und Theaterkritiken erprobt, mit denen er sich in London über Wasser hielt. Bereits mit 15 Jahren hatte er die Schule verlassen und fünf Jahre in einer Dubliner Immobilienfirma gearbeitet, wo er es bis zum Kassierer brachte. Dann folgte er 1876 seiner musikliebenden und künstlerisch begabten Mutter nach London, um dort Schriftsteller zu werden.

Shaws Mutter hatte seinen Vater, einen früheren Justizbeamten und erfolglosen Getreidehändler verlassen, weil dieser Alkoholiker war. Aus diesem Grunde war Shaw zeit seines Lebens ein überzeugter Abstinenzler. Seltsamerweise tauchte verschiedentlich die Ansicht auf, Shaws Vater sei ein Schneider gewesen. Vielleicht hat folgende recht bekannte Geschichte dazu beigetragen: Während eines Gartenfestes wurde der schon berühmte Shaw von einem bekannten Chirurgen gefragt: »Stimmt es, daß Ihr Vater Schneider war?« Shaw bejahte. »Und hatten Sie nie das Bedürfnis, auch einer zu werden?« Da fragte Shaw zurück: »Ich hörte, Ihr Vater war ein Gentleman. Hatten Sie nie das Bedürfnis, auch einer zu werden?«

Aber Shaw selbst war auch nicht unbedingt das, was man gemeinhin einen Gentleman nennt. Als Absage auf eine Einladung einer Dame der Gesellschaft zum Lunch telegraphierte er: »Werde nicht kommen. Was habe ich getan, um solchen Angriff auf meine wohlbekannten Gewohnheiten zu provozieren?« Die Lady telegraphierte zurück: »Ich kenne Ihre Gewohnheiten nicht, hoffe aber, sie sind besser als Ihre Manieren!«

Unter seiner Post fand Shaw den Brief einer Verehrerin, die ihm unter anderem schrieb: »Zweifellos sind Sie der intelligenteste Mann in England. Und da ich die schönste Frau Englands bin, würde ein Sohn aus unser beider Verbindung die Vollkommenheit selbst sein.« Shaw antwortete: »Leider ist nicht ausgeschlossen, daß unser Sohn die Intelligenz von Ihnen und die Schönheit von mir erben würde.«

Shaw erfuhr, daß man in Amerika das Buch eines siebzehnjährigen Autors verboten habe. »Hoffen wir«, meinte er, »daß dem jungen Mann dieser Erfolg nicht zu Kopf steigt.«

Auf die Frage, ob er glaube, daß der Mars bewohnt sei, antwortete Shaw: »Ganz gewiß nicht. Die Menschen sind eine Krankheit dieser Erde. Gesunde Planeten haben sie nicht.«

Der überzeugte Pazifist Shaw konnte nicht umhin, den berühmten Feldmarschall Montgomery zu bewundern. Doch als sie sich einmal persönlich begegneten, sollte auch Montgomery erfahren, was der Ire von den Fähigkeiten des britischen Militärs hielt. »Ich habe festgestellt«, erklärte ihm Shaw, »daß von all den Leuten auf hohen Posten nur etwa fünf Prozent den ihnen gestellten Aufgaben auch wirklich gewachsen sind.« – »Soll das heißen, daß auch von den britischen Generälen nach Ihrer Meinung nur fünf Prozent fähig sind, ihr Kommando auszuführen?« fragte der Marschall gereizt. »O nein«, erwiderte Shaw, »beim Militär ist der Prozentsatz natürlich geringer.«

Ein junger Schauspieler erzählte Shaw von seinen Erfahrungen mit den Intrigen im Londoner Theaterleben. »Ich«, meinte er schließlich, »bin fest entschlossen, auf ehrliche Weise meine Karriere zu machen.« – »Das ist ein Weg«, sagte Shaw, »auf dem werden Sie keine Konkurrenz haben.«

Ein Rezensent, der Shaws letztes Stück auf recht ruppige Weise verrissen hatte, rühmte sich dem Dichter gegenüber, daß er aus einer alten Kritiker-Familie stamme: »Nicht nur mein Vater, auch schon mein Großvater waren bekannte Theaterkritiker.« – »Na also«, sagte Shaw bissig, »deshalb sind Sie so unter aller Kritik erzogen worden.«

Unter dem Eindruck der Philosophie Nietzsches schrieb Shaw zwischen 1918 und 1920 das Stück »Zurück zu Methusalem«. Nach der Premiere verbeugte er sich auf der Bühne. Plötzlich ertönte mitten in den begeisterten Beifall des Publikums hinein ein scharfer Pfiff von der Galerie. Shaw blickte nach oben, hob die Arme und rief laut hinauf: »Ich bin ganz Ihrer Meinung, mein Freund. Aber was können wir beide allein gegen die hier unten alle schon ausrichten!«

LEO SLEZAK

Schönberg/Mähren 18. 8. 1873 – Rottach-Egern 1. 6. 1946

Unter den Tenören der zweifellos beste Humorist war Leo Slezak – und nicht nur unter den Humoristen der beste Tenor. 25 Jahre lang war er als Heldentenor Mitglied der Wiener Staatsoper, dann entdeckte er den Film und dieser ihn, und Slezak machte seine zweite Karriere als Schauspieler.

Bevor Slezak Sänger wurde, versuchte er sich in den verschiedensten Berufen: Er machte eine Schlosserlehre, war Gärtnerbursche bei der Erzherzogin Elisabeth, Soldat eines Jägerbataillons, Schreiber bei einem Rechtsanwalt. Später schrieb er ein Buch, dem er den Titel »Meine sämtlichen Werke« gab. Trotzdem folgten noch drei weitere. Das nächste nannte er »Der Wortbruch«, das dritte »Der Rückfall« und kurz nach seinem Tode erschien, herausgegeben von seiner Tochter, »Mein Lebensmärchen«.

Slezak war ungewöhnlich vielseitig. So erfand er unter anderem »eigene Witze« und war ein leidenschaftlicher und von seinen Freunden sehr bewunderter Koch. Sein Sohn, der Schauspieler Walter Slezak, der viele der Begabungen seines Vaters geerbt hatte, schrieb übrigens später ein unterhaltsames Kochbuch mit dem Titel »Mein Magen geht fremd«. Als Sänger kam Leo Slezak gelegentlich seine Ausbildung als Schlosser sehr zustatten. So trug ihm die Darstellung des schwertschwingenden jungen »Siegfried«, der mit dem Stabreim »So schneidet Siegfrieds Schwert« einen Amboß zerteilen muß, das Lob der Fachleute ein. Opernkenner wissen allerdings, daß der Theater-Amboß bereits schon vorher aus zwei Teilen besteht, die durch einen Zapfen zusammengehalten werden. An diesem ist eine Schnur, mittels derer man ihn nach

Siegfrieds Schwertschlag herauszieht, und der Amboß fällt auseinander. Bei einem Gastspiel in London hatte Slezak einen enormen Heiterkeitserfolg, denn der Amboß spaltete sich bereits, als Siegfried eben sein Schwert zum Schlag erhob.

Der bekannteste Heldentenor in Wien neben Slezak war Erik Schmedes. Nach dem ersten Akt der »Walküre«, in der Schmedes den Siegmund sang, kam Slezak in die Garderobe seines Rivalen, klopfte ihm ermunternd auf die Schulter und sagte: »Also ich weiß nicht, was die Leute wollen, mir hast du gefallen!«

Mit verstellter Stimme rief Slezak mitten in der Nacht bei Schmedes an: »Ich bin ein glühender Verehrer von Ihnen, Herr Kammersänger. Den nächsten Lohengrin, werden Sie den singen?« Halb verärgert über den nächtlichen Anruf, halb geschmeichelt, sagte Schmedes: »Ja, natürlich.« Darauf hörte er: »Dann warte ich wohl doch bis zum übernächsten Mal, wenn ihn der Slezak singt.«

Nicht nur wegen seiner Scherze und Späße war Slezak an allen großen Opernhäusern gefürchtet. Mehr noch bangte man vor der großen Leidenschaft des Sängers, im letzten Moment abzusagen. Als man ihm einmal deswegen Vorwürfe machte, meinte er: »Wenn ich nicht mehr absagen darf, freut mich die ganze Singerei nicht mehr.«

Zum ersten Mal betrat der junge Helge Rosvaenge das Opernhaus am Ring. Da begrüßte ihn auch schon Slezak mit offenen Armen: »Lieber junger Freund, Sie kommen gerade recht. Gerade eben hab ich für heut abend den Feldmarschall im ›Rosenkavalier‹ absagen müssen. Es ist meine Lieblingsrolle. Aber Sie sind doch so nett und springen für mich ein?« Wie bekannt, tritt der Feldmarschall in dieser Oper nie auf, es wird nur von ihm gesprochen.

In den Zeiten der k. u. k. Hofoper hatte noch jedes prominente Mitglied des Hauses seinen eigenen Garderobier. Leo Slezaks Opern-Diener kam wie dieser aus Mähren und hieß Franz Schweiner. Er gehörte zu den Originalen des Hauses am Ring. Vor einer »Fidelio«-Aufführung, in der der schwergewichtige Tenor den halbverhungerten Florestan sang, hatte er sich entsprechend bleiche Wangen und tiefe Schatten unter die Augen geschminkt. »Franzl«, sagte Slezak und drehte sich vor seinem Garderobier hin und her, »wie schau ich aus?« – »Ausg'fressen, Herr Kammersänger!« Und ein anderes Mal, als er sich eben mit Siegfrieds Schwert umgürtet hatte, fragte er: »Schau, Franzl, sitzt der Riemen hinten recht?« – »Momenterl«, sagte Franzl, »ich muß Herrn Kammersänger erst einmal umkreisen.«

Während seiner Anfangszeit in Brünn saß Slezak mit Kollegen nach einer Premiere beisammen, und man unterhielt sich über eine junge gutgewachsene Kollegin, die an diesem Abend in einer Hosenrolle aufgetreten war. »Die Hälfte der Zuschauer könnte glauben, sie sei wirklich ein Mann«, sagte einer aus der Runde. »Aber die andere Hälfte«, erwiderte Slezak, »weiß es besser.«

Jonathan Swift

Dublin 30. 11. 1667 – Dublin 19. 10. 1745

Mit dem Roman »Gullivers Reisen« schrieb Swift 1727 die bekannteste Satire der Weltliteratur, dessen erste beide (literarisch gelungeneren) Teile noch heute als Kinderbuch in aller Welt gelesen werden. Der irische Dichter begann als Sekretär des Schriftstellers Sir William Temple in England, wurde dann anglikanischer Geistlicher und 1713 Dekan von St. Patrick in Dublin.

Als Pfarrer war Swift in seiner Gemeinde wegen seiner Ironie gefürchtet. Einmal begann er eine Predigt mit den Worten: »Hochmut, liebe Gemeinde, ist eine der verwerflichsten Eigenschaften. Vornehmlich gibt es dreierlei Formen, in denen er uns begegnet: als Hochmut der Geburt, als Hochmut des Reichtums und als Hochmut des Verstandes. Über die dritte Art dieser Sünde brauche ich hier nichts zu sagen, denn es dürfte kaum einer unter euch sein, den sie betrifft.«

Swift war bei seinem Freund Lord Bolingbroke zum Dinner geladen, und dieser zeigte ihm zuvor die Speisenfolge. »Es wäre mir lieber«, meinte Swift, »wenn Sie mir die Gästeliste zeigten.« Während des Dinners hörte Swift einen der Gäste im Gespräch sagen: »Ein wirklicher Gentleman kann nur jemand sein, der nicht arbeitet.« – »Das möchte ich bezweifeln«, mischte sich Swift ein. »Alle Männer, die ich in England kenne, arbeiten, und auch die Frauen. Es arbeiten die Pferde und auch die Ochsen. Sogar das Wasser arbeitet und das Feuer und selbst das Bier. Nur das Schwein arbeitet nicht. Demnach wäre also in England einzig das Schwein ein wirklicher Gentleman?« Um Swift in die Enge zu treiben und seine Bosheit zu widerlegen, warf jemand ein: »Und der Adel? Wer von Adel ist, muß schließlich auch nicht arbeiten!« Doch Swift parierte den Angriff: »All jene, die sich auf nichts anderes berufen können als auf ihre Ahnen, sind im Grunde wie die Kartoffeln: Das Beste von ihnen ruht unter der Erde!«

Swift drang darauf, daß sein Sohn sich noch in jugendlichem Alter verheirate. »Es ist noch zu früh«, meinte ein Freund, »warten Sie lieber, bis er klüger geworden ist.« – »Wenn er erst einmal klüger geworden ist«, widersprach Swift, »dann wird er nicht mehr heiraten wollen.«

Auf einer Gesellschaft begegnete Swift einem Advokaten, der ihn gern in Verlegenheit gebracht hätte. »Was glauben Sie«, fragte ihn der Advokat, »wenn es zu einem Prozeß zwischen der Geistlichkeit und dem Teufel käme, wer siegen würde?« Der Dekan von St. Patrick antwortete: »Ohne Zweifel der Teufel, denn der hat ja alle Advokaten auf seiner Seite!«

Wie alle Iren war auch Swift ein glühender Nationalist, und als Lady Carter, die Frau des englischen Gouverneurs in Irland, ihm das etwas einfältige Kompliment machte, gerade die Luft in Irland sei so ausgezeichnet, sagte Swift: »Bitte tun Sie mir den Gefallen und erzählen Sie das nicht in England, sonst beschließt die Regierung noch, daß wir auch für unsere Luft eine Steuer zahlen müssen!«

JOHANN CHRISTOPH FRIEDRICH VON SCHILLER
Marbach 10. 11. 1759 – Weimar 9. 5. 1805

Der Sohn eines Wundarztes und Werbeoffiziers mußte auf Befehl seines Landesherrn, des Württembergischen Herzogs Karl Eugen, die militärische Pflanzschule (später Karlsschule) in Stuttgart absolvieren, wo der strenge und militärische Drill in dem empfindsamen Knaben einen ungewöhnlichen Freiheitswillen entfachte. Aus diesen Empfindungen heraus und aus Protest gegen die ihm auferlegten Zwänge schrieb Schiller sein erstes Bühnendrama »Die Räuber«, dessen Uraufführung am Mannheimer Nationaltheater den Dichter mit einem Schlage berühmt machte.

Heimlich – denn private Lektüre war in der Anstalt verboten und erst recht das Dichten – las Schiller seinen Kameraden des Nachts aus den »Räubern« vor. Eines Abends deklamierte er mit wilder Leidenschaft gerade die Worte, die Franz Moor zu Pastor Moser spricht: »Ha was! Du kennst keine Sünde darüber? Besinne dich nochmals! Tod, Himmel, Ewigkeit, Verdammnis schwebt auf dem Laute deines Mundes! Keine einzige darüber? – –« Da öffnete sich unversehens die Tür, und der Aufseher trat herein und sah Schiller in seltsamer Verzweiflung in der Stube auf- und abgehen. »Ei, so schäme er sich doch!« sagte er zu ihm. »Wer wird denn so unverschämt fluchen!«

Im Jahre 1788 erhielt Schiller eine Berufung als Professor für Geschichte nach Jena. Im gleichen Jahr begegnete er Goethe, mit dem sechs Jahre später (1794) eine fruchtbare Zusammenarbeit begann, die die beiden Dichter-Größen auch menschlich näherbrachte. Doch die allererste Begegnung Schillers mit Goethe war bereits viele Jahre früher. 1779 hatte Schiller die Abschlußprüfungen auf der Karlsschule mit Auszeichnung bestanden, doch der Herzog entschied, daß er noch ein Jahr weiter studieren müsse. In diesem Jahr wurde die Stiftungsfeier am 14. Dezember in der Aula der Akademie besonders festlich begangen. Der Grund war die Anwesenheit hoher Gäste: Auf der Rückreise von der Schweiz machte der junge Herzog Karl August von Weimar mit seinem Freund Goethe einige Tage Station in Stuttgart. Während der Feierlichkeiten stand Goethe neben dem Thron des württembergischen Herzogs, zu dem Schiller viermal hinaufstieg, um die von ihm errungenen Preise entgegenzunehmen. Viermal stand Schiller neben dem nur zehn Jahre älteren Weimarer Dichterfürsten und war von dieser Tatsache sehr beeindruckt. »Wie gern hätte ich mich ihm bemerkbar gemacht«, erzählte er später.

Doch das Leben hatte für den jungen Friedrich noch einige Umwege parat. Auf des Herzogs Befehl hatte er Medizin studieren müssen und erhielt dann nach Abschluß seiner Studien von ihm die Stelle eines Regimentsmedikus ohne Offiziersrang mit einem Monatsgehalt von ganzen 18 Gulden. Wie wenig ihn die Medizin interessierte, zeigte allein schon die Tatsache, daß er sich in den ganzen zwei Jahren als Regimentsmedikus ein einziges ungefähr in das Fach schlagendes Büchlein anschaffte, den »Almanach für Apotheker aus dem Jahr 1782«. Jahre später sollte es Schiller passieren, daß das Bankhaus Bethmann in Frankfurt einen von ihm in Mannheim ausgestellten Wechsel mit der Begründung zurückwies: »Ein verdorbener Chirurg, der sich mit Gewalt zum Dichter machen will.«

In diese Zeit fiel die Uraufführung der »Räuber« im Nationaltheater Mannheim. Der Premiere am 13. Januar 1782 wohnte Schiller heimlich und ohne Urlaub bei. Schon vor der ersten Aufführung hatte das Stück eine »außerordentliche Publicität« erlangt, so daß das Theater überfüllt war. Die ungewöhnliche, aber schweigende Spannung des Publikums schlug in der zweiten Szene des dritten Aktes, wo Karl Moor als Büßer und Rächer im Schloß seiner Väter erscheint, in frenetischen Beifall und Jubel um, der sich bis zum Schluß noch steigerte. Ein Augenzeuge berichtete: »Das Theater glich einem Irrenhause, rollende Augen, geballte Fäuste, heisere Aufschreie im Zuschauerraum. Fremde Menschen fielen einander schluchzend in die Arme, Frauen wankten, einer Ohnmacht nahe, zur Türe. Es war eine allgemeine Auflösung wie im Chaos, aus dessen Nebeln eine neue Schöpfung hervorbricht.«

Auch andere Werke Schillers fanden gelegentlich recht merkwürdige »Kritik«. So schrieb Caroline von Schlegel 1801 in einem Brief: »Über ein Gedicht von Schiller ›Das Lied von der Glocke‹ sind wir gestern mittag fast von den Stühlen gefallen vor Lachen...« Und selbst der eigene Sohn (er wurde Forstrat) erklärte später einmal in einer Gesellschaft: »Mein Vater war gewiß ein großer Dichter, aber von Holz hat er nichts verstanden. Sonst hätte er in dem ›Lied von der Glocke‹ nicht geschrieben: ›Nehmet Holz vom Fichtenstamme!‹ Denn das ist nun einmal das schlechteste Holz.«

Hundert Jahre später, im Frühjahr 1905, rüstete man sich allenthalben zum Gedenken an seinen hundertsten Todestag. Auch im schwäbischen Murrhardt stand eines Tages das Thema »Schillerfeier« auf der Tagesordnung der Gemeinderatssitzung. Natürlich müßte man dafür das Gemeindesäckel ein wenig schröpfen, und an diesem Punkt stieß das Projekt eines würdigen Schiller-Gedenkens auf Schwierigkeiten. »Worum für so ebbes Geld ausgebe?« meinte eines der Mitglieder. »Noi, des seh i net ein! Was ischt denn des B'sonders? Rechts en Fraule, links en Fraule und vor mir e Flasch Wein – hei no ka i au dichte!«

Max Schmeling
Klein-Lukow 28. 9. 1905

1930 wurde mit dem Berufsboxer Max Schmeling – bis heute ein Liebling aller sportbegeisterten Deutschen – zum erstenmal ein Deutscher Weltmeister im Schwergewicht. Zwei Jahre vorher war Schmeling nach New York gekommen, um sich hier bis zum ersten Rang emporzuboxen.

Am 24. November 1928 kämpfte er gegen Joe Monte, und in der achten Runde konnten die Amerikaner seine legendäre und gefürchtete Rechte bewundern: Monte ging zu Boden und wurde ausgezählt. In der ersten Reihe saß der amerikanische Box-Zar Tex Rickard, allgewaltiger Präsident des Madison Square Garden in New York, in dem praktisch alle großen Boxkämpfe ausgetragen wurden. Nach Schmelings K.-o.-Schlag war der sonst durch nichts zu erschütternde Rickard aufgesprungen und hatte laut ausgerufen: »What a right hand!« – Was für eine Rechte! Der spontane Ausruf machte die Runde durch die Zeitungen und begründete Schmelings Karriere in den USA.

Für das Training vor seinem Weltmeisterschaftskampf stellte der amerikanische Schuhkönig Johnston Schmeling ein Camp in seiner Schuhmetropole Endicott-Johnston zur Verfügung. Wie alle Millionäre tat er das nicht allein aus purer Menschenfreundlichkeit, denn nun kamen alle Journalisten, die Reportagen oder Vorberichte über den künftigen Weltmeister Schmeling schreiben wollten, nach Endicott-Johnston; der Name tauchte deshalb auch entsprechend oft in den Artikeln auf. Als Schmeling Monate später dem Schuhkönig aus Florida eine Karte schickte und, da er gerade keine Zwei-Cent-Marke zur Hand hatte, sie mit drei Cent frankierte, schrieb ihm

Johnston zurück: »Lieber Max, Du brauchst mir nicht mehr zu schreiben, denn ich weiß jetzt, daß aus Dir nie etwas wird. Wer eine Karte falsch frankiert und der Post glatt fünfzig Prozent schenkt, der kann es zu nichts bringen. . . .«

Vor dem Krieg führte Max Schmeling einen Prozeß gegen die Stadt Berlin, die sich weigerte, einen größeren Betrag zu zahlen, für den sie während einer Boxveranstaltung in Berlin gebürgt hatte. Schmeling kam mit seiner Klage durch und erhielt sein Geld. 1938 bereitete man ihm in Berlin einen begeisterten Empfang, als er nach seinem sensationellen Sieg über Joe Louis aus Amerika zurückkehrte. Bei diesem Anlaß mußte er sich auch in das »Goldene Buch« der Stadt Berlin eintragen. Als er eben zur Unterschrift ansetzen wollte, unterbrach er den feierlichen Akt mit der unseriösen Frage: »Genügt es, wenn ich meinen Namen schreibe, oder soll ich ›Betrag dankend erhalten‹ hinzufügen?«

Auf einer Gesellschaft mußte Schmeling mit einer höchst eingebildeten und arroganten Dame tanzen. »Da haben sich heute Geist und Sport gefunden«, flötete sie. »So?« fragte Schmeling, »und welchen Sport betreiben Sie?«

CARLO SCHMID
Perpignan 3. 12. 1896 – Bonn 11. 12. 1979

Von Haus aus war er Jurist, bis 1953 sogar ordentlicher Professor für Völkerrecht und internationales Privatrecht in Tübingen, danach Ordinarius für wissenschaftliche Politik an der Universität Frankfurt, aber vor allem war der in Frankreich geborene Carlo Schmid ein Weltmann, Grandseigneur und Homme de Lettre, dessen historische und literarische Bildung sich in zahlreichen Büchern und hervorragenden Übersetzungen dokumentierte. Seine politische Laufbahn begann er als Staatsrat und Staatsminister in Stuttgart. Als Mitglied des Parlamentarischen Rates war er an der Abfassung des Grundgesetzes beteiligt und zog 1949 als Mitglied der SPD, in deren Parteivorstand er seit 1947 saß, in den ersten Bundestag ein. Mit drei Jahren Unterbrechung als Bundesratsminister war er von 1949 bis 1972 Vizepräsident des Deutschen Bundestages. Er galt als eine der profiliertesten Persönlichkeiten der SPD und war ein ausgezeichneter Redner.

Während einer Wahlrede in Dortmund hielt er plötzlich mitten im Satz inne und deutete mit einer weitausholenden Geste auf den unsichtbaren Gegner, um nach einer beeindruckenden Pause weiterzusprechen. Anschließend beglückwünschte ihn der SPD-Vorsitzende Ollenhauer und sagte: »Selten habe ich so eine wirkungsvolle Pause erlebt. Jeder im Saal war gespannt, was Sie jetzt sagen würden.« Vergnügt zwinkerte ihm Carlo Schmid zu: »Ich auch.«

Auch rein äußerlich war Schmid eine beeindruckende und gewichtige Persönlichkeit, die er selbst als »etwas breit in die Länge geraten« bezeichnete. Um seine Tochter Beate von der Schule abzuholen, wartete er einmal im Gang vor deren Klassenzimmer. »Erwarten Sie ein Kind?« fragte eine Lehrerin, die vorbeikam, worauf Schmid verschmitzt antwortete: »Nein – ich bin immer so dick.«

Nebenbei war seine Statur wohl auch auf andere Ursachen zurückzuführen. Als Lebensraum bevorzugte er Gegenden, in denen ein guter Wein wuchs und man auch entsprechend gut essen konnte. Regelmäßig besuchte er ein wegen seiner Küche gerühmtes Schlemmerlokal in der Nähe von Bonn. Eines Tages wechselte es den Besitzer, und als Schmid das nächste Mal dort aß, trat der neue Chef des Hauses zu ihm an den Tisch und begrüßte ihn: »Guten Tag, Herr Professor. Wie geht es Ihnen?« Trocken meinte Schmid: »Ihr Vorgänger hätte mich gefragt: Wie schmeckt es Ihnen?«

Bundeskanzler Adenauer reiste 1955 mit einer aus Mitgliedern aller im Bundestag vertretenen Parteien gebildeten Delegation nach Moskau. Bei dieser Konferenz erwiesen sich die Russen auf kulinarischem Gebiet als großzügige Gastgeber. Es wurde ausgiebig gegessen und vor allem reichlich getrunken. Nicht alle zeigten sich in dieser Hinsicht so geübt wie der sowjetische Parteisekretär Chruschtschow und Professor Carlo Schmid. Zum Schluß verabschiedete sich Schmid von Chruschtschow mit den Worten: »Es war wirklich sehr nett in Moskau. Aber warum trinkt ihr Russen eigentlich so wenig?«

Während eines Empfanges in Moskau flocht Schmid in das Gespräch die Floskel: »Gott sei Dank« ein. »Bei uns sagt man nicht ›Gott sei Dank‹, sondern ›Stalin sei Dank‹«, bemerkte sein russischer Gesprächspartner ironisch. »Aber Stalin ist bereits tot«, konterte Schmid, worauf sein Gegenüber seufzte: »Gott sei Dank.«

Arthur Schnitzler
Wien 15. 5. 1862 – Wien 21. 10. 1931

Arthur Schnitzler war ursprünglich Arzt, bevor er mit seinen psychologisch subtilen Konversationsstücken und Erzählungen zu Ruhm und Ansehen als Schriftsteller kam. Mit Freud verband ihn nicht nur eine persönliche Bekanntschaft, sondern auch eine Verwandtschaft im Geistigen, die sich in seinen Werken niederschlug.

Im Gegensatz zu seinem Freund Hugo von Hofmannsthal war Schnitzlers gesellschaftlicher Umgang eher bescheiden, obwohl er es, als Meister des Dialogs, auch privat liebte, sich geistreich und charmant zu unterhalten. Doch um zehn Uhr abends pflegte er müde zu werden und allzu beharrliche Gäste mit einem aufmunternden »Nur Mut!« zum Gehen anzuregen.

Als er einmal bereits am frühen Abend nur mühsam und unvollkommen sein Gähnen unterdrücken konnte, sagte eine Dame, die ihn gut kannte: »Herr Doktor, heute geht Ihr Gesicht aber vor.«

Den Sommer verbrachten viele der Wiener Schriftsteller im Salzkammergut. In Altaussee trafen sich Schnitzler, Hofmannsthal, Richard Beer-Hofmann und Theodor Herzl, und man beschloß, gemeinsam eine Fahrt auf dem See zu machen. Als das Boot gerade vom Ufer abgelegt hatte, zog Herzl das Manuskript eines Lustspiels hervor, um es den Freunden vorzulesen. »Jetzt«, sagte Schnitzler, »wenn man nicht mehr aussteigen kann.«

Arnold Schönberg
Wien 13. 9. 1874 – Los Angeles 13. 7. 1951

In Wien entwickelte 1920 der Komponist Arnold Schönberg die Zwölfton-Technik. Seine atonale Musik fand allerdings nicht gleich und überall den rechten Anklang. In der Stadt Schuberts und Beethovens konnten sich für diese neuen »Harmonien« zunächst nur wenige begeistern.

Ablehnend verhielt sich auch Bertolt Brecht, der auf dem Theater allerdings ebenso neue Wege beschritten hatte wie Schönberg in der Musik. Als ihm sein Freund Hanns Eisler, ein Schüler Schönbergs, eine von dessen atonalen Kompositionen vorspielte, brummte er verärgert: »Diese Musik ist mir zu melodisch.«

Anders Thomas Mann, dessen Roman »Dr. Faustus« sich mit Schönberg und seinen Musiktheorien auseinandersetzt, ohne die Quellen direkt zu nennen. Schönberg war darüber sehr verärgert und rief: »Die Zukunft wird ja zeigen, wer von uns wessen Zeitgenosse war!«

Aber auch er selbst mißtraute einem leichten Verständnis seiner Musik. Nach der Aufführung seiner Serenade op. 24 beglückwünschte ihn der Musiker Erich Simon. »So, hat es Ihnen gefallen?« fragte Schönberg. »Dann haben S' net verstanden.«

Nach der Uraufführung eines Klavierkonzertes von Schönberg sagte der Komponist zu Alma Mahler-Werfel: »Ja, es ist schwer, das Werk bei erstmaligem Hören zu verstehen. Ich brauche selbst mindestens fünfundvierzig Proben, um mein Werk kennenzulernen.«

Bereits 1934 ging Schönberg nach Amerika, wo er prompt den Auftrag bekam, Filmmusik zu schreiben. Anfangs weigerte er sich, indem er so horrende Honorare verlangte, daß man auf ihn verzichtete. »Wenn ich schon Selbstmord begehe«, sagte er, »so will ich doch gut davon leben können.«

Ungewöhnliche Honorarforderungen sind jedoch in Hollywood kein Grund für Auftragsmangel. Im Gegenteil. Immer wieder erhielt er Angebote, und nach langem Zögern entschloß er sich endlich, für den Film »Die gute Erde« nach Pearl S. Buck die Musik zu schreiben. Für ein Honorar von 50 000 Dollar und unter der Bedingung, daß keine Note geändert werden dürfe. Der Produzent Irving Thalberg schilderte dem Komponisten das Projekt: »Es ist eine grandiose Geschichte: Krieg, Erdbeben, Überschwemmungen und Hungersnot in China. Dazu ein Panorama menschlicher Leidenschaften. Und am Schluß eine Frau, die inmitten eines Gewittersturms einem Kind das Leben schenkt.« Gelassen fragte Schönberg: »Mr. Thalberg, wenn das alles passiert, wozu brauchen Sie dann noch Musik?«

KARL SCHÖNHERR
Axams/Tirol 24. 2. 1867 – Wien 15. 3. 1943

Nach harten Jugendjahren im Vinschgau begann der früh verwaiste Sohn eines Dorflehrers zuerst Germanistik in Innsbruck zu studieren, später konzentrierte er sich ganz auf Medizin und schloß sein Studium in Wien mit der Promotion ab. Bis 1905 arbeitete Schönherr dort als praktischer Arzt, erst danach gestatteten ihm die Tantiemen, sich ganz auf seine literarische Tätigkeit zu konzentrieren. Bedeutung erlangte vor allem sein dramatisches Schaffen. Seine naturalistischen, heimat- und volksverbundenen Bauerndramen wurden durch seine streng katholische und eine bewußt deutsch-nationale Haltung geprägt. 1933 wurde am Wiener Burgtheater sein »Passionsspiel« uraufgeführt.

Vielleicht wäre Schönherr selbst gern Schauspieler geworden. Jedenfalls war er am Theater bekannt für seine Manie, den Darstellern während der Proben auf der Bühne seine Auffassung selbst vorzuspielen. Sein Freund, der Regisseur Viktor Kutschera, ließ ihm dies am Volkstheater oft ergeben durchgehen. Nur einmal wurde es ihm zuviel, und er erhob Einwände: »Nein, nein, Karl, dem derfst nix vormachen! Des is a Anfänger, der is imstand und spüit des tatsächlich so!«

Manchmal hielt sich Schönherr auch zurück und versuchte lediglich vom Parkett aus, die Schauspieler auf der Bühne mit den Augen zu dirigieren. Das war insofern etwas schwierig, weil Schönherr auffallend schielte. Ein junger Schauspieler, von dem Schönherr wollte, daß er bei einer Textstelle an einem ganz bestimmten Punkt der Bühne stehen sollte, kam mit der »Augen-Regie« des Autors nicht ganz klar. Schönherr wollte Kutschera nicht durch sein ständiges Dreinreden verärgern, anderseits bemühte sich der Schauspieler vergeblich, die verzweifelten Gesten und das Augenrollen des Autors im Parkett zu deuten. Bis Kutschera endlich Hilfestellung gab und auf die Bühne rief: »Schaun S' auf das linke Auge! Des gilt!«

Auch im Norden Deutschlands hatten Schönherrs Tiroler Volksstücke Erfolg. 180 mal spielte das Altonaer Stadttheater sein Drama »Glaube und Heimat« vor ausverkauftem Haus. Eines Tages reiste der Autor selbst an, um einer Vorstellung beizuwohnen. Als er in der Pause nach dem zweiten Akt auf die Bühne kam, war alles gespannt, was der berühmte Dramatiker sagen würde. In Erwartung seiner anerkennenden Worte stellten sich die Schauspieler im Halbkreis um ihn auf. Schweigend schaute Schönherr in die Runde, dann trat er auf den Darsteller des jungen Rott zu, dem vor Stolz die Brust zu schwellen begann, und sagte: »Warum haben S' denn den roten Brustlatz an'zogn? So was gibt's in der ganzen Gegend net!« Damit wandte er sich um und ging wieder in seine Loge.

Schönherr wurde im Wiener Zentralfriedhof beigesetzt. Auch Burgschauspieler Hans Thimig wohnte der Trauerfeier bei. Anschließend machte er einen Spaziergang zu den dort gelegenen Ehrengräbern. Zuletzt kam er wieder am frischen Grab Schönherrs vorbei, wo er mit Erstaunen sah, daß die Totengräber eben den Sarg wieder heraushoben. »Was machen Sie da? Was soll das?« fragte er. Da sagte einer der Männer: »Schaun S', lieber Herr, meinem Kollegen is a Packerl Zigaretten obag'falln. Und des such'n ma grad.«

ARTHUR SCHOPENHAUER
Danzig 22. 2. 1788 – Frankfurt/Main 21. 9. 1860

Der vor allem von Kant beeinflußte Philosoph lebte zeitweise in Dresden, Berlin und ab 1832 in Frankfurt als Privatgelehrter. Schopenhauers pessimistische Weltsicht ließ offenbar auch ihn selbst zeit seines Lebens einsam, unverheiratet und zurückgezogen leben.

Besonders von den Frauen, so wird berichtet, hatte er eine geringe Meinung. In einem Kreis von Damen behauptete er einmal, alle Frauen wollten eigentlich auf drei Füßen leben. Wie er denn das verstehe, wurde er mißtrauisch gefragt. »Nun«, sagte Schopenhauer, »zwei zierliche Füße, um sich darauf zu bewegen, und einen großen dazu, um darauf zu leben.«

In Frankfurt besaß Schopenhauer einen Pudel, der den seltsamen indischen Namen »Atman« – zu übersetzen etwa mit »Weltseele« – trug. War der Philosoph jedoch einmal in einer un-pessimistischen, um nicht zu sagen heiter-aufgeräumten Stimmung, dann nannte er ihn wohl auch schlicht und einfach »Butz«. War sein Herr dagegen schlechter gelaunt und gab der Pudel gar Anlaß, ihn zu schelten, so strafte er ihn in schrecklicher Verachtung mit dem Schimpfwort »Du Mensch!«, was das Tier mehr zu kränken schien als jeder Schlag mit der Rute.

Zweifellos hatte Atman-Butz auch die Aufgabe, die Zurückgezogenheit seines Herrn zu schützen und zu bewachen. Stets hatte er die Gewohnheit, breit und drohend auf der Schwelle der Haustür zu liegen und unbeliebten Besuchern knurrend den Eintritt zu verwehren. Wer den Mut nicht aufbrachte, über dieses gefährliche Hindernis regelrecht hinüberzusteigen, mußte unverrichteter Dinge wieder umkehren. Und es wird berichtet, daß Schopenhauer solche Vorfälle hinter der Gardine seines Fensters genau beobachtete, ohne einzugreifen.

Berühmt war Arthur Schopenhauer für seine bissig-kurzen Aphorismen, die er 1851 unter dem Titel »Aphorismen zur Lebensweisheit« in seinen »Parerga und Paralipomena« veröffentlichte. Nicht weniger sarkastisch konnte er im wirklichen Leben sein. Ein Herr stellte sich dem Philosophen als »Dr. X.« vor, und dieser, um zu erfahren, ob der Mann Arzt oder Anwalt sei, fragte: »Machen Sie kurzen oder langen Prozeß?«

Ein eingebildeter junger Mann, der ihm einmal vorgestellt wurde, versuchte sogleich dem Philosophen zu imponieren, indem er sich lang und – wie er meinte – tiefschürfend über das Sprichwort »Wem Gott ein Amt gibt, dem gibt er auch Verstand« ausließ. Eine Weile hörte sich Schopenhauer den Unsinn an, dann unterbrach er den Wichtigtuer: »Bitten Sie Gott inständig, daß er Ihnen bald ein Amt verleiht!«

Natürliches Selbstbewußtsein drückte Schopenhauer in einer Antwort aus, die er einem Freund kurze Zeit vor seinem Tode gab, als dieser ihn fragte, ob er einen Wunsch habe, wo er einmal begraben werden möchte. Schopenhauer antwortete: »Der Ort spielt keine Rolle. Die Nachwelt wird mich schon zu finden wissen.«

Franz Peter Schubert
Wien 31. 1. 1797 – Wien 19. 11. 1828

Ein früher Tod war auch dem Liederkomponisten Franz Schubert beschieden. In den 31 Jahren seines Lebens in Wien lernte er finanzielle Not und wirtschaftliches Elend kennen.
In der kurzen Zeit seines Lebens schuf Schubert ein gigantisches, unvergängliches Werk, darunter allein über 600 Lieder. Doch bis zu seinem Tode verdiente er daran nicht mehr als ganze 800 Gulden.

Nicht einmal Notenpapier hätte er oft gehabt, wenn er es nicht von seinem Freund Spaun bekommen hätte. Eines Morgens holte ihn der Maler Moritz von Schwind zu einem Spaziergang ab, und Schubert suchte im Schrank nach ein paar Strümpfen. Aber alle, die er herauszog, hatten große Löcher. »Mir scheint«, scherzte er, »daß man heute in Wien Strümpfe nur mehr mit Löchern fabriziert!«

Treffpunkt aller bekannten Musiker des damaligen Wien war Haslingers Musikalienhandlung in der kleinen Pater-Noster-Gasse. An einem Vormittag saß der bekannte Walzerkomponist und Kapellmeister Josef Fahrbach in Haslingers Privatbüro, als ein kleiner, dicker, junger Mann mit Brille seinen Kopf zur Tür hereinsteckte. »Wie schaut es heute aus, Herr von Haslinger?« fragte er schüchtern. Aber der Verleger schüttelte unwillig den Kopf: »Nein, nein! Heut ist nix! Adieu!« Und mit einer Entschuldigung zog sich der junge Mann wieder zurück. »Wer war denn das?« fragte Fahrbach. »Ach, niemand«, sagte Haslinger, »nur so ein Liedschreiber. Schubert Franz heißt er, und ich hab' ihm versprochen, daß er jedesmal einen Schilling bekommt, wenn ich eines von seinen Liedln nehm. Seitdem kommt er jeden Tag und hofft, daß ich ihm sein Zeug abkaufe.«

Schubert war der Mittelpunkt eines lustigen Freundeskreises, zu dem neben Schwind auch der Dichter Eduard von Bauernfeld gehörte. Man traf sich beim Heurigen, trank sich nicht selten einen Rausch an und trieb auf dem Heimweg allerlei Ulk und Schabernack. Doch so ausgelassen Schubert bei diesen Ausflügen war, so melancholisch konnte er bei anderer Gelegenheit sein. »Kennen Sie eine lustige Musik?« fragte er einmal einen Freund. »Ich nicht...«

Ein Jahr vor Schuberts Tod starb 1827 Ludwig van Beethoven. Schubert und seine Freunde begleiteten den Sarg auf dem letzten Weg. Schubert war tief bewegt und von bösen Vorahnungen erfüllt. Auf dem Rückweg kehrten die Freunde in einem Gasthaus ein und tranken ein Glas Wein auf den toten Beethoven. Beim zweiten Glas sagte Schubert schwermütig: »Auf den, der ihm als erster folgen wird!«

Robert Schumann
Zwickau 8. 6. 1810 – Endenich/Bonn 29. 7. 1856

Schumann war einer der wichtigsten musikalischen Vertreter der Romantik. Als Jurastudent in Leipzig kam er in das Haus des Klavierpädagogen Friedrich Wieck, der die Neigung des jungen Robert zur Musik unterstützte und seinen Wechsel vom Jura- zum Musikstudium gegenüber Schumanns Familie verteidigte. Wiecks damals neunjährige Tochter Clara wurde später die Frau des Komponisten und die berühmteste Pianistin ihrer Zeit.

Es geschah häufig, daß man in Clara Schumann die prominente und gefeierte Virtuosin kannte und verehrte – und Robert war »nur« ihr Ehemann. Nach einer musikalischen Soiree beim Prinzen Friedrich von Hohenzollern wurden die Schumanns dem Gastgeber, der sich auf sein Musikwissen viel einbildete, vorgestellt. Der Prinz machte Clara die schmeichelhaftesten Komplimente und wandte sich dann an Robert: »Und Sie, Herr Schumann, sind Sie auch musikalisch?«

Als der gefeierte Franz Liszt Leipzig besuchte, war er Gast im Hause Schumann. Robert hatte auf Liszts Anregung hin ein Klavierquintett geschrieben, das er ihm bei dieser Gelegenheit endlich vorspielen konnte. Liszt kam zwei Stunden zu spät und war sehr nervös. Anschließend sagte er: »Nein, mein lieber Schumann, das ist nichts. Das ist bloße Kapellmeistermusik.« Schumann war zutiefst verletzt und schwieg. Später kam das Gespräch auf Mendelssohn, der wenig zuvor gestorben war. Da brach Schumann, der Mendelssohn sehr geschätzt hatte, sein Schweigen: »Er war ein stolzer Gipfel im Lande der Musik, ein Diamant, direkt vom Himmel uns gesandt, ein Gott.« Liszt lächelte ironisch: »Nun ja. Doch ohne seine Größe anzuweifeln zu wollen, wären da sicher noch andere Komponisten zu nennen, nehmen Sie Meyerbeer...« Hier sprang Schumann auf und schrie: »Wie können Sie es wagen, ausgerechnet Sie, sich auch nur andeutungsweise gegen Mendelssohn zu stellen? Wissen Sie denn nicht, wie reich er durch seine Kunst die Welt gemacht hat? Wer sind denn Sie, daß Sie ihn heruntermachen können! Seien Sie still und halten Sie den Mund.« Damit stürzte er aus dem Zimmer.

Schumann war meist sehr wortkarg und verschlossen, ja gelegentlich schwermütig. Sein tragisches Leben beendete er später im Irrenhaus. Bei einer Gesellschaft fragte ihn eine Dame: »Aber Schumann, sprechen Sie denn gar nichts?« – »O doch, Madame, wenn ich Klavier spiele.«

Mit einer Dame machte Schumann eine Bootsfahrt. Sie verlief sehr schweigsam, fast zwei Stunden wechselten die beiden kein Wort. Aber beim Aussteigen sagte Schumann plötzlich mit einem Lächeln: »Wie gut wir einander heute verstanden haben.«

Johannes Brahms war zwanzig Jahre alt, als er zum ersten Mal in das Haus der Schumanns kam. Der Hausherr empfing ihn freundlich und bat ihn, etwas vorzuspielen. Doch kaum hatte Brahms begonnen, unterbrach ihn Schumann: »Das muß Clara hören.« Und nachdem er sie gerufen hatte, sagte er zu ihr: »Du wirst jetzt Musik zu hören bekommen, wie du sie noch nie gehört hast!« Brahms wurde der engste Freund der Schumanns, und seine leidenschaftliche Liebe zu Clara achtete immer die Freundschaft zu Robert, selbst als dieser gestorben war.

Moritz von Schwind

Wien 21. 1. 1804 – München 8. 2. 1871

Der Zeichner liebenswürdiger Biedermeier-Szenen und Darstellungen aus der deutschen Märchen- und Sagenwelt wurde in Wien geboren. Dort gehörte er als junger Künstler zu dem ausgelassenen Freundeskreis um Franz Schubert, dem auch der Hofopernsänger Michael Vogl und der Dichter Eduard von Bauernfeld angehörten.

Von einer Italienreise heimgekehrt, fragte man Moritz von Schwind, wie viele Bilder er gemalt habe. »Keine«, war seine Antwort. »Man kann doch nicht morgens einen Raffael und mittags einen Michelangelo anschauen und dann am Abend einen Schwind malen!«

Später lebte Schwind in München und im Sommer in seinem Haus am Starnberger See. Dort sah er eines Tages, wie sein Sohn auf einem schwankenden Brett aufs Wasser hinausruderte. Erschrocken befahl er ihm, sofort umzukehren, und drohte: »Na warte, den Kerl bring' ich um!« Während der Filius langsam zurückruderte, murmelte er vor sich hin: »Aber wenigstens a tüchtige Watschn kriegt er.« Als der Knabe endlich am Ufer war, schloß ihn der Vater in die Arme und sagte: »No, weilst wieder da bist!«

Ludwig I. besuchte eine Ausstellung, in der auch Schwinds Bild »Vater Rhein« hing. Huldvoll ließ der bayerische Herrscher sich anerkennend über das Werk aus, nur die Fiedel, die der Vater Rhein in der Hand hielt, mißfiel ihm sehr. Schwind, der selbst die Geige spielte, erklärte dem König, warum er gerade dieses Instrument gewählt habe. Ludwig I. schüttelte den Kopf, nein, den Vater Rhein mit einer Fiedel, das ging ihm sehr gegen den Strich, viel zu sensibel für einen männlichen Flußgott... Da platzte Schwind heraus: »Wenn Majestät befehlen, dann werd' ich eben den Vater Rhein mit einem Klavier malen!«

Schwind besuchte den Münchner Maler Karl Schorn in seinem Atelier. Dieser hatte eben das Riesengemälde »Die Sintflut« fertiggestellt. Eingehend betrachtete Schwind das Bild und sagte halblaut vor sich hin: »Großartig! Prachtvoll! Wunderbar!« Geschmeichelt dankte Schorn seinem berühmten Kollegen für das positive Urteil: »Ich bin sehr glücklich, daß Ihnen mein Bild so gut gefällt!« Da sagte Schwind: »Ja, ja, und ich bin halt glücklich, daß die ganze damische Bagage da ersaufen muß!«

Ein noch unbekannter Kollege besuchte Schwind und beklagte sich bitter. Drei Bilder habe er zu einer großen Kunstausstellung eingereicht, und nur eines und ausgerechnet das kleinste habe man angenommen. »Ja, so geht's«, tröstete ihn Schwind, »die Kleinen hängt man auf, und die Großen läßt man laufen!«

GERMAINE BARONIN VON STAËL-HOLSTEIN
Paris 22. 4. 1766 – Paris 14. 7. 1817

Hätte sie hundert Jahre später gelebt, hätten sich der Witz und Geist der Madame de Staël durchaus mit dem vieler Wiener Kaffeehaus-Literaten messen können. Für kurze Zeit war die Tochter des Finanzministers Ludwigs XVI. Jacques Necker mit dem schwedischen Gesandten Baron de Staël verheiratet, von dem sie sich aber trennte. Bekannt mit vielen großen Geistern ihrer Zeit, führte sie abwechselnd in Paris und auf ihrem Gut Coppet am Genfer See einen gern besuchten Salon.

Ihre nicht übermäßige weibliche Schönheit glich Madame de Staël mit Klugheit und Schlagfertigkeit aus. Von makelloser Schönheit waren dagegen ihre Arme, die sie gern durch entsprechend geschnittene Kleider zur Geltung brachte. »Man muß sein Gesicht zeigen, wo man es eben hat«, sagte sie.

Man klatschte über einen Hofbeamten und seine Frau, deren Ehe nicht eben zum besten gedieh. »Denken Sie, kürzlich, während eines Streits, bei einem Spaziergang springt seine Frau in die Seine. Und er stürzt ihr nach und rettet sie.« – »Mon Dieu«, meinte Madame de Staël, »welch ein Mangel an Geistesgegenwart.«

Warum haben die hübschen Frauen mehr Erfolg bei den Männern als die klugen?« zerbrach sich jemand den Kopf. »Das ist doch ganz natürlich«, antwortete Madame de Staël, »weil es nur wenige Männer gibt, die blind, aber viele, die dumm sind.«

Madame de Staël arbeitete an ihrem Roman »Delphine«, der, wie man wußte, stark autobiographisch war und in dem sie den von ihr vertretenen Anspruch der Frau auf außereheliche

Liebe erhob. »Werden Sie darin auch Ihre intimen Erlebnisse verwerten?« wurde sie gefragt. »Keine Sorge. Es ist nur ein Brustbild von mir.« Als der Roman erschien, glaubte man in der Heldin die Autorin und in einer ältlichen Dame den Herzog von Talleyrand wiederzuerkennen. »Ich höre«, begrüßte sie der Herzog bei der nächsten Begegnung, »daß Sie in ihrem neuen Roman uns beide als Frauen verkleidet abgebildet haben.«

Talleyrand gelang das erstaunliche Kunststück, zuerst als Bischof unter Ludwig XVI. und dann als Minister sowohl unter Napoleon als auch, nach der Rückkehr der Bourbonen, unter Ludwig XVIII. zu dienen. »Er gleicht einer Puppe«, meinte Madame de Staël, »die man den Kindern schenkt. Der Kopf aus Kork, die Beine aus Blei – und wenn man sie hinwirft, steht sie immer wieder auf.«

Wie Madame de Staël führte auch Julie Récamier einen literarisch-politischen Salon. Wie diese war auch sie eine Gegnerin Napoleons. Nur galt sie im Gegensatz zu der elf Jahre Älteren (und wohl auch Klügeren) als eine der schönsten Frauen von Paris. Während einer Gesellschaft ergab es sich, daß der Astronom Lalande zwischen beiden Damen zu sitzen kam. In dem Bemühen, beiden gleichzeitig ein Kompliment zu machen, mißglückte ihm dieses gründlich: »Man fühlt sich besonders wohl zwischen Schönheit und Geist.« Worauf Madame de Staël bissig zurückgab: »Ohne selbst das eine oder andere zu besitzen.«

Napoleon gegenüber machte sie keinen Hehl aus ihrer liberalen politischen Gesinnung. »Ich schätze es nicht«, meinte dieser, »wenn Frauen sich in die Politik hineinmischen.« – »Vielleicht haben Sie im allgemeinen recht«, widersprach sie, kaum zehn Jahre nach der Hinrichtung Marie Antoinettes, »aber in einem Land, wo man Frauen geköpft hat, ist es nur zu verständlich, daß sie fragen, warum.«

Natürlich war der Kaiser von solchen Bemerkungen nicht begeistert, und 1803 verbannte er Madame aus Frankreich. Sie reiste durch Deutschland, Italien und wieder durch Deutschland und sammelte Eindrücke und Erlebnisse. Über ihre Verbannung tröstete sich Madame de Staël mit August Wilhelm Schlegel, der nicht nur ihr ständiger Begleiter am Genfer See und auf Reisen wurde, sondern der sie auch mit den literarischen Größen in Deutschland bekannt machte. Die Begegnung mit Goethe muß ungewöhnlich aufschlußreich gewesen sein, denn hinterher meinte Madame de Staël: »Wer so gut spricht wie Goethe, dem hört man gerne zu. Ich habe kein Wort sagen brauchen.« Und Goethe berichtete über diese Begegnung: »Sie spricht gut, aber viel, sehr viel. Ich bin gar nicht zu Worte gekommen.«

JOSEF VON STERNBERG
Wien 29. 5. 1894 – Hollywood 22. 12. 1969

Der Regisseur Josef von Sternberg, der 1930 unmittelbar nach der Uraufführung seines »Blauen Engels« in Berlin mit seiner Neuentdeckung Marlene Dietrich nach Hollywood zurückging und sie zum Weltstar machte, sagte einmal: »Wir verbringen einen großen Teil des Lebens damit, die Achtung anderer zu erwerben. Aber Selbstachtung zu gewinnen, darauf verwenden wir wenig Zeit.«

Ganz am Anfang seiner Karriere bewarb sich Sternberg in Hollywood bei einem Produktionschef um die Stelle eines Regieassistenten. »Kennen Sie sich in Hollywood aus?« fragte ihn dieser. Sternberg öffnete das Fenster, steckte zwei Finger in den Mund und pfiff. Auf die Frage, was er damit bezwecke, antwortete er: »Ich denke, Sie suchen Leute mit Hollywooder Lokalkenntnis. Die pfeife ich Ihnen leicht in zwei Minuten zusammen.«

Vor einem neuen Film fragte ihn ein Interviewer nach seinen Stars. Sternberg deutete auf die Kamera und sagte: »Das ist mein Star!« Dann reichte er ihm die Besetzungsliste: »Und dies ist das Rohmaterial.«

Einer seiner Filme war von einem Rezensenten der »New York Times« total verrissen worden. Fairerweise bot das Blatt Sternberg an, eine Replik von ihm zu veröffentlichen. Der Regisseur lehnte ab mit den Worten: »Ich kann doch nicht schreiben, daß ich den Film noch viel schlechter gefunden habe als Ihr Kritiker.«

Joe Mankiewicz lieferte einmal eine überspitzte, aber charakteristische Beschreibung Sternbergs: »Josef kauft all seine Anzüge für einen Mann des Formats, der er gerne sein möchte, also um drei Nummern zu groß. Ich glaube, er braucht eine Stehleiter, um in seine Hosen zu kommen, und er macht immer mindestens drei Schritte, bevor sich der Anzug überhaupt bewegt.«

Bei einem Abendessen im Hause des Kunsthändlers Alfred Flechtheim klärte Sternberg den anwesenden Bildhauer Rudolf Belling über die wahren Verhältnisse in Hollywood auf: »Aber nein, lieber Rudolf, so hoch sind die Gagen in Hollywood nun auch wieder nicht. Ich – beispielsweise – verdiene höchstens dreimal so viel wie der Präsident der Vereinigten Staaten.«

Ein anderes Mal beschrieb er Hollywood so: »Dort kann man mit einem Produzenten, Regisseur, Autor oder Star fast alles machen. Man kann seine Frau mißbrauchen, die Tochter entführen, den Kanarienvogel töten – nur eines darf man nicht: den Film, den er gerade gedreht hat, schlecht finden.«

Carl Sternheim
Leipzig 1. 4. 1878 – Brüssel 3. 9. 1942

Ein sowohl äußerlich wie in seinem Witz eleganter Literat war der expressionistische Dramatiker Carl Sternheim, dessen zeitkritische Komödien noch heute mit Erfolg auf den Spielplänen stehen.

Im Berlin der Zwanziger Jahre galt Sternheim nicht nur als der arroganteste Dichter, sondern auch als der von sich am meisten überzeugte. Kaum weniger von seinem literarischen Talent eingenommen war sein Kollege Arnolt Bronnen. Als sie sich eines Tages bei einer Premiere in der Pause begegneten, meinte Bronnen: »Wir beide könnten uns eigentlich die meisten Theaterbesuche ersparen. In unserer Generation gibt es ja nur zwei wirklich geniale Dramatiker.« Sternheim zog die Augenbrauen hoch und erwiderte: »Daß Sie mit dem einen sich selbst meinen, weiß ganz Berlin, aber jetzt werde ich den Rest des Abends darüber nachzudenken haben, wer der andere ist. Ich oder Brecht?«

Unruhe, Gelächter an den falschen Stellen und vereinzelte Buh-Rufe noch während der Aufführung ließen einen Theaterskandal ahnen, als im Deutschen Theater in Berlin Sternheims »Don Juan« Premiere hatte. Als schließlich König Philipp im Stück die Frage zu stellen hatte: »Wer schrieb den Unsinn?« brüllte das Publikum im Chor: »Sternheim! Sternheim!!!« Da betrat der Dichter mitten in der Szene die Bühne, schritt vor bis zur Rampe und – verbeugte sich vor dem tobenden Haus.

Johann Strauss (Sohn)
Wien 25. 10. 1825 – Wien 3. 6. 1899

Der »Walzerkönig« wurde der Berühmteste aus der musikalischen Strauß-Dynastie. Allein mit zweien seiner Werke hätte er unsterblich werden können, mit dem Walzer »An der schönen blauen Donau«, der inoffiziellen österreichischen »Nationalhymne«, und der »Fledermaus«, der klassischen Operette schlechthin. Seltsamerweise fiel der berühmte Donau-Walzer bei der Uraufführung in Wien durch.

Auch die »Fledermaus« fand zuerst bei der Uraufführung im Theater an der Wien nicht die ungeteilte Zustimmung der Wiener. Weit größeren Erfolg hatte Strauß dort drei Jahre zuvor mit seiner ersten Operette »Indigo«. Eigentlich war dies bereits Strauß' zweite Operette. Die erste von ihm komponierte hieß – frei nach Shakespeare – »Die lustigen Weiber von Wien« und war von Maximilian Steiner, Direktor des Theaters an der Wien, bestellt worden. Die Hauptrolle der »Lustigen Weiber von Wien« hatte Strauß der beliebten Pepi Gallmeyer, Wiens weiblichem Nestroy, auf den Leib geschrieben, doch die war dann für die Rolle nicht zu haben gewesen. So fand die Aufführung damals nicht statt – und auch später nicht mehr. Am 10. Februar 1871 erblickte als erste Strauß-Operette im Theater an der Wien »Indigo und die vierzig Räuber« das Licht der Welt. Als Librettist zeichnete Direktor Steiner persönlich, doch man wußte, daß den Text nicht er verbrochen hatte. Welche Librettisten wirklich an diesem Wechselbalg beteiligt waren, blieb im dunkeln. Die Wiener vermuteten dahinter »die vierzig Räuber«.

Über die Operette »Eine Nacht in Venedig« schrieb Strauß in einem Brief: »Ich habe nie das Libretto mit seinem Dialog vor mir gehabt, nur die Gesangstexte. – Bei den letzten Proben, bei welchen ich die ganze Geschichte kennenlernte, war ich ganz erschrocken. Die Musik paßt überhaupt nicht zu diesem tollen, kunstlosen Zeug. – Lebe wohl, lieber Freund! Ich bitte Dich: teile niemand diese Enthüllungen mit. Aber wahr ist die G'schicht!« Einen Librettisten, der Strauß einen Einakter anbot, fragte er: »Aber warum denn nur einen Akt? Das Publikum ist es schließlich gewöhnt, sich drei Akte zu langweilen.«

In seinem Haus hatte Johann Strauß einen eigenen Raum, in dem er sämtliche Trophäen und Lorbeerkränze, die er bekommen hatte, aufbewahrte. »Das«, sagte er zu Besuchern, »ist die Rumpelkammer meiner Berühmtheit.«

Als Strauß am 3. Juni 1899 starb, ging nicht nur ein Jahrhundert, es ging eine Ära zu Ende, die goldene Operettenzeit. Franz Lehár, damals 29 Jahre alt, sollte die Wiener Operettenseligkeit noch einmal in eine »silberne Ära« führen. Jahre später wurde der Ausspruch eines hohen Hofbeamten aus Schönbrunn kolportiert: »Genaugenommen hat Kaiser Franz Joseph eigentlich nur bis zum Tode von Johann Strauß regiert.«

RICHARD STRAUSS
München 11. 6. 1864 – Garmisch 8. 9. 1949

In der Musikgeschichte gilt der Münchner Richard Strauss mal als »der letzte Klassiker«, mal als »der letzte Romantiker«, ganz sicher aber als einer der genialsten und vielseitigsten Komponisten des zwanzigsten Jahrhunderts, Konservativist und Avantgardist, Bewahrer und Neuerer in seinem umfangreichen musikalischen Schaffen.

Trotz seiner Vorliebe für den Walzer ist der Schöpfer des »Rosenkavalier« mit den zahlreichen Wiener »Sträußen« weder verwandt noch verschwägert. Auch mit seinem Bayreuther Namensvetter Wagner verbindet Richard Strauss nur seine musikalische Herkunft. Doch boten Vor- und Familiennamen immer wieder Anlaß zu heiter boshaften Bonmots. So bezeichnete der Dirigent Hans von Bülow Richard Strauss 1884 in einem Brief an den Münchner Verleger Eugen Spitzweg mit dem Decknamen »Johann Wagner«. Unbekannt geblieben ist dagegen der Autor des weitverbreiteten Scherzes »Wenn schon Richard, dann doch lieber Wagner, wenn aber Strauss, dann schon lieber Johann!«

Noch heute erstaunlich ist, was Strauss den Musikern an Virtuosität auf ihren Instrumenten, aber auch den Hörnern an Klängen und gelegentlich an Lautstärke des Orchesters zumutete. Im Restaurant des Wiener Hotel Sacher saß er einst mit dem Komponisten Alexander von Zemlinsky beim Essen. Als er dabei zufällig mit der Gabel über den Teller fuhr, ergab das ein grauenhaftes Geräusch. Strauss wiederholte es und fragte Zemlinsky: »Gehn S', können Sie so einen Ton im Orchester machen?« Und als der Gefragte erschreckt den Kopf schüttelte, meinte er stolz: »Ich schon!«

Dem österreichischen Dramatiker Karl Schönherr trug Strauss an, aus seinem Theaterstück »Glaube und Heimat« eine Oper zu machen. »Auf keinen Fall«, erwiderte Schönherr. »Ich laß mir doch meine Tiroler Bauern von Ihnen nicht verschandeln.«

Ärgernis und Aufsehen erregte 1905 die Dresdner Uraufführung der »Salome«, sie wurde aber zugleich Strauss' erster großer Erfolg. Kaiser Wilhelm II., dem das Werk nicht sehr gefallen hatte, meinte hinterher: »Die ›Salome‹ hätte der Strauss besser nicht schreiben sollen, das wird ihm scheußlich schaden.« Strauss, dem man einige Zeit später diese Äußerung Ihrer Majestät hinterbrachte, lachte jedoch: »Na schau! Und von dem Schaden hab' ich mir mei' Villa in Garmisch 'baut.«

Während einer Probe zu »Salome« kam ein Oboist zu Strauss, zeigte ihm eine besonders schwierige Stelle und meinte: »Auf dem Klavier, Herr Doktor, auf dem Klavier mag das ja gehen, aber nie auf der Oboe.« Strauss trocken: »Trösten 'S Eahna, auf'm Klavier geht's a net!«

Als man Strauss nach einer »Elektra«-Aufführung, einem der »lautesten« Stücke der Opernliteratur, einmal fragte, ob es denn wirklich notwendig sei, das Publikum mit derart expressiven Klangballungen eines Mammut-Orchesters (115 Mann!) zu attackieren, meinte er gemütlich: Ja mei, wenn droben auf der Bühne der Sohn die Mutter derschlagt, kann man doch herunten im Orchester kein Violinkonzert spül'n.«

Eine schwierige und höchst anstrengende Partie ist die Rolle der Amme in der »Frau ohne Schatten«. Bei einer Probe stellte sich heraus, daß die Darstellerin der Amme dieser Rolle stimmlich kaum gewachsen war. Immer wieder wurde sie vom Klang des Orchesters voll zugedeckt. Schließlich fragt der neben Strauss im Zuschauerraum sitzende Regisseur: »Hören Sie etwas von ihr? Ich nicht.« Darauf Strauss: »Ich auch nicht, aber die Ammen sind ja auch vor allem im Stillen groß.«

Zu Wien hatte der Münchner Richard Strauss ein besonders glückliches Verhältnis. Als bekannt wurde, daß er als Direktor die Wiener Oper übernehmen werde, warnte man ihn: »Wie können Sie nur nach Wien gehen, wo die Leute so falsch sind.« Aber Strauss beruhigte den Frager: »Schaun S', falsch sind die Leute überall, aber in Wien san's halt so angenehm falsch.«

Einmal dirigierte er eine Aufführung der »Salome«, während in einer Loge Hans Knappertsbusch saß, der für seine besonders langsamen Tempi bekannt war. Er sollte die nächste Aufführung dirigieren. Nach dem letzten Ton schüttelte Strauss dem Konzertmeister die Hand und sagte: »So, und das nächste Mal mit Knappertsbusch – zum Mitschreiben.«

Kurz vor dem Krieg, Strauss war bereits 83 Jahre alt, fragte ihn ein Journalist im Interview: »Und was sind Ihre Pläne für die Zukunft?« Da erwiderte Strauss lakonisch: »Na, sterben halt.«

Charles Maurice de Talleyrand-Périgord, Prince de Benevent
Paris 13. 2. 1754 – Paris 17. 5. 1838

Der französische Bischof, Diplomat und Staatsmann Talleyrand war im Europa nach der Französischen Revolution fast ein halbes Jahrhundert lang eine der schillerndsten politischen Gestalten. Gehaßt und unentbehrlich, diente er wechselnden Herrschern, Regierungen und politischen Systemen, er war Feudalist und Reformer, Revolutionär und Royalist, Außenminister Napoleons und zuletzt des zurückgekehrten Bourbonen-Königs Ludwig XVIII., zweifellos ein Opportunist, aber ein Opportunist aus Treue zu Frankreich, das er nie verriet oder verleugnete. Vor allem danach richtete er wohl seine oft sehr wechselhaften Beziehungen zu Menschen. Napoleons Schwager Joachim Murat sagte von ihm: »Wenn er sich mit jemandem unterhält und währenddessen einen Tritt in den Hintern bekommt, wird man es seinem Gesicht nicht anmerken.«

Er selber erwiderte einmal, als man ihm vorwarf, er habe ständig seine Gesinnung gewechselt: »Nicht ich habe mich verändert, sondern die Zeiten und die Umstände.« Ein anderes Mal erklärte er: »Es gibt Fehler, die ich entschuldige, und Leidenschaften, die ich verzeihe – meine eigenen.«

Eine seiner Leidenschaften waren die Frauen. Als er eine von ihnen, die nicht gerade eine Schönheit war, bereits nach kurzer Zeit wieder verließ, suchte sie ihn in aller Öffentlichkeit zu stellen und fragte ihn laut: »Wie ich höre, rühmen Sie sich, meine Gunst genossen zu haben!« Erstaunt sagte Talleyrand: »Ich mich rühmen? Ich klage mich dessen an!«

Eine Dame, bei der Talleyrand abgewiesen worden war, hatte ihre Gunst einem jüngeren, schlanken, sehr groß gewachsenen

Mann geschenkt. Als er ihr wiederbegegnete, bemerkte Talleyrand: »Madame, ich warne Sie vor den allzu hohen Häusern. Bei denen ist das oberste Stockwerk meist nicht bewohnt.«

Gemeinsam mit ihrer jungen, hübschen Tochter war die nicht mehr so junge Madame de Staël bei Talleyrand zu Tisch geladen. Dabei fiel ihr auf, daß der Herzog ganz offensichtlich ihrer Tochter weit mehr Aufmerksamkeit schenkte als ihr. »Wenn wir zu dritt jetzt auf einem sinkenden Schiff wären«, fragte sie scherzhaft, »wen würden Sie zuerst retten, meine Tochter oder mich?« – »Madame«, antwortete Talleyrand lächelnd, »ich kenne Sie lange genug, um Ihre vielen Vorzüge und Talente zu kennen, so daß ich annehme, daß sie eine ausgezeichnete Schwimmerin sind. Deshalb würde ich natürlich zuerst Ihre Tochter retten müssen.«

Im Gespräch behauptete Madame de Staël, daß die Frauen ihrer Natur nach auch gute Diplomaten wären. »Gewiß«, pflichtete ihr Talleyrand bei, »aber dennoch gibt es einen wesentlichen Unterschied.« – »Aber welchen?« fragte Madame de Staël. »Nun«, sagte Talleyrand, »ein Diplomat, der ›ja‹ sagt, meint ›vielleicht‹, und sagt er ›vielleicht‹, so meint er ›nein‹. Sagt er aber ›nein‹, so ist er kein Diplomat. Das ›Nein‹ einer Frau bedeutet dagegen ›vielleicht‹; sagt die Dame ›vielleicht‹, so meint sie bereits ›ja‹, sagt sie aber ›ja‹, so ist sie keine Dame!«

Seinem Freund Montrond gegenüber stellte Talleyrand einmal fest: »Ein kluger Mann sollte immer eine dumme Frau heiraten, denn die Dummheit einer törichten Frau kompromittiert nur sie selbst, die Dummheiten einer gescheiten Frau kompromittieren dagegen auch ihren Mann.«

Als man einmal von Talleyrands erstaunlichem Reichtum sprach, meinte jemand: »Ist das denn ein Wunder? Er hat doch alle verkauft, die ihn gekauft haben!« Und ein anderer fragte: »Wissen Sie, warum Talleyrand die Menschen so verachtet? Weil er sich selbst so genau kennt.«

Ein junger Staatsbeamter war stolz darauf, daß er alle Angelegenheiten mit der größten Offenheit und Aufrichtigkeit behandelte. Talleyrand aber meinte: »Sie sollten sich merken, junger Mann, daß die Sprache den Menschen gegeben wurde, um die Gedanken zu verbergen.«

Über die Kunst der Diplomatie sagte Talleyrand: »Sie besteht darin, die Menschen bei ihren Schwächen zu packen. Schwächen rufen Begierden hervor, die man wiederum mit Geld befriedigen kann. Man braucht also Geld, entweder um es anbieten zu können oder um es angeboten zu bekommen. Geld lüftet alle Geheimnisse.« – »Und wem hilft dieses Geschäft aus der größeren Verlegenheit, dem Bietenden oder dem, dem es angeboten wird?« fragte man Talleyrand, und er antwortete: »Das hängt bei beiden von der Summe ab.«

Als während eines Gesprächs über Bestechlichkeit jemand über alle Maßen die Tugend der Unbestechlichkeit lobte, fragte man auch Talleyrand nach seiner Meinung. »Das ist eine Frage des Preises«, antwortete er. »Ich stehe für mich gerade bis zu einer Million.«

Im Auftrag Napoleons hatte dessen Minister Roederer eine neue Verfassung zu entwerfen. Er machte zwei Vorschläge, einen kurzen, knappen und einen sehr ausführlichen, in dem alle möglichen Situationen, in die der Staat kommen könnte, berücksichtigt worden waren. Beide legte er Talleyrand vor und bat ihn, sich für den kurzen Vorschlag einzusetzen, denn, so meinte er, »eine wirklich gute Verfassung muß kurz und klar sein«. Talleyrand aber widersprach: »Im Gegenteil, eine Verfassung, mit der man gut regieren kann, muß lang und dunkel sein!«

Talleyrand wurde 1797 Außenminister, zuerst für das Direktorium, später unter der Regierung Napoleons. 1807 jedoch begann er dessen Machtstreben und Eroberungspolitik zu mißbilligen und arbeitete heimlich gegen ihn. Die Franzosen, so meinte er, wären mit ihren natürlichen Grenzen eigentlich sehr zufrieden: »Das französische Volk ist ein friedliches Volk. Nur sein Herrscher ist nicht friedlich.«

Anfang 1809 fiel er beim Kaiser in Ungnade, und als die Niederlagen Napoleons zunahmen, betrieb er 1813/14 die Restitution der Bourbonen. Dafür machte ihn dann der zurückgekehrte Ludwig XVIII. wiederum zum Außenminister. In dieser Funktion vertrat er Frankreich auf dem Wiener Kongreß. Auf einer der ersten Sitzungen überreichte man der französischen Delegation ein Papier, auf dem sich die ehemaligen Gegner des napoleonischen Frankreichs, also Preußen, Österreich, Rußland und England, als »Alliierte« bezeichneten. »Aber gegen wen sind Sie denn alliiert?« fragte Talleyrand. »Gegen Napoleon? Der sitzt in der Verbannung auf Elba. Gegen Ludwig XVIII.? Der französische König ist Ihr Verbündeter!« Als man erklärte, man habe diesen Ausdruck gewählt, um umständlichere Formulierungen zu vermeiden, sagte er scharf: »Sie sollten sich die Kürze nicht um den Preis der Genauigkeit erkaufen!«

RICHARD TAUBER
Linz 16. 5. 1891 – London 8. 1. 1948

Dreißig Jahre lang war Richard Tauber der strahlendste Tenor seiner Zeit, vergöttert von seinem Publikum wie vor ihm wohl nur Enrico Caruso. Ein besonderer Glanzpunkt seiner Karriere war aber die Zusammenarbeit mit Franz Lehár, in dessen Operetten er seine größten Erfolge hatte. »Lehár schreibt nicht Operetten«, sagte er einmal, »Lehár schreibt immer Lehár.« Und für diesen war Tauber »die Stimme, die ich beim Komponieren höre«. Berühmt wurde Lehárs Ausspruch: »Tauber und ich sind Brüder, ohne den Luxus der Blutsverwandtschaft.«

Bei der Uraufführung der Lehár-Operette »Friederike« über das Liebespaar Goethe und Friederike Brion sang Tauber den Goethe. Die weibliche Hauptrolle bot man Käthe Dorsch an. »Von Tauber angesungen zu werden«, sagte sie, »und dann noch dafür Gage zu bekommen, ist einfach prima!« Und verlangte den damals ungeheuren Betrag von 1000 Mark pro Abend.

Im Theater an der Wien sang Richard Tauber den Barinkay im »Zigeunerbaron«. Am Abend rief von einem Kuraufenthalt Direktor Karczag seinen Kapellmeister Paulik an, um sich zu erkundigen, wie die Vorstellung lief. »Hervorragend«, berichtete Paulik, »das Publikum tobt vor Begeisterung.« – »No, dann machen Sie noch guttän dritten Okt.« – »Soweit sind wir noch nicht, in drei Minuten beginnt der zweite Akt.« – »Wos, um beinahe holb zähn!« brüllte Karczag. »Ja, der Tauber mußte sein Entree-Lied dreimal wiederholen. Das Publikum hat ihn einfach nicht weitersingen lassen.« – »Wenn Publikum den Taubär noch einmal hören will, soll es auch noch einmal Korttän kaufän!«

Als Hitler kam, ging Tauber nach London und nahm die britische Staatsangehörigkeit an. Während der Proben zu einer Neuinszenierung von Smetanas »Verkaufter Braut« wurde der Dirigent krank, und Sir Thomas Beecham übernahm kurzfristig die Stabführung bei der ihm noch unbekannten Oper. Während Tauber und die anderen Sänger ihre Partien bereits bestens kannten, schwamm Sir Thomas und wurde sichtlich nervöser und grantiger. Plötzlich trat Tauber an die Rampe und sagte: »Sir Thomas, ich möchte mich für alle entschuldigen. Seit zwanzig Jahren singen wir alle diese Oper, und heute merken wir, daß wir alles falsch machen. Haben Sie Geduld mit uns, und geben Sie uns ein wenig Zeit zum Verlernen.« Die Spannung war weg, und das ganze nächste Wochenende studierte Beecham mit Taubers Hilfe die Partitur.

Hugo Thimig
Dresden 13. 6. 1854 – Wien 24. 9. 1944

Einer der beliebtesten Burgtheaterschauspieler war Hugo Thimig, Hofrat und Begründer einer Wiener Schauspieler-Dynastie. Dabei stammte er aus dem sächsischen Dresden und konnte in jungen Jahren lange nicht sein heimatliches Idiom verleugnen, was mancher Kritiker gelegentlich süffisant anmerkte. Mutter Thimig war darüber jedesmal aufs höchste empört: »Ich weeß ja nich, was die Leite echal von dir wollen. Dabei bist du der eenzche, der hier richtch schpricht!«

Thimig litt sehr unter Lampenfieber, und das mag der Grund dafür gewesen sein, daß besonders aus seinen jungen Schauspielerjahren so viele Anekdoten über seine Versprecher auf der Bühne berichtet werden. So mußte er in der Rolle eines Tischlers einmal den banalen Satz sagen: »Was Gott zusammenfügt, das soll der Mensch nicht trennen!« Eines Abends jedoch begann er: »Was der Mensch zusammenfügt – –«, merkte seinen Fehler und wußte nicht recht weiter. Plötzlich hörte man eine deutliche Stimme aus dem Parkett: »– das soll der Tischler nicht leimen!«

In Ferdinand Bruckners »Verbrecher« hatte er einen gütigen Richter zu spielen, der einen Angeklagten namens Schimmelweiß zu vernehmen hat. Thimigs Kollegen machten sich einen Spaß daraus, den Schauspieler des Angeklagten Wimmelscheiß zu nennen. Der beliebte Scherz gelang, bei der Premiere sprach ihn Thimig tatsächlich mit »Wimmelscheiß« an.

Bereits 1874 ans Burgtheater gekommen, wurde Hugo Thimig dort so etwas wie eine Institution. Er gehörte zu jener Garde Schauspieler, die die zahlreichen Direktoren und Direktionskrisen des ehrwürdigen Instituts überdauerten. Als einmal eine der üblichen Krisen für den Direktor glimpflich ausgegangen war, kommentierte Thimig: »Seine Eselenz, der General-Dilettant, bleibt uns vorläufig erhalten.«

Selbst im hohen Alter fuhr Thimig jedesmal mit der Straßenbahnlinie 40 ins Burgtheater. Kurz nach dem Anschluß Österreichs ans Großdeutsche Reich wurde er Zeuge der folgenden Szene: In der vollbesetzten Straßenbahn erhob sich ein junger Mann und bot einem älteren Fahrgast seinen Sitzplatz an. Dieser lehnte schroff ab: »Besten Dank! Aber wo ein Jude gesessen ist, setze ich mich nicht hin!« Darauf erhob sich der greise Hofrat Thimig, berührte den freien Sitzplatz kurz mit seinem Gesäß und sagte: »Mein Herr, Sie können jetzt getrost Platz nehmen, der Sitz ist arisiert!«

Ludwig Thoma
Oberammergau 21.1.1867 – Rottach-Egern 26.8.1921

Seine treffsicher-humoristischen, zuweilen bissig-satirischen Schilderungen des Lebens in Altbayern haben Thoma weit über die weiß-blauen Grenzen hinaus berühmt gemacht. Er studierte Jura und wurde Anwalt, aber 1899 gab er diesen Beruf für immer auf, um als Mitarbeiter der satirischen Zeitschrift »Simplicissimus« und als freier Schriftsteller zu arbeiten.

Sein Vater war Forstbeamter in Oberbayern, und so kam der kleine Ludwig Thoma eines Tages nach München, um hier das Gymnasium zu besuchen. Er wohnte da bei seinem Onkel, einem pensionierten Postsekretär, und mit diesem machte er jeden Sonntag einen Spaziergang durch München, damit er die schöne bayerische Residenzstadt kennenlerne. Eines Sonntags erhielt der kleine Ludwig völlig unvermittelt auf der Ludwigstraße eine kräftige Ohrfeige. »I hob do gar nix do!« protestierte er. »Siehgst«, meinte da der Onkel gutmütig, »die Watschn hast jetzt kriagt, daß d' immer dran denkst, daß der König Ludwig die wunderbare Straßn da 'baut hat und no vui Schöns in unserm München!«

Eines Tages kam ein erfolgloser Kollege, der sein Manuskript zum soundsovielten Male von der »Simpl«-Redaktion zurückgesandt bekommen hatte, zu Thoma und beklagte sich: »Diese Redakteure! Sie wissen einfach nicht, was gut ist!« Ungerührt erwiderte Thoma: »Das kann schon möglich sein, aber sie wissen genau, was schlecht ist.«

Bereits als erfolgreicher Schriftsteller bot Thoma seinen Bauernroman »Andreas Vöst« den »Münchner Neuesten Nachrichten« zum Vorabdruck an. Dafür verlangte er die damals horrende Summe von 12 000 Mark. So viel hatte der Verlag noch nie zuvor für einen Abdruck gezahlt, und Direktor Helfreich seufzte: »Das ist viel Geld, Herr Dr. Thoma.« Dieser antwortete: »Das war auch viel Arbeit!«

Thoma war bei dem bekannten Porträtmaler Fritz August von Kaulbach eingeladen. Als Überraschung für den Dichter hatte Frau von Kaulbach Austern kommen lassen, die der Dichter auf einem silbernen Tablett mit Eis servierte. Gespannt wartete das Ehepaar Kaulbach auf das überraschte Gesicht Thomas. Doch dieser lächelte freundlich, und als der Diener ihm vorlegen wollte, wehrte er verbindlich ab: »Na, danke schön!« – »Aber Herr Doktor«, sagte Frau von Kaulbach, »wir hatten gedacht, Ihnen eine Freude zu machen.« Liebenswürdig sagte Thoma: »Wissen S', Frau Kaulbach, was der Bauer net kennt, frißt er net!« – »Aber dann müssen Sie wenigstens etwas anderes dafür nehmen. Haben Sie nicht einen besonderen Wunsch?« Thoma brauchte nicht nachzudenken: »Ja schon – geben S' mir halt sechs Dicke und a Maß Bier.« Eine Viertelstunde später konnte Thoma mit Genuß seine gewünschten Würste verzehren.

In Rottach saß die Jägerrunde beim Bier zusammen. Nach einer Weile stockte das Gespräch. Man schnupperte, rümpfte die Nase, Verlegenheit machte sich breit. Schließlich meinte der Apotheker: »'s wer'n d' Hund sein!« Der Lehrer schaute unter den Tisch: »Sein aba koa da!« Da meinte Thoma gemütlich: »Wer'n scho kemma!«

GRAF LEO NIKOLAJEWITSCH TOLSTOI
Jasnaja Poljana 9. 9. 1828 – Astapowo 20. 11. 1910

Von seinem Studium orientalischer Sprachen und der Jurisprudenz unbefriedigt, kämpfte Tolstoi als Offizier im Kaukasus und auf der Krim und zog sich 1855 auf sein Gut Jasnaja Poljana zurück. Seine autobiographischen Bücher bezeugen seine unermüdliche Wahrheitssuche und Selbstkritik. Seine psychologischen Erzählungen und großangelegten historischen Gesellschaftsromane (»Krieg und Frieden«, »Anna Karenina«) übten einen starken literarischen Einfluß aus. Mit zunehmendem Alter wandte er sich einem rationalistisch gefärbten rigorosen Urchristentum zu, das er durch einfache Lebensweise, Barmherzigkeit und Friedfertigkeit selbst vorlebte. In seinen polemischen Schriften kämpfte er gegen die herrschende Gesellschaftsordnung, falsche Moral, soziale Ungerechtigkeit und Kriegsdienst, was zu staatlichen Verboten und seinem Ausschluß aus der orthodoxen Kirche führte.

Ratet mal, wem ich vorhin den Arm gereicht und an unserem Haus vorbeigeführt habe?« fragte Tolstoi eines Abends seine Familie, als er von einem Spaziergang durch Moskau zurückkehrte. Man ging alle Damen der Bekanntschaft durch, kam aber nicht darauf. Schließlich sagte er: »Ihr kennt doch das alte Mütterchen, das immer vor der Kirche für wohltätige Zwecke sammelt. Stellt euch vor, sie hat den Opferstock aufgebrochen und sich mit dem Geld derartig betrunken, daß sie sich nicht mehr auf den Beinen halten konnte. Und da sie am Ende unserer Straße wohnt, bat sie mich, sie nach Hause zu bringen. Das konnte ich ihr doch nicht abschlagen?«

Tolstoi war noch nicht lange verheiratet, da besuchte ihn der Schriftsteller Sologub auf Jasnaja Poljana. »Was für ein glücklicher Mann Sie sind«, sagte er. »Sie haben alles, was Sie lieben.« Tolstoi lächelte: »Nein, ich habe nicht alles, was ich liebe, aber ich liebe alles, was ich habe.«

Wenn Tolstoi einen Plan hatte, von dem er wußte, daß es unmöglich war, ihn auszuführen, sagte er: »Das werde ich tun, wenn ich groß bin.« Und wenn er etwas wollte, was er nicht bekommen konnte, sagte er: »Das genügt, wenn ich groß bin.«

Von Frauen hatte Tolstoi im allgemeinen keine besonders hohe Meinung, und er lästerte gelegentlich scherzhaft über das weibliche Geschlecht. Er nannte das »Weiberisieren«. Als er die »Betrachtung zur Kunst« schrieb, bat er seine Tochter Tatjana um einen kurzen Auszug aus ihrem Tagebuch. Er wollte ihn in seinem Manuskript als die Bemerkung eines kunstempfänglichen »Freundes« zitieren. »Warum eines Freundes und nicht einer Freundin?« wollte Tatjana wissen. »Weißt du«, sagte der Vater verlegen, »ich möchte, daß der Leser deiner Meinung mehr Gewicht beimißt.«

Tolstois Gut lag etwa 200 Kilometer von Moskau entfernt, eine Strecke, die er gelegentlich zu Fuß wanderte. Mit dem Rucksack auf dem Rücken ging er dann wie ein einfacher Bauer fünf Tage von Ort zu Ort, rastete oder übernachtete in einer Bauernhütte oder einem einfachen Landgasthof, und kam er zu einem Bahnhof, so erfrischte er sich im Wartesaal dritter Klasse. Bei einer dieser Wanderungen stand er auf einem kleinen Bahnhof und sah zu, wie die Leute den abfahrbereiten Zug bestiegen. »He, Alterchen!« rief plötzlich eine Dame aus einem Abteil ihm zu. »Sei so gut, lauf schnell auf die Damentoilette. Dort habe ich meine Handtasche vergessen; und bring sie mir. Aber rasch, Alterchen, bevor der Zug abfährt.« Tolstoi stürzte auf die Damentoilette, fand die Tasche und brachte sie der Dame, die ihm eine Münze zusteckte: »Da hast du etwas für deine Mühe, du guter Alter!« Doch einer der Mitreisenden hatte den Dichter erkannt und sagte: »Wissen Sie, wem Sie da eben die fünf Kopeken gegeben haben? Das war Leo Tolstoi!« – »Mein Gott!« rief die Dame erschrocken. »Was habe ich getan! Leo Nikolajewitsch! Leo Nikolajewitsch! Verzeiht mir. Es war nicht böse gemeint. Gebt mir die fünf Kopeken zurück, die ich Euch aus Versehen gegeben habe.« Doch Tolstoi, der das Geldstück wie selbstverständlich eingesteckt hatte, fragte: »Warum? Sie haben nichts Schlechtes getan. Ich habe die fünf Kopeken verdient und werde sie behalten.«

Arturo Toscanini
Parma 25. 3. 1867 – New York 16. 1. 1957

Ungezählte Geschichten und Bonmots erzählt man sich noch heute über den italienischen Dirigenten Arturo Toscanini, der für seine fanatische Werk- und Formtreue ebenso berühmt war wie für seine temperamentvollen Wutausbrüche. Als er 1957 mit fast 90 Jahren starb, hatte er 65 Jahre lang am Pult aller berühmten Opernhäuser und großen Konzertsäle der Welt gestanden. Als seine künstlerische Heimat betrachtete er die Mailänder Scala, die unter seiner Leitung ihre Weltgeltung erlangte.

Als die Scala wieder einmal in finanzielle Schwierigkeiten geriet, verlangte Toscanini eine Spitzengage, nur um hinterher die ganze Summe für die Weiterführung des Hauses zur Verfügung zu stellen. Dort wollte man einmal Pietro Mascagni als Gastdirigent für einige Abende gewinnen. Mascagni bestand darauf, daß man ihm wenigstens symbolisch ein höheres Honorar zahle als dem berühmten Toscanini. Er wolle genau eine Lira mehr. Nach der Aufführung überreichte man ihm einen Honorarumschlag. Als er ihn öffnete, fand er einen Scheck darin über eine Lira: Toscanini hatte seit Jahren an der Scala auf jedes Honorar verzichtet.

Puccini pflegte zu Weihnachten seine Freunde mit einem Panettone, einem italienischen Kuchen, zu beschenken. Als er sich einmal mit Toscanini überworfen hatte, übersah er, daß wie jedes Jahr auch an diesen ein Päckchen mit dem Panettone abgegangen war. Als er den Irrtum bemerkte, fürchtete er in den Verdacht der Anbiederung zu kommen und sandte dem Päckchen ein Telegramm nach: »Panettone aus Versehen abgeschickt!« Toscanini telegraphierte zurück: »Panettone aus Versehen aufgegessen!«

Den Komponisten seiner Zeit galt es als besonderer Höhepunkt, wenn eines ihrer Werke von Toscanini interpretiert wurde. Nach einer Aufführung seines »Falstaff« unter dem Maestro las Verdi am nächsten Morgen vernichtende Kritiken in den Zeitungen. Er erkundigte sich bei seinem Librettisten Boito, der in der Aufführung gewesen war, nach dessen Eindruck. »Es war ein musikalisch glanzvoller, ganz großer Abend«, begeisterte sich dieser. Daraufhin schrieb Verdi einen Dankesbrief und schickte ihn zusammen mit einer signierten Photographie an Toscanini. Es war das einzige Bild, das den Dirigenten jahrelang auf all seinen Reisen begleitete.

Nach der Aufführung einer seiner Opern an der Met in New York war der anwesende Umberto Giordano so begeistert, daß er zu Toscanini in die Garderobe stürzte und rief: »Arturo, Sie kennen gewiß alle Schönheiten und Reize dieser Welt, aber das größte musikalische Erlebnis wird Ihnen immer versagt bleiben: sich von Toscanini interpretiert zu hören!«

Musik war für Toscanini etwas Heiliges, Unantastbares. Als er sich einmal über ein Orchester, das offenbar nicht gerade seinen besten Tag hatte, besonders ärgerte, rief er schließlich: »Gott da oben sagt mir, wie diese Musik gespielt werden muß. Und Sie? Was tun Sie? Sie stellen sich Gott in den Weg!«

Als er noch Schüler am Konservatorium in Parma war, hatte sein Lehrer einige Geschichten über das phänomenale Gedächtnis seines Schülers gehört, die er nicht recht glauben wollte. Also ließ er den jungen Toscanini kommen und fragte ihn, ob diese unwahrscheinlichen Berichte wirklich wahr wären. Dann solle er es ihm doch bitte hier und jetzt beweisen. Toscanini verlangte Notenpapier, setzte sich an einen Tisch und schrieb, ohne zu unterbrechen, aus dem Kopf die ganze Partitur des »Lohengrin«-Vorspiels fehlerlos auf.

Als der über Achtzigjährige seinen berühmten letzten Zehnjahres-Kontrakt unterschrieben hatte, blickte er am nächsten Tag zu Beginn der Probe wehmütig ins Orchester: »Es stimmt mich traurig, wenn ich daran denke, daß manche von Ihnen nicht mehr da sein werden, wenn dieser Vertrag ausgelaufen ist.«

Im privaten Kreis erzählte er einmal: »Als ich jung war, habe ich am gleichen Tag meine erste Zigarette geraucht und zum ersten Mal eine Frau geküßt. Am nächsten Tag beschloß ich, in Zukunft keine Zeit mehr an das Tabakrauchen zu verschwenden.«

In New York dirigierte der Maestro zum letzten Mal Beethovens 9. Symphonie. Nach dem Schluß des Konzerts raste das Publikum vor Begeisterung, und die Bravo-Rufe für den greisen Toscanini wollten kein Ende nehmen. Dieser jedoch hob abwehrend die Hände und rief immer wieder: »Nein, nein! Das bin ich nicht. – Beethoven! Das ist Beethoven!«

LEW DAWIDOWITSCH TROTZKIJ
Gut Janowka 7. 11. 1879 – Mexiko City 21. 8. 1940

Trotzkij war neben Lenin und Stalin einer der bedeutendsten Führer der russischen Revolution. Als Leib (russisch: Lew) Bronstein wurde er als fünftes Kind eines jüdischen Gutsbesitzers im ukrainischen Gouvernement Cherson geboren. Ein Neffe der Mutter wurde sein erster Lehrer, der ihm nicht nur lesen und schreiben beibrachte, sondern auch Interesse an sozialen Fragen in dem Jungen weckte.

Nach dem Abitur in Odessa kam es zwischen Lew und seinem Vater zu einem ernsten Konflikt: »Der Vater wollte, daß ich Ingenieur werde. Ich jedoch schwankte noch zwischen der reinen Mathematik, für die ich große Neigung empfand, und der Revolution, die mich allmählich in ihren Bann zog.« Schließlich entschied er sich doch für die Revolution.

1898 wurde er als einer der Mitbegründer des Südrussischen Arbeiterbundes und Verfasser verschiedener kommunistischer Pamphlete, Aufrufe und Schriften von der Polizei gejagt, verhaftet und nach ergebnislosen Verhören ohne Gerichtsverhandlung zu vier Jahren Verbannung nach Sibirien verurteilt. Doch zwei Jahre später, im Sommer 1902, floh er von dort in einem Bauernwagen unter Stroh versteckt. In Irkutsk trug er in einen falschen Paß den Namen Trotzkij ein – nach einem Gefängniswärter in Odessa. Im Herbst des gleichen Jahres verließ er Rußland, ging für 15 Jahre ins Exil und reiste zuerst über Wien und Zürich zu Lenin nach London.

Mehrere Jahre lebte Trotzkij im Wiener Exil, wo er regelmäßiger Gast im berühmten Café Central war. Vor allem kannte man ihn dort als leidenschaftlichen Schachspieler. Auch Sigmund Freud verkehrte dort oft, so daß eines Tages das Bonmot im Café Central umging: »Der eine möchte die Erotik matt setzen und der andere das Kapital.«

Als 1917 in Rußland die Revolution ausbrach, war Trotzkij neben Lenin und Stalin einer ihrer bedeutendsten Führer. Auch nach Wien drangen bald erste Gerüchte von einem Umsturz im mächtigen Zarenreich. »Revolution in Rußland?« zweifelte der Sektionschef Schlechta im Wiener Außenministerium. »Ja bitteschön, wer soll die denn machen? Vielleicht der Herr Trotzkij, der im Café Central immer Schach gespielt hat?«

Als es darum ging, die neue kommunistische Regierung in Rußland zu gründen, war man sich zuerst nicht über die Titel einig, die die Mitglieder der Regierung führen sollten. Der Ausdruck »Minister« erschien Lenin zu bürgerlich. Da schlug Trotzkij vor, sie Kommissare zu nennen. »Ausgezeichnet!« rief Lenin. »Das riecht furchtbar nach Revolution!«

Von Anfang an hatte es zwischen Trotzkij und Lenin einige ideologische Gegensätze gegeben, die ihr durch den gemeinsamen Kampf und die Revolution zusammengeschweißtes Verhältnis bis zum Tode Lenins überschatteten. So lehnte denn Trotzkij auch ab, als ihm Lenin im April 1922 vorschlug, neben Rykow und Zjurupa sein Stellvertreter in der Regierung zu werden. »Lenin braucht gehorsame, praktische Hilfskräfte«, sagte er, »für diese Rolle tauge ich nicht.«

Im Dezember des gleichen Jahres kennzeichnete Lenin in seinem »Testament« Trotzkij und Stalin als die »beiden begabtesten Führer des gegenwärtigen ZK«, deren Konflikte jedoch die Gefahr einer Parteispaltung heraufbeschwören würden. Trotzkij sei »vermutlich der fähigste Mann im gegenwärtigen ZK«, aber zugleich bekunde er »auch ein Übermaß an Selbstbewußtsein und einen übergroßen Hang zur rein administrativen Regelung der Probleme«. Das war insofern richtig und weitsichtig, als der schwelende Streit zwischen Trotzkij und Stalin schließlich nach dem Tode Lenins in einem offenen Diadochenkampf ausbrach.

Von Stalin hatte Trotzkij einmal gesagt: »Er ist die hervorragendste Mittelmäßigkeit der Partei.« Von dieser »Mittelmäßigkeit« wurde er zuerst verbannt und später aus Rußland ausgewiesen. 1940 wurde er – vermutlich auf Befehl Stalins – im mexikanischen Exil ermordet.

MARK TWAIN
Florida 30. 11. 1835 – Redding 21. 4. 1910

Abgesehen von seinen späten Werken, in denen nach persönlichen und wirtschaftlichen Schicksalsschlägen ein menschenverachtender Pessimist durchbricht, sind die Bücher Mark Twains von einem humanen Humor geprägt, ist seine zur Satire neigende Ironie witzig, ohne verletzend zu sein. In manchen seiner Bücher mischt sich Autobiographisches mit Erfundenem, so auch in den beiden Werken, die ihn weltberühmt machten, »Die Abenteuer des Tom Sawyer« (1876) und »Die Abenteuer und Fahrten des Huckleberry Finn« (1884), in denen er Erlebnisse seiner eigenen Jugend verarbeitete.

Auch Twain selbst hatte oft die Schule geschwänzt und war dafür, wenn er erwischt wurde, von seinem Vater handgreiflich bestraft worden. »Glaub nicht, mein Sohn, daß es mich nicht ebenso schmerzt wie dich«, sagte dieser dann wohl. »Aber nicht an der gleichen Stelle«, gab der kleine Twain zur Antwort.

Mehrmals fiel er beim Herumstrolchen mit seinen Freunden in den Fluß und kam völlig durchnäßt nach Hause. Dann rief seine Mutter: »So ist das! Wenn es jemandem bestimmt ist, gehängt zu werden, dann wird er sicher nicht ertrinken!«

Bevor er mit seinen ersten Büchern Erfolg hatte, lebte Mark Twain mehr schlecht als recht von dem, was er als Reporter und Zeitungsredakteur verdiente. Eines Tages begegnete er einem seiner Gläubiger, der ihm Vorhaltungen machte: »Ich bin sehr von Ihnen enttäuscht, denn nicht nur, daß ich noch immer auf mein Geld warte, Sie beantworten nicht einmal meine Briefe. In meinem letzten habe ich sogar eine Marke beigelegt. Sie aber antworteten wieder nicht und haben auch noch die Marke behalten!« Mark Twain versuchte ihn zu beruhigen: »Sehen Sie, mein Herr, ich wollte nicht taktlos sein und ihre eigene Marke dazu verwenden, Ihnen etwas Unangenehmes mitzuteilen.«

Mit einer großen Zigarrenkiste unter dem Arm traf Mark Twain auf der Straße einen Freund, dem er gleichfalls Geld schuldete. Vorwurfsvoll meinte dieser: »Ich finde, du solltest eher deine Schulden begleichen, bevor du anfängst, teure Zigarren zu rauchen!« – »Aber nein, ich rauche doch gar nicht«, antwortete er, »ich muß nur so oft umziehen.«

Als Redakteur einer kleinen Zeitung fehlte ihm eines Tages ein Artikel, und er wußte nicht, wie er die Seite füllen sollte. Da nahm er den Leitartikel vom Tag zuvor, setzte ihn in die Seite und schrieb darunter: »Auf vielfachen Wunsch unserer geschätzten Leser bringen wir heute diesen Artikel noch einmal zum Abdruck.«

Mark Twain kam an einem Friedhof vorbei, der gerade von Arbeitern vermessen wurde. »Was machen Sie hier?« fragte er. »Der Friedhof ist ungeschützt«, sagte einer der Arbeiter, »und soll deshalb eine Mauer bekommen.« Der Schriftsteller schüttelte den Kopf. »Wozu?« fragte er. »Diejenigen, die darin liegen, können doch nicht hinaus. Und die, die hier draußen sind, wollen gar nicht hinein.«

Mark Twain hatte oft und gern Gäste, und er verstand es auch vorzüglich, sie zu unterhalten. »Ihr Vater ist wirklich ungewöhnlich amüsant«, sagte jemand zu Mark Twains Tochter. »Ja«, meinte sie trocken, »wenn wir Gäste haben.«

Von der New Yorker Gesellschaft hielt Mark Twain wenig. »Das ist doch alles Party-Geplauder, und in Wirklichkeit hört kein Mensch dem anderen zu. Ich werde es Ihnen beweisen«, sagte er zu einem Freund. Bei der nächsten Gesellschaft, auf die beide eingeladen waren, kam er eine halbe Stunde zu spät und entschuldigte sich bei der Hausfrau: »Bitte verzeihen Sie, daß ich mich verspätet habe. Ich mußte noch rasch eine alte Tante umbringen, und das hat mich leider länger aufgehalten, als ich vermutet hatte.« – »Aber das macht doch nichts«, sagte die Gastgeberin strahlend. »Es ist reizend von Ihnen, daß Sie trotzdem noch Zeit gefunden haben, überhaupt herzukommen.«

Mark Twain besuchte den Maler Whistler in dessen Atelier und betrachtete eingehend seine Bilder. Begeistert äußerte er sich über eine Landschaft und hob die Hand, um auf ein Detail hinzuweisen. »Vorsicht!« schrie Whistler, »das Bild ist noch naß, passen Sie auf!« – »Keine Sorge«, beruhigte ihn Mark Twain, »ich habe ja Handschuhe an.«

Im Alter wurden Twains Einfälle dürftiger, und so kaufte er, wie es schon damals in Amerika üblich war, von unbekannten und noch nicht arrivierten Autoren »spots«, Exposés für Erzählungen und Kurzgeschichten. Sein Hauptlieferant war ein gewisser Upton Sinclair, der ihm eines Tages die Geschichte eines slawischen Einwanderers anbot, der in den riesigen Schlachthöfen von Chikago zum Sozialisten wird. »Das ist nichts für mich«, sagte Mark Twain zu dem jungen Kollegen, »darüber kann man nicht so heiter schreiben, wie ich es ein Leben lang getan habe und wie es die Leser von mir erwarten. Das mußt du selber schreiben. Aber ich würde dir raten, laß den Helden erst noch Tramp und Straßenräuber werden, bevor er sich zum Sozialisten bekehrt.« Upton Sinclair tat's und wurde 1906 mit seinem Roman »Der Sumpf« über das Elend der Arbeiter in den Chikagoer Schlachthöfen weltberühmt.

LUDWIG UHLAND
Tübingen 26. 4. 1787 – Tübingen 13. 11. 1862

Daß der deutsche Dichter der Romantik Ludwig Uhland der Verfasser des Liedes »Ich hatt' einen Kameraden, einen besser'n find'st du nit...« ist, geriet über der Popularität des Gedichtes bald in Vergessenheit. Aber selbst als 1825 der Tübinger Musikdirektor Friedrich Silcher die Melodie komponierte, hatte er keine Ahnung, von wem diese Verse stammten. Sie standen auf einem Blatt Papier, das ihm eines Tages der Wind durch das offene Fenster wehte, und darunter hatte gestanden »Volker«. Text und Melodie wurden nicht nur in Deutschland rasch bekannt, sondern gingen bald um die ganze Welt. Uhland gab sich erst später als Autor des Liedes zu erkennen.

Uhland erhielt 1829 eine Professur für Germanistik in Tübingen. Er bewohnte ein Haus am Neckar und konnte von seiner Terrasse den Schiffen und Flößern zuschauen. Eines Tages zogen wieder Flößer vorbei und sangen das Lied vom Kameraden. Uhland lächelte. Da rief einer der Männer vom Fluß herüber: »Lach net, narrischer Professor, warscht froh, wenn du so was dichten könnscht!«

Mit 32 Jahren wurde Uhland Abgeordneter im Württembergischen Landtag. Dort brachte ein Mitglied den Antrag ein, daß jede Sitzung der Kammer mit einem Gebet eröffnet werden solle. Obwohl keineswegs antikirchlich eingestellt, lehnte der liberale Uhland diesen Antrag ab: »Es steht zwar geschrieben, wenn du betest, geh in dein Kämmerlein, aber nirgends ›geh in die Kammer‹!«

Der Lyriker, Sagenforscher, Literaturprofessor und Politiker hatte in seiner Jugend neben Philosophie auch Jura studiert, jedoch später nur noch wenig Interesse für die Rechtswissenschaft übrig. Besonders haßte er, wenn er sich privat mit Rechtsfragen beschäftigen sollte. Eine Dame, die ihn jedesmal, wenn sie ihm begegnete, mit ihren Rechtsproblemen belästigte, begriff endlich, wie sehr sie ihn offensichtlich damit zu langweilen schien. Indigniert beendete sie das Gespräch mit der halbherzigen Entschuldigung: »Es war ja nur eine Frage, und Fragen kostet doch nichts.« – »Nein«, sagte Uhland, »aber die Antwort.«

Auf einer Gesellschaft rezitierte man Gedichte von Platen, darunter den Vers »Das Haupt, das nun der Schere sich bequemt, mit mancher Krone ward's bediademt...« Über das Wort »bediademt« mokierte sich Uhland und geriet mit einem Gymnasialprofessor, dem gerade diese Stelle dichterisch besonders gelungen schien, in Streit. Der vorzügliche Wein der Gastgeber heizte den Philologenstreit noch an, und als man schließlich durch die stillen Gassen Tübingens nach Hause ging, hatten die Gäste, allen voran der Professor, kräftig Schlagseite. Beschwingt dichtete Uhland: »Sein weißes Haupt ist schwer umfuselt, der ganze Kerl bediaduselt!«

PETER USTINOV
London 16.4.1921

Peter Ustinov ist als Schauspieler so populär, wie er als Autor geschätzt wird. Besonders bewundert er den Regisseur Elia Kazan: »Wenn Kazan das Telefonbuch von Hollywood verfilmen und mir die Rolle des ›U‹ anbieten würde, nähme ich sofort an.«

Zur deutschen Premiere seiner Komödie »Endspurt« kam Ustinov nach Berlin. Als er im Taxi zur Premierenfeier fuhr, bat er den Chauffeur unter allen Umständen, ihn nach genau zwei Stunden dort wieder abzuholen. Als der Fahrer zur verabredeten Zeit pünktlich kam, verabschiedete sich Ustinov in bester Laune und verließ die fröhliche Gesellschaft. Doch bevor er in das Taxi einstieg, drückte er dem Mann zwanzig Mark in die Hand und befahl: »Jetzt fahren Sie mich auf dem direktesten Weg ins Hotel, und lassen Sie sich nicht einfallen, vor einem der Lokale zu halten, bei denen ich unbedingt aussteigen will.«

Ustinov, ein Feind schlechter Kritiker und Freund guten Essens, hatte in London Mühe, bis er ein Lokal fand, das seinen Ansprüchen gerecht werden konnte. Nach dem vorzüglichen Abendessen lehnte er sich – zufrieden über seinen gastronomischen Spürsinn – zurück und zündete sich eben eine Zigarre an, als sich ungebeten ein ebenso bekannter wie gefürchteter Kritiker an seinen Tisch setzte, um ihn in ein tiefschürfendes Gespräch zu verwickeln. Darauf winkte Ustinov dem Kellner: »Der Herr wünscht für mich zu zahlen!« Er erhob sich, verließ das Restaurant ohne Gruß und rauchte seine Zigarre auf der Straße.

Auf einer Party ließ Ustinov durchblicken, wie gering sein Vertrauen in die Kunst der Ärzte sei. Ein anderer Gast wollte ihm wenigstens für das moralische Image dieser Zunft ein Wort der Anerkennung entlocken: »Aber Sie werden doch zugeben, daß, wer den Beruf des Arztes ergreift, zumindest ein Menschenfreund sein muß und schon allein aus diesem Grunde verdient, in den Himmel zu kommen.« Worauf Ustinov antwortete: »Sicher kommen auch Ärzte in den Himmel, aber wohl kaum durch das Hauptportal, sondern eher durch den Lieferanteneingang.«

Als Ustinov während des Zweiten Weltkriegs zur Musterung vorgeladen wurde, fragte man ihn, welche Waffengattung er bevorzuge. Obwohl er schon als Kind unter Platzangst gelitten hatte, nachdem man ihm erzählte, daß die Babys im Bauch der Mutter wachsen, sagte er: »Panzer.« – »Warum gerade Panzer?« fragte ihn der Offizier. »Weil ich es vorziehen würde, sitzend in die Schlacht zu fahren.«

Karl Valentin
München 4. 6. 1882 – München 9. 2. 1948

Valentin war ein typisch Münchnerisches Gewächs aus der kernigen Vorstadt Au, obwohl seine Eltern aus Hessen und Sachsen stammten. Als Darsteller und Komiker schon zu Lebzeiten weit über Bayern hinaus bekannt, wurde seine literarische Bedeutung – etwa auch als Anreger für Bert Brecht – erst nach seinem Tod voll gewürdigt. Wie Brecht und viele andere begeisterte er auch Hermann Hesse, der nach einer Aufführung der »Raubritter von München« schrieb: »Dieser Valentin hat die erregendste Stimme, die tief beeindruckt und übergangslos von Blödsinnstext mit einem Lied ›Morgenrot, Morgenrot‹ an den Abgrund tiefster menschlicher Trauer führt.«

In seiner Jugend sollte Valentin natürlich auch erst einen »vernünftigen« Beruf erlernen. So schickte ihn sein Vater zum Schreinermeister Hallhuber nach Haidhausen in die Lehre. Doch allzulange hielt er es hier nicht aus. Eines Tages, so berichtete er, »entwendete ich einen Nagel in der Schreinerei Hallhuber, um diesen erlernten Beruf daranzuhängen«.

Im Jahre 1911 verband er sich mit der Soubrette Elisabeth Wellano, die sich später Liesl Karlstadt nannte und seine lebenslange Partnerin blieb. Als er sie kennenlernte, sagte er zu ihr: »Frailein, zua ara Subrettn san Sie z'dick – aba mia zwoa passatn z'samm!«

Seine Gesundheit war nicht immer die beste, und gelegentlich sah er sehr blaß aus. Wenn man ihn darauf ansprach, pflegte er zu sagen: »Blaß? I bin doch net blaß! Ja, als glans Kind, da war i blaß, da hams mi nur mit der Schneebrilln anschaugn könna.«

Vom Arzt nach Hause gekommen, wird er gefragt: »No, was hat er denn g'sagt, der Herr Doktor?« Darauf Valentin grantig: »An Blödsinn! Jeden Tag soi i auf d'Nacht a warm's Fußbad nehma und Obacht geb'n, daß i koane nass'n Füaß kriag.«

Im Hotel Wagner in der Münchner Sonnenstraße gründete er 1934 ein eigenes Etablissement, das er »Panoptikum« nannte. Bald nach der Eröffnung verschickte er gemeinsam mit seiner Partnerin Liesl Karlstadt folgende Postkarte: »Aufforderung – Da Sie es bis heute noch nicht der Mühe wert fanden, den neuen ›Karl Valentin Grusel- und Lachkeller‹ zu besuchen, fordern wir Sie hiermit auf, *sofort zu kommen*. (Bitte 60 Pfg. mitbringen!) Sollten Sie binnen acht Tagen nicht kommen, sind wir verpflichtet, so lange zu warten, bis Sie unser neues Unternehmen besuchen werden. (Täglich geöffnet von nachmittags 4–11 Uhr abends, Hotel Wagner, Sonnenstraße 23.)«

Der ewig grantelnde Valentin war angeblich im täglichen Leben eher ernst und mürrisch und gegen Ende seines Lebens – nach der überstandenen Nazi-Zeit und dem verlorenen Krieg – oft resigniert. Seinem Freund Kiem Pauli schrieb er kurz vor seinem Tode: »Ich habe meine lieben Münchner und meine Bayern kennengelernt. Alle anderen mit Ausnahme der Eskimos und der Indianer haben mehr Interesse an mir gehabt als meine Landsleute.« Und kurz bevor er starb, soll er gesagt haben: »Wenn i g'wußt hätt, daß das Sterben so schön is, wäre ich schon viel eher g'storben.«

Giuseppe Verdi

Le Roncole 10. 10. 1813 – Mailand 27. 1. 1901

Im Jahre 1813 wurden die beiden größten Musikdramatiker der Operngeschichte geboren: Richard Wagner und Giuseppe Verdi. In dem kleinen Ort Le Roncole, der heute »Roncole Verdi« heißt, in der Nähe von Parma erblickte Verdi als Sohn eines Schankwirts das Licht der Welt. Der Vater erkannte bald die musikalische Begabung seines Sohnes, und als der kleine Giuseppe acht Jahre alt wurde, kaufte er ihm von allem Geld, das er auftreiben konnte, ein gebrauchtes Spinett. Dieses erwies sich jedoch als alt und klapprig. Es fand sich in Le Roncole ein alter Mann, der etwas davon verstand und sich erbot, das Instrument zu reparieren. Als Verdis Vater den Deckel aufklappte, las er folgende Inschrift: »Ich, Stefano Caveletti, habe dieses Instrument 1821 repariert, kostenlos, denn das heftige Verlangen des kleinen Giuseppe Verdi, darauf spielen zu dürfen, und seine Begeisterung für die Musik waren mir Lohn genug für meine Mühe.«

Mit elf Jahren vertrat Verdi bereits in seinem Heimatort den Organisten und begann zu komponieren. Doch als er mit achtzehn zur Aufnahmeprüfung im Mailänder Konservatorium antrat, fiel er glatt durch. Wegen Talentlosigkeit und schlechter Handhaltung beim Klavierspiel. Überdies mißfielen dem Direktor Francesco Basili seine bäurischen Manieren. »Er ist ungenießbar!« sagte er. Dabei hatte er ein Stipendium der Erzherzogin Marie Louise von Österreich, der Witwe Napoleons. Damit studierte er nun bei Vincenzo Lavigna. Wenig später suchte Basili einen Organisten, fand aber keinen geeigneten Bewerber und wandte sich an Lavigna, der ihm Verdi empfahl. Mit Bravour spielte Verdi das allen Bewerbern zum Test vorgelegte Fugenthema, und diesmal war Basili begeistert. »Warum aber«, fragte er Verdi, »haben Sie zu meinem

Fugenthema einen doppelten Kanon gespielt?« – »Sie verzeihen, Direttore«, antwortete Verdi, »Ihr Thema war ein wenig nüchtern, und ich wollte es genießbar machen.«

Ein junger Musiker meldete sich bei Verdi und bat ihn, ihm sein neuestes Opus vorspielen zu dürfen. Der Mann hatte eine bewundernswerte athletische Statur. Er setzte sich ans Klavier, spielte und fragte anschließend Verdi nach seinem Urteil. »Lieber Freund«, sagte Verdi, »verzichten Sie bitte auf meine Kritik. Sie sind um so vieles stärker und größer als ich...«

Verdis erfolgreichste Oper wurde »Aida«. Sie war ein Auftrag des Kairoer Opernhauses für die Eröffnung des Suezkanals, die am 17. November 1869 stattfand. Doch Verdi geriet in Verzug, und die Premiere mußte verschoben werden. 1870 brach der deutsch-französische Krieg aus, und als im September 1870 die in Paris angefertigten Bühnenbilder und Kulissen verschifft werden sollten, konnten sie die belagerte französische Hauptstadt nicht verlassen. So fand die »Aida«-Premiere erst am 24. Dezember 1871 im Theater des Khediven zu Kairo in Abwesenheit des Komponisten statt. Auch Antonio Ghislanzoni, der Textdichter, reiste nicht nach Ägypten. Während der Proben in Kairo tauchte die Frage auf, ob am Ende des dritten Aktes Rhadames dem Oberpriester sein Schwert reichen sollte oder nicht. In einem Telegramm bat man Ghislanzoni um Aufklärung. Er telegraphierte zurück: »Wenn Schwert aus Holz ja. Stop. Wenn Schwert wertvoll nein.«

Rudolf Virchow

Schivelbein/Pommern 13. 10. 1821 – Berlin 5. 9. 1902

Der berühmte Berliner Arzt und Anthropologe Virchow erwarb sich besondere Verdienste um die Zellularpathologie, die anthropologische Vorgeschichtsforschung und die Hygienegesetzgebung. Bereits mit sechsundzwanzig Jahren hielt er in der Berliner Charité einen Kursus über »Pathologische Anatomie« ab, der großen Zulauf selbst von bekannten Medizinal- und Geheimräten hatte.

Virchow lernte auf einem Medizinerball ein entzückendes junges Mädchen kennen. Als er sich vorgestellt hatte, fragte sie: »Dr. Virchow? Ist das richtig? Ein Dr. Virchow hält doch derzeit diesen Kursus in der Charité, den mein Papa so rühmt. Das wird sicher Ihr Herr Vater sein?« Lächelnd sagte Virchow: »Meiner nicht, aber vielleicht könnte es der Ihrer und meiner künftigen Kinder sein.«

In gewissen, nicht gerade den ärmsten Gesellschaftskreisen Berlins legte man großen Wert darauf, sich nur von dem berühmten Geheimrat Virchow behandeln zu lassen, und dies natürlich auch bei den banalsten und unwesentlichsten Krankheiten, etwa einer schlichten Erkältung. Bei solchen Bagatellfällen zahlungskräftiger Patienten schickte Virchow auch stets eine angemessene Rechnung, deren Betrag sich weniger an der unbedeutenden medizinischen Leistung als am vergeudeten Zeitaufwand orientierte.

Einmal wurde er zu einem Kranken gerufen, der jedoch, als er eintraf, bereits verschieden war. »Wir bedauern sehr, Herr Geheimrat«, empfing man ihn, »daß wir Sie jetzt ganz umsonst mitten in der Nacht hierherbemüht haben.« Trocken erwiderte

Virchow: »Umsonst ja nun gerade nicht, aber offenbar vergeblich.«

Man fragte ihn um seine Meinung zu einem hochwissenschaftlichen Werk eines Kollegen, der sich leider einer trockenen und komplizierten Sprache bediente. »O ja«, sagte Virchow, »es ist ein sehr bedeutendes und wichtiges Werk, das es verdiente, bald ins Deutsche übersetzt zu werden.«

Bei einer Prüfung fragte Virchow den Kandidaten nach der Herkunft des Wortes »Morphium«, zu der dem Prüfling jedoch partout nichts einfallen wollte. Um ihm Hilfestellung zu leisten, spielte Virchow schließlich deutlich auf den griechischen Gott der Träume, Morpheus, an: »Denken Sie doch nur einmal daran, mein Lieber, in wessen Armen werden Sie ruhig und beglückt schlafen, wenn sie dieses Examen glücklich bestanden haben?« Da lief der junge Mann rot an und fragte verlegen: »Aber Herr Geheimrat, muß ich das denn unbedingt sagen?«

Einmal behauptete Virchow, der im Kulturkampf als scharfer Gegner der Kirchen auftrat: »Ich habe viele tausend Leichen in meinem Leben seziert, aber ich habe keine einzige Seele darin gefunden.«

François Marie Arouet – Voltaire
Paris 21. 11. 1694 – Paris 30. 5. 1778

Mit den Anekdoten und Geschichten über Voltaire – echten wie ihm zugeschriebenen – könnte man leicht ein ganzes Buch füllen. Als Philosoph und geistreicher Schriftsteller verfügte er über einen ironischen Witz und einen geschliffenen Stil, und er erzählte selbst gern Anekdoten. Der Abbé Velly fand eine dieser Anekdoten höchst merkwürdig und hielt sie eher für unwahrscheinlich, weshalb er Voltaire fragte, woher er sie habe. »Was liegt daran«, antwortete Voltaire, »ob eine Anekdote wahr oder erfunden ist. Wenn man schreibt, um die Leser zu unterhalten, kommt es da so sehr auf eine gewissenhafte Wahrheit an?«

Von 1704 bis 1711 besuchte Voltaire ein Jesuitenkolleg. Später wollte ihm sein Vater eine Stellung als Gerichtsrat oder etwas ähnliches kaufen. Doch Voltaire war dagegen: »Ich werde mir in meinem Leben Ehren zu erwerben wissen, die Sie nichts kosten.«

Bereits in seiner Jugend wurde die Dichtung zu Voltaires erster Leidenschaft, während sein Bruder es liebte, stundenlang über theologische Fragen zu disputieren. »Ich habe zwei Narren zu Söhnen«, meinte der Vater, »den einen in Prosa, den anderen in Versen.«

Doch auch Voltaire beschäftigte sich sein Leben lang immer wieder mit der Kirche und der Religion, und natürlich im kritischen Sinne. »Ich habe viel zu viel Respekt vor dem lieben Gott«, sagte er, »um an seine Existenz zu glauben.« Und zu Diderot sagte er einmal: »Wenn es keinen Gott gäbe, müßte man ihn erfinden.« – »Was man denn auch getan hat«, erwiderte Diderot.

Voltaire war keineswegs ein Atheist, aber als Führer der geistigen Aufklärung in Frankreich trat er leidenschaftlich für die Menschenrechte und die religiöse Toleranz ein. Als er einmal auf der Straße einem Priester mit dem Sakrament begegnete, blieb er stehen und grüßte. »Haben Sie sich mit Gott versöhnt?« fragte ihn ein Freund. »Wir grüßen einander«, erklärte Voltaire, »aber wir sprechen nicht miteinander.«

Im schweizerischen Ferney, nahe der französischen Grenze, hatte sich Voltaire 1758 ein Landgut gekauft. Dort ließ er eine Kapelle einrichten, über deren Portal die Worte zu lesen waren: »Deo erexit Voltaire«. Wenn er Besuchern seinen Besitz zeigte, und man kam zu dem Portal der Kapelle, deutete er auf die Inschrift und sagte: »Zwei große Namen miteinander vereint!«

Einen anderen Besucher begeisterte die Gastfreundschaft Voltaires so sehr, daß er den Wunsch äußerte, noch einige Tage bleiben zu dürfen. »Ich sehe«, sagte Voltaire daraufhin kühl, »Sie wollen sich von Don Quijote unterscheiden. Dieser hielt die Gasthäuser für Schlösser, und Sie halten offenbar ein Schloß für ein Gasthaus.«

Und als wieder einmal Schloß Ferney von Besuchern überschwemmt war, die hauptsächlich gekommen waren, um sich später seiner Bekanntschaft zu rühmen, seufzte er: »Lieber Gott, schütze mich vor meinen Freunden! Vor meinen Feinden kann ich mich schon selber schützen.«

Um in Frankreich einen Menschen verhaften zu können oder ihn andererseits in die Verbannung zu schicken, mußte damals ein »Lettre de cachet« angefertigt werden. Nun war es in letzter Zeit öfter vorgekommen, daß man solche »Lettres de cachet« fälschte, um andere aus dem Weg zu räumen. Als Voltaire dem

Polizeiminister begegnete, fragte er, was mit solchen Fälschern, so man sie erwischte, eigentlich geschehe. »Sie werden gehenkt«, war die Antwort. »Sehr gut«, meinte Voltaire. »Es ist ganz richtig, daß man Leute hängt, die falsche Lettres de cachet anfertigen. Und eines Tages wird man vielleicht auch so weit sein, daß man jene henkt, die die echten Lettres de cachet ausstellen.«

Ein Autor hatte Voltaire eine miserable Tragödie geschickt und um sein Urteil gebeten. Nachdem er das Stück gelesen hatte, stöhnte Voltaire: »Wie leicht ist es doch, ein Stück wie dieses zu schreiben. Und wie schwer ist es dagegen, einem Mann, der so ein Stück geschrieben hat, zu schreiben!« – »Jede Art zu schreiben ist erlaubt, nur nicht die langweilige«, meinte er einmal. Und einem wenig begabten Dichter, der eine »Ode an die Nachwelt« gedichtet hatte, sagte er: »Ich fürchte, Ihre Botschaft wird die Adresse nie erreichen.«

Mit seinem klaren und eleganten Stil gilt Voltaire als der Begründer einer typisch französischen Prosaform. Die zu seiner Zeit übliche Ausschmückung der Sätze mit zahlreichen Adjektiven war ihm zuwider. »Wenn man den Leuten doch begreiflich machen könnte«, klagte er, »daß das Adjektiv der größte Feind des Subjekts ist, selbst wenn es in Geschlecht und Zahl mit ihm übereinstimmt!« Aber auch in der Beziehung zwischen Stil und Inhalt sah er große Unterschiede. Als Boisgelin einmal die Klarheit von Voltaires Stil pries, hielt ihm dieser seinerseits vor: »Auch die Gebirgsbäche sind klar. Wissen Sie warum? Weil sie seicht sind!«

Eine kritische Freundschaft verband Voltaire mit Denis Diderot. Dieser hörte sich gern reden. Nach einem seiner Besuche, bei dem Diderot so viel geredet hatte, daß Voltaire praktisch nicht zu Wort gekommen war, meinte er: »Dieser Diderot ist ebenso gescheit wie geistvoll. Nur eine Gabe hat die Natur ihm versagt – die Gabe des Dialogs.«

Voltaire bat 1750 Ludwig XV. um die Erlaubnis, für einige Zeit an den Hof Friedrichs des Großen gehen zu können. Immerhin waren die Beziehungen zwischen Frankreich und Preußen nicht gerade die besten. So erlaubte es ihm Ludwig mit der bissigen Bemerkung: »Dann wird es am preußischen Hof einen Narren mehr geben und in Versailles einen weniger.«

Drei Jahre blieb Voltaire in Potsdam, obwohl er beispielsweise der deutschen Sprache wenig abgewinnen konnte. Er hielt sie für grob, rauh und abstoßend. »Bei der Vertreibung aus dem Paradies wird Gott gewiß deutsch gesprochen haben«, sagte er zu Friedrich II., als man sich über die Kraft und Schönheit der deutschen Sprache bei Tisch unterhielt. »Das kann schon sein«, sagte der »Alte Fritz«, »aber die Schlange, die Eva verführt hat, die sprach ganz gewiß französisch!«

Als man Voltaire nach seiner Ansicht fragte, wie alt wohl die Erde sei, meinte er: »Die Erde? Das ist eine alte Kurtisane, die ihr Alter geheimhält.«

Während er am Preußenhof weilte, besuchte ihn eines Tages die berühmte Tänzerin Barberina, die einige Zeit in Europa herumgereist war und Gastspiele gegeben hatte. Jetzt war sie entsetzt, welche Klatschgeschichten man sich über ihre Abwesenheit in Berlin erzählte. »Stellen Sie sich vor«, sagte sie empört, »was für abscheuliche und häßliche Dinge man mir nachsagt. Man behauptet, ich sei heimlich auf dem Land gewesen, um dort mit Zwillingen niederzukommen.« – »Kränken Sie sich nicht, Madame«, entgegnete Voltaire. »Ich habe mir schon lange angewöhnt, immer nur die Hälfte von allem zu glauben.«

Obwohl die Nachwelt darüber anders urteilte, hatte Voltaire zu Lebzeiten am meisten Erfolg mit seinen Dramen. »Wie zufrieden müssen Sie doch mit Ihren Werken sein!« meinte einer seiner Bewunderer. Doch Voltaire widersprach: »Keineswegs. Ich bin wie der Ehemann einer Dirne, an der sich alle erfreuen, nur er selbst nicht.«

Voltaire lag schwer krank darnieder, als der Schauspieler Larive, der in seinem Drama »Brutus« den Titus spielen sollte, ihn besuchte, um sich eine Textstelle erklären zu lassen. »Es tut mir leid, mein Lieber, aber Sie sehen, wie es mir geht«, wollte ihn Voltaire abweisen. »O mein Gott«, klagte Larive, »und morgen soll ich den Titus spielen!« – »Was?! Sie spielen den Titus?« rief Voltaire entsetzt. »Kommen Sie, wir gehen rasch die Rolle durch. So lange muß sich der Tod eben gedulden.«

Voltaire war dreiundachtzig, als er eines Tages nach Paris fuhr, um einige Freunde zu besuchen. »Seht«, sagte er, »ich habe meinen Todeskampf unterbrochen, um euch noch einmal zu umarmen.« Wenige Wochen später starb er tatsächlich.

Richard Wagner
Leipzig 22. 5. 1813 – Venedig 13. 2. 1883

Wenn heute der Meister von Bayreuth auch schon längst im Tempel der Musikgeschichte ganz oben in der Reihe der großen Genies steht, so scheiden sich an der Musik Richard Wagners noch immer die Geister. Man liebt sie über alles – oder man mag sie nicht.

Einer seiner erbittertsten Gegner war der Wiener Kritiker-Papst Eduard Hanslick, der Wagner am tiefsten traf, als er behauptete: »Er hat mit seinem Erzfeind Meyerbeer die Plumpheit in der Handhabung der symphonischen Formen gemeinsam.« Als der »Tristan« in Wien Premiere hatte, versuchte ein Freund Wagners die Meinung Hanslicks zu erfahren: »Nun, Herr Doktor, wie gefällt Ihnen die Oper?« – »Vieles gefällt mir recht gut, vieles gefällt mir nicht«, antwortete Hanslick. »Was zum Beispiel gefällt Ihnen nicht?« Hanslick dachte einen Augenblick nach. »Zum Beispiel – die Musik.«

Wenig mit Wagners Musik anfangen konnte Rossini. Eines Tages bearbeitete er mit verzweifelten Gesten das Klavier, vor sich einen Klavierauszug des »Tannhäuser«, doch die Töne, die er hervorbrachte, waren abscheulich. »Aber, lieber Meister, Sie haben den Auszug ja verkehrt aufgelegt«, sagte einer seiner Schüler. Daraufhin Rossini: »Ich habe es auch von der anderen Seite versucht, aber es wird nicht besser.«

Zum geflügelten Wort wurde Rossinis Urteil über den »Lohengrin«: »Er hat schöne Augenblicke – aber böse Viertelstunden!« Wagner selbst war dagegen von Rossini sehr eingenommen und gestand, daß er sich, während er am »Lohengrin« arbeitete, nur sehr schwer von der Musik des »Wilhelm Tell«, den er kurz zuvor gehört hatte, lösen konnte. »Ich muß gestehen«, sagte er, »daß ich Rossinis Musik sehr liebe. Das jedoch dürfen die Wagnerianer nicht erfahren; sie würden es mir nie vergeben.«

Wagner lebte, mochte er nun Geld haben oder nicht, auf großem Fuße – häufig über seine Verhältnisse. Er reiste viel herum, und das nicht immer ganz freiwillig – wenn er vor seinen Schulden davonlief. Zweifellos hatte er keine Beziehung zum Geld. Doch gelegentlich versuchte er dies vorzutäuschen. Einem Kollegen, der ihn fragte, welches er für sein gelungenstes Werk halte, antwortete er: »Natürlich den Philadelphia-Marsch!« Das Erstaunen seines Gegenübers verschwand erst, als er fortfuhr: »Der hat mir nämlich mehr Geld eingebracht als jedes andere Stück.«

In seinem Buch »Warten aufs hohe C« schreibt Alexander Witeschnik: »Die Zahl 13 hat in Wagners Leben eine fast magische Bedeutung. Er wurde 1813 geboren. Der Name, der ins Taufbuch eingetragen wurde, besteht genau aus 13 Buchstaben. Die Quersumme seines Geburtsjahres ergibt wieder 13. Am 13. April 1845 vollendete Wagner die Instrumentation seines ›Tannhäuser‹, der am 13. März 1861 in Paris mit einem Heidenspektakel durchfiel. Als im selben Jahr bei einem Bankett des Tonkünstlerfestes auf der Altenburg von Weimar 13 geladene Gäste gezählt wurden und einer rasch verschwinden wollte, entschied der Meister apodiktisch: ›Dageblieben! Keiner soll verschwinden! Laßt mich der dreizehnte sein!‹ Er starb am 13. Februar 1883...«

GEORGE WASHINGTON
Bridges Creek 22. 2. 1732 – Mount Vernon 14. 12. 1799

Der erste Präsident der Vereinigten Staaten von Amerika stammte aus einer reichen Pflanzerfamilie in Virginia. Hier kämpfte Washington bereits 1755 bis 1758 als Kommandeur der Miliz gegen die Franzosen. In den Freiheitskriegen der nordamerikanischen Kolonien von 1775 bis 1783 war er Oberbefehlshaber der Kolonialstreitkräfte, die er dank der Unterstützung La Fayettes und Steubens zu einer schlagkräftigen Armee ausbaute. 1787 wurde er für zehn Jahre amerikanischer Präsident.

Von großen Phrasen hielt George Washington wenig. Nachdem die Schlacht von Monmouth geschlagen worden war, kam Oberst Hamilton auf seinen Oberbefehlshaber zugeritten, sprang vom Pferd, zog den Degen und rief: »Nun ist es Zeit, für Amerika zu sterben!« Trocken sagte Washington: »Vorher, Oberst, sollten Sie sich aber um Ihr Pferd kümmern!«

Während der Freiheitskriege wurde in einem kleinen Ort eine Barrikade von einem kleinen Trupp Soldaten errichtet. Eben bemühten sie sich, einen schweren großen Balken darüber zu heben, als ein Reiter, eingehüllt in einen Zivilmantel, sich näherte. Er beobachtete, wie der Kommandant der kleinen Schar ihnen Befehle gab, wie sie den Balken zu nehmen hätten. Aber er war so schwer, daß es ihnen nicht gelingen wollte. »Warum legen Sie nicht selbst Hand an?« fragte der Reiter den Befehlenden. »Herr, ich bin Korporal!« erwiderte dieser stolz. Da stieg der Reiter vom Pferd und half selbst, bis es gelungen war, den Balken in die gewünschte Lage zu bringen. Darauf wischte sich der Fremde den Schweiß von der Stirn und wandte sich an den Korporal: »Herr kommandierender Korporal, wenn Sie wieder einmal eine solche Arbeit zu verrichten und nicht genug Leute dafür haben, so schicken Sie nur zu Ihrem Oberbefehlshaber. Ich werde Ihnen gerne auch ein zweites Mal helfen.« Wie vom Blitz getroffen stand der Korporal vor George Washington.

Auf einer Gesellschaft stand General Washington mit einigen Herren plaudernd vor dem Kamin. Schließlich bat er seine Gesprächspartner ein paar Schritte weiter, das Feuer in seinem Rücken werde ihm zu heiß. Scherzhaft meinte jemand: »Aber für einen General muß es doch höchst ehrenvoll sein, dem Feuer standzuhalten?« – »Gewiß«, meinte Washington, »aber nicht, wenn es von hinten kommt!«

Ein desertierter Soldat war zum Tode durch Erschießen verurteilt. Da erfuhr George Washington, daß dieser Soldat seit Jahren unter großen persönlichen Opfern seine alten hilflosen Eltern unterstützt hatte. Er begnadigte den Verurteilten und sagte: »Wenn wir diesen Mann erschießen, dann töten wir gleichzeitig noch zwei weitere Menschen, die unschuldig sind.«

George Washington wurde einer der größten Nationalhelden der USA, und die Amerikaner, die ein Faible für alles Historische haben, pflegen in allen Teilen Amerikas sein Andenken. Nachdem er mehrere Wochen die Staaten bereist hatte, meinte einmal ein französischer Tourist: »Es ist kein Wunder, daß man George Washington den Vater Amerikas nennt, wenn ich an die Anzahl der Betten denke, in denen er geschlafen haben soll!«

FRANK WEDEKIND
Hannover 24. 7. 1864 – München 9. 3. 1918

Als Sohn eines politisch liberal engagierten Arztes wuchs Wedekind in der Schweiz auf. Nach einem kurzen vergeblichen Versuch, Jura zu studieren, schlug er sich als Dramaturg, Schauspieler und Regisseur durch, wurde Mitarbeiter des »Simplicissimus« und trug bei dem berühmten Münchner Kabarett »Die 11 Scharfrichter« eigene Lieder und Balladen vor. Endgültige Anerkennung als Dramatiker fand er, als Max Reinhardt 1904 die Uraufführung von »Frühlings Erwachen« inszenierte.

In jungen Jahren lebte Wedekind mehr von seinen Schulden als von seinen Honoraren. Eines Tages erklärte ihm ein Gläubiger: »Gut, Herr Wedekind, ich bin bereit, auch noch weiter zu warten. Aber bis wann? Sagen Sie mir ehrlich, bis zu welchem Termin Sie bezahlen werden, damit ich endlich wieder ruhig schlafen kann.« – »Glauben Sie mir«, antwortete Wedekind, »Sie werden bestimmt ruhiger schlafen, wenn Sie nicht wissen, wann ich bezahlen werde.«

Noch jung und unbekannt, geriet Wedekind auf einer Gesellschaft mit einem älteren Herrn in eine heftige Diskussion. Diesem schwoll langsam der Kamm: »Was erlauben Sie sich eigentlich, Sie Grünschnabel, daß Sie mir dauernd widersprechen. So jung wie Sie sind, können Sie davon noch gar keine Ahnung haben. Ich war schließlich auch ein Kindskopf, als ich in Ihrem Alter war.« Ungerührt sagte Wedekind: »Dann haben Sie sich aber gut gehalten.«

Immer wieder kam es bei der Aufführung von Wedekind-Dramen zu Protesten und Skandalen. So hatte sich vor einer Premiere in München das Gerücht verbreitet, es würde todsicher zu einem kräftigen Skandal kommen. Zur damaligen Zeit bewirkten solche Gerüchte noch das Gegenteil von dem, was heute passieren würde. Damals blieben die meisten Zuschauer weg, und das Parkett war ausgesprochen schütter besetzt. Tatsächlich erhob sich kurz vor Beginn der Vorstellung Lärm im Zuschauerraum. Da trat Wedekind vor den Vorhang, hob Ruhe gebietend den Arm und sagte: »Meine Herrschaften, ich warne Sie. Heute sind wir Schauspieler in der Überzahl!«

Zwischen Wedekind und dem Naturalisten Max Halbe lagen Welten – nicht nur in ihren künstlerischen Auffassungen. Auch persönlich waren sie öfter verfeindet als miteinander bekannt. Trotzdem saßen sie eines Abends zusammen in einem Schwabinger Lokal, als einer ihrer gemeinsamen Freunde zu ihnen an den Tisch trat und nach der Begrüßung fragte, ob sie ihm einen Rat geben könnten, wo er mit einer neuen Eroberung, die er kürzlich gemacht habe, einen ruhigen und ungestörten Abend verbringen könne. »Da gibt es nur eines«, ergriff Wedekind das Wort, »gehen Sie ins Schauspielhaus. Dort wird ein Stück von Halbe gespielt. Da haben Sie die sicherste Chance, fünf Akte lang mit Ihrem Mädchen allein zu sein!«

Wieder einmal waren sie aufs Heftigste verfeindet, als der Dichter der »Jugend« hörte, Wedekind sei ernstlich krank. Halbe gab sich einen Stoß, besuchte Wedekind, und am Krankenbett, angesichts des möglicherweise drohenden Abschieds für immer, versöhnten sich die beiden. Wieder genesen, spazierte Wedekind durch den Englischen Garten und sah von weitem Halbe auf sich zukommen. Ein rascher Fluchtversuch mißlang. Halbe eilte hinter ihm her und rief: »Was ist denn los? Ich dachte, wir vertragen uns wieder?« Wedekind blieb widerwillig stehen: »Aber nicht doch, Halbe. Das galt selbstverständlich nur für den Todesfall.«

FRANZ WERFEL
Prag 10. 9. 1890 – Beverly Hills 26. 8. 1945

In seiner Heimatstadt Prag war der Sohn einer wohlhabenden jüdischen Kaufmannsfamilie unter anderen mit Max Brod und Franz Kafka befreundet. Einige Jahre war er Lektor des Verlages Kurt Wolff in Leipzig. Im Gegensatz zu anderen engagierten Literaten konnte der unpolitische Werfel mit Links und Rechts wenig anfangen. Das bewahrte ihn jedoch nicht vor dem Schicksal, 1938 mit seiner Frau Alma, der ehemaligen Gattin Gustav Mahlers und Walter Gropius', der Ex-Freundin Kokoschkas, in die Emigration gehen zu müssen.

In Leipzig wohnte Werfel in der gleichen Pension wie Walter Hasenclever, der mit ihm und Kurt Pinthus zusammen die Sammlung »Der jüngste Tag« (1913–1921) gründete. Werfel schlief gern bis in den hellen Tag hinein, was seine Wirtin höchst unmoralisch fand. Eines Mittags versuchte sie den jungen Dichter, der keine Anstalten machte, sich zu erheben, mit List aus dem Bett zu locken: »Ahwer nu wirds Zeit, Herr Wärfl! Wie gann man bloß so lange schlawen. Guggn Se, der Herr Hasenkläwwer had schon drei Kedichde gemachd!«

Im Ersten Weltkrieg war Werfel in Galizien stationiert, wo es in dem Quartier, in dem sein Regiment untergebracht war, von Läusen nur so wimmelte. An der allgemeinen Läusejagd seiner Kameraden beteiligte er sich aber nicht. »Ich töte keine Laus«, sagte er, »sie ist schon gestraft genug dadurch, daß sie eine Laus ist.«

Der Cembalist Frank Pelleg war in Prag auf die gleiche Schule gegangen wie Franz Werfel, ja er hatte sogar den gleichen Deutschlehrer, der ihm eines Tages einen Klassenaufsatz mit den Worten zurückgab: »Eigentlich hätten Sie ein Ungenügend verdient, aber ich bin vorsichtig geworden. Einmal habe ich einem Schüler ein Ungenügend gegeben, und nachher ist er der Dichter Franz Werfel geworden.«

Werfel hatte als unpolitisch expressionistischer Lyriker begonnen und wandte sich dann immer stärker sozial-religiösen Themen zu. Schwankend zwischen Judentum und Katholizismus, bevorzugte er Darstellungen des Glaubens im Leiden und zog Parallelen zwischen Christentum und Judentum. Im Wiener Literaten-Café »Herrenhof«, wo Werfel residierte, rief ihm eines Tages der Betteldichter Ottfried Krzyzanowsky zu: »Werfel, Sie sind der Advokat Gottes! Gott braucht aber keine Advokaten!« Und nachdem Albert Ehrenstein seine »Briefe an Gott« veröffentlicht hatte, erzählte man sich im »Herrenhof«, der Adressat habe Ehrenstein geantwortet: »Wenn Sie den Werfel das nächste Mal im ›Herrenhof‹ treffen, sagen Sie ihm, er soll meinen Sohn in Ruhe lassen!«

Das Emigrantenschicksal faßte Werfel in zwei Sätzen zusammen: »Die einzige Überlegenheit des Verfolgten ist es, nicht der Verfolger zu sein.« Und: »Fremdsein ist ein gewaltiges Handwerk, das Fleiß und Fertigkeit erfordert.«

Werfel begann ein Theaterstück, aber die Arbeit wollte nur langsam vorangehen. Im Sommer 1943 schrieb er stöhnend an der vierten Fassung von »Jacobowsky und der Oberst«, das später mit großem Erfolg am Broadway und in aller Welt laufen sollte. Immer noch hatte er das Gefühl, es würde durch das Umschreiben nicht besser. »Ich kann aus einer Zwiebel keine Rose machen«, klagte er Alma, die meinte: »So mußt du halt die Zwiebel so stark als möglich duftend machen.«

CHRISTOPH MARTIN WIELAND
Oberholzheim/Biberach 5. 9. 1733 – Weimar 20. 1. 1813

Der Sohn eines Pfarrers studierte Philosophie und Jura, wurde 1760 Kanzleiverwalter, Senator und Syndikus in Biberach und kam 1772 als Prinzenerzieher an den Weimarer Hof, wo er sich schließlich als Schriftsteller niederließ.

Eines Tages kam der Diener des Geheimrates F. zu Wieland und bestellte ihm, sein Herr bäte den Herrn Wieland, ihm doch seinen Oberrock auszuleihen. Wieland war über diese seltsame Bitte zwar sehr verwundert, vermutete jedoch dahinter einen Scherz und gab dem Diener schließlich das gewünschte Kleidungsstück. Doch wenig später kehrte dieser sehr verlegen wieder zurück: Der Herr Geheimrat habe nicht den Oberrock, sondern den »Oberon« gemeint.

Goethe verehrte Wieland sehr. Eines Tages sprach man bei Tisch von den Schwierigkeiten und der Vertracktheit mit der deutschen Rechtschreibung. »Ich halte sie mir nach Möglichkeit vom Halse«, sagte Goethe. »Wenn man will, mache ich in jedem Brief Schreibfehler – und keine Komma. Dabei beruhige ich mein Gewissen mit der Meinung des verehrten Wieland: Religion und Interpunktion sind Privatsachen!«

Goethe hatte sich von Wieland die bibliophile Ausgabe eines alten Klassikers ausgeliehen, jedoch vergessen, den Band zurückzugeben. Schließlich schickte ihm Wieland ein paar Zeilen zur Mahnung: »In der Erfassung der alten Klassiker sind Sie unerreicht, aber in der Wiedergabe unvollkommen.«

JAMES MACNEILL WHISTLER
Lowell/Massachusetts 10. 7. 1834 – London 17. 7. 1903

Der amerikanischer Maler und Graphiker James MacNeill Whistler lebte hauptsächlich in England. Dem Impressionismus nahestehend, malte er zahlreiche stimmungsvolle, in den Farben sensibel harmonierende Landschaften und Porträts.

Whistler war mit dem Dichter und Dramatiker Oscar Wilde befreundet und mit dem Kunstkritiker und Sozialreformer John Ruskin, der die Präraffaeliten unterstützte, verfeindet. Die Auseinandersetzungen mit Ruskin endeten in einem aufsehenerregenden Prozeß. Eine Dame, die mit beiden befreundet war, versuchte Whistler umzustimmen: »Was haben Sie eigentlich gegen den armen alten Ruskin? Er steht doch bereits mit einem Bein im Grabe.« – »Gegen dieses Bein habe ich ja gar nichts«, erwiderte Whistler.

In jungen Jahren hatte Whistler drei Jahre an der Militärakademie studiert. Bei der Prüfung wurde er aufgefordert, etwas über den Kiesel zu sagen. »Der Kiesel«, begann er, »ist ein Gas...« Damit war die Prüfung bereits beendet. – »Wäre der Kiesel nun wirklich ein Gas«, erzählte Whistler später, »dann wäre ich heute nicht Maler, sondern General.«

Whistler wollte einen Hut kaufen. Während der Angestellte noch auf der Suche nach etwas Passendem war, stürzte ein Mann in den Laden und schrie den Maler, den er offenbar für den Inhaber hielt, an: »Da, sehen Sie den Hut, den Sie mir gestern verkauft haben. Er paßt überhaupt nicht!« Durch sein Monokel musterte Whistler den Mann von oben bis unten und meinte dann: »Der Rock paßt Ihnen auch nicht. Und – wenn Sie gestatten – Ihre Hose hat eine gräßliche Farbe!«

Ein wohlhabender Mann ließ sich von Whistler malen. Als er später das Ergebnis eine Weile schweigend betrachtet hatte, sagte er zögernd: »Sie werden selber zugeben müssen, daß ich Ihnen nicht sehr gut gelungen bin.« Der Maler sah ihn aufmerksam durch sein Monokel an: »Aber Sie müssen auch zugeben, daß Sie der Natur nicht sehr gut gelungen sind.«

An den Ersten Sekretär der Internationalen Kunstausstellung in München schrieb Whistler folgenden Brief: »Sehr geehrter Herr! Ich bestätige den Empfang Ihres Geehrten, das mich offiziell in Kenntnis setzte, daß das Komitee mir die Zweite Goldene Medaille zuerkennt. Bitte übermitteln Sie den Herren des Komitees den Ausdruck meiner gemäßigten und wohlanständigen Freude und meine Würdigung der mir verliehenen zweitklassigen Ehrung.«

Als der Londoner »Punch« eine erfundene Unterhaltung zwischen dem Dichter Oscar Wilde und dem Maler James MacNeill Whistler brachte, telegrafierte Wilde an Whistler: »Der Punch zu albern. Wenn Sie und ich zusammen sind, sprechen wir doch über nichts anderes als über uns selbst.« Whistler telegrafierte zurück: »Lieber Oscar, Sie irren. Wenn Sie und ich zusammen sind, sprechen wir über nichts anderes als über mich.«

Eine Dame fragte ihn: »Was möchten Sie sein, wenn Sie nicht Whistler wären?« Er antwortete: »Whistler.«

OSCAR WILDE
Dublin 16. 10. 1854 – Paris 30. 11. 1900

Er entstammte einer wohlhabenden irischen Arztfamilie und wurde unter dem Einfluß der Präraffaeliten und der französischen Symbolisten zum führenden Vertreter eines literarischen Ästhetizismus, Verfechter eines L'art-pour-l'art-Prinzips in England. Er schrieb bis heute vielgespielte geistreiche Gesellschaftskomödien, die von Richard Strauss vertonte Tragödie »Salome«, die skurrile Erzählung »Das Gespenst von Canterville« und den psychologisch faszinierenden Roman »Das Bildnis des Dorian Gray«. Weltberühmt wurde er vor allem durch seine Märchen, etwa »Das Granatapfelhaus«, »Der glückliche Prinz« oder »Der eigensüchtige Riese«.

Seine zahlreichen Werke, aber vor allem auch seine Theaterstücke, brachten Oscar Wilde nicht nur literarische Anerkennung, sondern auch zeitweise reichliche Tantiemen. Doch der aufwendige Lebenswandel des kultivierten Snobs überstieg fast immer seine Einnahmen. »Die Einkünfte aus meinen Büchern«, sagte Oscar Wilde, »reichen inzwischen für Kaviar und Champagner. Eines Tages werde ich so weit sein, davon auch meine Wohnung bezahlen zu können.«

Dieses Lebensprinzip kennzeichnet noch deutlicher eine Anekdote, die aus seiner Jugendzeit berichtet wird. Auf die Frage, welchen Beruf er denn ergreifen wollte, antwortete Wilde: »Professor der Ästhetik.« Eine solche Professur hätte dem verwöhnten und großzügigen Sohn reicher Eltern wohl nicht nur im übertragenen Sinn wenig materielle Absicherung gewährt. Und so fragte man: »Aber wie wirst du dein Leben verdienen?« Da antwortete Wilde: »Ach, gebt mir nur das Überflüssige, und ich lasse euch gern das Notwendige.«

Wie Wilde war auch der in England lebende amerikanische Maler James MacNeill Whistler wegen seines Witzes und seiner geistreichen Bonmots ein gerngesehener Gast in den Londoner Salons. Ja, mit der Zeit war in dieser Hinsicht eine gewisse Rivalität zwischen den beiden entstanden. Als in Gegenwart beider einmal jemand eine vielbelachte geistreiche Bemerkung machte, rief Wilde: »Köstlich! Das hätte mir einfallen sollen.« Darauf meinte Whistler: »Keine Sorge, es wird Ihnen schon noch einfallen.« Von Whistler sagte Wilde einmal: »Er ist ganz sicher einer der größten Maler dieses Jahrhunderts. In diesem Punkt bin ich durchaus seiner Meinung.«

Von dem Esprit, den Wilde in der persönlichen Unterhaltung verriet, war auch der französische Dichter André Gide beeindruckt, und er stand nicht an, Wilde gegenüber zu behaupten, die Konversation mit ihm sei vielleicht noch wertvoller als das Lesen seiner Werke. Ohne Umschweife stimmte Wilde ihm zu und fragte dann: »Wollen Sie das Drama meines Lebens wissen? Ich habe mein ganzes Genie für mein Leben aufgewendet, und in meine Werke habe ich nichts weiter hineingesteckt als ein wenig Geschicklichkeit.«

Wilde fuhr zu Lesungen und Vorträgen nach Amerika. Doch die Amerikaner begeisterten ihn wenig. In Washington machte er eine Stadtrundfahrt und stand schließlich auch vor dem Denkmal des ersten Präsidenten der USA. Mit selbstverständlichem Nationalstolz erklärte der Fremdenführer: »Und dies, meine Damen und Herren, ist das Standbild von George Washington, jenes Mannes, über dessen Lippen nie eine Lüge gekommen ist...« Da bemerkte Wilde: »Das mag stimmen. Vermutlich hat er wie alle Amerikaner durch die Nase gesprochen.«

Einer hübschen jungen Dame machte er das Kompliment: »Verzeihen Sie, daß ich Sie nicht gleich erkannt habe. Es ist erstaunlich, wie ich mich verändert habe.« Und eine andere bat er: »Begleiten Sie mich in meinen Garten, ich möchte Sie meinen Rosen vorstellen.«

Wie war es?« fragte man Oscar Wilde, als er nach der Uraufführung eines seiner Stücke in den Club kam. »Ausgezeichnet«, antwortete er. »Das Stück war ein großer Erfolg – nur das Publikum ist durchgefallen.«

Dem Alkohol verfallen, lag er schließlich mit einer schweren, unheilbaren Darmerkrankung in einem Pariser Stundenhotel. Die wenigen Freunde, die ihm geblieben waren, konnten ihm sein Los kaum noch erleichtern. Und obwohl Alkohol Gift für ihn war, verlangte er noch einmal nach Champagner. Um ihm wenigstens diesen Wunsch zu erfüllen, flößte man dem Kranken ein Glas ein. Danach flüsterte er mit einem Lächeln: »Ich sterbe über meine Verhältnisse.«

Kaiser Wilhelm I.
Berlin 22. 3. 1797 – Berlin 9. 3. 1888

Wilhelm I., der 1871 in Versailles zum Deutschen Kaiser proklamiert wurde, war eine absolutistische Führernatur, der kaum jemand zu widersprechen wagte. Seine besondere Leidenschaft galt der Jagd. Als ihm hierbei eines Tages ein relativ leichter Schuß danebenging und der Hase unversehrt davonhoppelte, fragte er ärgerlich: »Habe ich den wirklich nicht getroffen?« Darauf antwortete jemand aus seiner Begleitung: »Offenbar haben Eure Majestät geruht, ihn zu begnadigen.«

Nach einer Hochwildjagd berichtete man dem Kaiser, er habe 28 Stück Wild erlegt. »Das ist doch sehr merkwürdig«, murmelte der Preußenkönig, »dabei habe ich nur 22 mal geschossen!«

Das Verhältnis zwischen Wilhelm I. und seinem Ministerpräsidenten und Kanzler Bismarck war geprägt von gegenseitigem Vertrauen und Respekt. So hatte Bismarck eines Tages nach einer dienstlichen Besprechung mit dem Kaiser das ungute Gefühl, diesem seien einige kritische Bemerkungen zu Ohren gekommen, die er wenige Tage zuvor im privaten Kreis über Wilhelm gemacht hatte. Deshalb räusperte er sich vernehmlich, bevor er verabschiedet wurde, und erklärte auf den fragenden Blick seines Gegenübers: »Melde gehorsamst Eurer Majestät, daß ich kürzlich auf Eure Majestät geschimpft habe.« Einen Moment schaute ihn Wilhelm ernst an, dann sagte er lächelnd: »Ich habe bereits davon gehört. Aber wissen Sie, was ich gesagt habe? Einem großen Mann muß man vieles nachsehen.«

Von allen Tugenden schätzte Wilhelm besonders die Treue, und er nahm sich selbst davon nicht aus, was sein Verhältnis zu seinen Dienern und denen des Staates betraf. 1877 – Bismarck war 62 Jahre alt – bat dieser den Kaiser um seinen Abschied, um sich aus der aktiven Politik zurückzuziehen. Entgegen den Wünschen des Kaisers legte er ihm schließlich sein schriftliches Gesuch vor, das ihm dieser, nachdem er es durchgelesen hatte, zurückgab. An den Rand hatte Wilhelm nur ein Wort geschrieben: »Niemals!« Dabei meinte er: »Es ist eine Untreue, wenn Sie mich auf meine alten Tage verlassen. Bedenken Sie schließlich, daß ich 18 Jahre älter bin als Sie – und ich bleibe auch.« Bismarck nahm das Gesuch zurück, konnte sich jedoch bei allem Respekt nicht die Bemerkung verkneifen: »Das, Eure Majestät, ist nicht zu verwundern. Der Reiter hält es immer länger aus als das Pferd.« Es blieb dann dem Nachfolger, Wilhelm II., überlassen, die spektakuläre Entlassung des Kanzlers auszusprechen.

Tennessee Williams
Columbus 26. 3. 1911 – New York 25. 2. 1983

Seine Stücke zählen zu den meistgespielten der Gegenwart und sind stark von Sigmund Freud beeinflußt. Mit »Die Glasmenagerie« – wie viele seiner Dramen mit großem Erfolg auch verfilmt – hatte er seinen ersten großen Durchbruch, an den sich Erfolg um Erfolg reihte. In seiner Heimat Amerika war der Dramatiker durch seine Bissigkeit ebenso berüchtigt wie durch seine Stücke berühmt.

Im Laufe eines Interviews fragte ein Journalist Tennessee Williams, warum er immer so heikle psychologische Themen wähle, fast immer in ihrem Seelenleben gestörte Figuren auf die Bühne stelle und nie einen schlichten, gesunden Menschen, etwa einen glücklichen Ehemann. »Was soll ich mit einem glücklichen Ehemann?« fragte Williams. »Ich habe ja auch noch nie ein Stück über einen fünffüßigen Elefanten geschrieben, der fliegen kann!«

Zweimal in seinem Leben begegnete Williams dem 17 Jahre älteren Thornton Wilder, der in ihm keine besonderen Sympathien zu erwecken vermochte. Eine dieser Begegnungen fand anläßlich eines Banketts im Weißen Haus statt. Bevor die Gäste Präsident John F. Kennedy und seiner Frau Jackie vorgestellt werden sollten, bat man sie, sich in alphabetischer Ordnung aufzustellen. Dabei drängte Wilder seinen jüngeren Kollegen auf die andere Seite und sagte: »Mister Williams, sie haben sich nicht ganz richtig placiert, Sie kommen hinter mir.« Konterte Williams: »Wenn ich hinter Ihnen komme, so ist es das erste und letzte Mal in meinem Leben.«

Emile Zola

Paris 2. 4. 1840 – Paris 29. 9. 1902

Wie viele andere Schriftsteller war auch Zola, der Hauptvertreter des literarischen Naturalismus in Frankreich, in seiner Jugend nicht gerade mit Reichtümern gesegnet und lebte oft monatelang von der Hand in den Mund oder von dem, was Freunde ihm borgen konnten. Dennoch war er in ganz Paris für seine Großmütigkeit gerühmt: Die Bettler kannten ihn in späterer Zeit sogar mit Namen.

Als Zola Präsident der Société des Auteurs war, wurde dem Literaturkritiker Bergerat, der bisher jeden Roman Zolas in der Luft zerrissen hatte, ein bedeutender Preis zuerkannt. Bergerat beschloß deshalb, sich mit dem Schriftsteller zu versöhnen, und suchte ihn in seiner Pariser Wohnung auf. Kaum hatte Zola sich von seinem Erstaunen über den ungewöhnlichen Besuch erholt, als er auch schon Bergerat das Wort abschnitt: »Sie irren sich, Monsieur, ich habe nicht für Sie gestimmt!«

Zola verstand es, selbst völlig bedürfnislos zu leben, konnte aber nicht mit ansehen, wenn es anderen noch schlechter ging. Einmal traf er mitten im Winter eine ebenso mittellose Freundin, die in der Eiseskälte über eine Stunde auf ihn gewartet hatte, in der Hoffnung, zum Essen eingeladen zu werden. Doch Zola hatte nirgends einen Franc auftreiben können. Da zog er mitten auf der Straße seinen Mantel aus, drückte ihn dem Mädchen in die Hand und sagte: »Geh und versetze ihn und kauf uns davon etwas zu essen.«

Als Zola sich auf Anraten seines Arztes das Rauchen abgewöhnt hatte, blieb er zwar konsequent, meinte aber: »Die

Vollkommenheit ist eine so langweilige Sache, daß ich es nicht selten bedauere, mir den Tabak abgewöhnt zu haben.«

Sein Engagement im Literarischen wie auch im Politischen und Sozialen kannte kaum eine Grenze. Wo es ihm seine Überzeugung gebot, schreckte er vor nichts zurück. So behauptete er einmal: »Man muß täglich eine Kröte frühstücken, bis es einem vor nichts mehr graust, vor keiner Diffamation.« Und Victor Hugo charakterisierte das noch ein wenig krasser: »Zola wird sich erst zufriedengeben, wenn er einen vollen Nachttopf beschrieben haben wird.«

Seinen kritischen Gerechtigkeitssinn bewies er der Welt durch sein politisches Eintreten für eine freiheitliche Demokratie auf der Grundlage des Rechts in der Dreyfus-Affäre. Auf andere Weise bewies er es bei einem Gespräch mit Alphonse Daudet, der ihm einmal sagte: »Es gibt einen unbekannten Autor, der uns alle anderen übertrifft.« – »Und wer ist das?« fragte Zola. »Die Jugend.« Darauf Zola: »Aber es gibt einen Kritiker, der ihn richtig beurteilen wird.« – »Und das ist?« – »Die Jugend«, antwortete Zola.

STEFAN ZWEIG
Wien 28. 11. 1881 – Petropolis/Rio de Janeiro 23. 2. 1942

Einer der vielseitigsten und meistgelesenen österreichischen Schriftsteller seiner Zeit war Stefan Zweig. Er entstammte einer wohlhabenden Industriellenfamilie, studierte in Berlin und Wien Philosophie und Literatur und lernte auf zahlreichen Reisen die ganze Welt kennen. Hochgebildet und sprachgewandt, gab es kein Thema, über das er nicht hätte schreiben können. Da er überdies ungewöhnlich produktiv war, nannte man ihn unter Kollegen den »Erwerbszweig«, und Egon Friedell bezeichnete ihn einmal als »Schriftstellereibesitzer«.

Unter dem Pseudonym Clemens Neydisser schrieben Zweig und Alexander Lernet-Holenia die Komödie »Quiproquo«, die der Theaterkritiker Hans Liebstöckl nach der Premiere verriß. Er lüftete auch das Inkognito der Autoren, indem er seine Rezension mit dem Satz schloß: »Lernet, Autoren, auf einen grünen Zweig zu kommen!«

Wie viele Schriftsteller arbeitete Zweig gern im Kaffeehaus, wobei es ihn ärgerte, wenn der Mokka allzu dünn serviert wurde. In Berlin im »Romanischen Café« stellte er einmal seine Tasse neben sich auf einen freien Stuhl. Als der Kellner verwundert schaute, erklärte er: »Er ist so schwach, daß ich ihn sich erst ein wenig setzen lasse.«

Zeitweise lebte Zweig in Salzburg, wo er gelegentlich Carl Zuckmayer traf. Er schrieb damals an einer Arbeit über Marie Antoinette. Als Zuckmayer von seinem Treffen mit Zweig nach Hause kam, fragte ihn seine Frau, worüber sie gesprochen hätten. »Ach, nichts Besonderes«, sagte er. »Zweig hat mir den neuesten Tratsch aus der Französischen Revolution erzählt.«

Zu seinem 50. Geburtstag 1931 lud Zweig Zuckmayer zu einem Ausflug nach München ein, um in Wien und Salzburg allen offiziellen Feiern zu entgehen. Nachdem beide in einem bekannten Feinschmeckerlokal vorzüglich gegessen und auch einiges getrunken hatten, lehnte sich Zweig zufrieden zurück und meinte: »Eigentlich hätte ich jetzt genug vom Leben. Was noch kommen kann, ist doch nichts als Abstieg.«

Zweig emigrierte 1938 nach England, wo er bereits seit drei Jahren einen zweiten Wohnsitz hatte. Später ging er über New York nach Brasilien. Er, der zeit seines Lebens herumgereist war, litt nun unter dem Emigranten-Schicksal: »Man fühlt sich schon schuldbewußt, wenn man nur in das Vorzimmer eines Beamten tritt!« Und kurz bevor er im Februar 1942 freiwillig aus dem Leben schied, sagte er zu einem Freund: »Jetzt verstehe ich, was mir einmal ein russischer Emigrant in Paris gesagt hat: Früher hatte der Mensch nur einen Körper und eine Seele. Heute braucht er auch noch einen Paß, sonst ist er kein Mensch.«

Register

A
Abraham a Santa Clara 13
Achard, Marcel 69
Adenauer, Konrad 159, 323
Agnon, Samuel Josef 134
Agoult, Marie d'A. 206
Alain-Fournier, Henri 69
Albers, Hans 15
Albert, Eugen d'A. 201
Albrechtsberger, Johann Georg 30
Ammer, K. L. 49
Andersen, Hans-Christian 17, 145
Andreas-Salomé, Lou 290
Anna Amalia, Herzogin 154
Apollinaire, Guillaume 69
Arnold, Victor 278
Arouet, François Marie (Voltaire) 380
Astor, Vincent 293
Auernheimer, Raoul 161
Aufricht, Ernst Josef 49
August der Starke, Kurfürst 19
Aumont, Herzog von 213

B
Bach, Johann Sebastian 21
Bach, Philipp Emanuel 22
Bahr, Hermann 23
Balzac, Honoré de 25, 82
Bamm, Peter 11
Barberina, La 383
Bardot, Brigitte 28
Barrault, Jean-Louis 69
Basili, Francesco 376
Bauernfeld, Eduard 277, 332
Beecham, Thomas 353
Beer-Hofmann, Richard 324
Beethoven, Ludwig van 30, 332, 363
Behring, Emil Adolph von 33

Belling, Rudolf 341
Bellini, Vincenzo 76
Benedikt, Moritz 155
Benn, Gottfried 139
Bernadotte, Jean Baptiste Jules 31
Bernhardt, Sarah 34
Bettelheim, Anton 155
Billroth, Theodor 37
Bismarck, Otto von 39, 196, 399
Bizet, Georges 207
Blei, Franz 271
Böcklin, Arnold 42
Bolingbroke, Lord Henry 315
Bolle, Fritz 11
Bott, Hans 158
Brahms, Johannes 24, 44, 334
Brandt, Willi 47, 150
Brecht, Bertolt 49, 62, 325, 342
Bretzner, Christoph Friedrich 250
Brion, Friederike 130, 352
Brod, Max 51, 178, 179
Broglie, Graf de 75
Bronnen, Arnolt 342
Bruch, Max 46
Bruckner, Anton 52
Bruckner, Ferdinand 106, 354
Buber, Martin 178
Bülow, Hans von 345
Buol-Schauenstein, Karl Ferdinand, Graf von 100
Burckhardt, Max 169
Busch, Wilhelm 54
Byron, George Gordon Noël Lord 55

C
Cagliostro, Alexander 56
Caruso, Enrico 58, 62
Casanova, Giacomo 60
Casazza, Gatti 59
Chalupetz, Apollonia 209

Chaplin, Charles 50, 62, 87
Cherubini, Luigi 206
Chevalier, Maurice 70
Choiseul, Etienne François 61, 213
Chruschtschow, Nikita 65, 184, 323
Churchill, Sir Winston Spencer 67
Claudel, Paul 123, 124
Claudius, Luise 121
Clemens VII., Papst 241
Clemens XIV., Papst 250
Clementis, Muzio 37
Cocteau, Jean 69
Conried, Heinrich 59
Corot, Camille 284
Cousins, Victor 164
Cromwell, Oliver 71
Cziffra, Géza von 186

D
Davidson, Paul 209
Davis, Sam 35
Degas, Edgar 72
Dehmel, Richard 201
Delacroix, Eugène 148
Diderot, Denis 74, 182, 300, 380, 382
Dier, Karl 227
Donizetti, Gaetano Domenico Maria 76
Dorsch, Käthe 152, 352
Doyle, Sir Arthur Conan 63, 78
Drake, Sir Francis 35
Dumas Père, Alexandre (der Ältere) 56, 79
Dumas Fils, Alexandre (der Jüngere) 79
Duncan, David Douglas 268
Duse, Eleonora 83
Dvořák, Antonín 46
Dyck, Anthonis van 282

E
Edison, Thomas Alva 84
Eduard VII., König 35, 292
Ehrenstein, Albert 392
Einstein, Albert 63, 86

Eisler, Hanns 325
Elisabeth I., Königin 35, 89, 308
Engel, Eduard 222
Enghaus, Christine 145
Erasmus von Rotterdam, Desiderius 90
Esterhazy, Nicholas 142, 206
Eugen Prinz von Savoyen, Franz 91

F
Fahrbach, Josef 331
Faulkner, William 93
Finck, Werner 95
Fischer, Samuel 156, 186, 223, 280
Flechtheim, Alfred 341
Fleury, Robert 220
Föderl, Karl 247
Fontaine, Jean de la 97
Fouché, Joseph, Herzog von Otranto 99
Frank, Johann Peter 176
Frank, Leonhard 187
Franz I., König 151
Franz II., Kaiser 254
Franz Joseph I., Kaiser 53, 100, 218, 237, 238, 344
Freud, Sigmund 104, 364
Fridell, Egon 106
Friedrich II., der Große 22, 108, 232, 233, 383
Friedrich der Weise, Kurfürst 90
Friedrich Wilhelm I., König 11
Friedrich Wilhelm III., König 170
Friedrich Wilhelm IV., König 166
Fürth, Walter 51

G
Gallmeyer, Pepi 343
Gaulle, Charles André Joseph Marie de 116, 183
Gay, John 49
Genet, Jean 69
Genscher, Hans-Dietrich 119
Georg II., König 138, 181
George, Heinrich 120
Gerlach, Leopold von 166

Gershwin, George 122
Geyer, Emil 106
Gide, André 69, 123, 397
Giordano, Umberto 362
Gleich, Joseph 276
Gleich, Luise 276
Gluck, Christoph Willibald Ritter von 125
Goethe, Johann Wolfgang von 56, 127, 339, 352, 393
Goetz, Curt 132
Gorkij, Maksim 198
Gozlan, Léon 27
Grandet, Eugénie 25
Grass, Günther 134
Grautoff, Otto 290
Green, Julien 123
Grillparzer, Franz 144, 261, 276
Guggenheim, Peggy 135

H
Händel, Georg Friedrich 137
Halbe, Max 390
Halm, Anton 31
Hamilton, Lady Emma 258
Hanslick, Eduard 385
Harpprecht, Klaus 47
Hartl, Karl 15
Hasenclever, Walter 391
Hauptmann, Gerhart 139, 223
Haydn, Joseph 30, 142
Hebbel, Christian Friedrich 144
Hegel, Georg Wilhelm Friedrich 146, 180
Heine, Albert 140
Heine, Heinrich 148
Heinemann, Gustav 150
Heinrich VIII., Tudor 151
Hellmesberger, Joseph 103
Hemingway, Ernest 152
Herder, Johann Gottfried von 127, 154
Herzl, Theodor 155, 324
Hesse, Hermann 156
Heuberger, Richard 194
Heuss, Theodor 158

Hildebrand, Lukas von 92
Hitler, Adolf 190, 353
Hölderlin, Friedrich 146
Hörbiger, Paul 247
Hofer, Andreas 160
Hofmannsthal, Hugo von 161, 324
Hohenlohe, Kardinal 207
Huch, Ricarda 140
Huch, Rudolf 140
Hufeland, Christoph Wilhelm 162
Hugo, Victor 163
Humboldt, Alexander Freiherr von 166

I
Ibsen, Henrik 168
Iffland, August Wilhelm 170
Ihering, Herbert 270
Ilg, Paul 156
Ingres, Dominique 72

J
Jakob I., König 89
Jannings, Emil 141
Jefferson, Thomas 172
Jelacic, Banus von Kroatien 274
Jeßner, Leopold 187
Johannes XXIII., Papst 173
Jones, Ernest 105
Jones, James 280
Joseph II., Kaiser 61, 123, 175, 181, 182, 226, 250, 261

K
Kafka, Franz 178
Kant, Immanuel 180
Karl VI., Kaiser 92, 225
Karl XII., König 264
Karl August, Herzog 131, 318
Karlstadt, Liesl 375
Katharina die Große, Kaiserin 74, 181
Kaulbach, Fritz August von 357
Kaunitz, Wenzel 224
Keller, Gottfried 42
Kennedy, Jackie 401

Kennedy, John F. 65, 117, 183, 401
Kennedy, Robert 184
Kennedy, Teddy 184
Kerr, Alfred 49
Key, Ellen 290
Kiem, Pauli 375
Kisch, Egon Erwin 130
Kleist, Heinrich von 21, 307
Knappertsbusch, Hans 347
Königsegg, Graf 225
Koeppe, Margarethe 166
Kokoschka, Oskar 185, 190
Kortner, Fritz 16, 187
Kraus, Karl 187, 194
Krauß, Werner 187, 191
Kreisler, Fritz 193
Krell, Max 281
Krzyzanowsky, Ottfried 393
Kuh, Anton 107, 190
Kutschera, Viktor 327

L

Landshoff, Ruth 186
Lanham, General 153
Lavater, Johann Kaspar 56
Lavigna, Vincenzo 376
Lehár, Franz 194, 344
Lenbach, Franz von 196
Lenin, Wladimir Iljitsch 198, 365
Léon, Victor 194
Lernet-Holenia, Alexander 404
Lessing, Gotthold Ephraim 128, 199
Leszcyński, Stanislaus 214
Liebermann, Max 139, 201
Liebstöckl, Hans 404
Lincoln, Abraham 204
Liszt, Adam 206
Liszt, Franz 206, 333
Lothringen, Franz Stephan von 225
Louis Ferdinand, Prinz 148
Louis, Joe 321
Lubitsch, Ernst 209
Ludwig I., König 335
Ludwig XIII., König 287

Ludwig XIV., König 90, 210, 285
Ludwig XV., König 213
Ludwig XVI., König 99, 338
Ludwig XVIII., König 338, 351
Lübke, Heinrich 70
Lukács, Georg 49
Luitpold, Prinzregent 197
Luther, Martin 90, 215

M

Maeterlinck, Maurice 73
Magnani, Anna 217
Mahler, Gustav 218
Mahler-Werfel, Alma 186, 325
Maillol, Aristide 284
Malraux, André 183
Manet, Edouard 72, 220
Mankiewicz, Joe 341
Mann, Thomas 222, 325
Manzoni, Allessandro 305
Maquet, August 81
Marais, Jean 69
Maria Theresia, Kaiserin 125, 142, 214, 224
Marie Antoinette 254, 338
Marie Louise, Erzherzogin 376
Mark Twain 59, 367
Marx, Karl 229
Mascagni, Pietro 361
Maugham, William Somerset 230
Mauriac, Claude 69
Maximilian, Erzherzog 101
Mayer, Louis B. 279
Mayr, Simon 76
Mazarin, Jules 210, 238
Mendelssohn, Moses 232, 333
Menzel, Adolph von 235
Mercanton, Louis 34
Metternich, Klemens Fürst 237, 254, 261
Meyerbeer, Giacomo 334, 385
Michelangelo Buonarotti 240, 335
Milhaud, Darius 69
Modigliani, Amedeo 69, 242
Molnár, Franz 23, 88

Mommsen, Theodor 244
Monet, Claude 220
Montaigne, Michel Eyquem, Seigneur de 245
Monte, Joe 320
Montesquieu, Charles de Secondat 92
Montgomery, Bernard Law 310
Moore, George 72
Moser, Hans 246
Mozart, Leopold 249
Mozart, Wolfgang Amadeus 30, 206, 249
Murat, Joachim 253

N

Napoleon I. Bonaparte 31, 99, 117, 237, 238, 249, 338, 350, 351
Napoleon, Jérôme 253
Napoleon, Joseph 253
Napoleon, Louis 253
Negri, Pola 209
Nelson, Lord Horatio 257
Nerval, Gérard de 56, 81
Nestroy, Johann Nepomuk 259
Nicolai, Friedrich 128
Nietzsche, Friedrich 290, 311
Nikolaus I., Zar 207
Niven, David 209
Nixon, Richard 183
Nolde, Emil 202
Nürnberg, Rolf 187

O

Ollenhauer, Erich 322

P

Paracelsus, Philippus Aureolus Theophrastus 56
Paulik, Anton 195
Pechstein, Max 202
Pelleg, Frank 391
Peter III. 181
Peter der Große, Zar 263
Peters, Sabine 121
Pettenkofer, Max von 265

Picasso, Pablo 69, 243, 267, 297
Pinthus, Kurt 391
Planck, Max 88
Platen, August Graf von 371
Polgar, Alfred 270
Pollock, Jackson 136
Ponte, Lorenzo da 251
Proust, Marcel 69
Puccini, Giacomo 361
Puschkin, Alexander 80

R

Racine, Jean Baptiste 272
Radetzky von Radetz, Josef Graf 274
Raffael 335
Raimund, Ferdinand 260, 276
Raleigh, Sir Walter 89
Récamier, Julie 338
Régnier, Henri de 123
Reinhardt, Max 49, 278
Remarque, Erich Maria 280
Rembrandt Harmensz van Rijn 282
Renoir, Auguste 220, 242, 283
Retz, Jean François, Kardinal von 211
Richelieu, Armand Jean du Plessis, Herzog von 210, 213, 285
Richter, Hans 219
Rickard, Tex 320
Ries, Ferdinand 32
Ringelnatz, Joachim 288
Rodin, Auguste 290
Roncalli, Angelo Guiseppe 173
Roosevelt, Theodore 68, 100, 292
Ross, Fritz 281
Rossini, Gioacchino 77, 294, 385
Rosvaenge, Helge 313
Rothschild, James 25, 283
Rousseau, Henri 297
Rousseau, Jean-Jacques 74, 298
Roussin, André 302
Rubens, Peter Paul 301
Ruskin, John 394
Rykow, Aleksej Iwanowitsch 365

S

Sachs, Gunther 29
Sagan, Françoise 302
Saint-Germain, Graf von 214
Salieri, Antonio 30
Salten, Felix 51
Sand, George 25
Sandeau, Jules 25
Sauerbruch, Ferdinand 201, 303
Scharff, Edwin 202
Schelling, Friedrich Wilhelm Joseph von 146
Schenk, Johann 30
Schiller, Charlotte von 130
Schiller, Johann Christoph Friedrich von 127, 130, 163, 236, 317
Schlegel, Caroline von 319
Schleiermacher, Friedrich Daniel Ernst 147
Schmedes, Erik 313
Schmeling, Max 119, 320
Schmid, Carlo 322
Schnitzler, Arthur 324
Schoeller, Guy 302
Schönberg, Arnold 88, 185, 325, 326
Schönherr, Karl 107, 327, 346
Scholz, Wenzel 259
Schopenhauer, Arthur 147, 329
Schorn, Karl 336
Schott, Bernhard 32
Schubert, Franz Peter 295, 331
Schumann, Clara 333
Schumann, Robert 333
Schwind, Moritz von 331, 335
Scott, Sir Walter Baronet 302
Seingalt, Chevalier de 61
Shakespeare, William 230, 307
Shaw, George Bernard 309
Simon, Erich 325
Sinclair, Upton 369
Slezak, Leo 219, 248, 312
Soderini, Pietro 241
Soschka, Cyrill 281
Spitzweg, Eugen 345
Staël-Holstein, Germaine Baronin von 337, 349
Stalin, Jossif Wissarionowitsch 65, 365, 366
Stein, Leo 194
Steiner, Maximilian 343
Stephanie, Gottlieb 250
Sternberg, Josef von 209, 340
Sternheim, Carl 342
Sternheim, Thea 139
Stolz, Robert 51
Strasser, Joseph 227
Strauß, Johann (Sohn) 46, 343
Strauss, Richard 345
Strawinsky, Igor 69, 122
Strohmeyer, Anton 247
Sudermann, Hermann 24
Swift, Jonathan 315

T

Taine, Hippolyte 25
Talleyrand-Périgord, Charles Maurice de 237, 238, 338, 348
Tauber, Richard 352
Thalberg, Irving 326
Thiele, Herta 121
Thimig, Hugo 328, 354
Thoma, Ludwig 356
Thorwaldsen, Bertel 145
Tizian (Tiziano Vecelli) 240
Tolstoi, Graf Leo Nikolajewitsch 358
Toscanini, Arturo 361
Trotzki, Lew Dawidowitsch 364
Turgenjew, Iwan Sergejewitsch 163
Twain, Mark 59, 367

U

Uhland, Ludwig 370
Unger, Joseph 208
Urzidil, Johannes 51, 179
Usedom, Freiherr von 40
Ustinov, Peter 372
Utrillo, Maurice 242

V

Vail, Laurence 136
Valentin, Karl 248, 374
Varnhagen, Rahel von 148

Velly, Abbé 11
Verdi, Guiseppe 362, 376
Verneuil, Louis 36
Victoria, Queen 35
Villon, François 49
Virchow, Rudolf 378
Vivonne, Herzog von 210
Vollard, Ambroise 73
Voltaire, François Marie 75, 380
Vulpius, Christian 130
Vulpius, Christiane 130

W

Wagner, Richard 345, 385
Wagner, Toni 276
Waldeck, Graf von 263
Walpole, Horace 245
Walter, Bruno 219
Washington, George 387, 397
Weber, Carl Maria von 77, 295
Wedekind, Frank 270, 389
Weigel, Helene 49

Weill, Kurt 49
Wellano, Elisabeth 374
Werfel, Franz 178, 179, 391
Wieland, Christoph Martin 393
Whistler, James MacNeill 394, 397
Wilde, Oscar 394, 396
Wilder, Thornton 401
Wilhelm I., Kaiser 399
Wilhelm II., Kaiser 292, 346, 400
Williams, Tennessee 401
Windischgrätz, Alfred Fürst zu 274
Witeschnik, Alexander 386

Z

Zamboni, Jutta 281
Zemlinsky, Alexander von 345
Zimmermann, Johann Georg von 110
Zola, Emile 402
Zweig, Stephan 404
Zuckmayer, Karl 404